Heidelberger Abhandlungen zur Mittleren und Neueren Geschichte

Begründet von Erich Marcks und Dietrich Schäfer
Fortgeführt von Karl Hampe und Willy Andreas

Neue Folge

Herausgegeben von Hermann Jakobs, Detlef Junker, Jürgen Miethke,
Volker Sellin, Hartmut Soell und Eike Wolgast

———————————— Band 8 ————————————

Klaus Gaßner

Schatthausen

Eine Vogtsherrschaft in der frühen Neuzeit

HEIDELBERG 1994

UNIVERSITÄTSVERLAG C. WINTER

Die Deutsche Bibliothek - CIP-Einheitsaufnahme

Gaßner, Klaus:
Schatthausen: eine Vogtsherrschaft in der frühen Neuzeit / Klaus Gaßner. - Heidelberg: Winter, 1994
 (Heidelberger Abhandlungen zur mittleren und neueren Geschichte; N.F., Bd. 8)
Zugl.: Heidelberg, Univ., Diss., 1993
ISBN 3-8253-0216-4
NE: GT

ISBN 3-8253-0216-4

Alle Rechte vorbehalten. © 1994. Universitätsverlag C. Winter Heidelberg GmbH
Photomechanische Wiedergabe und die Einspeicherung und Verarbeitung in elektronischen Systemen
nur mit ausdrücklicher Genehmigung durch den Verlag
Imprimé en Allemagne. Printed in Germany
Druck: Strauss Offsetdruck GmbH, 69509 Mörlenbach

Meinen Eltern

Vorwort

Am 12. Dezember 1702 mußten sich die Bauern der Herrschaft Schatthausen im Schloß einfinden. In einem gegen das Dorf zu gelegenen Zimmer des mittleren Stockes hatten sie dort ihrer Herrschaft zu huldigen und den Untertaneneid zu sprechen. Direkt neben dem Raum, wo die Bauern 1702 zusammenkamen, war es mir zwischen 1990 und 1992 insgesamt fast ein Jahr lang möglich, die Akten des Freiherrlich Göler von Ravensburg'schen Privatarchivs einzusehen und auszuwerten. Es entstand daraus eine Geschichte der Kleinherrschaft Schatthausen, im wesentlichen angesiedelt zwischen dem ausgehenden 17. und dem Anfang des 19. Jahrhunderts. Die Philosophisch-Historische Fakultät der Universität Heidelberg hat die Arbeit 1993 unter dem Titel "Die Vogtsherrschaft Schatthausen - Politische, soziale und wirtschaftliche Aspekte einer niederadligen Herrschaft in der frühen Neuzeit" als Dissertation angenommen.

Es muß nicht gesagt werden, daß die Studie am historischen Ort mit Material, das noch nie für eine systematische Durchsicht zur Verfügung stand, eine für einen Historiker ebenso seltene wie inspirierende Möglichkeit war. Daß sich diese Chance bot, verdanke ich meinem verehrten Doktorvater, Herrn Professor Dr. Eike Wolgast, der mir diese Aufgabenstellung angeboten hatte. Er hat die Arbeit auch in vielfältiger Weise drei Jahre lang bestens betreut; und er hat es durch die regelmäßigen Kolloquien verstanden, während dieser Zeit den Blick auch immer wieder über den Rand des eigenen Forschungsfeldes hinaus auf andere Bereiche der Geschichtswissenschaft zu lenken. Dafür sage ich an dieser Stelle meinen herzlichen Dank.

Ohne die Bereitschaft von Freiherr Klaus Göler von Ravensburg-Brüggen wäre die Arbeit in dieser Form freilich nicht möglich gewesen. Er hat mir in überaus großzügiger Weise für die Zeit der Archivarbeit sein Haus geöffnet und mir vorzügliche Arbeitsbedingungen geboten. Für dieses weitgehende und keineswegs selbstverständliche Entgegenkommen bin ich ihm sehr dankbar.

Professor Dr. Jürgen Miethke hat als Gutachter schon im Anfangsstadium die Arbeit unterstützt und so zur Finanzierung des Projekts durch die Landesgraduiertenförderung beigetragen. Professor Dr. Volker Sellin hat die Zweitkorrektur freundlicherweise übernommen. Beiden danke ich herzlich. In diesen Dank schließe ich die gesamte Professorenschaft des Historischen Seminars der Universität Heidelberg ein, hat sie doch die

Aufnahme der Dissertation in die Reihe "Heidelberger Abhandlungen zur Mittleren und Neueren Geschichte" ermöglicht.

Für informative Gespräche, für Ratschläge und vielfältige Unterstützung habe ich einer ganzen Reihe von Personen zu danken. Nennen will ich Frau Anne-Marie Röttger sowie die Herren Andreas Händel, Hans-Jürgen Schmucker, Professor Jörn Sieglerschmidt und die Mitarbeiter der Abteilung Bodenschätzung im Finanzamt Heidelberg. In einer wichtigen Arbeitsphase verschaffte mir ein Aufenthalt im Collège St. Thomas in Straßburg ein sehr günstiges Studienumfeld, dafür danke ich der Leitung des Collèges wie auch für anregende Diskussionen Rev. Odair Pedroso Mateus.

Nicht zuletzt danke ich für vielfältige Unterstützung meinen Eltern, denen diese Arbeit gewidmet ist, und Kristin Undre.

K.G.

Inhaltsverzeichnis

Einleitung... 1

1. Die Vorgeschichte

1.1 Im Mittelalter... 11
1.2 Selbständigkeit und Finanzkrise............................. 12

2. Vogtei und Landeshoheit: Schatthausen und Kurpfalz

2.1 Die staatsrechtlichen Verhältnisse.......................... 23
2.2 Pfälzische Nadelstiche,
    adliges Geschick und bäuerliches Kalkül................ 27
2.3 Die Einung des Zentadels....................................... 36
2.4 Sukzessive Akzeptanz, resignative Larmoyanz:
    Schatthausen am Ende des Alten Reiches............... 43

3. Herrschaft

3.1 Herrschaftliches Recht: Das Schloß........................ 51
   3.1.1 Herrschaft und Untertanschaft...................... 51
   3.1.2 Die Aufrichtung der Herrschaft Brüggen...... 54
   3.1.3 Die Gerechtsamen der Vogtsjunker.............. 57
3.2 Herrschaftliche Praxis: Das Haus des Anwalts........ 62
   3.2.1 Die Gemeindeämter.. 63
   3.2.2 Herrschaftliche Funktionen im Haus des Anwalts.... 67
      3.2.2.1 Die Gerichtsherrschaft........................ 67
      3.2.2.2 Die vogteiliche Verwaltung................ 69
      3.2.2.3 Die Vertretung nach außen................ 70
      3.2.2.4 Die genossenschaftliche Leitung........ 71
3.3 Die Herrschaft verliert die Herrschaft:
    Adel, Gemeinde und Gericht im 18. Jahrhundert...... 72
   3.3.1 *Die anderen gelten nicht*
    Der Anwalt vertritt sich allein............................. 72
   3.3.2 *Der lohn ist dem geschäft nicht angemessen*
    Das Gericht verliert seine Stellung...................... 75
   3.3.3 *Wir lassen uns unser recht nicht nehmen*
    Die Herrschaft verläßt die Herrschaft................. 78

3.4 Das Ende der Vogtsherrschaft...83
    3.4.1 Der Staat beseitigt die Adelsherrschaft.........................83
    3.4.2 Die Bürger beseitigen die Herrschaftslasten....................86

4. **Wirtschaft**

4.1 Produktionsbedingungen...90
    4.1.1 Die natürlichen Ertragsbedingungen............................90
    4.1.2 Die Bodennutzungsstruktur im 18. Jahrhundert.................91
    4.1.3 Die Besitzstruktur...94
4.2 Die Produktion..96
    4.2.1 Die Restitution der Landwirtschaft nach 1648..................96
    4.2.2 Die Betriebsweise..99
4.3 Die Schloßwirtschaft..105
    4.3.1 Der Besitz des Schatthäuser Schlosses........................107
    4.3.2 Die Pachtsysteme..110
        4.3.2.1 Die Teilpachtvergabe des Hofgutes....................110
        4.3.2.2 Die Vergabe von Schloßbesitz in Erbbestand.........116
    4.3.3 *Gott segne alles* -
         Die Hofgutsbewirtschaftung...................................118
4.4 Abgaben und Dienste...128
    4.4.1 Der Zehnte...128
    4.4.2 Kurpfälzische Abgaben und Reichssteuern....................131
    4.4.3 Die Fron...134
    4.4.4 Die Hof- und Ackerzinsen....................................135
    4.4.5 Die Handlöhne...137
    4.4.6 Die Nachsteuer...139
    4.4.7 Konfirmationsgelder...140
4.5 Eine Bilanz...141
4.6 Exkurs: Die Ablösung der vogteilichen Lasten........................146

5. **Religion**

5.1 Die Geschichte der kirchlichen Rechte..................................151
5.2 Die evangelische Kirche..153
    5.2.1 Die Besitzverhältnisse..153
    5.2.2 Die Pfarrer..154
5.3 Die anderen Konfessionen...158
    5.3.1 Die Katholiken..158
    5.3.2 Die Reformierten...160
    5.3.3 Die mennonitische Gemeinde.................................161
    5.3.4 Exkurs: Juden..162
5.4 Kirchliches Leben...164
5.5 Das Schulwesen...167

6. Adel und adliges Leben

- 6.1 Die Familie von Brüggen ... 171
  - 6.1.1 Ein barocker Freiherr: ... 175
    August Philipp von Brüggen ... 175
  - 6.1.2 Trotz 18 Kindern: Das Ende der Familie ... 181
- 6.2 Das von Brüggensche Vermögen ... 188
  - 6.2.1 Die Entwicklung der Vermögensbestände ... 188
  - 6.2.2 Das Ausgabeverhalten ... 194
- 6.3 Die Zyllnhardt in Schatthausen ... 199
  - 6.3.1 Die Blüte vor dem Aussterben ... 199
  - 6.3.2 Staatsdienst oder Grundherrschaft ... 202
- 6.4 Karl von Göler - der Rückzug aufs Gut ... 207

7. Bauern und bäuerliches Leben

- 7.1 Die Bauern ... 210
  - 7.1.1 Die demographische Entwicklung ... 210
  - 7.1.2 Das Personalrecht in der Herrschaft ... 213
- 7.2 Das Zusammenleben der Bauern ... 216
  - 7.2.1 Die Bauern als Genossenschaft ... 216
  - 7.2.2 Die Genossenschaft als Gemeinde ... 220
- 7.3 Wirtschaftliche Ungleichheit ... 227
  - 7.3.1 Die landwirtschaftlichen Besitzstände ... 229
  - 7.3.2 Gewerbe und unselbständige Arbeit ... 234
- 7.4 Soziale Ungleichheit ... 237
  - 7.4.1 Die Elite ... 238
    - 7.4.1.1 Reichtum ... 238
    - 7.4.1.2 Politisch-administrative Macht ... 241
    - 7.4.1.3 Prägende Personen ... 245
  - 7.4.2 Das Elend ... 246
    - 7.4.2.1 Arme, Alte, Kranke ... 246
    - 7.4.2.2 Die Auswanderung ... 250
- 7.5 Familiäre Strukturen ... 253
  - 7.5.1 Kinder, Jugend und Frauen ... 253
  - 7.5.2 Zwei Familiengeschichten ... 257
    - 7.5.2.1 Die Familie Wimmi in Schatthausen ... 258
    - 7.5.2.2 Die Familie Stroh ... 260

Zusammenfassung

Emanzipation und Verarmung ... 263
Machtverlust und Anpassung ... 264

Anhang

Zeittafel..269
Quellen...270
   Kurtze Deduction der Cent=Gravaminum [1725]....................270
   Form des Aydts so den von Schatthausen vorgehalten [1562].......277
   Pachtvertrag über das Schloßhofgut aus dem Jahre 1738............278
Materialien...280
   Gesamterträge des Hofgutes 1735 - 1794..............................280
   Faktoren zur Verwandlung von Neunlingen in Malter................282
Glossar...284

Abkürzungsverzeichnis..287
Quellen und Literatur...288

Abbildungen, Tabellen und Diagramme

Abb. 1.1 Die Sturmfedersche Teilung...13
Abb. 1.2 Der Bettendorffsche Zweig in Schatthausen....................14
Abb. 1.3 Die Weitershausen in Schatthausen..................................19
Tab. 4.1 Bodennutzungsstruktur (1741)..92
Tab. 4.2 Die Verteilung der Nutzflächen (1741)............................95
Dgr. 4.3 Die Entwicklung der Zehnterträge 1735 - 1794................102
Tab. 4.4 Das Stammgut im 18. Jahrhundert...................................107
Tab. 4.5 Die Aufteilung der Nutzfläche des Schlosses....................109
Dgr. 4.6 Ertragssteigerung auf drei ausgewählten Äckern...............114
Tab. 4.7 Die Parzellengröße des Hofguts nach 1733......................118
Tab. 4.8 Die Aussaat...119
Tab. 4.9 Anbau und Erträge des Schloßhofgutes............................120
Tab. 4.10 Ertrags- und Verwendungsrechnung 1726........................122
Tab. 4.11 Die Verkaufserlöse aus der Ackerwirtschaft....................125
Dgr. 4.12 Verwendung von 100 Prozent Wintergetreide..................126
Dgr. 4.13 Die Erträge des Hofgutes im 18. Jahrhundert...................127
Tab. 4.14 Jährliche Abgaben an Kurpfalz (um 1730)......................132
Tab. 4.15 Die durchschnittlichen Jahreseinnahmen des Schlosses....143
Tab. 4.16 Schatthäuser Jahresgetreideproduktion............................144
Tab. 4.17 Die Verwendung der bäuerlichen Ernte..........................145
Tab. 4.18 Das an die Grundherrschaft gezahlte Ablösungskapital....147
Tab. 5.1 Die Konfessionsverteilung in Schatthausen.....................150
Abb. 6.1 Die Familie von Brüggen in Schatthausen......................174
Abb. 6.2 Die Verflechtung zwischen den Familien von Brüggen und von Zyllnhardt..187
Abb. 6.3 Die nächsten Erbberechtigten des Bettendorf-Vermögens....200
Abb. 6.4 Die Zyllnhardt in Mauer/Schatthausen...........................201
Dgr. 7.1 Die Bevölkerung Schatthausens (1718 bis 1838)..............212
Tab. 7.2 Der "Gemeinsteil" der Gemeinderechnung (1783)...........223
Dgr. 7.3 Die Größe der Bauernhöfe..230
Dgr. 7.4 Die Durchschnittserträge der Bauernhöfe........................232
Tab. 7.5 Die reichsten Bauern in Schatthausen..............................240
Tab. 7.6 Die Schatthäuser Gerichtsmänner und Anwälte...............243

Karten und Zeichnungen

Schloß Schatthausen im 18. Jahrhundert..61
Gemarkungskarte Schatthausens...93
Aufriß der zum Schloß gehörigen Gebäude....................................108
August Philipp von Brüggen...176
Magdalena Juliana von Brüggen...180

Einleitung

Obgleich die Geschichte des niederen Adels zu jeder Zeit Historiker angezogen hat, fallen Bewertungen über die Forschung heute eher düster aus.[1] "Oft deplorabel" resümiert etwa Hans-Ulrich Wehler[2] den Wissensstand über den modernen Adel seit 1750, Defizite weist in den Augen von Volker Press besonders die "Sozialgeschichte des Adels" auf.[3] In der Tat konnte sich bis heute die Adelsgeschichtsschreibung noch nicht von der Dominanz einer Forschungsrichtung freimachen, die sich mit der staatsrechtlichen Position der Ritterschaft beschäftigt hat.[4] Die Kantonsverfassung in ihrer inneren Ausgestaltung und ihrer äußeren Einbindung ins Alte Reich, kurz: "die absonderlichste Anomalie des deutschen Verfassungslebens"[5] regte bis in die Gegenwart hinein zu primär rechtsgeschichtlichen Analysen an.[6]

[1] Der Ausgangspunkt der Geschichtsschreibung über die südwestdeutsche Reichsritterschaft liegt mittlerweile über 130 Jahre zurück: C.H.Frh. Roth von Schreckenstein: Geschichte der ehemaligen Freien Reichsritterschaft in Schwaben, Franken und am Rheinstrome (1859/1871), ND Freiburg 1886.

[2] H.U.Wehler: Europäischer Adel 1750-1950 (=Geschichte und Gesellschaft, Sonderheft 13), Göttingen 1990, S.16.

[3] V.Press in der Einleitung zur Tagung "Südwestdeutscher Adel zwischen Reich und Territorium", abgedruckt in: ZGO 1989, S.201. Press über Defizite in der Adelsforschung auch in: A.v.Reden-Dohna und R.Melville (Hg.): Der Adel an der Schwelle des bürgerlichen Zeitalters 1770-1860, Stuttgart 1988, S.19.

[4] Diese Frage beschäftigte schon die Zeitgenossen vor 1800, etwa J.J. Moser: Neueste Geschichte der unmittelbaren Reichsritterschaft, 1775/1776, J.G. Kerner: Allgemeines positives Staatsrecht der unmittelbaren freien Ritterschaft in Schwaben, Franken und am Rheine nebst einer Einleitung in das Staatsrecht der unmittelbaren freien Ritterschaft überhaupt, 1786/1787.

[5] So bei B.Erdmannsdörffer: Deutsche Geschichte vom Westfälischen Frieden bis zum Regierungsantritt Friedrichs des Großen 1648-1740, Band 1. Berlin 1892 (Nachdruck Darmstadt 1962), S.76.

[6] Zuletzt hierzu etwa T.Schulz: Der Kanton Kocher der schwäbischen Reichsritterschaft 1542-1805. Entstehung, Geschichte und Mitgliederstruktur eines korporativen Adelsverbandes im System des alten Reiches, Sigmaringen 1986. D.Hellstern: Der Ritterkanton Neckar-Schwarzwald 1560-1805. Untersuchungen über die Korporationsverfassung, die Funktionen des Ritterkantons und die Mitgliedsfamilien, Tübingen 1971. H.v.Mauchenheim-Bechtolsheim: Des heiligen römischen Reichs unmittelbar freie Ritterschaft zu Franken Ort am Steigerwald im 17. und 18. Jahrhundert, München 1970.

EINLEITUNG

Die Beschäftigung mit den wirtschaftlichen Grundlagen des Adels setzte im Zuge wachsenden sozialhistorischen Interesses sehr viel später ein und schien anfangs vor allem intendiert, Explikationen für den "sterbenden Stand" am Ausgang des Mittelalters oder den "Untergang der Adelswelt" am Ende des Alten Reiches zu finden, bevor wirtschaftliche und soziale Aspekte zum Erkenntnisobjekt wurden und als fester Bestandteil in die Porträtierung des Adels einflossen.[7] Noch einen Schritt weiter ging Erich Riedenauer, als er seine ersten Entwürfe für eine geplante Geschichte des "barocken Reichsadels in Franken" vorstellte und dabei die Notwendigkeit einer übergreifenden Gesamtschau betonte, die neben politischen und wirtschaftlichen Aspekten auch künstlerische und gesellschaftliche Momente adligen Lebens zu berücksichtigen habe.[8] Gerade die Zeit des Barock dokumentiert, wie komplex die politischen und vor allen Dingen wirtschaftlichen Folgen eines "Lebensgefühls" wirksam werden können.[9] Eine übergreifende und auf ihre Art einzigartige Darstellung bot Gert Kollmer, der 1979 eine betriebswirtschaftlich fundierte Studie über die Reichsritterschaft in den Kantonen Neckar-Schwarzwald und Kocher für die frühe Neuzeit vorlegte. Wie Kollmer anschaulich dargelegt hat, läßt sich adliges Wirtschaften von adligem Sozialverhalten nicht trennen. Seine Arbeit enthält damit als Surplus sehr umfangreiche Aussagen über adligen Lebensstil und adliges Lebensgefühl.[10] Auf an-

[7] Hierzu etwa: K.O.Müller: Zur wirtschaftlichen Lage des schwäbischen Adels am Ausgang des Mittelalters, in: ZWLG 1939. K.S.Bader: Zur Lage und Haltung des schwäbischen Adels am Ende des Alten Reiches, in: ZWLG 1941. K.Andermann: Studien zur Geschichte des pfälzischen Niederadels im späten Mittelalter. Eine vergleichende Untersuchung an ausgewählten Beispielen. Speyer 1982. W.A.Boelcke: Die Einkünfte Lausitzer Adelsherrschaften in Mittelalter und Neuzeit, in: Wirtschaft, Geschichte und Wirtschaftsgeschichte, Festschrift zum 65. Geburtstag von Friedrich Lütge. Stuttgart 1966. R.Endres: Die wirtschaftlichen Grundlagen des niederen Adels in der frühen Neuzeit, in: JbffLF 36/1976. Beispielhaft für ein umfassendes Porträt mit auch wirtschaftsgeschichtlichen Erkenntnissen etwa H.Ulmschneider: Götz von Berlichingen. Ein adliges Leben der deutschen Renaissance, Sigmaringen 1974.

[8] E. Riedenauer: Der barocke Reichsadel in Franken. Probleme und Perspektiven, in: JbffLF 32 (1972).

[9] Diese Komplexität ist angeschnitten in einer neueren Arbeit, die bereits im Titel die Mehrschichtigkeit thematisiert: H.Zückert: Die sozialen Grundlagen der Barockkultur in Süddeutschland. Stuttgart, New York 1988.

[10] G.Kollmer: Die schwäbische Reichsritterschaft zwischen Westfälischem Frieden und Reichsdeputationshauptschluß. Untersuchung zur wirtschaftlichen und sozialen Lage der Reichsritterschaft in den Ritterkantonen Neckar-Schwarzwald und Kocher, Stuttgart 1979. Mit interessanten Ergebnissen bei einer allerdings geringen Untersuchungsbasis von nur drei Familien auch W.Danner: Die Reichsritterschaft im Ritterkantonsbezirk Hegau in der zweiten Hälfte des 17. und im 18. Jahrhundert, in: Hegau 15./16. Jahrgang (1970/71), Heft 27/28.

EINLEITUNG

dere Art entwarf Heinz Reif in der wohl bestechendsten Adelsgeschichte der neueren Zeit ein ganzheitliches Bild der Elite des Alten Reiches, deren Übergang zur "Sozialklasse" in der neuen Staatlichkeit er für Westfalen vielschichtig und sorgsam nachzeichnete.[11]
Ähnlich den Vorgaben Riedenauers für die Adelsgeschichte scheint sich in vielen Bereichen eine "Tendenz des Zusammenfügens" entwickelt zu haben, seit die Forschung die historische Entwicklung mehr von der Gesellschaft denn vom Staate aus betrachtet.[12] Dieter Langewiesche nannte es das Ende der "Scheibchenhistorie", ein Ende, das in den Diskussionen um die Agrarverfassung[13] und die Grundherrschaft[14] sichtbar zu einem Neuanfang geführt hat: Die "Totalität gesellschaftlicher Beziehungen" ist seither ins Zentrum des Interesses gerückt. Diese längst nicht mehr ganz neuen Ansätze mit einer weitgefaßten Analyse der Adelswelt zu kombinieren, besitzt eine überzeugende Logik.[15] Auf diese Art scheint es möglich, Brunners "adliges Landleben" durch das "bäuerliche Landleben" unter adliger Herrschaft zu komplementieren, die Verflechtungen zwischen beiden aufzuzeigen, vor allem aber: die Qualität der Koexistenz auf engem Raum zu beobachten.[16]
Die südwestdeutschen Grundherrschaften sind durch eine überaus reiche territoriale wie rechtliche Vielgestaltigkeit geprägt,[17] die nur durch

[11] H. Reif: Westfälischer Adel 1770-1860. Vom Herrschaftsstand zur regionalen Elite. Göttingen 1979.
[12] Zur Neuorientierung der Historiographie in der Bundesrepublik siehe den Überblick Dieter Langewiesches in W.Schieder/V.Sellin: Sozialgeschichte in Deutschland I, Göttingen 1986, S.9ff. Auch J.Kocka: Sozialgeschichte. Begriff, Entwicklung, Probleme, Göttingen ²1986, besonders S.67ff.
[13] Dazu den guten Überblick bei A.Strobel: Agrarverfassung im Übergang. Studien zur Agrargeschichte des badischen Breisgaus vom Beginn des 16. bis zum Ausgang des 18. Jahrhunderts, Freiburg/München 1972, S.11ff.
[14] Zu diesem Aspekt W.Rösener: Die spätmittelalterliche Grundherrschaft im südwestdeutschen Raum als Problem der Sozialgeschichte, in: ZGO 127 (1979). Die Grundherrschaftsdiskussion etwas zum Abschluß gebracht hat H.Patze (Hg.): Die Grundherrschaft im späten Mittelalter, Sigmaringen 1983.
[15] Die Chancen eines solchen Ansatzes zeigt H. Reif in: W.Schieder/V.Sellin, Sozialgeschichte in Deutschland IV, Göttingen 1987, S.51f.
[16] Otto Brunners Studie "Adeliges Landleben und europäischer Geist. Das Werk Wolf Helmhard von Hohberg 1612-1688", Salzburg 1949, versucht alle Schattierungen adliger Lebenswelt am Beispiel eines österreichischen Landadligen kenntlich zu machen. In der strikten Fokussierung auf die Person Helmhards treten die Außenbeziehungen des Adels und das Eigenleben der Untertanschaft völlig in den Hintergrund, es entsteht eine abgeschlossene Welt, die der adlige Herr gleichsam patriarchalisch und weise lenkt.
[17] Eine Katalogisierung in S.Kullen: Der Einfluß der Reichsritterschaft auf die Kulturlandschaft im Mittleren Neckarland (Tübinger geographische Arbeiten 24). Tübingen 1967.

EINLEITUNG

die Beschäftigung mit Mikrokosmen en detail vollständig erhoben werden kann[18] - trotz aller Gefahren, die von mangelnder Repräsentativität und der Versuchung ausgehen können, die Singularität ad absolutum zu erheben. Studien am Mikroraum besitzen damit auch für die Landesgeschichte Perspektiven.[19] Freilich: Ihren größten Vorteil beziehen kleinräumige Untersuchungen aus der Möglichkeit, auf den ersten Blick unzusammenhängende Einzelaspekte weitgehend zu durchleuchten, Interdependenzen zu erfassen und sie als Bausteine einer Gesamtstruktur zuzuordnen. Zwei Arbeiten waren für die vorliegende Studie besonders anregend. Da ist zum einen Hartmut Harnischs Geschichte der Herrschaft Boitzenburg, eine wirtschafts- und sozialgeschichtliche Studie von großer Präzision und Materialfülle, die ihren größten Wert in der scharfen Akzentuierung auf die sozioökonomischen Tatbestände in der Unterschicht erhält.[20] Räumlich näher am eigenen Untersuchungsobjekt als die ostelbische Gutsherrschaft liegt die Herrschaft Frankenberg, mit der sich Richard Schmitt beschäftigt hat. Schmitts differenzierte Arbeit, die lokale Rechts-, Sozial- und Wirtschaftsverhältnisse verknüpft, kümmert sich überdies um die Rolle der Ritterschaft für die Verfassung der Herrschaft und berücksichtigt - aus der Perspektive der Herrschenden - die Beherrschten.[21] Neben diesen paradigmatischen Arbeiten waren die Studien der neueren französischen Geschichtsschreibung methodisch wie formal eine Herausforderung. Gerade Emmanuel Le Roy Laduries "Geschichte der Bauern des Languedoc" blieb stets eine (wenn auch allzu hohe) Meßlatte für die Verbindung von penibler Quellenarbeit mit stringenter Ausdeutung des Exemplarischen auch aus dem scheinbar Nebensächlichen bei stets hoher sprachlicher Brillanz.[22]

[18] Paul Nolte verweist in einer Rezension zu Christine Zeiles Dissertation (HZ 1990, S.453) auf die Grenzen generalisierender Studien. Die konkrete Realität der Macht von Grundherrschaften im Vormärz ließe sich nur am Einzelfall erkennen. Dieter Hellstern (wie Anm. 6) konstatierte in seiner Arbeit über den Ritterkanton Neckar-Schwarzwald das Fehlen von "Spezialuntersuchungen" zum Umfang von Ritterherrschaften im Südwesten (S.39, Anm. 56).
[19] Über die Bedeutung von Untersuchungen "am eng umgrenzten Raum" für die Landesgeschichte etwa H.H.Hofmann: Stand, Aufgaben und Probleme fränkischer Landesgeschichte, S.804f. C.Zimmermann in W.Schieder/V.Sellin, Sozialgeschichte in Deutschland II, Göttingen 1986, S.102. Auch Volker Press in der ZGO 1989, S.202 (vgl. Anm.3 oben).
[20] H.Harnisch: Die Herrschaft Boitzenburg. Untersuchungen zur Entwicklung der sozialökonomischen Struktur ländlicher Gebiete in der Mark Brandenburg vom 14. bis zum 19. Jahrhundert. Weimar 1968.
[21] R.Schmitt: Frankenberg. Besitz- und Wirtschaftsgeschichte einer reichsritterschaftlichen Herrschaft in Franken 1528-1806 (1848). Ansbach 1986.
[22] E. Le Roy Ladurie: Die Bauern des Languedoc. München 1990 (französische Originalausgabe Paris 1966).

EINLEITUNG

Neben der forschungstheoretischen Deduktion steht freilich ein zweiter, nicht minder bedeutsamer aber pragmatischer *incentive*, der diese Studie in dieser Form präjudizierte: Die erstmals mögliche systematische und vollständige Sichtung des Archivmaterials im Freiherrlich Göler von Ravensburg'schen Privatarchiv zu Schatthausen.[23] Das typischerweise sehr heterogene Aktenmaterial im Schloß zu Schatthausen besitzt eine günstige Häufung für den Ort selbst. Besonders August Philipp von Brüggen (1680-1749) ließ ausführliche Bücher über Besitzstände sowie Dienste und Abgaben anlegen, überdies liegen umfangreiche Korrespondenzen und Schatzungsregister vor.[24] Die Ermittlung fundamentaler Daten zur Wirtschaftsweise, zur Ertragslage und zur bäuerlichen Abgabenlast ermöglichte die - wenn auch aufwendige - Aufbereitung der Ernteregister zwischen 1703 und 1796. Als wertvoll erwiesen sich die für das 18. Jahrhundert vollständig erhaltenen Ruggerichtsprotokolle, deren Informationsfülle die sozialen Verhältnisse in der Herrschaft einerseits, den "Herrschaftsalltag" andererseits widerspiegeln. Ein besonderer Wert der Protokolle liegt aber vor allem darin, daß die zum Teil penibel geführten Aufzeichnungen Bauern unverfälscht zitieren und damit ansatzweise Erkenntnisse über die bäuerliche Vorstellungswelt erlauben.[25]

Der zeitliche Horizont für die Studie ergab sich aus einer tiefgehenden Finanzkrise, von der die Herrschaftsrechte an Schatthausen nach 1600 schwer betroffen waren. Sie wird in der "Vorgeschichte" aufgezeigt, die damit auch die Zäsur von 1677 deutlich macht: Mit der offiziellen Übergabe der Herrschaft an den Speyrer Juristen Wollrad von Brüggen setzte in diesem Jahr die Konsolidierung ein. Die ab der folgenden Jahrhundertwende auch reichlich fließenden Quellen erlauben die "neue Herrschaft" unter der Familie von Brüggen systematisch zu bearbeiten. Die "Entmachtung" der adligen Herren (von Stetten) im Zuge der Neuordnung der Staatlichkeit nach 1803 setzt einer Geschichte über eine Adelsherrschaft einen "natürlichen" Schlußpunkt; doch wird dieses Ende der alten Vogtsherrschaft genauer zu betrachten sein, weswegen markante Entwicklungen bis ins Jahr 1848 weiterverfolgt werden.[26] Um das Gefüge

---

[23] Zum Bestand allgemein G.Fouquet: Das Schloßarchiv Schatthausen, in: Kraichgau 8 (1983).
[24] Eine Abrundung der Aktenlage schufen Bestände im Generallandesarchiv Karlsruhe, ein wichtiges Lagerbuch fand sich im Stadtarchiv Wiesloch.
[25] Solche Quellen konnten an verschiedenen Stellen unterstützend eingebaut werden. Zur Mentalitätsgeschichte vgl. V.Sellin: Mentalität und Mentalitätsgeschichte, in: HZ 241 (1985). Als vorzügliches Beispiel E.Le Roy Ladurie: Montaillou. Ein Dorf vor dem Inquisitor 1294 bis 1324. Frankfurt 1980.
[26] Die Fruchtbarkeit von Untersuchungen über die Nahtstelle 1803/1806 hinweg betonten zuletzt die Arbeiten von H.Reif (wie Anm. 11) und J. Mooser: Ländliche Klassengesellschaft 1770-1848. Göttingen 1984.

EINLEITUNG

der "Kleinstherrschaft" Schatthausen - ihr unterstanden kaum mehr als 300 Menschen auf 569 Hektar Land - faßlich zu machen, wurde zunächst eine strukturelle Gliederung gewählt, in der unter den Rubriken Herrschaft, Wirtschaft und Religion die drei umfassendsten Dimensionen gesellschaftlich-geordneten Zusammenlebens in der frühen Neuzeit behandelt werden. Doch darf durch die Betonung von Strukturen nicht die historische Entwicklung vergessen werden, weswegen jeweils in Unterpunkten die nötige Dynamisierung vorgenommen wird. Noch in anderer Hinsicht stößt Strukturgeschichte an ihre Grenzen.[27] "Historiker erzählen wahre Ereignisse, deren Akteur der Mensch ist", hat Paul Veyne in eindringlicher Schlichtheit definiert[28] Diese handelnden Personen sollen in einem zweiten Schritt in ihren originären Lebensbereichen, gleichsam als "adliges und bäuerliches Landleben", betrachtet werden, bevor wichtigste Entwicklungen zwischen 1677 und 1848 nochmals zusammengefaßt verdeutlicht werden sollen. Bei aller Belastung des Begriffes soll auf diese Art ein möglichst "totales Bild" einer Adelsherrschaft in der frühen Neuzeit entstehen.[29]

Was aber bedeutet "Herrschaft"? Nachdem der Herrschaftsbildungsprozeß mit dem Mittelalter abgeschlossen ist, läßt sich der Begriff mit Lohmann als die "Gesamtheit aller auf einen territorialen Bereich bezogenen Rechte" fassen, im wesentlichen grundherrschaftliche, dorfobrigkeitliche und vogteiliche Rechte.[30] Wie virulent das *herkommene* Rechtsgefüge im 18. Jahrhundert ist, wird zu erörtern sein.[31] Jedoch reicht eine formale Analyse nicht aus. Zu "Herrschaft" gehört wesensnotwendig eine Untertanschaft, die konstruktiv oder obstruktiv, aktiv oder passiv, selbstbestimmend oder verwaltet ihren Platz im herrschaftlichen Gefüge wahrnimmt. Es ist das besondere Verdienst von Peter Blickle, in den vergangenen 20 Jahren die enorme Bedeutung des "gemeinen Man-

---

[27] Zur Diskussion um Strukturgeschichte siehe J.Kocka: Sozialgeschichte. Begriff, Entwicklung, Probleme. Göttingen ²1986, besonders Seite 73ff.
[28] P.Veyne: Geschichtsschreibung - Und was sie nicht ist. Frankfurt 1990, S.9.
[29] Eine "Totalgeschichte" bedarf freilich pragmatischer Einschränkungen und kann nicht mehr sein als ein "Richtwert", um die Behandlung aller gesellschaftlichen Dimensionen zum Postulat zu erheben. Dazu H.U.Wehler: Deutsche Gesellschaftsgeschichte 1700-1815. München ²1989, S.7. Erste Kritik an einer "histoire totale" äußerte schon Georg Simmel: Die Probleme der Geschichtsphilosophie. Leipzig 1892, ND München ⁵1923, S.67f.
[30] E.Lohmann: Die Herrschaft Hirschhorn - Studien zur Herrschaftsbildung eines Rittergeschlechts. Darmstadt 1986, S.10 und S.197.
[31] Die südwestdeutschen Grundherrschaften in der frühen Neuzeit galten lange Zeit als "versteinert". Die neuere Forschung (vgl. Anm. 13 und 14) hat sich differenzierter mit dieser Theorie auseinandergesetzt, die besonders in den Arbeiten von Th.Knapp und Th.Ludwig (genaue Titel im Literaturverzeichnis) expliziert wurde.

nes" betont zu haben, ohne dessen Berücksichtigung die deutsche Geschichte der frühen Neuzeit gar "nicht zu begreifen" sei.[32] So existiert "Herrschaft" auch durch die Normen des genossenschaftlichen Zusammenlebens und wird im Sinne starker Durchsetzungs- und Einflußkräfte auch "von Bauern über Bauern" praktiziert; für die soziale Wirklichkeit ist dies von großem Belang.[33] Dieses "Herrschaftsgefüge" steht überdies nach außen unter massivem Druck: Aus dem Zentvertrag von 1560 leitete Kurpfalz im Zuge ihrer Abschlußpolitik eine Reihe von eigenen Gerechtsamen ab, die sie zum Teil mit drastischen Mitteln umzusetzen begann. Damit komplettieren sich die Herrschaftsformen zur Trias, was zu komplexen Verwerfungen führt.

Ein wesentliches Augenmerk wird in der vorliegenden Herrschaftsstudie auf die Wirtschaft gelegt. Sie bestimmt nicht nur den Rhythmus des Alltagslebens, sie definiert auch Lebensqualität und schreibt soziale Hierarchien fest. Überdies ist sie ein Band zwischen Herrschaft und Untertanschaft, ein einseitiges Geben und einseitiges Nehmen. Inwieweit die Herrschaft am Wirtschaften der Bauernschaft partizipiert, wird genau zu erörtern sein. Und nicht nur dies, mahnte doch Walter Achilles 1960 völlig zu recht: "Was nützt ... die Berechnung der auf dem Betriebe lastenden Abgaben, wenn man sie nicht von einem exakt ermittelten Durchschnittsertrag abziehen kann und damit weiß, wieviel dem Bauern und seiner Familie zum Leben verblieb".[34] Während exakte Einkommensstudien besonders im Gefolge Wilhelm Abels für viele Landstriche entstanden, ist der Südwesten von solcherlei Forschung weitgehend unberührt geblieben.[35] In der vorliegenden Studie sollen Zahlen über die Fi-

[32] Eine Zusammenfassung seiner Thesen in P.Blickle: Deutsche Untertanen. Ein Widerspruch. München 1981, S.142.
[33] Die Polarität zwischen Herrschaft und Genossenschaft besonders bei H. Wunder: Die bäuerliche Gemeinde in Deutschland. Göttingen 1986 (vgl. S.19f.).
[34] W.Achilles: Getreidewirtschaft der Kirche zu Hedeper und Bossum, Kreis Wolfenbüttel, in: ZAA 8 (1960), S. 158. Methodisch und komparativ von Bedeutung waren die Arbeiten von Rainer Beck, Rudolf Schlögl, Christhard Schrenk und die zahlreichen Beiträge Friedrich Wilhelm Hennings, darunter besonders auch dessen neues und modern gefaßtes "Handbuch der Wirtschafts- und Sozialgeschichte". (Zu den ausführlichen Titeln siehe Literaturverzeichnis.)
[35] Vgl. etwa F.W. Henning: Bauernwirtschaft und Bauerneinkommen im Fürstbistum Paderborn im 18. Jahrhundert. Berlin 1970. H.C. Steinborn: Abgaben und Dienste holsteinischer Bauern im 18. Jahrhundert. Neumünster 1982. Genauere Arbeiten entstanden zuletzt für den Hegau, besonders C. Schrenk: Agrarstruktur im Hegau des 18. Jahrhunderts. Auswertungen neuzeitlicher Urbare mit Hilfe des Computers. Konstanz 1987. J.Sieglerschmidt: Die Herrschaft Langenstein im Hegau. Sozial- und wirtschaftsgeschichtliche Studien zur Entwicklung einer reichsritterschaftlichen Besitzung im 17. und 18. Jahrhundert. Habil. Konstanz 1986, Veröffentlichung geplant.

EINLEITUNG

nanzierung bäuerlichen und adligen Lebens genau ermittelt werden, zunächst für die dörfliche Wirtschaft insgesamt, sodann umgelegt auf die Adelsfamilie und die Untertanen als Einkommens- und Abgabengrößen. Ein wichtiges Anliegen des Studie ist schließlich die Einbindung der Bauernschaft.[36] Deren Perspektive wird unter politischen, ökonomischen und sozialen Gesichtspunkten stets besonderer Raum gewährt; kann es doch nicht angehen, etwa die Installation vogteilicher Abgaben darzulegen, ohne auf ihre Akzeptanz bei denen einzugehen, die sie zu leisten haben. Schließlich ist es eine der größten Chancen mikrokosmisch orientierter Geschichtsschreibung, auch versteckte Quellen aktivieren und damit den "gemeinen Mann" gebührend berücksichtigen zu können.

Die Forschungslage über die Kraichgauer Ritterschaft, der die Schatthäuser Herren lange Zeit inkorporiert waren, hat sich in den vergangenen Jahren verbessert. Im Blick auf Beiträge zur Geschichte haben die Kraichgau-Jahrbände nach einer eher heimatkundlichen Startphase zu immer größerer Solidität gefunden.[37] Überdies entstand im Gefolge einer Brettener Ausstellung im Jahre 1990 der repräsentative Band "Zwischen Fürsten und Bauern - Reichsritterschaft im Kraichgau", der den Wissensstand über adliges Leben im Kraichgau wiedergibt.[38] Mit Volker Press besaß die politische Linie der Kraichgauer Ritterforschung ohnehin schon längst einen reputierten Nestor.[39] Allerdings fehlt es für die präzisere Forschung noch an fundierten Einzelstudien.[40] Die vorliegende Arbeit soll daher auch exemplarische Funktion haben: Sie stellt Themenfelder vor, spricht Problemkreise an und verweist auf Methoden der Quellenbearbeitung, die künftig in der weitergehenden Forschung über kleine Adelsherrschaften - besonders im Kraichgau - berücksichtigt werden können. Auch die pfälzische Geschichtsschreibung hat für die Arbeit einen günstigen Rahmen geschaffen. Gerade hat Meinrad Schaab mit dem

[36] Diese kommt in Richard Schmitts Herrschaftsstudie über Frankenberg etwas zu kurz. Bauern spielen dort ausschließlich die Rolle der Untertanen, eine explizite Darstellung ihrer genossenschaftlichen Organisation nehmen als "Bemerkungen" vergleichsweise geringen Raum ein.

[37] Jahrbücher "Kraichgau", herausgegeben vom Heimatverein Kraichgau, Sinsheim.

[38] Rehm, Clemens und Konrad Krimm (Hg.): Zwischen Fürsten und Bauern. Reichsritterschaft im Kraichgau. Sinsheim 1992.

[39] V.Press: Die Ritterschaft im Kraichgau zwischen Reich und Territorien 1500-1623, in: ZGO 122/1974. Aspekte der Kraichgauer Ritterschaft sind explizit auch in anderen Aufsätzen dargestellt, etwa in V.Press: Die Reichsritterschaft im Reich der frühen Neuzeit, in: Nassauer Annalen 1976.

[40] Nur von bedingter Verwendbarkeit für die frühe Neuzeit ist die jüngste Dissertation mit einem Kraichgauer Thema: W.Eberhard: Untersuchungen zum Großgrundbesitz im Kraichgau. Die drei landwirtschaftlichen Großbetriebe der Grafen Douglas in Gondelsheim, Kreis Karlsruhe. Heidelberg 1989.

zweiten Band seiner "Geschichte der Kurpfalz" eine gültige, moderne Landesgeschichte abgeschlossen.[41] Unter den neueren Monographien war von besonderem Interesse die Studie über das Amt Dilsberg, in der Rüdiger Lenz das forsche Voranschreiten der pfälzischen Behörde beim Territorialausbau geschildert hat.[42] Unter die Opfer dieser Politik fiel auch die Herrschaft Schatthausen, die über hundert Jahre lang ergebnislos Abwehrmaßnahmen gegen den Parforceritt der Beamten ersann. Somit stellt das zweite Kapitel der vorliegenden Arbeit nicht nur die notwendigerweise vorauszuschickende staatsrechtliche und räumliche Einbindung der Herrschaft dar, sondern auch das Pendant zu Lenz' Studie: Der im Territorialisierungsstreben verdeutlichte Aufbruch zur neuen Staatlichkeit aus dem Blickwinkel des seine Autonomie verlierenden niederen Adels.[43]

---

[41] M.Schaab: Geschichte der Kurpfalz, Band 2, Neuzeit, Stuttgart 1992.
[42] R.Lenz: Kellerei und Unteramt Dilsberg. Entwicklung einer regionalen Verwaltungsinstanz im Rahmen der kurpfälzischen Territorialpolitik am unteren Neckar. Stuttgart 1989.
[43] In der folgenden Arbeit werden Literaturverweise abgekürzt mit dem Namen des Autors wiedergegeben. Bei mehreren Arbeiten eines Verfassers wird als eindeutig zuzuordnendes Kriterium das Jahr der Publikation angefügt. Einige agrartechnische Ausdrücke, die öfter vorkommen und der Übersichtlichkeit halber nicht an Ort und Stelle erklärt werden konnten, sind gesondert in einem Glossar am Ende der Arbeit aufgeführt. Handbücher werden nur ausnahmsweise zitiert.

1. Die Vorgeschichte

1.1 Im Mittelalter

Schatthausen gehörte im Mittelalter stets einem größeren Herrschaftsverband an.[1] Für das hohe Mittelalter zählte Meinrad Schaab den Ort zum Besitz der Edelfreien von Hohenhardt, einer der vornehmsten Familien im unteren Neckarraum, deren Burg zwischen Schatthausen und Baiertal gelegen hatte.[2] Um das Jahr 1300 trat an die Stelle der Edelfreien die Ministerialenfamilie gleichen Namens, die sich den Besitz Schatthausens mit den Gabel von Obrigheim teilten. Später erwarben Angehörige der Reinhardschen Linie der Familie von Sickingen Anteile an Schatthausen. Diese konnten ihre Rechte ausbauen, als Schwarz Reinhard von Sickingen (1384-1438) in zweiter Ehe Margarete Gabel von Obrigheim heiratete. Schatthausen gehörte nun also zu der "kleinen, aber recht ansehnlichen Herrschaft um Wiesloch", die sich die Sickingen erworben hatten.[3] Mit dem Aussterben der Familie im Mannesstamm ging der Allodialbesitz an die Familie der letzten Sickingen-Tochter über, die einen Neipperg geheiratet hatte. Seit 1455 war ein Zweig dieser bedeutenden, im 18. Jahrhundert in den Reichsgrafenstand erhobenen Familie im Besitz des Ortes.[4] Er wurde 1504 an Philipp Sturmfeder vererbt.[5] Auch die Sturmfeder verfügten über großen Besitz um Wiesloch, den Hans von Sturmfeder bei der großen Sturmfederschen Erbteilung 1562 aufsplittete.

Mit dieser auf den Lichtmeßtag 1562 datierten Teilung hatte sich Schatthausen herrschaftsrechtlich erstmals aus einem größeren Verband herausgelöst. Zur selben Zeit fand eine andere Entwicklung ihren wichti-

---

[1] Zur Frühgeschichte siehe Meinrad Schaab in KB Heidelberg-Mannheim II, S.875-887, Stocker, Fouquet (1983). Auch Frh.A.Sch. U 1 und U 4.
[2] Zum Hohenhardter Hof: KB Heidelberg-Mannheim II, S.389, Willaschek/Raap.
[3] Frh.A.Sch. U 32, U 33. Möller II, S.191ff. Zitat bei Kehrer (1979), S. 83f.
[4] Eine Geschichte der Neipperg gehört zu den Desideraten der südwestdeutschen Ritterforschung. Eine Arbeit existiert allein von Klunzinger aus dem Jahre 1840. Siehe auch Alberti II, S.542 mit weiterer Literatur, Kneschke VI, S.465, Kindler von Knobloch III, S.195.
[5] Übertragung gewisser Rechte von Sickingen auf Neipperg Frh.A.Sch. U 43. Zur Familie von Sturmfeder siehe OAB Backnang, S.280-284, Widder I, S.381, Alberti II, S.785.

gen Abschluß: Der Zentvertrag von 1560 schuf, umstritten zwar, die rechtliche Grundlage für das Verhältnis zwischen den Vogtsherrschaften in den Zenten und Kurpfalz. Seit dem hohen Mittelalter gehörte Schatthausen der Meckesheimer Zent an, wo sich die Adligen zäh der pfälzischen Versuche erwehren mußten, sie landsässig zu machen. Der Zentvertrag, den die Adligen der Kurpfalz abgerungen hatte, hätte eigentlich den Zentadel stärken sollen, doch erwies er sich als Pyrrhussieg.[1] Der Herauslösung aus einem größeren Herrschaftsverband im Jahre 1562 stand mit dem Zentvertrag von 1560 die schrittweise Einbeziehung Schatthausens unter die pfälzische Landeshoheit gegenüber. Damit waren für die politische und rechtliche Entwicklung des Ortes in der frühen Neuzeit die Weichen gestellt.

1.2 Selbständigkeit und Finanzkrise

Hans von Sturmfeder teilte seinen Besitz in Wiesloch, Altwiesloch und Schatthausen 1562 unter seinen Kindern auf. Dabei erhielt die jüngste Tochter Katharina, die Hans von Bettendorff geheiratet hatte, Schloß und Dorf Schatthausen.[2] Durch ein in diesem Jahr erstelltes Lagerbuch läßt sich der Besitz recht genau ermitteln. 539,5 Morgen Land gingen in die Hände des Bettendorff-Zweigs über, darunter 142,5 Morgen Wald. Die rund 396,5 Morgen Äcker, Wiesen und Gärten waren auf einen großen und einen kleinen Hof aufgeteilt, neben den Schloßgebäuden scheint auch ein recht stattliches Sommerhaus bestanden zu haben.[3] Dies machte es den beiden Enkeln des erwähnten Hans von Bettendorff leicht, sich in den Besitz zu teilen. Gleichwohl waren beide an einer eigentlichen Herrschaft kaum interessiert. Zumindest von Johann Dietrich ist bekannt, daß er sich in Frankreich aufgehalten hat, wo er sich stark verschuldete.[4] Wahrscheinlich war es seinem Bruder nicht besser ergangen, denn beide

---

[1] Zu den Zenten vor allem Brinkmann, F.Zimmermann, Kollnig (1936), Schaab (1979), zuletzt auch Lenz, S. 19ff. Siehe ausführlich Kap.2.
[2] Frh.A.Sch. A 1049. Die weitverzweigte Familie von Bettendorff stammt aus dem oberpfälzischen Pettendorf bei Neunburg vorm Wald. Ihr Aufstieg ist indes mit dem Zweig verbunden, der im rechtsrheinischen Raum seit 1400 Fuß fassen konnte. Er brachte mit Dietrich von Bettendorff im 16. Jahrhundert einen Wormser Bischof hervor, Philipp Ludwig wurde um 1700 kaiserlicher General (Frh.A.Sch. A 50, A 51, A 67, A 160). Die einzige Darstellung der Familiengeschichte stellt bislang die Arbeit des letzten männlichen Angehörigen dieses Geschlechts, W. Frh. von Bettendorff, dar. Siehe auch S.199ff.
[3] Frh.A.Sch. B 2, A 1049.
[4] GLA 125/3144. Daß Johann Dietrich und Johann Christoph die Enkel, nicht die Söhne der Katharina Sturmfeder waren, geht u.a. deutlich aus Frh.A.Sch. U 121 hervor, wo die Mutter als eine geborene Frauenberg angegeben wird. Siehe dagegen KB Heidelberg-Mannheim, S.880, Fouquet (1983), S.32.

VORGESCHICHTE

Abb. 1.1: Die Sturmfedersche Teilung

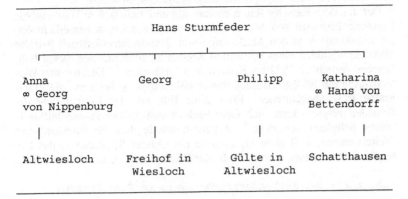

müssen in den neunziger Jahren in finanzielle Nöte gekommen sein. Schon 1591 verkauften sie Zinseinkünfte, bald darauf mußte Johann Christoph bei einem Wormser Juden eine größere Summe aufnehmen. Da er sie offenbar nicht wie vereinbart zurückzahlen konnte, entschloß er sich zu einer Umschuldung: Er nahm bei Johann Scheubel in Wiesloch einen Kredit von 4000 Gulden auf, den er mit seiner Hälfte des Ortes absicherte.[1] Sein Bruder entschied sich 1596 sogar zum Verkauf seines Dorfanteils an Johann Kechler von Schwandorf.[2] Dieser war bald im Besitz des ganzen Ortes, scheint also auch die Hälfte Johann Christophs erworben zu haben.[3] Allerdings gab er Schatthausen schon am 1. August 1599 an Eberhard von Weitershausen ab.[4] Dies nährt den Verdacht, daß Kechler, der verwandtschaftlich den Bettendorff nahestand, nur als Zwischenfinanzier aufzutreten gewillt war, um den Brüdern aus

[1] Frh.A.Sch. U 121, U 128. Vielleicht ist Scheubel ein Verwandter zu dem von Krebs (1942), m114, für 1558 aufgeführten "Diener von Haus aus".
[2] GLA 125/3144. Die Kechler von Schwandorf (ehemals Oberamt Nagold) werden zum "schwäbischen Uradel" gezählt. Angehörige des Geschlechts standen immer wieder in württembergischen Diensten, begütert waren sie vor allem im Ritterkanton Neckar-Schwarzwald, aber auch der Ort Diedelsheim im Kraichgau ist ein Kechlersches Lehen. Zu den Kechler liegt eine neuere Darstellung von Otto Bickel vor, allgemein auch Kneschke V, S.47f., Kindler v. Knobloch II, S.251, Alberti I, S.391, Hellstern, S. 207.
[3] Ein Kaufbrief über diese Transaktion fehlt.
[4] Frh.A.Sch. U 134. Bei der Familie handelt es sich um den alten Ortsadel von Weitershausen (Reg.Bez. Kassel). Angehörige des Geschlechts standen mehrfach in höheren herzoglich-württembergischen Forstdiensten. Ihre württembergischen Güter sind vor allem Bromberg, Altburg und Weltenschwan, Freudenthal und Thalheim. Alberti II, S.1036, Schulz, S.273.

ihrer Notlage zu helfen. Auch sein enger finanzieller Spielraum dürfte einem weitergehenden Engagement entgegengestanden haben.[1] Der aus dem Kasseler Raum stammende und mehrfach in Württemberg begüterte Eberhard von Weitershausen war dagegen von bemerkenswerter Liquidität: Von den Markgrafen von Brandenburg-Ansbach hatte er 10000 Goldgulden eines gewährten Kredits zu fordern, eine gleich hohe Summe verlieh er 1592 an Konrad von Grumbach.[2] Damit hatte Weitershausen ein höchst riskantes Portefeuille angelegt. Während die Markgrafen trotz abgelaufener Frist keine Eile mit der Rückzahlung der Schulden zeigten, hatte sich Grumbach in den 1590er Jahren hilflos in seinen Schulden verstrickt.[3] Ärgerlich wurde dies für Eberhard von Weitershausen, weil nicht er, sondern ein anderer Schuldner in das Unterpfand eingewiesen wurde.[4] Mit der Rückzahlung dieser Gelder oder

Abb. 1.2: Der Bettendorffsche Zweig in Schatthausen

Hans von Bettendorff ∞ Catharina von Sturmfeder
|
Hans Heinrich von Bettendorff ∞ Barbara von Frauenberg
|
Johann Dietrich von Bettendorff   Johann Christoph von Bettendorff

[1] Zur verwandschaftlichen Beziehung siehe den Stammbaum Bickels, S.146f. Ein Bruder Johann Kechlers, Hans Caspar III., war mit einer Agnes von Frauenberg verheiratet, Hans Heinrich von Bettendorff mit Barbara von Frauenberg. Über die wirtschaftliche Kompetenz der Kechlers um 1600 zieht Bickel (S.148f.) ein eher negatives Fazit. Wie viele ihrer Standesgenossen lebten sie "weit über ihre Verhältnisse".

[2] Zu den Markgrafen von Brandenburg-Ansbach etwa Stein, besonders II, S.80ff. Zu Konrad von Grumbach: Historische Stätten - Bayern, S.113f.

[3] Die Akten zu den Verpflichtungen Konrad von Grumbachs gegenüber Eberhard von Weitershausen und dessen Rechtsnachfolgern sind zumindest zum Teil erhalten und befinden sich im Staatsarchiv Würzburg (Würzburger Kartons 79-83, Familie von Grumbach, G. 10615 und Adel 1029/I). In Schatthausen werden die Schuldverstrickungen deutlich aus Frh.A.Sch. A 166, A 494 und A 1210. Vgl. auch Historische Stätten - Bayern, S.626.

[4] Dieser Rechtsakt wurde fast 200 Jahre lang von den Weitershausischen Erben bestritten. Erst 1777 gelang die Einsetzung in das Pfand Schernau. Siehe ausführlicher in Kapitel 6.1.2.

einer angemessenen Entschädigung für die Grumbach-Schuld hatte Weitershausen wohl gerechnet, als er den Kaufvertrag über Schatthausen abschloß. Denn er entschloß sich, von den beiden Brüdern von Bettendorff, die eben erst sich von der Vogtsherrschaft getrennt hatten und dadurch etwas liquide geworden waren, Überbrückungskredite aufzunehmen, die mit jeweils einer Hälfte des Kaufgegenstandes gesichert waren.[1] Schuldverschreibungen über jeweils eine Hälfte von Schatthausen kursierten damit Anfang des 17. Jahrhunderts gleich dreifach. Denn noch existierte die Verpfändung an Johann Scheubel aus dem Jahre 1596: Johann Christoph von Bettendorff hatte es vorgezogen, die Schuld offenzulassen und Kechlers Kaufpreis zu ermäßigen, statt die Hypothek zu begleichen. Sie wurde von Eberhard von Weitershausen am 31. Juli 1599, einen Tag vor Abschluß des eigentlichen Kaufvertrags bestätigt.[2]

Mit dem Erlös aus dem Verkauf halfen die noch immer in Schatthausen wohnenden Bettendorff-Brüder nun Eberhard von Weitershausen aus: Johann Christoph gewährte ihm 4000 Gulden, zum Unterpfand wählte er dieselbe Hälfte, auf die bereits Scheubel im Falle einer Zahlungsunfähigkeit Anspruch erheben konnte. 1601 zahlte Weitershausen 500 Gulden dieses Kredits zurück, mit der Verschreibung über die verbleibenden 3500 Gulden erwarb Johann Christoph 1603 den unmittelbar neben Schatthausen liegenden Hohenhardter Hof von Ganß von Otzberg.[3] Es ist kurios, daß diese Schuldverschreibung durch Vererbung auf den Schwiegersohn des Ganß von Otzberg, nämlich Reinhard Friedrich von Bettendorff, den Herrn von Gauangelloch und Nußloch, Jahrzehnte später ausgerechnet wieder auf einen Angehörigen des Geschlechts zurückfiel, das sich zuvor hatte umständehalber von Schatthausen trennen müssen.[4] Schließlich war eine dritte Verschreibung in Händen von Johann Dietrich von Bettendorff, der Eberhard von Weitershausen 3000 Gulden geliehen hatte. Er tauschte den Brief, von dem bereits 500 Gulden abgelöst waren, 1602 mit Joachim Willer, einem Lizentiaten der Rechte und kurpfälzischen Rat, gegen 2300 Gulden in niederländischen Talern ein.[5]

Zwei Aspekte adligen Wirtschaftens lassen diese Geschäfte am Ende des 16. Jahrhunderts erkennen. Da ist zunächst eine Art Flucht in Sach-

---

[1] Frh.A.Sch. U 135. Die Urkunde über Johann Christophs (höheren) Kredit fehlt im Original. Sie ist aber sinngleich mit U 135 im Urkundenbuch Frh.A.Sch. B 1 verzeichnet unter Seite 7ff., Dokument H.
[2] Frh.A.Sch. B 1, Seite 7ff. Dokument F. Deutlich auch in Frh.A.Sch. A 138.
[3] Frh.A.Sch. B1, S.7ff. Dokument N sowie Frh.A.Sch. A 138. Zu Ganß von Otzberg siehe Alberti I, S.215.
[4] Frh.A.Sch. A 76, A 1034.
[5] Frh.A.Sch. U 135, U 141. Krebs nennt den Rechtslizentiaten Joachim Willer für das Jahr 1587 "Rat und Advokat von Haus aus" (1942), m140. Alter weist Willer im Jahr 1588 nach (S.252).

werte. Sobald Liquidität vorhanden war, wurden neue Anlageobjekte ausgewählt, deren Rendite nirgendwo in den ansonsten sehr ausführlichen Kaufkontrakten vermerkt wurde. Schließlich bestand ein Dorf nicht nur aus einem Herrensitz und den dazugehörigen wirtschaftlich produktiven Liegenschaften, sondern auch im Jahresaufkommen von Zinsen und Zehnten, Steuern und Abgaben, nicht zuletzt im Frevel- und Strafgeld der Untertanen. Für den Adel waren diese finanziellen Überlegungen offenbar minder wichtig als das gesteigerte Prestige durch die erworbene "Herrschaft über Menschen".[1] Erst wenn sich erwies, daß die Erträge der Kapitalanlage in den Ruin führen mußten, begannen auch betriebswirtschaftliche Überlegungen eine Rolle zu spielen. Doch war es zur Abhilfe dann zumeist schon zu spät.

In der Leichtfertigkeit, mit der Adlige solche fremdfinanzierten Kapitalanlagen tätigten, ohne sich das Risikopotential bewußt zu machen, tritt ein zweites Moment adligen Finanzgebarens ans Licht. Selbst am eigenen Leib verspürte Ausfälle, wie die entgangene Einsetzung in ein Pfand, sorgten bei Eberhard von Weitershausen nicht für höhere Sensibilität: Kurz nach dem Grumbachschen Fiasko zeichnete er erneut einen Kaufvertrag, der bei Zahlungsunfähigkeit keine ausreichende Bürgschaften vorsah. Der einzige Unterschied: Nun wäre nicht Weitershausen direkt betroffen, sondern seine Gläubiger stünden mit leeren Händen da.

Der Zinsaufwand für das aufgenommene Kapital mußte den neuen Ortsherrn gehörig belasten. Aus den Kaufbriefen errechnen sich 525 Gulden, die Eberhard von Weitershausen jährlich für den Zinsendienst zu entrichten hatte. In einem Brief vom 22. Juli 1600 wird sogar von einer Zinsbelastung in Höhe von 700 Gulden gesprochen.[2] Eventuell wurde dieser Aufwand verrechnet mit einer Art Wohnrecht für die Brüder von Bettendorff. Denn die lassen sich zumindest noch zwei Jahre als in Schatthausen seßhaft nachweisen.[3] Dennoch: Wenn um das Jahr 1630 die jährlichen Einnahmen aus der Herrschaft in einer Veranlagung auf 400 Gulden geschätzt werden, zeichnet sich eine unbedingt problematische Situation ab - auch, wenn die Zuflüsse in diesem Jahr kriegsbedingt vielleicht geringer gewesen sein könnten als um 1600.[4]

[1] Ähnliche Urteile zur Bedeutung von "Herrschaft über Menschen" und zum "unentbehrlichen Bewußtsein, Herr zu sein", etwa bei Andermann (1982), S.211, und bei Riedenauer S.190.
[2] GLA 125/3144.
[3] GLA 125/3144, Schreiben vom 16. August 1601.
[4] Die Schätzung erfolgt in einem Brief über das Heiratsgut, das Anna Maria von Weitershausen in ihre zweite Ehe mit Johann Andreas von Brand einbrachte. Der Brief dürfte 1628/29 entstanden sein (Frh.A.Sch. A 138). In einer Rechnung von 1664 werden die Jahreseinnahmen auf 605 Gulden und 48 Kreutzer veranschlagt (Frh.A.Sch. A 1134).

VORGESCHICHTE

Die Zerrüttungen, die diese gewagten Verpfändungen für das gesamte Schatthäuser Wirtschaftsleben nach sich ziehen mußten, wurden erst nach dem Tode Eberhards sichtbar. Trotz mancher Mahnungen an *unsern freundlichen lieben gutten freund* wegen Überschreitung der Zahlungsziele und Rückstände in der Zinszahlung war nämlich dieser bis zu seinem Tode ein redlicher Schuldner geblieben. Auch das kaiserliche Hofgericht bestätigte 1611, daß die Gülte *ettliche Jahre* korrekt bezahlt worden sei.[1] Dies wurde mit dem Tode Eberhards am 28. März 1609 anders. Seine Frau Anna Maria hatte zunächst die *tutel der verlassenen pupillen*, nämlich ihres Sohnes und ihrer drei allesamt noch unmündigen Töchter, übernommen, dann jedoch festgestellt, daß sie mit der Administration überfordert war. Am 2. Februar des darauffolgenden Jahres bestätigte das Hofgericht nahe Verwandte der Witwe als Vormünder, Georg Valentin Lemmlin von Talheim zu Horkheim[2] und Hans Philipp von Lamersheim.[3] Beide scheinen sehr schnell die weiteren Zinszahlungen eingestellt zu haben. Ob damit die Vormünder ihre Aufgaben mißachtet hatten, oder ob die hoffnungslose Verschuldung an sich die immense Finanzkrise heraufbeschworen hat, aus dem das Dorf ein halbes Jahrhundert nicht herausfinden sollte, konnte später auch von einem Gericht nicht geklärt werden. Ein 1625 von Heinrich Philipp von Weitershausen gegen die ehemaligen Vormünder angestrengte Verfahren verlief nach der Wiederaufnahme 1628 offenbar im Sande.[4]

Schon vor Ausbruch des 30jährigen Krieges hatten sowohl Joachim Willer (1611) als auch Ganß von Otzberg (1615) ein *mandatum immissionale* beim Reichskammergericht in Speyer erwirken können, also die Einsetzung in die Dorfherrschaft, um ihre Außenstände zu sichern. Die Exekution war jedoch nicht erfolgt.[5] Während sich Willers Spuren für 40 Jahre verwischen, vererbte Ganß von Otzberg wenig später das Papier an seinen Schwiegersohn. Erst nach dem Kriege sollten sich die Gläubiger wieder in Schatthausen melden.

[1] Frh.A.Sch. A 138. "Gründliche Information wegen Schönberg contra Brüggen, Dokument C.
[2] Georg Valentin Lemmlin (an anderer Stelle auch Hans Valentin Lemmlin) war zu dieser Zeit Obervogt zu Geißlingen. Die Lemmlin sind eine alte Heilbronner Patrizierfamilie. 1542 - 1640 waren ihre Mitglieder im Ritterkanton Kocher immatrikuliert. Schulz, S.266, Alberti I, S.447.
[3] Die zu den Stifterfamilien des Klosters Maulbronn gehörenden Lomersheim (auch Lamersheim) sind seit Anfang des 16. Jahrhunderts in württembergischen Diensten belegt. Kindler von Knobloch II, S.533, Alberti I, S.471, Schulz S.267. OAB Maulbronn S.263f.
[4] Frh.A.Sch. A 138, A 166.
[5] Wiederholt läßt sich feststellen, daß das Erwirken eines Mandatum relativ leicht war im Vergleich zu seiner Exekution. Dazu Frh. A. Sch. A 138. Über die missio in possessionem Laufs, S.307 und HRG III, S.607f.

VORGESCHICHTE

Johann Scheubel, dessen Verschreibung bislang am nachlässigsten behandelt und noch zu keinem Teil getilgt worden war, hatte seine Klage am weitesten gebracht. Er stand 1617 vor der Einsetzung in die Herrschaft, die bei der wiederverheirateten Anna Maria lag. Ihrer nahm sich der kurpfälzische geheime Rat und Vogt zu Heidelberg, Heinrich Dietrich von Schönberg, an.[1] Er erreichte 1618 von Scheubel die Abtretung sämtlicher Rechte und versprach, Anna Maria von seinen Einkünften zu unterhalten. Sie selbst hatte die jährlichen Zinsen zu zahlen bis zur Ablösung der Hauptsumme und alle verursachten Kosten und Schäden zu begleichen. Aus einem späteren Erinnerungsbericht einer Tochter Anna Marias soll Scheubel zur Zeit dieser Abtretung im Gefängnis *um laib und leben gefangen* gewesen sein. Der Heidelberger Vogt soll ihm damals das Strafgeld gegen die Abtretung der Schuld auf Schatthausen bezahlt haben. Damit liesse sich auch erklären, warum ausgerechnet dieses Verfahren so weit gediehen war.[2]

Schönberg hatte bereits 1617 von Johann Scheubel ein Hofgut in Schatthausen erworben, plante wohl, sich dort ein festes Standbein zu schaffen.[3] Er hatte auch in den Folgejahren seinen Einfluß als Dorfherr zu unterstreichen versucht, regelmäßig im Schloß wegen seiner Außenstände vorgesprochen und sich auch nicht gescheut, einen Ring als kleine Anzahlung anzunehmen.[4] Von den Untertanen wurde er ganz offenbar als Mitherr angesehen.[5] Keiner im Schatthäuser Schloß besaß die Möglichkeiten, gegen die widrigen Finanzverhältnisse und die Zersplitterung der grundherrschaftlichen Obrigkeit anzugehen. Anna Maria von Weitershausen hatte sich nach dem Tode ihres Mannes mit Johannes Andreas von Brandt wiederverheiratet, jener dürfte bald nach der Hochzeit, zwischen 1618 und 1621 gestorben sein. Ihr Sohn Heinrich Philipp hatte sich in den zwanziger Jahren verärgert auf einen anderen Besitz der Familie ins württembergische Bönigheim zurückgezogen, die Verbindungen abgebrochen, aber immer wieder für erheblichen zusätzlichen Ärger gesorgt.[6] So kassierte er nicht nur die 10000 Goldgulden des Markgrafen, ohne seine Schwestern zu beteiligen, er machte auch seine Frau zur

---

[1] Heinrich Dietrich von Schönberg wurde 1619 Gubernator und Obrist über Stadt und Festung Mannheim (Krebs, m140, Stuck S.83), über ihn auch Press (1974), S.95. Zur Familie der Schönberg (heute Schomburg-Deggendorf) siehe Drös, S.299, Kneschke VIII, S.281.
[2] Frh.A.Sch. A 138.
[3] Frh.A.Sch. U 153.
[4] Frh.A.Sch. A 138.
[5] Darauf verweist der Fluch des Schatthäuser Pfarrers Michael Steck, der 1667 drohte, er würde den beiden Ortsherren, darunter dem Schönberger, ...*den Kragen vom Hals reißen*. (Frh.A.Sch. A 1099).
[6] Zu Bönigheim: OAB Besigheim, S.137-164.

VORGESCHICHTE

Abb. 1.3: Die Weitershausen in Schatthausen

```
        Eberhard von Weitershausen (+ 28.3.1609)
              ∞ Anna Maria von Lamersheim
        (2.Ehe mit Johannes Andreas von Brandt)
                            |
    ┌──────────────┬────────┴────────┬──────────────┐
Heinrich Philipp   Dorothea Ursula   Anna Rosina    Sibilla
(+12.7.1654)       (+um 1666)        (+um 1630)     (+um 1666)

∞                  ∞                 ∞              ∞
Sabina Magdalena   1628:             1620: ?        um 1630:
Herwart von        Hieronymus        1640:          NN. von
Bittenfeld         Christag          Oberst         Witzleben
(+ um 1660)        von               von            um 1660:
                   Walderstein       Karpfen        Abraham
                   1641/1653:                       Gerner von
                   Benedikt                         Lilienstein
                   Alexander
                   von Courvay
                   1660:
                   Vick von Reval
```

Alleinerbin, und die gab wiederum ihren Besitz an die ihr verwandte Familie von Neipperg weiter.[1] Die entrüsteten Schwestern in Schatthausen bemühten jahrelang die Gerichte, wandten sich letztendlich gar an den Erzbischof von Mainz, um die Ungültigkeit des Testaments bezeugen zu lassen.[2] Der Entzug ihres Bönigheimer Besitzes und der, wie sie glaubten, unterschlagenen brüderlichen Habe, ließ auch ihre Erben bis ins

[1] Diese Vererbung war schon materiell umstritten: Ohne seine Schwestern zu informieren, vermachte Heinrich Philipp Familienbesitz der Weitershausen. Zusätzlich waren einige Formfehler aufgetreten, die den Verdacht einer Fälschung nährten: Das Testament von 1654 war erst 1660 nach dem Tode des Begünstigten in seinem vollen Wortlaut den Schwestern bekannt geworden. Dabei zeigte sich nebst anderen notariellen Fehlern, daß die Beglaubigung durch Zeugen unzureichend war (Gutachten des Heilbronner Rechtsanwaltes Jakob F. Rühle, Frh.A.Sch. A 166). Die Testamente auch unter Frh.A.Sch. A 493.

[2] Bei der Appellation an den Kurfürsten von Mainz (Frh.A.Sch. A 166) stand im Vordergrund das Weitershausische Haus in Bönigheim. An diesem Ort hatte das Erzbistum als Ganerbe Anteil (OAB Besigheim, S.151ff). Die Appellation fällt zeitlich mit der Konversion Ursula Dorotheas zum katholischen Glauben zusammen, was ihr die Eingabe vielleicht erleichtert hat.

19

Jahre 1686 noch nicht ruhen - erfolglos.[1] Nach dem Tode der Mutter und der ältesten Tochter war Dorothea Ursula während der zweiten Kriegshälfte Herrin über Schatthausen. Wiewohl sie dreimal verheiratet war, ist von ihren Ehemännern nur einer in einer die Herrschaft betreffenden Korrespondenz zu finden.[2] Sie war ebenso kinderlos geblieben wie ihre beiden Schwestern.

Dies war die Situation nach dem Kriege, als mehr und mehr Forderungen der Gläubiger in Schatthausen eintrafen und Gerichtsprozesse in Speyer angestrengt wurden. Dieses Zwangsengagement in Speyer scheint nun für eine glückliche Wendung der Schatthäuser Geschicke gesorgt zu haben. Um 1660 nämlich heiratete Sibilla von Weitershausen einen Abraham Gerner von Lilienstein. Diese Verbindung der Witwe könnte über den Bruder des Gatten, Dr. Adam Gerner von Lilienstein, zustandegekommen sein, einen Advokaten am Reichskammergericht, der mit den Schatthäuser Schuldsachen vielleicht bestens vertraut war und die Chance sah, zu einer auch für seine Familie interessanten Lösung zu kommen. Die Gerner von Lilienstein waren ein sehr wohlhabendes Geschlecht. Abraham hatte eine Kavalierstour durch ganz Europa hinter sich, die er in einem Tagebuch schriftstellerisch und zeichnerisch detailliert festgehalten hat.[3] Mit seinem Bruder Adam hatte er 1652 das Kraichgaudörfchen Wollenberg gekauft.[4] Durch die Verbindung mit den kinderlosen Schwestern von Schatthausen konnte nun das Engagement im Kraichgau ausgebaut werden. Schließlich waren juristische Kompetenz und dicke Finanzpolster nötig, um die verfahrene Situation in Schatthausen aufzuklären. Der Einsatz war wohl auch als Vorsorge für die Töchter gedacht, denn ein Schwiegersohn wurde früh in die Schatthäuser Entschuldung involviert. Dabei handelte es sich um den sächsisch-lauenburgischen Rat am Reichskammergericht in Speyer, Dr. Wollrad von Brüggen, der zu Beginn der sechziger Jahre die Tochter Adam Gerners, Christina Barbara, geheiratet hatte.[5] Unter Mithilfe dieser rechtsgelehrten Adligen begann seit 1661 die Konsolidierung des Ortes.

---

[1] Frh.A.Sch. A 166. Der Streit zwischen den Weitershausischen Geschwistern wurde nach dem Tode Heinrich Philipps von den Gernerschen Brüdern gegen die Neipperg weitergeführt.

[2] Benedikt Alexander von Courvay in einer Eingabe an den Ritterkreis, GLA 125/3144.

[3] Frh.A.Sch. A 263. Über adlige Kavalierstouren wurde bislang wenig gearbeitet, ein kurzer Überblick bei Conrads, S.255.

[4] Zu Wollenberg erschien 1992 eine Ortschronik, in der die Gernersche Herrschaft indes nur knappe Erwähnung findet (S.61f.). Kurz auch in: Das Land Baden-Württemberg IV, S.56. Frh.A.Sch. A 1252.

[5] Zur hohen Bedeutung des Reichskammergerichts für die sächsisch-lauenburgische Rückerwerbspolitik siehe Reden, S.63.

In diesen hatte der Krieg seine tiefen Wunden geschlagen. Der Ort war *fast zugrunde gericht* worden, Brücken, Scheuern und Ställe waren baufällig, die Mühle glich einem Steinhaufen und die Felder waren so mit Forlen und Hecken überwuchert, daß sie kaum mehr in Bau zu bringen waren. Überdies war die Bevölkerung kräftig geschrumpft.[1] Damit das Dorf nun nicht ganz ins Verderben gerate, bat Dorothea ihre Schwäger, mit der Reparatur am Schloß zu beginnen, Mauern und Scheuern wiederherzustellen. Dafür vererbte sie den beiden ihren Anteil am Dorf.[2]

In Anwendung des Reichsabschieds von 1654, der Regelungen über die Streichung von ins Unermeßliche aufgelaufenen Schuldzinsen vorsah, begann insbesondere Wollrad von Brüggen die Verhandlungen mit grosser Verve zu führen.[3] Er suchte Vergleiche, spielte im rechten Augenblick auf Zeit und verfügte offenbar auch über die nötigen finanziellen Mittel. Am einfachsten war der Pfandbrief Joachim Willers zu lösen. Dieser war auf einen Urenkel übergegangen, der sich angesichts der langsam mahlenden Mühlen des Reichskammergerichts 1666 entschloß, den dort anhängigen Prozeß aufzugeben und das Papier an Adam Gerner zu veräußern *zu meinem besten nutzen.*[4] Noch vor der Auszahlung verstarb Adam Gerner, Wollrad von Brüggen führte die Zahlungen im Laufe des Jahres 1667 aus.[5]

Johann Friedrich von Bettendorff, der Sohn Reinhards, auf den die Verschreibung Ganß von Otzbergs übergegangen war, hatte den Prozeß gegen die von Weitershausen wiederaufgenommen und am 13. August 1666 das Immissionmandat erwirken können. Kurz darauf zog er ins Schatthäuser Schloß ein. Einen Vergleich mit ihm zu finden, gelang erst ein Jahr später, und auch dann mußte eine pfälzische Delegation schlichtend eingreifen. Als am Martinstag 1667 der Auszug des Bettendorffs aus dem Schloß begann, gab es erneute Streitigkeiten. Die Vergleichssumme lag bei knapp 2000 Gulden, gezahlt in bar und Kapitalbriefen. 600 weitere Gulden wurden mit gewissen Vorbehalten zu zahlen versprochen. Damit war es also mit Hinweis auf die hoffnungslose Überschuldung gelungen, eine Vergleichssumme noch unter dem Wert des Pfandbriefs anzusiedeln. Mehr als die Hälfte dieser Summe wurden von Wollrad von

---

[1] Vgl. Kapitel 7.1.1.
[2] Frh.A.Sch. A 1135.
[3] Zum Reichsmoratorium Blaich, S.234, der entsprechende Passus des Reichsabschieds in Buschmann S.528ff. oder in Teutsche Reichsabschiede III, S.672f. Die allgemeine Schuldenkrise bei Kaphahn, passim.
[4] Diesen Urenkel, Joachim Ludwig Willer, führt Stuck (S.102) für 1656 als Hofgerichtsadvokat, für 1683 als Hofgerichts-Geschworenen-Advokat auf.
[5] Frh.A.Sch. A 138, A 1034.

Brüggen beglichen, nur 595 Gulden zahlte Abraham Gerner, hinzu kam ein den Gernerschen Töchtern in Speyer gehörender Kapitalbrief.[1] Wollrad wird gewußt haben, daß sein persönliches und finanzielles Engagement nicht nur verwandtschaftliche Harmonie bedeutete. Schon früh war er in die Herrschaft über Schatthausen einbezogen worden. Es dürfte ihn daher kaum überrascht haben, als am Freitag, den 29. Juni 1677 nachmittags gegen fünf Uhr, Abraham Gerner in die Schreibstube seiner bei der Predigerkirche gelegenen Speyrer Wohnung trat, wie die übliche notariell exakte Beschreibung wissen läßt, um einen wohlvorbereiteten Rechtsakt durchzuführen. Wegen ihm und seiner Gattin Sibilla erwiesener Wohltaten insbesondere in *geführten und noch schwebenden Prozessen*, so formuliert Abraham Gerner von Lilienstein, habe sich das Ehepaar entschieden, Wollrad von Brüggen Dorf, Gut und Schloß Schatthausen zu schenken. Damit war die Vogtsherrschaft Schatthausen für die nächsten 120 Jahre wieder in feste Hände gelangt.[2]

Ein Glück mochte es gewesen sein, daß die Grafen von Schönberg, die in der Nachkriegszeit eine Art Nebenherrschaft geführt hatten und nachdrücklich ihre Rechte eingeklagt hatten, in den siebziger Jahren ihr Interesse an der kleinen Kraichgauer Herrschaft verloren.[3] Die Verschreibung war mittlerweile auf *Frederic de Schonberg, Comte de St. Empire et de Merthola, Grand de Portugal, Marechal de France* übergegangen. Auch dieser betrieb einen Immissionsprozeß, wies dann aber angesichts der beträchtlichen auf Schatthausen lastenden Schulden seinen Sohn an, einen Vergleich zu erwirken. Dem erfolgreichen Grafen in englischen und französischen Militärdiensten fiel es wohl im fernen Portugal nicht allzu schwer, sich von dem Kraichgaudörfchen zu trennen. Schon in den siebziger Jahren hatte er das Hofgut dem neuen Schatthäuser Schloßherrn zunächst pachtfrei überlassen, damit eine schnellere Wiederurbarmachung erfolgen konnte. Wenige Jahre danach, als die erste Pachtrate fällig wurde, entschloß sich von Brüggen zum Kauf. Im gleichen Jahr, 1680, gelang es auch, die Obligation aus dem Jahre 1618 über 3500 Gulden samt Zinsen fallen zu lassen. Als Entschädigung zahlte Wollrad zur Frankfurter Ostermesse 1000 Reichstaler an die Familie der Schönberg.[4] Auch wenn zahlreiche Wüstungen noch für Unklarheiten sorgten, hatte Wollrad von Brüggen damit das alte Schloßgut wieder in dem Umfang hergestellt, wie es in der Sturmfederschen Teilung festgehalten worden war.

[1] Frh.A.Sch. A 1034, B 1, S.7ff. Dokument Q.
[2] Frh.A.Sch. A 1035, B 1, S.7ff. Dokument R.
[3] Zum Schönberger Interesse siehe etwa Kollnig (1968), S.299 überdies Frh.A.Sch. A 138, B 1.
[4] Frh.A.Sch. A 138.

2. Vogtei und Landeshoheit: Schatthausen und Kurpfalz

2.1 Die staatsrechtlichen Verhältnisse

Daß seine Neuerwerbung einen mächtigen Nachbarn hatte, der seiner Interessensphäre gerade Richtung Kraichgau größte Aufmerksamkeit widmete, mußte der neue Ortsherr Wollrad von Brüggen schon früh feststellen. Anfang November 1672 hatte er das kaiserliche Wappen am Schloßtor anbringen lassen, *auch zugleich eine schriftliche Salva guardia dahier gegeben*, um sich vor anrückenden kaiserlichen, kurbrandenburgischen und lothringischen Truppen zu schützen.[1] Kurpfalz reagierte scharf und beschlagnahmte drei Jahre lang Gefälle in Schatthausen, bis Wollrad von Brüggen 1676 förmlich um Abbitte gebeten hatte. Was die Pfalz so empörte, war die Verletzung der Bestimmungen *vermög des Vertrags de ao 1560 zwischen dem Ambt Heidelberg und denen von Adel ußem Kraichgaw*. Darin sei dem Kurfürstentum *nebst anderen hohe juribus, die schuz, schirm und Centgerechtigkeit, auch landesfürstliche Obrigkeit* zugestanden worden. Diese letztere vertrug sich nach Ansicht der Heidelberger Juristen nicht mit der kaiserlichen Sauvegarde. Selbst die Fürsprache des Herzogs von Sachsen und die des Speyrer Kammerrichters, des Markgrafen von Baden, wies Kurfürst Karl Ludwig ab.[2] Wollrad von Brüggen, der vorgab, bona fide gehandelt zu haben, hatte mit dem Appell an die kaiserliche Schutzgewalt den Nerv der pfälzischen Territorialpolitik am unteren Neckar offengelegt.

Dieser Zentvertrag, der 1560 zwischen den Vogtsjunkern der Mekkesheimer und Reichartshauser Zenten einerseits, dem pfälzischen Kurfürsten andererseits geschlossen worden war, um die Aufteilung ihrer umstrittenen Gerechtsamen letztgültig festzulegen, sollte für die Zentrit-

---

[1] Militär lag zu dieser Zeit offensichtlich in Zusammenhang mit dem Holländischen Krieg in der Schatthäuser Nachbarschaft. Die Ortsherrschaft befürchtete daher, bei Ausbruch neuer Kämpfe in Mitleidenschaft gezogen zu werden. Wollrad von Brüggen führte zu dieser Zeit die Herrschaftsgeschäfte noch anstelle seines Schwiegervaters. Die formelle Übertragung erfolgte erst 1677. (Siehe Kapitel 1.2 und 3.2.)
[2] GLA 229/92229.

terschaft zum Menetekel der frühen Neuzeit werden.[1] Im Vertrag war vor allem die Abgrenzung der Gerichtszuständigkeiten vorgenommen worden. Den Vogtsjunkern wurde eingeräumt, Schultheißen und Gerichtsleute setzen und entsetzen zu dürfen, Ruggericht sollten sie vier-, mindestens aber dreimal im Jahr abhalten. Gebot und Verbot sowie die Klagsachen unterhalb der Zentebene blieben den Vogtsjunkern. Ihre Strafgewalt wurde indes auf eine Höhe von drei Pfund und fünf Schilling limitiert; wurde Turm oder Block verhängt, so sollten sich die Richter *geburlicher bescheidenheit* bedienen. Dagegen wurden vor dem Zentgericht neben der Blutgerichtsbarkeit Verletzungen der zentweit geltenden Gewichtsmaße und das Versetzen von Marksteinen verhandelt. Auch Blasphemie und Zauberei fielen nach altem Herkommen unter die Kompetenz der Zentgerichte.

Die Vogtsjunker, fast allesamt Mitglieder der Kraichgauer Ritterschaft, hatten geglaubt, durch Bestätigung ihrer dezidiert aufgelisteten Rechte die eigene Position sichern zu können. Auf welches gefährliche Spiel sie sich mit der hohen Regelungsdichte eingelassen hatten, sollte sich jedoch bald erweisen. Denn nachdem einmal so detaillierte Vereinbarungen zwischen Ritter und Territorium getroffen worden waren, beanspruchte letzteres auch später ein Mitspracherecht. Die Kurpfalz zuerkannten Berechtigungen erlaubten überdies fast unbegrenzte Ausdehnung: Aus der Reispflicht der Untertanen entwickelte sich im 18. Jahrhundert die Belastung der Zentorte mit Kriegskontributionen; die Unterstellung unter die pfälzische Schatzung nahm die nach den Kriegen des 17. Jahrhunderts finanzschwache Pfalz zum Anlaß, die letzten steuerlichen Freiräume der adligen Vogtsjunker zu schließen. Nach Belieben leiteten die Kurfürsten aus dem Vertragspassus, der die Pfalz als *obrister cent- schutz- und schirmherr* bezeichnete, die volle landesfürstliche Superiorität ab. Sie strich, so urteilt Brinkmann, "die unabsehbare Mannigfaltigkeit der neueren Staatsrechtsentwicklung" ein.[2]

Dieser Zusammenhang ist von den Adligen zu keiner Zeit erkannt worden, bis zuletzt setzten sie auf den Kontrakt ihre Hoffnungen. Die Fixierung ist das fatale und schließlich letale Mißverständnis der Zentritterschaft. Sie kopierte den Vertragstext, verteilte ihn, argumentierte mit ihm.[3] Eine Aufkündigung, ein argumentativer Rückgriff auf die Verhältnisse ante diem contracti lag für sie außerhalb des Vorstellbaren. Erst dem studierten Juristen und Herrn von Mauer und Schatthausen, Karl

---

[1] Abschriften des Zentvertrags in Frh.A.Sch. A 378, GLA 43/143. Gedruckte Fassung bei Brinkmann S.12ff.
[2] Brinkmann, S. XVII.
[3] So war eine der ersten Beschlüsse der 1721 ins Leben gerufenen Einung der Zentadligen, den Vertrag zu vervielfältigen und allen Mitgliedern zuzustellen. Siehe Kapitel 2.3.

LANDESHOHEIT

von Zyllnhardt, fiel es ein, den Zentvertrag in seiner historischen Stellung zu relativieren und in eine rechtlich neue Dimension vorzustoßen: und er hatte damit sogar Erfolg. Dies war im Jahre 1805![1] Hatte der Zentadel im 16. Jahrhundert noch geglaubt, durch den Vertrag die Attacken der Pfalz pariert zu haben, so mußte sie bald erkennen, daß die Angriffe von der neuen Rechtsbasis aus fortgesetzt wurden.[2] Der "scheinbare Sieg" durch den Zentvertrag war im Nachhinein betrachtet ein weiterer Schritt zum Landesausbau.[3] Die Zenten begannen sich unter dem pfälzischen Einfluß strukturell zu wandeln, wurden sukzessive vom ehemaligen eigenständigen Rechtsdistrikt zum Verwaltungsbezirk degradiert. Mit der Personalunion zwischen Zentgraf und Amtsverweser auf Dilsberg erreichte diese Entwicklung für die Zent Meckesheim am Ende des 17. Jahrhunderts ihren Höhepunkt.[4] Für die reichsfreien Ritter war die Implementierung der Zent in die Amtsverwaltung schwer akzeptabel. Beamte traten ihnen jetzt als Vertreter von Kurpfalz entgegen. Vergeblich verwiesen die Ritter darauf, daß der Zentvertrag mit dem Kurfürsten geschlossen worden war, vom Amt Dilsberg damals nicht die Rede gewesen sei. Wie stark adliges Selbstbewußtsein darunter litt, artikuliert August Philipp von Brüggen in einem persönlichen Schreiben an den Kurfürsten in sonst nicht gewohnter Emphase: *Ihro churfüstl. Durchlaucht alß obrister Schutz und Schirmherr dieses meines orths müßen mich schützen, schützen müssen sie mich*, nämlich vor der *Willkuhr* (!) der Behörden.[5] Die verwaltungstechnisch versierten Beamten machten schon bald keinen Unterschied mehr zwischen den kurpfälzischen und den ritterschaftlichen Dörfern in den Zenten. In Abhängigkeit vom Engagement des Amtsverwalters wurde die Extendierung der eigenen Rechte teilweise so stark vorangetrieben, daß sogar die Zentralregierung ihren Außenposten mäßigen mußte.[6] Auf eine subtile Weise wurde die Lage noch dadurch kompliziert, daß die Anwälte[7] in den Dörfern als kurpfälzische Instanz dem Amt weisungsgebunden waren und gleichzeitig von den reichsunmittelbaren Rittern als untertan angesehen wurden.

[1] Karl von Zyllnhardt gelang damals die Ausgliederung seiner Grundherrschaften aus den neuen badischen Amtsbezirken. Dazu genauer Kapitel 3.4.
[2] Lenz, S. 19f.
[3] Brinkmann, S. XVII, Kollnig (1936), S.33, Zimmermann, passim. Deutlich auch die pfälzische Perspektive bei Widder I, S.353ff.
[4] Zu dieser Entwicklung und der Geschichte der Meckesheimer Zent vgl. die Darstellungen von: Kollnig (1933), S.70ff., Schaab (1979), Lenz, S. 24ff. Zur Personalunion dto., S. 132 und 239.
[5] Frh.A.Sch. A 1162.
[6] Lenz, S.147ff.
[7] Als Anwälte wurden die Schultheißen in den Vogteiorten bezeichnet.

25

LANDESHOHEIT

Gegen die schrittweise Einbeziehung in die kurpfälzische Landesverwaltung stand formal allein noch die personalrechtliche Beziehung des Adels zum Ritterkanton Kraichgau.[1] Die Brüder von Bettendorff, aber auch noch Eberhard von Weitershausen, sind in den Matrikeln der Kraichgauer Ritter aufgeführt. In den Wirren des Dreißigjährigen Krieges wurden die Beziehungen dann undeutlicher, wenngleich sie bestehen blieben, denn schon alleine um die Kontributionsleistungen an den Kaiser aufrechterhalten zu können, suchte die Kantonsverwaltung stets den Kontakt zu den reichsritterschaftlichen Dörfern.[2] So sind es auch die Finanzen, die als Gradmesser für die Intensität der Beziehungen zwischen Schatthäuser Rittern und ihren Standesgenossen zu dienen vermögen. In der ersten Hälfte des 17. Jahrhunderts waren von den Mitgliedern des Ritterortes Kraichgau Kriegskontributionen zu leisten.[3] Die Brüder von Bettendorff, wie auch Eberhard von Weitershausen und später die Ehemänner seiner Tochter, baten angesichts ihrer Schuldenlast auf dem Dorf um Aussetzung der Zahlungen und weigerten sich immer wieder, den vollen Beitrag zu leisten. 1642 bedeuteten die Direktoren des Kantons Benedikt Alexander von Courvay in Schatthausen, *beßer als bis dato zu parieren*, um eine Exekution zu vermeiden.[4] Zwar war allen Schatthäuser Eingaben die Beteuerung beigefügt, später die geforderten Zahlungen begleichen zu wollen, wenn die eigenen Engpässe überwunden seien oder nach den harten Kriegszeiten das Gut wieder effizient bewirtschaftet werden könnte. Doch läßt sich den Argumentationen unschwer entnehmen, daß eine gewisse Entfremdung eingetreten war. Ganz deutlich sprach dies Anna Maria von Brandt[5] aus, als sie 1631 die bislang geleisteten Kontributionen als *für sie nutzlos* bezeichnete, weil ihr bei einem militärischen Einfall erst nach langem Bitten Hilfe zuteil geworden sei. Die Wirksamkeit der pfälzischen Schutzmacht wurde gegenüber der entfernteren und in der Exekutive schwachen Kantonsverwaltung deutlich präferiert. Als die Vogtsherrschaft angesichts näherrückender Kriegswirren 1623 die Flucht nach Pforzheim beschloß, übergab sie die Siegelgewalt den kurpfälzischen Behörden, nicht den Standesgenossen im Kraichgau.[6] Aber auch die im 17. Jahrhundert von den Schatthäuser Dorfherren mehrfach gebrauchte Erklärung, daß ihre Untertanen der Pfalz schatzungspflichtig

---

[1] Zum Ritterkanton Kraichgau Press (1974, 1976), Svoboda, Rehm, S.7-25. Zur reichsritterschaftlichen Organisation allgemein Hellstern, Kap. 2 und 3.
[2] GLA 125/1030 und 125/3487.
[3] GLA 125/3144.
[4] Courvay war einer der Gatten der Dorothea Ursula von Weitershausen, siehe Tafel 1.3., S. 18.
[5] Die Ehefrau Eberhard von Weitershausens hatte sich nach dem Tode des Gatten mit Johann Andreas von Brandt wiederverheiratet. Vgl. Kap. 1.2.
[6] Frh.A.Sch. B 13, im Anhang.

seien, sie dorthin auch Kontributionen zahlten und daher von der Herrschaft nicht weiter belangt werden könnten, kann nur als Scheinargument abgetan werden: Denn die Schatzungspflicht schließt die Kontributionspflichtigkeit nicht automatisch ein, überdies forderte die Ritterkasse Beiträge auch aus den schatzungsfreien, weil adligen Gütern.[1] Wenn dennoch die Schatzungspflicht als Hinderungsgrund für die Beiträge in die Rittertruhe angegeben wurden, dann dürfte die Affinität zu den Standesbrüdern schon stark geschmolzen sein.

Die Hinwendung zur Pfalz erklärt sich indes nicht nur aus dem Rechtsinstrument des Zentvertrags. Eine ganze Reihe von Gerechtsamen besassen Kurpfalz und kurpfälzische Institutionen in Schatthausen. Sieben Hofstätten waren dem Amt Dilsberg sowohl zins- als auch fronpflichtig.[2] Überdies stand Kurpfalz ein Viertel des großen und ein Achtel des kleinen Zehnten von der Schatthäuser Gemarkung zu.[3]

2.2 Pfälzische Nadelstiche,
adliges Geschick und bäuerliches Kalkül

Zwei Möglichkeiten blieben einem pfälzischen Amtsknecht, der ins Schloß nach Schatthausen gesandt wurde. Entweder er vermochte seine Botschaft vor dem Schloßtore auszurichten; oder er mußte seinen Spieß abschnallen und förmlich um unbewaffneten Zutritt nachsuchen.[4] Dieser Anspruch auf freiadlige Unverletzlichkeit ist ein unfreiwilliges Symbol für den Verlust an reichsritterschaftlicher Autonomie. Denn längst ist den Vogtsjunkern nur der engste herrschaftliche Kernbereich, das Schloß, als Refugium vor territorialstaatlichen Bestrebungen der Kurpfalz geblieben. Und nicht lange sollte es dauern, dann wurde auch dieser in Frage gestellt.

Mit dem Ende des 17. Jahrhunderts hatten für Kurpfalz zwei politische Aufgaben Brisanz erhalten: Zum einen der Auf- und Ausbau der Finanzverwaltung, der eng verbunden war mit einer stärkeren und ausgeklügelten Belastung der Einwohnerschaft.[5] Die andere einschneidende politische Leitlinie war mit dem Eintritt der Neuburger Linie in die Kurfür-

---

[1] Johann Dietrich von Bettendorf aber auch Eberhard von Weitershausen entschuldigten ihre Rückstände um die Jahrhundertwende ausschließlich mit ihrer persönlichen Liquiditätsknappheit. Und 1684 ließ sich Wollrad von Brüggen bestätigen, daß Kontributionen grundsätzlich an die Ritterkasse, nicht an Kurpfalz gezahlt würden (GLA 125/3144).
[2] Frh.A.Sch. A 958.
[3] Hierzu ausführlich Kapitel 4.1.3 und 4.4.1.
[4] Frh.A.Sch. B 13.
[5] Vgl. besonders Sellin (1978), Biskup, Schaab (1992), S.214f.

LANDESHOHEIT

stenwürde entstanden: Die Protektion der katholischen Konfession.[1] Das Verhältnis zwischen protestantischer Vogtsherrschaft und Kurpfalz degenerierte unter diesen Voraussetzungen zu einer endlosen Kette von Auseinandersetzungen. Vielfach waren es beabsichtigte Attacken, häufig aber auch nur eine mechanische Gleichmacherei der Behörden, die auf die Sonderrechte der Herrschaften keine Rücksichten zu nehmen bereit waren. Getragen wurden die Streitigkeiten um Finanzen und Konfessionen zumeist von den Beamten auf dem Dilsberg, dessen Verweser zeitweise zum Intimfeind der Schatthäuser Herrschaft avancierten, wobei verschiedene Eskapaden, durch die August Philipp von Brüggen Konflikte provoziert hatte, sicher mit eine Rolle spielten.[2] Daneben aber trat auch das im Zuge der neuen Konfessionspolitik neugegründete evangelische Konsistorium als Antipode auf, was zu der eigenartigen Konstellation führen konnte, daß die auf ihre Stellung pochenden Dilsberger Amtleute plötzlich die Seite der Vogtsherrschaften vertraten. Die Vielgestaltigkeit der Attacken bewirkte, daß die Zentorte unterschiedlich von den pfälzischen Maßnahmen betroffen wurden. Ihre Interessen liessen sich so nie auf einen Nenner bringen, was Absprachen oder ein gemeinsames Vorgehen erschwerte. Der letztlichen Niederlage gegen die Territorialisierungsbestrebungen wurde dadurch erheblich Vorschub geleistet.

Doch noch eine weitere, oft vernachlässigte Kraft nahm direkten Einfluß auf die Stellung der Vogtsjunker in den Zenten: Die bäuerlichen Untertanen. Spielraum für eigene Parteinahme wurde ihnen unbeabsichtigt sogar von ihren eigenen Herrn eingeräumt, die Mühe hatten, die eigene Haut zu verteidigen. In einem Beschwerdeschreiben der Zentritter von 1728 heißt es[3]: *Wenn auch Untertanen in Centsachen, aber nichts weiter, zum Amt Dilsberg gezogen werden, so ist solches nicht auf die Kurpfalz nullo juris vinculo unterworfenen und noch dazu a potiori dem Kanton Kraichgau vermitgliederte immediate cavalliri zu extendieren.* Die Junker zogen damit eine klare Scheidelinie zwischen ihrer eigenen zentrechtlichen Stellung und der ihrer Untertanen. Weidlich begannen diese ihre Zentuntertanschaft auszukosten. Das Gerichtswesen, die Religionsverhältnisse und die Steuerfragen boten ihnen immer wieder Gelegenheit, als Zentuntertanen Vorteile zu erstreiten, die ihnen der Vogtsherr versagte.

[1] Zu den Religionsverhältnissen in der Kurpfalz nach 1685 siehe Schaab (1966) und Leidner, passim, Hans, S.19ff. sowie Vierordt II, S.286ff.
[2] Zum Amt Dilsberg und dem allgemeinen Verhältnis zwischen Amt und weltlichen Herrschaften informiert die Arbeit von Rüdiger Lenz, besonders Kap. 8.3. Zu den Eskapaden August von Brüggens vgl. auch unten, Kap. 6.1.1.
[3] Hierzu genauer unter Kapitel 2.3. Das Zitat in GLA 77/6212 unter Punkt 17 der Gravamina in politicis.

Der Zentvertrag hatte in seinem zweiten Paragraphen für die Abgrenzung der Zentfälle eine Formulierung gewählt, aus der die Zentinstanz eine recht breite Zuständigkeit ableiten konnte: Unter ihre Kompetenz fielen nämlich *alle sachen, die ehr und glimpf, auch iniurien antreffen, darauf eine oder die ander partei zu beweisen oder dieselbige zu schmehen verharrete.*[1] Darunter konnten auch jene kleineren, im Prinzip vor das Untergericht gehörenden Frevel fallen, deren Klärung unmöglich war und deren gütliche Einigung durch den Vogtsherrn, wie sie Paragraph elf vorsah, von vornherein ausschied. Dies wurde besonders dann virulent, wenn ein Kläger an der Unparteilichkeit des Vogtsherrn zweifeln konnte. Von dem dadurch faktisch entstehenden konkurrierenden Gerichtswesen konnte die Untertanschaft nur profitieren, vermochte sie dadurch doch aus der engen dörflichen Überwachung herauszukommen und vor einem unabhängigen Gericht aufzutreten. Wieder ist es Karl von Zyllnhardt, der dies deutlich erkannt und, wenn auch in der ihm eigenen, moralisierenden Art, ausgesprochen hat - im Jahre 1805, als die Zent längst in Baden aufgegangen war. Der Charakter der Untertanen, so schrieb er, *wird verderben, wenn sie sehen, daß Gerechtsame ihrer Vogtsherrschaft nicht geachtet werden. Und sie abgewiesene Klagen wieder woanders anbringen können, dann mit Verschweigung von Umständen oder Zusätzen!*[2] Genau dies hatten Schatthäuser Untertanen schon seit langem praktiziert. Schon jeher verstanden sie es, die Nähe des mächtigen Kurfürstentums für ihre eigene Stellung zu instrumentalisieren. 1650 hatte die Gemeinde Schatthausen Dorothea Ursula von Weitershausen bei Kurpfalz angezeigt, weil die Vogtsherrin zum Katholizismus konvertiert war und mit ihrem Gesinde das Osterfest nach katholischen Ritus begangen hatte. Die Bauernschaft, die mit Spott für ihre Herrschaft nicht sparte, hatte ihre Herrin damit stark zu verunsichern vermocht.[3]

Eigenleben entwickelte die Bauernschaft aber vor allem um 1700, als sich die Vogtsherrschaft wegen der Kriegszerstörungen in Speyer aufhielt und sich das Amt Dilsberg geradezu als Gerichtsinstanz aufdrängte.[4] Die Beamten hatten beim Tode des Schatthäuser Anwalts mit dem Hinweis, daß die Herrschaft nicht präsent sei, einen neuen bestimmt. Zwar konnte die erboste Ortsherrin Christina Barbara von Brüggen die Wahl rückgängig machen. Aber als sich der Vorgang kurze Zeit darauf wiederholte, mußte sie den von der Pfalz auserwählten Katholiken in Ermangelung einer anderen kompetenten Person hinnehmen. Später schritt sie energisch dagegen ein, daß die Bauern *so leichtfertiger weiß auf Dilsberg*

---

[1] Zitiert nach dem Abdruck des Zentvertrags bei Brinkmann, S.14.
[2] Frh.A.Sch. A 718.
[3] GLA 125/3144.
[4] Dazu genauer in Kap. 3.1.1.

LANDESHOHEIT

lauffen und der straff ihrer boßheit herdurch zu entgehen suchen.[1] Durch seine Bereitschaft, jegliche Klagen zu behandeln, wurde das Amt Dilsberg zu einer zunehmenden Belastung für die Herrschaft. 1712 hatte die Gemeinde über Amtsverfehlungen des Anwalts nicht bei ihrer Herrschaft geklagt, sondern auf dem Dilsberg. Man befürchtete, der Anwalt werde von der Herrschaft gestützt.[2] Das "Angebot" des Amtes, Streitfälle zu schlichten, war für jeden Petenten, der sich ungerecht behandelt fühlte, zumindest prüfenswert. Seine Erfolgsaussichten standen auch nicht schlecht, denn die Appellation nutzten die Dilsberger Beamten oft für weitere Repressionen gegen die Vogtsherrschaft. Als der Sohn des Schatthäuser Schullehrers Stecker 1729 in der Kirche böse fluchte, legte ihm August Philipp von Brüggen eine Kirchenstrafe auf. Völlig zu Recht, wie die pfälzischen Beamten später notierten, als sich Stecker dagegen beschwerte. Allerdings hätte eine solche Bestrafung von der kurfürstlichen Regierung vorgenommen werden müssen. Die Behörde ließ daher einen Strafbefehl an das Schatthäuser Untergericht ergehen, das für den Fall verantwortlich gemacht wurde. Und damit nicht genug: Weil der Gestrafte sich beim Amt beschwert hatte, ließ der Vogtsherr die ganze Lehrersfamilie des Dorfes verweisen, was wiederum Kurpfalz zu einer Klage ob Verletzung ihrer *churfüstlichen Superiorität* nutzte.[3]

War die Konfessionsfrage durch die pfälzische "Gegenreformation" seit dem Ryswicker Frieden und schließlich dem "Simultanerlaß" von 1698 zu einem Politikum geworden, so hatte das Thema für die Schatthäuser Vogtsherrschaft durch die sukzessive Einwanderung von Katholiken höchste Brisanz erhalten.[4] Die Pfalz hatte in Spechbach eine katholische Pfarrei neu eingerichtet, die in den umliegenden zehn Gemeinden die Katholiken betreuen sollte, darunter auch in Schatthausen.[5] Christina Barbara von Brüggen hatte ihren Untertanen bei Strafe verboten, den katholischen Priester um die Erteilung der Sakramente zu bitten.[6] Sie verstand es auch, durch geschicktes Taktieren ihre Rechte zu sichern. Als der Pfarrer von Spechbach, Jakob Melchior Mayer, im Februar 1704 ankündigte, bei der Beerdigung des früheren herrschaftli-

[1] Frh.A.Sch. A 1037. Dazu auch Kap. 3.2.
[2] Dazu genauer Kap. 3.1.1 und 3.3.
[3] Frh.A.Sch. A 1149. Die folgende Streitsache zwischen Pfalz und Schatthäuser Adel blieb formell ohne Schlußakt. Dies weist darauf hin, daß August Philipp von Brüggen einem Rat des Dilsberger Amtsverwesers Wreden gefolgt war und sich mit den Kindern des Lehrers verglichen hat, die von Heidelberg aus nach dem frühen Tode des Vaters weiter prozessierten.
[4] Die konfessionelle Situation in der Pfalz zwischen Westfälischem Frieden und Religionsdeklaration bei Hans, Schaab (1966), Leidner und Stamer, S.12-29.
[5] Glock, S.125ff. Siehe auch unten, Kap. 5.3.1.
[6] Frh.A.Sch. A 1112.

LANDESHOHEIT

chen Hofpächters Anton Wimmi die Predigt zu halten, verlegte sie die Bestattungsfeierlichkeit kurzerhand einige Stunden vor. Eine vom katholischen Priester vorgenommene Hochzeit zwischen Wollrad Wimmi und Barbara Stroh ließ sie durch den evangelischen Pfarrer wiederholen, der dann auch die Gebühr von den Eheleuten einzog.[1] Dilsberg hatte den katholischen Pfarrer über die Rechtsverhältnisse in Schatthausen informiert, nach denen dem evangelischen Pfarrherrn die Ausübung aller Kasualien zustanden. Kurz darauf ergriffen die Beamten dann aber doch Partei für die Katholiken.[2] Einem Beschwerdebrief nach der vorgezogenen Beerdigung Anton Wimmis folgte im Falle der Hochzeit die Anweisung an den Schatthäuser Anwalt, die eingezogene Gebühr dem evangelischen Pfarrer wieder abzunehmen. Die einige Monate währenden Auseinandersetzungen hatten dem Spechbacher Pfarrer so schwer zugesetzt, daß er seinem protestantischen Amtsbruder schließlich seine Resignation anzeigte und ihn wissen ließ, *er sole (!) in Ministerio fortfahren.*[3] Er unternahm keinen weiteren Versuch, in Schatthausen tätig zu werden: In Fragen der actus parochiales hatte sich Christina Barbara zunächst einmal durchgesetzt.

Der Sitz des katholischen Pfarrers wurde in der Folgezeit von Spechbach nach Zuzenhausen verlegt. 1710 versuchte Pfarrer Widhagen, der die Pfarrei als Mayers Nachfolger übernommen hatte, ausgestattet mit einer pfälzischen Vollmacht, eine Taufe im Haus des Katholiken Peter Mannsmann auszuführen. Der Schatthäuser Vogtsherr August Philipp von Brüggen negierte nicht nur jegliche Weisungsabhängigkeit von Kurpfalz, er schlug dem Pfarrer mit seinem Rohrstock eine blutende Wunde am Kopf und hinderte ihn persönlich, Mannsmanns Haus zu betreten. Währenddessen taufte dort der evangelische Ortspfarrer das Neugeborene. Der junge Dorfherr hatte seinen Interessen durch die Prügel für den katholischen Pfarrer jedoch einen denkbar schlechten Dienst erwiesen: Die Ereignisse von 1710 eskalierten, nachdem Dilsberg einen Leutnant mit sechs Berittenen zum Schutz des katholischen Pfarrers nach Schatthausen beordert hatte, später mit zehn Musketieren des evangelischen Geistlichen Vieh und Wagen einzog, um eine Geldstrafe zu erwirken. Auch die katholischen Untertanen fühlten sich zunehmend brüskiert. Schließlich hatten auch sie den Kontakt zu ihrem Pfarrer gesucht, wenngleich nicht alle es wagten, so offen gegen die Weisung ihres Ortsherrn zu verstoßen.

Als Paul Schmidt im November 1710 im Schloß um ein halbes Maß Wein für die bevorstehende Geburt seines Kindes nachsuchte, beauftragte

---

[1] Frh.A.Sch. A 1037. GLA 229/922234.
[2] Die Ausführung der christlichen Sakramente durch konfessionsfremde Geistliche in Kurpfalz sind bislang nur dargestellt bei Brück (1955).
[3] Frh.A.Sch. A 1037, B 1, p.316.

Christina Barbara von Brüggen ihre Schwiegertochter, für die Taufe des jungen katholischen Kindes zu sorgen. Schon am nächsten Morgen ließ diese durch den Ortspfarrer Burkard Engel das Kind taufen - in Abwesenheit von dessen Vater. Mit den Worten *ich bin doch annoch herr über mein kind* schimpfte daraufhin Paul Schmidt böse über seine Herrschaft.[1]

Schon aus Gründen der inneren Ordnung einer trikonfessionellen Untertanschaft konnte die Familie von Brüggen ihre bis dahin konsequente Abschottung nicht aufrechterhalten.[2] Die Katholiken, die in der Person des Anwalts überdies eine einflußreiche Repräsentation besaßen, konnten nur durch Zugeständnisse an ihre Herrschaft gebunden werden. Jedenfalls mühte sich August Philipp zu Beginn des Jahres 1711 um Konsens, um gegen die Pressionen der Pfalz vorgehen zu können, die seinem evangelischen Pfarrer eine schweren Geldbuße und ihm selbst verschiedene Exekutionskosten auferlegt hatte. Den Rettungsanker fand er dabei im Ort selbst - in einem Attestat der Katholiken, die ihm im Januar 1711 bestätigten, daß sie sich *keiner verfolgung oder freventlich thättlichkeit oder sonsten einiger Neuerung halber gegen ihren lutherischen herr pfarrer zu beschweren* hätten. Mitunterzeichner ist Paul Schmidt, dessen Vaterrechte noch wenige Wochen zuvor aufs schärfste verletzt worden sind.[3] Beides deutet darauf hin, daß Herrschaft und katholische Untertanen in einem klärenden Gespräch den weiteren Weg abgesprochen hatte. Ein Weg, der August Philipp nun sehr schnell zu wertvollen Zugeständnissen führte, wie am 3. März deutlich wurde. An diesem Tag nämlich verglich sich der Ortsherr in einem Heidelberger Gasthaus mit dem katholischen Pfarrer Widhagen. Zwar sollte weiterhin der evangelische Pfarrer im Ort für die *actus parochiales* aller Religionen zuständig sein. Doch wird den katholischen Gläubigen die Möglichkeit eingeräumt, Taufe, Hochzeit oder Beerdigung von einem katholischen Pfarrer außerhalb des Ortes vornehmen zu lassen.[4] Nach Erhalt des Attestats fiel es auch den pfälzischen Beamten leicht, die Sache gütlich zu Ende zu führen. Schon am 9. März wird die Exekution eingestellt, der Petition des evangelischen Pfarrers vom Februar stattgegeben, dessen beschlagnahmte Güter zurückerstattet werden.[5] Damit hatten sich die Katholiken aus der Zuständigkeit des evangelischen Pfarrers gelöst.

[1] Frh.A.Sch. A 1112, GLA 229/922234.
[2] In Schatthausen lebten Lutheraner, Katholiken und Reformierte, dazu noch eine Gruppe von Wiedertäufern. Zur Konfessionsverteilung siehe Kap. 5.
[3] GLA 229/922234.
[4] Frh.A.Sch. A 1112. Mit dieser Regelung verlor der evangelische Pfarrer freilich einen Teil der ihm zustehenden Stolgebühren. Einen Ausgleich scheint er dafür nicht erhalten zu haben.
[5] GLA 229/922234.

Diesen ersten Streit um Religionssachen hatte die Vogtei unter erheblichem Einfluß der Untertanschaft verloren. Die zweite große Auseinandersetzung bahnte sich zu dieser Zeit schon an: Es sollte um die Beiziehung der herrschaftlichen Hofleute zur Schatzung gehen, wie sie schon früher einmal betrieben worden war. 1685 hatte die Heidelberger Kanzlei den Schatthäuser Hofbeständer einbestellt, um ihn zu fragen, was er Schatzung gebe. Seine Antwort *nichts, weile es frey güter wären*, wurde offenbar akzeptiert. Mit der Abschaffung des Lizents und der Akzise und der Wiedereinführung der Schatzung im Jahre 1717 blühte die Diskussion sofort wieder auf. Sie erreichte ihren Höhepunkt, als 1723 die neue Schatzungsrenovation anstand.

Freie Adelsgüter waren in der Regel nur dann von der Schatzung befreit, wenn sie nicht in Admodiation begeben waren. Pächtern auf Teilfrucht wurde der Kapitalanschlag nach der Höhe ihrer Abgaben verschätzt.[1] August Philipp wollte diese Regelung nicht gelten lassen. Schon 1713 hieß er den Anwalt und die Gerichtsleute ein Attestat ausstellen, daß die Pächter des Hofguts nichts *eigenthumblich* besäßen und noch nie Schatzung gezahlt hätten. Die Heidelberger Beamten widersprachen nicht nur, sondern zogen auch den Anwalt zur Verantwortung wegen des erteilten Attestats. 1717 wurde eine *famille tax* aufgerichtet, in der die herrschaftlichen Gesindeleute allesamt aufgeführt wurden. Die daraufhin veranschlagte Schatzung für den Müller und die Hofpächter scheint August Philipp vorübergehend akzeptiert zu haben. Er kam jedoch auf den Gedanken, ihnen als Entschädigung auch das Bürgerrecht einzuräumen. Das nun brachte die Gemeinde auf den Plan, die dadurch eine Schmälerung der eigenen Eichel- und Brennholzanteile voraussah. Mit dieser Befürchtung wandte man sich an das Amt Dilsberg, woraufhin sich der Amtsverweser Kaufmann der Gemeinde annahm. Die Auseinandersetzung währte drei Jahre, wobei die Schatzungskommission beharrte, *es sei nichts zu finden, daß die Vogtey zu Schatthausen mehrere Freyheit alß andere Vogteyl. Orthe des Amts Dillsperg zu gaudieren habe*. Im Mai 1723 hatte dann August Philipp eine Lösung gefunden. Er hob die Teilpachtvergabe auf und stellte seine Pächter als Geißelmeier an. Damit war die Voraussetzung für eine Steuerbefreiung gegeben.

In der Auseinandersetzung hatte der Schatthäuser Dorfherr keineswegs überzeugt. August Philipp von Brüggen hatte immer wieder an das alte Herkommen und den Zentvertrag erinnert, aber auch eingestanden, daß man hin und wieder in der Vergangenheit der Kurpfalz mehr eingeräumt habe. Dennoch müßten seine Rechte konserviert werden. Dabei aber ließ er es nicht bewenden. Sein Pächter nämlich *ohngeachtet Er mir nur ge-*

---

[1] Zur Technik der Schatzungserhebung siehe Blasse, S.14, Reimer, S.69f. sowie unten Kap. 4.4.2 und 7.3.

ringe Pfacht (sc.: Pacht) *gibt, Er dennoch wegen der schlechten Güter und wohlfeilen Frucht sich ohne Schulden zu machen nicht wohl fortbringen könne.* Tatsächlich hatten seine Gesindeleute hohe Schulden zu tragen, obwohl sie zwischen 1715 und 1720 mehrfach die Konditionen ermäßigt bekommen hatten. Dennoch war es ungeschickt, diese Schwierigkeiten in einer so grundsätzlichen Steuerfrage anzuschneiden. In der Zeit wirtschaftlicher Not hätten viele, ja alle pfälzischen Untertanen mit diesem Argument die Schatzungsfreiheit fordern können. Es nimmt so kein Wunder, daß er keinerlei Zugeständnisse erreichte, mit der Umwandlung seiner Betriebsstruktur die pfälzischen Steuergesetze prinzipiell akzeptierte. Sobald er wieder zur Teilpacht zurückkehrte, mußten die Forderungen erneuert werden. Dies war denn auch 1733 der Fall, allerdings scheint Kurpfalz erst zur nächsten Renovation 1743 davon Kenntnis erhalten zu haben.

Die Haltung der Untertanen in diesem Streit um Schatzung und kurpfälzische Abgaben war sehr differenziert. Im Prinzip hätten sich die Bauern bei den Versuchen, weitere Belastungen abzuwehren, um ihren Dorfherrn scharen müssen. Doch konnte die Schatthäuser Front gegen pfälzische Forderungen nur dann geschlossen werden, wenn es um die grundsätzliche Ablehnung von Zahlungen ging. Dies war etwa bei den Milizgeldern der Fall. Einen weit größeren Raum der Streitigkeiten nahm indes die Befreiung der herrschaftlichen Eigenleute von den Steuern ein. Da die meisten Gelder als Repartitionssteuern ausgeschrieben waren, mußte die Herauslösung einer Gruppe ansonsten Steuerpflichtiger über die Reduktion des Schatzungskapitals führen, um die übrigen Zahlenden nicht stärker zu belasten. Der Gemeinde brachte diese Ungleichbehandlung keinen Vorteil, im Gegenteil, Anwalt und Gericht von Schatthausen mußten sich 1743 mit dem kurpfälzischen Schatzungskommissar wegen der von ihrer Herrschaft verlangten Freistellung verständigen. Dabei schienen sie gar nicht unglücklich, als ihnen der Schatzungskommissar erklärte, er wolle nicht auf die Überbesserung für die Pächter der Schloßbetriebe verzichten.[1] Ihnen selbst war wohl die Befreiung der gut situierten mennonitischen Pächter ein Dorn im Auge. Um sich gegen ihren Herrn zu verteidigen, trug er ihnen auf *Sagt nur: Ich habs gethan.* Die Folgen dieses wohlmeinenden Rates hatte jedoch alleine die Gemeinde zu tragen. Der Vogtsherr beharrte nämlich auf seiner Ablehnung und verbot seinen Pächtern, die Steuern zu zahlen. Immerhin erklärte sich der Schloßherr dazu bereit, der finanzschwachen Gemeinde die Differenzsumme zum veranschlagten Kapital zu leihen, wodurch sich die Gemein-

---

[1] Als Überbesserung wird ein Fixbetrag bezeichnet, der auf die Pächter von Höfen veranschlagt wurde. Seine Höhe richtete sich nach dem Ertrag der Pachtgüter.

de nicht unerheblich verschuldete.[1] Als Fazit bleibt: Auch in Fragen der Steuern und Abgaben erwiesen sich die Untertanen nicht unbedingt stärker vogtsherrlich denn kurpfälzisch gesinnt.

Die sich daraus enthüllende Dichotomie in der Einschätzung des Zentvertrags hat weitreichende Folgen. Während der Kontrakt sich für die Ritterschaft mehr und mehr als belastend und einengend erwies, offerierte er der Untertanschaft eine Palette von Optionen, mittels derer sie die in der Herrschaft drohende Isolation aufzusprengen vermochte. Die Vogtsherrschaft saß dadurch in der Klemme. Das pfälzische Verlangen nach Abrundung und die behördliche Dynamik, die eher Funktionen und Regelungsdichte zu intensivieren bereit war, rüttelten von oben herab an der vogtsherrschaftlichen Mediatstellung. Bäuerliches Kalkül zehrte währenddessen die zentvertraglich fixierte Sonderstellung der adligen Junker von unten aus. Dieser beschränkte Handlungsspielraum verlangte energischen Widerstand, Sensibilität und Zähigkeit, um das eigene Recht zu wahren.

August Philipp hatte sich durch Strenge nach innen und mit Geschick und Härte nach außen einer Verschlechterung seiner Position widersetzen können. Zu keiner Zeit war es ihm jedoch gelungen, der politischen Pression auf einer höheren Ebene argumentativ zu begegnen. Blieb alleine die Appellation an den Kaiser. 1710 hatte der Ortsherr in der Auseinandersetzung mit dem katholischen Pfarrer erstmals eine Zeugenbefragung von einem kaiserlichen Notar vornehmen lassen, um damit seiner Rechtsauffassung mehr Gewicht zu verleihen.[2] Gefruchtet hatte es nicht. 1728 unternahm von Brüggen einen zweiten Versuch, mit einem kaiserlichen Notar seine Gerechtsame zu sichern. Vorausgegangen war ein neuerlicher Zwischenfall in Kirchensachen. Die Pfarrei Zuzenhausen hatte 1720 mit Pfingstmontags-Prozessionen nach Waghäusel begonnen. Dabei hatten die Katholiken auch Schatthausen durchquert, mit fliegenden Fahnen und unter Singen. Nach Protesten August Philipp von Brüggens war dies 1721 durch Kurpfalz verboten worden, die Gläubigen mußten in aller Stille und mit eingerollten Bannern ihren Weg durch die nominell protestantische Herrschaft nehmen. Später hatte man dann einen anderen Weg gewählt. Dieser Zurückhaltung war man indes leid geworden und so zog man 1728 wieder durch Schatthausen. Darauf hieß August Philipp im folgenden Jahr den kaiserlichen Notar Johann Paul Solmuth sich an die Gemarkungsgrenze stellen, wo er in der morgendlichen Frühe die katholischen Gläubigen erwartete. Er konnte jedoch nicht verhindern, daß die Herannahenden, sowie sie seiner ansichtig wurden, in lautestes Musizieren verfielen und durch den Ort wallfahrteten. Die evangelischen Gläubi-

---

[1] Frh.A.Sch. A 1162.
[2] GLA 229/922234.

gen, die ihrerseits gerade im Gottesdienst weilten, wurden dadurch aus der Kirche gelockt. Der Jurist notierte später, der katholische Pfarrer habe ihm einen Befehl der pfälzischen Regierung gezeigt. Es sei ihm dadurch unmöglich gewesen, mit seinem Protest durchzudringen - die ferne kaiserliche Gewalt hatte sich in den tagtäglichen Problemstellungen endgültig als völlig unwirksam erwiesen.[1]

2.3 Die Einung des Zentadels

Der Kaiser war weit, der Reichstag überfordert. Es klingt geradezu paradox, wie letzterer Beschwerden aus der Pfalz aufnahm. Wolle man sich aller Eingaben annehmen, die namentlich aus der Pfalz in Vielzahl einträfen, *so wolte es das Ansehen haben, als wann man sich mit Kleinigkeiten aufzuhalten und dadurch den Numerum Restituendorum zu vergrößern Belieben trüge*, hieß es in Regensburg 1719.[2] Als einzige Möglichkeit blieb den Rittern in der Zent da nur, sich ihrer selbst zu besinnen. Bereits 1705 hatten sich ein paar Zentadlige zusammengefunden, um gemeinsam gegen die Einquartierung von Truppen in ihren Dörfern zu protestieren. Unter den Unterzeichnern findet sich dort in unbekannter Schrift ein *Friedrich Augustus von Brück*. Damals hat wohl einer der Zentadligen den jungen Schatthäuser Herren des noch neuen Geschlechts ungefragt auf die Liste gesetzt, um der Forderung mehr Nachdruck zu geben.[3]

Eine echte Organisation war dies freilich nicht gewesen. Die bildete sich erst 1721 aus, als die Adligen der Zentorte in Bischofsheim zusammenkamen, um künftig geschlossen gegen die kurpfälzischen Eingriffe in den Zentvertrag vorzugehen. Der Start war erfolgversprechend: Man einigte sich auf eine straffe Organisation, in der Ferdinand von Venningen, Friedrich von Gemmingen, Johann Friedrich von Helmstatt und Wolfgang Albrecht Göler von Ravensburg Sondervollmachten zur Vertretung der *cavaliers* erhielten. Als Rechtsgelehrten gewann man den Kraichgauer Syndicus Dr.Faber, der Sekretär der Odenwälder Ritterschaft, Dörmacher, wurde sein Stellvertreter. Immerhin erhielt ersterer mit vier Louis d`or im voraus eine gute Bezahlung, später sollte er je nach Schwere der Aufgaben speziell entlohnt werden. Für Dörmacher wurde ein Jahresge-

---

[1] Frh. A. Sch. A 1112.
[2] Der Evangelischen Neue Religion-Beschwerden, Regenspurg 1719, Band II, S. 874.
[3] GLA 77/9652. Bei einer abgesprochenen Vertretung wäre wohl ein Zusatz beigefügt worden, wie es im gleichen Schreiben Carl Ludwig von Bettendorff *im Namen seines Bruders Philipp Ludwig* getan hat. Auch wäre der Name richtig geschrieben worden, den Vornamen gibt es ansonsten nicht und die Schreibweise "Brüggen" hatte sich zu diesem Zeitpunkt schon durchgesetzt.

halt von 50 Gulden fixiert. Um die Finanzierung zu gewährleisten, zahlte jeder Mitinteressent ein Drittel des Schatzungsfusses in die Kasse. Als Grundlage für die spätere Arbeit wurde beschlossen, 500 Exemplare des Zentvertrags aus dem Heilbronner Archiv zu drucken und zu verteilen. Die Zentadligen, die nicht mehr alle dem Kanton Kraichgau verbunden waren, hatten sich mit dieser Einung wieder etwas mehr ihren Standesgenossen angelehnt.[1] Auch der Schatthäuser Vogtsjunker August Philipp von Brüggen hatte sich bald der Organisation angeschlossen, 1723 wurde er als *con-deputierter* mit in das Leitungsgremium aufgenommen. Aus seiner Hand stammen einige Schreiben an den Kurfüsten.[2]

Die Schatzungsfrage, in Sonderheit die Freistellung der Hofleute, Eingriffe in die Kirchenrechte der Vogtsjunker aber auch die ständigen, oft als Provokation empfundenen Handlungen der Dilsberger Amtleute hielten die Adligen ständig in Alarmbereitschaft. Weil nun *unser gemein Centh-angelegenheiten täglich sich zu mehren beginnen*, hatten sich die Adligen in Bischofsheim zusammengefunden. Allerdings bedurfte es eines aktuellen Anlasses, um bei der sehr divergierenden Interessenlage den Adel an einen Tisch zu bringen. Diesen Anlaß hatten die Schloßbaugelder abgegeben, die von der Schatzungskommission auch in den Zenten erhoben worden waren, was dort auf starken Widerspruch stieß.[3] Schließlich, so wehrten sich die Adligen, hätten sie sich im Zentvertrag zu solchen Leistungen nicht verpflichtet. Der Streit kann als Musterfall angesehen werden, wie ritterschaftliche Beschwerden in Mannheim behandelt wurden.

Die Adligen wandten sich mit ihrer Berufung auf den Zentvertrag stets direkt an den Kurfürsten, da der Kontrakt auf dieser Ebene geschlossen worden war und sie sich protokollarisch alleine dem Fürsten ebenbürtig fühlten. Der leitete die Schreiben jedoch zur Bearbeitung an den kurfürstlichen Hofrat weiter, der die Eingaben wiederum an die zuständigen Ämter zur Stellungnahme verwies. Dort müßte man sich natürlich, die einmal erteilten Befehle zu verteidigen. Dabei frappiert oft der scharfe Ton, mit dem sich die unteren Behörden rechtfertigten. Schon 1707 hatte der Heidelberger Landschreiber Schumm äußerst gekränkt reagiert, als er nach einer Beschwerde August Philipps von Brüggen um Bericht gebeten wurde.[4] Beamte reagierten empfindlich, wenn adliges Lebensgefühl sich an ihrem bürokratischen Selbstverständnis und ihrem Rechtsempfinden stieß. Der Hofrat ließ sich von den ausladenden Argumentationen seiner unteren Instanzen in der Regel gerne überzeugen, zum einen, um nicht aus mangelnder Loyalität die Autorität der Behörden zu untergra-

---

[1] Frh.A.Sch. A 1036.
[2] GLA 77/9653, Frh.A.Sch. A 1036.
[3] GLA 77/9653.
[4] GLA 229/922234.

ben. Zum andern freilich, weil die meisten Klagen der Junker gegen ureigene kurpfälzische Interessen gerichtet waren.

Im Falle der Schloßbaugelder fanden Beamte des Dilsberger Amtes heraus, daß Zentadlige bereits 1616 bei der Erweiterung des Heidelberger Schlosses finanzielle Leistungen bewilligt hatten. Das Ergebnis wurde an den Regierungsrat weitergeleitet, der eine entsprechende Antwort an den Zentadel formulierte. Die Adligen wollten diese Zahlungen als *unverbindlich* angesehen wissen und brachten auch entsprechende Schreiben bei; doch schon bald kamen die Mannheimer Regierungsräte zu dem Urteil, daß die Schloßbaugelder aus Gründen der Gleichheit eingefordert werden müßten, nicht ohne auf das Beispiel von 1616 nochmals zu rekurrieren.[1] Hatten die Adligen wirklich gehofft, durch Petitionen an den Kurfürsten eine genaue Prüfung ihrer Anliegen zu erreichen, so gaben sie sich einem Trugschluß hin. Die Regierungs- und Verwaltungsstellen spielten in Fragen, die den hoheitlichen Ausbau betrafen, gut zusammen.

Im September 1727 hatten die Zentadligen ihr Hauptwerk beschlossen, nämlich eine saubere, klare Deductio der Gravamina zu erstellen und sie mit Dokumenten und Siegel zu versehen, so wie es sich als nötig erwiesen hätte.[2] In 55 Punkten wurden die illegitimen Eingriffe der Kurpfalz in die Rechte der ritterschaftlichen Dörfer aufgezählt. Nach dem Abfassen war noch ein Klagpunkt angefallen, den man sich gestattete, in einem Post Scriptum vorzulegen. Und in einem weiteren Beischreiben bat August Philipp von Brüggen im Namen der Cavaliers um die Suspension der gerade eingeforderten Milizgelder, bis die Deductio bearbeitet worden sei. Das dicke Bündel wurde wohl im Januar 1728 in Heidelberg übergeben, ihm beifügt waren nicht minder umfangreiche *Particular Gravamina* der einzelnen Orte, worunter sich auch die von Brüggischen Beschwerden befinden. Dabei ist aber der Übergang ziemlich fließend, auch im Hauptteil finden sich Klagpunkte, die eher den Charakter einer Spezialbeschwerde hatten. Die 55 Punkte liegen nicht alle auf derselben logischen Ebene. So umschließen die zu Beginn genannten Punkte eigentlich den gesamten Katalog. In Punkt eins hatte der Verfasser das Grundübel der gegenwärtigen Krisis ausgemacht, die Gleichsetzung der Zent-, Schutz und Schirmgerechtigkeit mit der landesfürstlichen, territorialen Obrigkeit. Entsprechend viel Raum nahm seine juristische Zurückweisung gegen dieses Vorgehen ein. In gleicher grundsätzlicher Weise folgt unter Punkt zwei die Forderung, die jura episcopalia ecclesiastica unberührt zu lassen, die unweigerlich den Vogtsjunkern zuständen. Das Gros der Klagen läßt sich in vier Hauptgruppen einteilen: Der Einzug des Zentdistrikts unter die Territorialhoheit, der Ausbau der Rechtshoheit, der Ent-

---

[1] GLA 77/9653.
[2] Frh.A.Sch. A 1036. Die Gravamina in GLA 77/6212.

LANDESHOHEIT

zug der Kirchenhoheit und schließlich die Belastung der Zentdörfer durch mannigfache Steuern und Abgaben.

Das erste und übergeordnete Gravamen klingt auf oft subtile Weise in den nachfolgenden Beschwerden an. So störten sich die Zentadligen daran, daß Briefe Titulierungen wie "kurpfälzischer Vogtsjunker" oder "kurpfälzischer Anwalt" trugen. Aber auch die von den Untertanen verlangte förmliche Ablegung der Zentpflicht wurde zum Zankapfel, als sie 1716 nicht wie üblich auf dem Dilsberg, sondern am Ort der Huldigung für den neuen Kurfürsten abgehalten wurde. Dahinter konnte man leicht vermuten, daß rituelle Pflichterklärung und Huldigung für den neuen Kurfürsten einander angeglichen werden sollten. Gerade die Huldigung der Vogteiuntertanen an den Ortsadel stellte das von Kurpfalz beanspruchte ius territoriale am unbedingtesten in Frage. Ein Versuch, dies abzustellen, war in Daisbach unternommen worden. Dort hatten Beamte den Befehl erteilt, dem Vogtjunker erst dann zu huldigen, wenn dieser den Konsens des Kurfürsten eingeholt habe und ein pfälzischer Bedienter zugegen sei.[1] Ein ähnlicher Streitpunkt lag auch in der Stellung des Anwalts. Ihn wollten pfälzische Beamte als ihren Bevollmächtigten gegen die Vogtsherren einsetzen, indem sie ihm Verordnungen zustellten, die er ohne Rücksprache mit dem Dorfherrn zu publizieren hätte. Auch war 1694 in die Anwaltswahl in Schatthausen direkt eingegriffen worden, in Mönchzell und Flinsbach hatte man den erwählten Anwalt nochmals bestätigen wollen.

Ohne daß der Anspruch auf das ius territoriale offen ausgesprochen worden war, waren die Vogtsjunker äußerst sensibel geworden, bereits die entfernteste Anmaßung im Keime zu ersticken. Neben solchen atmosphärischen Verstimmungen stehen aber auch materielle Eingriffe. So wurde die vogteiliche Gerichtsbarkeit dadurch eingeschränkt, daß immer mehr Rechtsfälle vom Amt behandelt wurden. Vor allem aber wurde moniert, daß die Behörden nicht zurückschreckten, den Adligen Exekutionskosten und Strafgelder aufzuerlegen. Auch gegenüber den evangelischen Pfarrern und Schulmeistern hatte sich Kurpfalz schon eine solchen *jurisdictions anmaßung* erlaubt. Wie überhaupt die Kirche seit 1699 den Anlaß zu schärfsten Kontroversen bot. Bei der Abfassung der Gravamina frappiert indes die Gewichtung: Da spielten die pfälzischen Gebote, etwa bei Todesfällen in der kurfürstlichen Familie zu läuten oder an Karfreitagen hinfort nicht mehr die Glocken erklingen zu lassen, eine größere Rolle, als die nun nicht seltenen Eingriffe katholischer Pfarrer in die Pfarrechte der Vogtsjunker. Und bei diesen war wiederum weniger bedeutsam, daß ein ehedem protestantisches Gebiet sukzessive wieder katholische Einsprengsel erhielt. In Fragen der Konfession lassen sich

---

[1] Ähnliche Fälle auch bei Lenz, S.142.

Emotionen kaum mehr beobachten. Vielmehr werden die Übergriffe nur unter dem Stichwort abgehandelt, daß Stolgebühren der evangelischen Priester *lädiert* oder auch die vogtsherrschaftliche Rechtsinstanz mißachtet worden sei.

Die meisten Punkte, nämlich 15, beschäftigen sich mit den nach Ansicht der Vogtsjunker unzulässigen Forderungen nach Geld und Naturalien. Die Adligen räumten ein, sich der Schatzung unterworfen zu haben; doch seien immer weitere Steuern, Abgaben und Kostenumlagen kreiert worden. Umlagen zur Aussteuer der Prinzessinnen, Supplicien und Holzgelder, Accis und Licent, Amtsverehrungen, Schreibgebühren und Huldigungskosten wurden genannt, auch Oberamts- und Leibeigenschafts- sowie Eichkosten, das bei Schatzungserhebungen anfallende Zählgeld und die Steuer auf *gestempelt Papier*. Daß unter den mit der Akzise belasteten Gütern ausgerechnet die Stempelsteuer wiederholt beklagt wurde, liegt wohl auch daran, daß pfälzische Behörden oft Anträge unbearbeitet zurückschickten, wenn sie nicht auf dem der Steuerpflicht unterliegenden Papier verfaßt waren.[1] Hinzu kamen just bei Schreiben des Manuskripts die Milizgelder, einige Jahre zuvor waren die Mannheimer Schloßbaugelder erhoben worden. Neben diesen pekuniären stehen noch mannigfache Naturalleistungen in der Kritik, etwa Heu- und Strohlieferungen auf den Dilsberg. Und in Kriegszeiten, so heißt es in dem Papier, seien die Vogteiorte zu nicht weniger herangezogen worden als zur Zahlung von *Portion-Service-Logis-Fourage-Contributions-Quartier-Recrouten-Werb-Militar. Beitrags und Gratificationsgeldern.*

Nicht in jedem Fall richtete sich die Klage gegen die Abgabe an sich, oft wurde auch die sukzessive Ausweitung der Erhebung kritisiert. Etwa der Versuch, Leibeigenschaftsunkosten auch auf freie Leute zu ziehen, oder vogteiherrschaftliche Untertanen, die ohne Leibherren waren, als Wildfänge zu behandeln. Massiv betroffen waren die Adligen natürlich ebenso durch die Einziehung ihrer eigenen Hofleute, ihrer Müller, Schäfer, Ziegler und Wirte zur Schatzung. Betroffen sei hiervon, so wurde aus den Gravamina deutlich, die gesamte Wirtschaftsstruktur. Denn die Vielzahl von Abgaben würde die Untertanen so stark belasten, daß viele von ihnen verarmten, sich bei ihrer Vogtsherrschaft verschulden müßten und endlich zur Auswanderung gezwungen würden. Fronleistungen, die zur Wiedererstellung der Heidelberger Schloßmauern gewährt worden waren und seither immer wieder verlangt wurden, verschärften diese Situation noch.

Neben diesen grob gliederbaren Kritikpunkten findet sich eine Vielzahl kleinerer Beschwerden, deren Ursprung wohl im Eifer einzelner Beamter oder in latenten sachlichen Rechtsstreitigkeiten lag. Es sind dies etwa ei-

---

[1] Vgl. dazu auch die Beobachtung von Reimer, S.227.

ne geplante Neudefinition der hohen Jagd, die das niedere Jagdwesen der Vogteijunker eingeschränkt hätte, aber auch verschiedene Anliegen, die sich auf die vielerorts umstrittene Waldhoheit bezogen.

Das Memoriale kann fraglos als vollzählige Auflistung aller Beschwerdefälle gelten, die seit etwa der Jahrhundertwende in der Zent angefallen waren. Die Materialfülle und ihre Aufarbeitung mochten manche Schwächen besitzen; aber sie reichten aus, um den Adressaten vor Schwierigkeiten zu stellen. Und vor Schwierigkeiten stand die Regierung, die auf das eingegangene Memoriale erst einmal schwieg. Man hatte die Gravamina an die Ämter weitergeleitet, sie wohl auch zu Stellungnahmen aufgefordert. Doch gibt es keine gezielten Reaktionen. Währenddessen produzierten die Vogtsjunker regelmäßig wegen aktueller neuer Beschwerden Eingaben, erhielten jedoch keine Antwort.

Da tauchte im Juli 1728 ein Schreiben des Mosbacher Oberamtsschultheißen P.A. Mühsig auf, der den Regierungsräten in Heidelberg ein Gutachten überschickte, das ihm *gelehrt* erschien und in dem die Hauptgravamina widerlegt wurden.[1] Gleichwohl sei es erst ein Probestück, aber der Verfasser habe sich bereit erklärt, in dieser Weise alle Klagpunkte zu widerlegen, sofern er *pro labore et Studio Ein wenige Douceur* erhielte, ließ Mühsig wissen. Das Musterstück kursierte in Regierungskreisen und schien Anklang zu finden. Weil *so leicht niemand gefunden werden wird, welchen so Viele information von dieser sachen, gleich diesem Verfasseren beywohnen möchte*, wurde dem unbekannten Verfasser am 17. September der Auftrag via Mosbach erteilt, eine Antwort zu verfertigen. Kurz darauf wurden 118 Seiten sogenannter *ulteriora addenda* an den Keller von Schwarzach geschickt. Die *ulteriora addenda* waren quasi Argumentationshilfen, die man in Mannheim bereits entwickelt hatte. Die sollten in der Antwort berücksichtigt werden.[2]

Der anonyme Autor legte schon recht bald 92 Seiten vor, auf denen er Punkt für Punkt die Beschwerden zurückwies. Die wichtigsten Aspekte seiner Entgegnung liegen in der juristischen Beweisführung, daß Kurpfalz sehr wohl die Landeshoheit beanspruchen könne. Seine Begründung gipfelt darin, daß derjenige, der *so viele hohe Lands herrl. jura an einem*

---

[1] Die folgenden Ausführungen beziehen sich auf das Faszikel GLA 77/9654, das einen irreführenden Titel im Repertorium trägt. Die Widerlegung der Gravamina findet sich auch in 77/4410, dort mit einer falschen Jahreszahl versehen. Dies veranlaßte wohl auch Lenz, S. 144, zu der Annahme, es habe keine Reaktion auf die Gravamina gegeben.

[2] Unklar ist, warum der Verfasser anonym blieb. Die sehr profilierte Handschrift deutet darauf hin, daß der Schultheiß von Mosbach lediglich Mittelsmann, nicht aber Autor war. Ein Ergänzungsschreiben mit verschiedenen Argumentationshilfen wurde später an den Keller zu Schwarzach, Johann Heinrich Graeff, gesandt, der damit in den Kreis potentieller Autoren rückt.

LANDESHOHEIT

Ort hat, die praesumtion vor sich habe, daß ihm auch alle übrige zuständig seyn. Auch bedient er sich eines Kunstgriffs, auf den die Zentadligen in ihrem Beharren auf den Zentvertrag bislang nicht verfallen waren. Er greift nämlich auf die Zeit vor dem Zentvertrag zurück. Bereits vor 1560 habe es Verpflichtungen gegeben, die ritterschaftliche Orte den pfälzischen gleichgestellt hätten und die durch den Vertrag unberührt geblieben seien.[1] Die bestrittene Rechtshoheit leitet er daraus ab, daß im Zentvertrag fixiert sei, wie und wann die Ruggerichte zu halten waren.

Diese Gedanken wurden innerhalb der Regierung beachtet; sie wurden an verschiedene Stellen weitergereicht. Allerdings scheint keine Abschrift davon an die Zenteinung gegangen zu sein. Denn die monierten 1729, daß die vor zwei Jahren übergebenen Gravamina immer noch unbeantwortet seien. Man wisse, daß jemand zur gemeinschaftlichen Untersuchung der Sache disputiert worden sei, doch habe der noch nichts von sich hören lassen. Stattdessen gehe der Ärger um Kosten und Gebühren weiter.[2] Wenn Kurpfalz gemeinschaftliche Untersuchung angedeutet hatte, konnte natürlich die einseitige Erwiderung schwerlich vorgelegt werden. Deutlich wird aber auch, daß Kurpfalz mit der latenten Unzufriedenheit in den Zenten leben konnte, daß man es sich gestattete, die Beschwerden auf die lange Bank zu schieben. Das runde Dutzend Adliger im nördlichen Kraichgau war ihrem Kanton längst entwachsen und - bereits zu viele institutionelle Verbindungen mit dem Staat eingegangen, als daß eine nachhaltige Beeinträchtigung der faktischen pfälzischen Oberhoheit möglich gewesen wäre. Eine andere Art von Antwort auf die Eingabe der Zentritter stammt von 1740. Der Dilsberger Amtsverweser Franz Joseph Wreden, der wegen seines rigorosen Vorgehens gegen die Vogtsjunker vom Kurfürsten persönlich ermahnt wurde, hatte offenbar seinen Sohn dazu animiert, seine Rechtsstudien mit einer Arbeit über die juristischen Implikationen des Zentvertrags zu krönen. Für seine 1740 gedruckte Arbeit, in der durchgehend von der pfälzischen Landeshoheit über die Zenten ausgegangen wird, verlieh die Heidelberger Universität dem Verfasser Ferdinand Joseph von Wreden die *licentia* beider Rechte.[3]

Dieser erste und einzige erfolgreiche Versuch einer Centeinung büßte nach dem organisatorisch geglückten Auftakt Ende der zwanziger Jahre mehr und mehr an Atem ein. Der *nervus rerum aller ding*, wie es heißt, trug daran die Schuld, mußten doch die Mitglieder schon 1727 dazu angemahnt werden, das Geld zur besseren Finanzierung künftig gleich zur

---

[1] Es wäre auch für die Zentadligen nicht schwer gewesen, aus der Zeit vor dem Zentvertrag die sukzessive Beschränkung ihrer alten Autonomie darzulegen.
[2] GLA 77/9084.
[3] "Gemma juris...", Heidelberg 1740. Archivalisch unter Frh.A.Sch. A 1292, GLA 77/4151.

Konferenz mitzubringen. Als man am 30. Dezember 1732 versuchte, nochmals die Einung aufzurichten, stand das Finanzierungsproblem sofort wieder an erster Stelle. Freilich war dies nur ein äußerer Grund für das Scheitern. Bei festem Willen und klaren Erfolgsaussichten hätte sich die Einung sicher finanzieren lassen.

2.4 Sukzessive Akzeptanz, resignative Larmoyanz: Schatthausen am Ende des Alten Reiches

August Philipp hatte es nicht vermocht, die Rechtsposition materiell zu festigen. Immerhin hatte er sehr entschieden und heftig reagiert, wenn sich das Amt zu weit nach vorne wagte. Als ihn 1716 ein Befehl ereilte, zur bevorstehenden Huldigung für den neuen Kurfürsten möge er nach Wiesloch kommen, seinen Pfarrer und den Schullehrer dazu mitbringen, ließ er die ausstellende Behörde in Dilsberg herablassend wissen, er werde kommen, wenn es seine *maladie* erlaube, Lehrer aber und Pfarrer seien Angehörige unter seinem Episkopalrecht, sie kämen nicht. Auf ein gleichlautendes Schreiben an seinen Pfarrer, der es ihm vorgelegt hatte, schreibt er: *wird nicht beantwortet*. Die Weigerung fand Eingang in das kurpfälzische Prokoll zur Erbhuldigung: *Herr Engel ist aber wegen, durch den Vogtshn. beschehenen verbott nicht erschienen*, heißt es dort.[1] Als Magdalene Juliana von Brüggen die Herrschaftsführung von ihrem verstorbenen Mann übernahm, traf als eines der ersten Schreiben der Huldigungsaufruf von 1750 bei ihr ein. Zwar schrieb sie die 34 Jahre alte Antwort ihres Mannes fast wörtlich ab und überstellte sie dem Amt. Doch dort gab man sich damit nicht mehr zufrieden: Die Witwe mußte zusehen, wie Amtsreiter am 9. Mai 1750 ihren Pfarrer und den Schulmeister abholten und zur Erb- und Landeshuldigung nach Neckargemünd führten.[2]

In fast allen vorausgegangenen Streitpunkten brachten die fünfziger Jahre eine neue Verschärfung, ein sukzessives Voranschreiten der pfälzischen Bemühungen, ihre Verwaltungshoheit über die Zentorte zu ziehen. Die erste Amtshandlung ist beispielhaft für das Agieren Magdalena Julianas, die sich zehn Jahre lang in der Abwehr pfälzischer Beschwernisse schwertat. Fraglos war sie genauso sensibel wie ihr Mann, spürte schon in Worten die bloße Gefahr für das *alte herkommen*. Doch vermochte sie auf die Attacken nicht entsprechend zu reagieren. Ihr fiel nicht auf, daß manche wörtlich wiederholten Argumente nicht mehr schlüssig waren, wenn sie auch zwanzig Jahre zuvor noch zum Erfolg geführt hatten. Mit

---

[1] Aus demselben Grund wie der Schatthäuser Pfarrer Burkard Engel fehlten auch die Geistlichen aus Reichartshausen und Flinsbach, (GLA 145/292).
[2] Frh.A.Sch. A 383. Zu dieser Huldigung auch GLA 229/71520.

peinlicher Schonungslosigkeit bettelte sie bei benachbarten Adligen um Beistand. Sie übersandte gestickte Handschuhe und Geflügel, um sich Freunde zu machen und Ratschläge zu erhalten. Doch mit diesen Standesgenossen war eine Zenteinung längst nicht mehr möglich, wenn auch Magdalene Juliana nicht müde wurde, eine solche zu fordern, da es doch *guth wäre, wan die vogtey orth harmonierten.* Magdalene von Brüggen spürte deutlich, daß Kurpfalz noch längst nicht saturiert war. Stets gelte es, wachsam zu sein, schrieb sie, kaum sei es zu ertragen, wie man mit dem Adel verfährt. Da sie allein nicht in der Lage sei, auch nur bescheidene Interessen durchzusetzen, wünsche sie den *Zusamen dritt sämbtl. Cavaliers* von ganzem Herzen. Mit Vergnügen, so läßt sie die Standesgenossen wissen, wolle sie ihren Teil *beytragen, damit einem die haut nicht entlich gar vollens über die ohren gezogen wirt.*[1]

Doch die Reaktionen der befragten Standesgenossen und befreundeter Adliger waren für sie enttäuschend. Dem berlichingischen Amtmann zu Helmstadt, Reid, fiel nichts anders ein, als zu *tranquité (!)* zu mahnen.[2] Dessen Kollege Veit fand gar im pfälzischen Vorgehen wegen weiterer Heu- und Fruchtlieferungen nichts *kränkendes*, gleichwohl solle man sich gegen die Lieferungen *prospicieren.*[3] Er fügte hinzu, wenn der Krieg näher komme, helfe ohnehin keine Exemption. Man kann nun nicht sagen, daß sich diese ritterschaftlichen Amtleute nicht auch gegen die pfälzische Politik zur Wehr gesetzt hätten, gerade Helmstadt war gegen Ende des Jahrhunderts zu einem Herd steter Unduldsamkeit geworden.[4] Gleichwohl beschränkten sich die adligen Kollegen jeweils auf die Bereiche, in denen sie selbst betroffen waren, und das machte eine konsequente Zusammenarbeit unmöglich. Denn die Koalitionen changierten. Im Falle der verweigerten Landesfundigelder sah sich Schatthausen an der Seite von Helmstadt.[5] Als Ende des Jahrhunderts das Konsistorium die Prüfung der Kirchenrechnungen verlangte, bildete Schatthausen zusammen mit Obergimpern und Daudenzell die Front der Opponenten.[6]

Dabei hätten gerade die fünfziger Jahre ein Zusammenstehen nötig gemacht, als den vogteilichen Orten entscheidende Rechtstitel entzogen wurden. Es begann 1750 mit einer Anweisung des Kurfürsten an die Gefällverweserei, künftig die Nachsteuer *ad depositum zu nehmen*, bis geklärt sei, wem sie zustände.[7] Bis zu diesem Zeitpunkt war die Nachsteuer ein ureigenes Recht der Vogtsherrschaft gewesen. Der völlig willkürli-

[1] Frh.A.Sch. A 1164.
[2] Frh.A.Sch. A 387.
[3] Frh.A.Sch. A 1164.
[4] GLA 77/4412, 77/4415, 77/4416.
[5] GLA 77/4414.
[6] GLA 77/4409.
[7] GLA 135/1.

che Zugriff gründet vermutlich auf der Auswanderungswelle in den vierziger Jahren, während derer der Einzug der Nachsteuer ein profitables Geschäft gewesen ist. Schon 1746 mußte der aus Schatthausen wegziehende pfälzische Leibeigene Johann Adam Stättler an die Pfalz nicht nur die übliche Manumissionstaxe bezahlen, sondern auch sechs Gulden für den zehnten Pfennig, also die Abzugssteuer.[1]

Obgleich nun die Steuer im Zentvertrag mit keiner Silbe erwähnt ist, gelang es der Pfalz, sich den Anspruch auf die Hälfte dieser Gebühr zu sichern, bei kaum zu beobachtender Klage der Vogtsherren. Dies mag seinen Hauptgrund darin haben, daß die Nachsteuer keinen gleichen Richtlinien folgte, überall, wo sie erhoben wurde, eine unterschiedliche Ausgestaltung aufweisen konnte, darüberhinaus die starken Auswanderungsjahrgänge vorüber waren. Da die Nachsteuer nur im Auswanderungsfall anfiel, zeitigte die neue Regelung in den Zentorten ohnehin zeitlich versetzt ihre Wirkung. Schließlich ist auch nicht überliefert, inwieweit der Erlaß vom 2. Juni 1750 befolgt wurde: Darin hatte es geheißen, jeder Nachsteuerfall müsse an die Gefällverweserei gemeldet werden. Bislang hatte sich Kurpfalz ja nur für die auswandernden Leibeigenen interessiert. Es ist gut möglich, daß die Vogtsherrschaften diese Praxis zumindest da und dort noch eine Weile weiter verfolgten. Erst in späteren Gravamina wurde die befohlene Praxis entschieden moniert.

Die für die Zukunft gleichwohl einschneidendste Attacke auf die Autonomie erfolgte wiederum in Kirchensachen - und wiederum ohne daß eine einheitliche Front der betroffenen Zentadligen dagegen aufgebaut werden konnte. Das evangelische Konsistorium war schon durch die Umstände seiner Gründung eng mit der Politik verzahnt gewesen.[2] Diese Verbindung hatte Kurpfalz frühzeitig benutzt, um über die lutherischen Vogteiorte die Aufsicht zu gewinnen. Das Amt Dilsberg war oft treibende Kraft gewesen, wenn es galt, die neue Konfessionspolitik ungeachtet der vogtsherrschaftlichen Unabhängigkeit in Kirchensachen durchzusetzen. 1757 wurde der pfälzische Anspruch auf das ius episcopale der Vogteiorte erstmals dezidiert und förmlich Gegenstand der pfälzischen Politik. Am 31. August wies die kurpfälzische Regierung das Konsistorium an, den Entwurf für eine Verordnung zu schaffen. *Ex principio suprematus teritorialis et episcopalis* sei die Verfassung des pfälzischen Kirchenwesens nun auch in den Zent- und vogteilichen Orten einzuführen. Allerdings war man seiner Sache nicht ganz sicher: Einige Nachforschungen bezüglich eigener Rechte an der Besetzung, Approbation und Examinierung der von den Vogtsjunkern zu bestellenden Pfarrern hätten keine ausreichenden Ergebnisse gebracht. Es sei daher mit Behut-

---

[1] Frh.A.Sch. A 1039, GLA 229/92162. Zu den Pflichten von Leibeigenen siehe Kap. 7.1.2.
[2] Struve, S. 708, KB Heidelberg-Mannheim, S.289.

samkeit vorzugehen, mahnte die Regierung ihre Unterbehörden.[1] Organisatorisch wurde die Maßnahme mit der Einrichtung von "Spezialaten" oder "Klassen" abgerundet, in denen die Vogteiorte unter eine einheitliche Kirchenführung gestellt wurden.[2]

Faktisch bedeutete der Verlust des Episkopalrechts, das 1758 erstmals vom Konsistorium offen beansprucht wurde, eine erhebliche Ausdünnung vogtsherrschaftlicher Rechte. Vom Konsistorium konnten hinfort Pfarrbesetzungen vorgenommen werden, wenn ein Patron nicht innerhalb von drei Monaten einen neuen Pfarrer bestellte. Es behielt sich aber auch dann die Besetzung vor, wenn etwa ein *untaugbahrs Subjectum* erwählt worden war - damit war praktisch ein immerwährendes Eingriffsrecht geschaffen. Auch war dem Kirchenpatron künftig auferlegt, seine Pfarrererwählungen dem Konsistorium anzuzeigen und ihm den Kandidaten zum Examen zuzustellen. Bei einer Bestätigung sollte dann das ius praestandi durch einen vom Konsistorium beauftragten Kommissar vorgenommen werden. Dem Patron blieb folglich nur noch das Auswahlrecht, und auch dies nur mit schweren Auflagen.[3]

Mit der Unterstellung unter das Konsistorium erfolgte auch eine strenge Kirchenaufsicht, die durch die Auswahl von Inspektoren vor Ort noch verstärkt wurde. Als im Mai 1759 das Konsistorium den Pfarrer von Mauer, Johann Gerner, zum Inspektor ernannte, führte der sofort einen Buß-, Bet- und Fasttag ein und entwarf dafür liturgische Texte. Auch wurden Andachten an den Geburtstagen des Kurfürsten und seiner Gemahlin durchzusetzen versucht. Die Pfarrer von Schatthausen, Helmstadt und Michelbach nahmen von der Durchführung indes Abstand.

Von einem entschiedenen, gemeinsamen Aufschrei gegen den Entzug des ius episcopale findet sich nichts in den pfälzischen Akten. Auch hier blieb die Reaktion lokales Stückwerk. Von Schatthausen aus wurde die neue Rechtslage anfangs vehement bekämpft, dann jedoch setzte sie sich schleichend mehr und mehr durch. Schon jeher wurden die ausgewählten Priester zur Examinierung an ein Konsistorium verwiesen. Wollrad von Brüggen nutzte dafür seine Speyrer Kontakte, später waren Priester auch in Wimpfen vor ihrer Anstellung geprüft worden. Jetzt waren die Schatthäuser Patronatsherrn verpflichtet, die Pfarrer in Heidelberg examinieren zu lassen. Auch die Wahl der Schulmeister mußte vorher mit dem Konsistorium abgesprochen werden, und die Kirchenrechnungen waren künftig der Heidelberger Behörde vorzulegen.

Hier gilt es einzuhalten und ein Resümee zu ziehen: Otto Heinrich von Brüggen hat in den sechziger Jahren im Stile seines Vaters Gravamina

---

[1] GLA 135/89.
[2] Zur Organisation auch KB Heidelberg-Mannheim, S.289.
[3] Frh.A.Sch. A 387, A 1083.

verfaßt,[1] die einen direkten Vergleich mit den zwanziger Jahren möglich machen. Otto Heinrich von Brüggen umriß eingangs die rechtliche Stellung seiner Herrschaft wie eh und je: Nur die Zentobrigkeit gehöre der Pfalz, das ius episcopale stehe ihm zu, und überhaupt habe Friedrich IV. versprochen, den Rittern keine Landsasserei zuzumuten. Diesem schönen Ideal steht die Realität freilich krass entgegen. *Quoad ecclesiastica* führte der Verfasser aus, wie Kurpfalz das Läuten der Kirchenglocken anbefahl, wie es die Huldigung von Pfarrer und Lehrer forderte, sogar einen katholischen Lehrer in Schatthausen eingesetzt habe. Vom *ius episcopale* war damit nichts übrig geblieben.

Noch verheerender waren die politischen Klagen: Nicht nur die Überbesserung mußte die Vogtsherrschaft nach und nach akzeptieren, mittlerweile wurden Hof- und Eigenleute des Adels gar zu allen Sonderumlagen beigezogen.[2] Das Abzugsgeld wurde nach Neckargemünd einbezahlt, von dort erfolgte die Rückvergütung an die Vogtsherrschaft. Was ehedem in die dörfliche Almosenkasse gezahlt werden mußte, praetendierte die Pfalz jetzt als "Notspeichergeld". Auch im Rechtswesen waren die Beamten gleich einige Schritte weitergegangen. Zentuntertanen wurden unter Strafe dazu angehalten, auch Bagatellsachen bei den Ämtern anzubringen. Die behördliche Überwachung war ausgebaut geworden: In die Erteilung der Heiratserlaubnis mischte sich Pfalz ein, sie verlangte die Einsendung der Bürgermeisterrechnungen, selbst Erbteilungen - ein originäres Recht der Vogtsherrschaft - ließ sie schon durchführen. Der Kanon ging ins Kuriose über: Beamte achteten darauf, daß Stuten nur von pfälzischen Hengsten gedeckt wurden; sie fahndeten unter dem Hinweis auf das pfälzische Salzmonopol in den Küchen der Schlösser nach ausländischem Salz. *Ohnerträglich* werde man wie ein *bauer tractiert*, klagte Otto Heinrich. Schließlich würden auch die Bauern, gerade jene mit mageren Feldern und wenig Wiesen, *oft völlig erschöpft*, weil Kurpfalz sie zu allerhand Sonderabgaben heranzöge und enorme Frondienste verlange.[3] Otto Heinrich von Brüggen bemühte sich, Schritt für Schritt die Entrechtung aufzuzeigen, doch verhallten die Gravamina ungehört. Die einzige Folge war, daß sich sein Verhältnis zu den pfälzischen Behörden verschlechterte. Bald vermeinte er gar *bösen haß* zu erkennen und vermutete, daß ihn das Konsistorium *aus einer privat leidenschaft* von seinem Kirchenrecht vertreiben wolle.[4] In der Tat wurden die Angriffe immer unverfrorener und machten auch vor seiner Person nicht Halt.

[1] Frh.A.Sch. A 1036. Viel spricht dafür, daß die undatierten Bogen aus dem Jahre 1767 entstammen.
[2] Frh.A.Sch. A 1164.
[3] Gemeint waren wohl vor allem die Chausseefrondienste, die 1765 angefordert wurden, Frh.A.Sch. A 959.
[4] GLA 77/4411.

Eine formelle Präsentation eines Pfarrers durch das pfälzische Konsistorium konnte die Gemeinde Schatthausen vermeiden. Als 1773 der bereits bestellte Vikar die Pfarrstelle antrat, baten Anwalt und Gericht das Amt, von einer Präsentation abzusehen, da man die Kosten dafür nicht aufbringen könne.[1] Wahrscheinlich wurde die in ihrem Duktus so herrschaftsfreundliche Antwort von Otto Heinrich von Brüggen selbst verfertigt, der in dieser Zeit mehrfach die Feder für seine Gemeinde führte. Gleichwohl stand die Pfarrerfrage aufgrund der geringen Fluktuation nicht so sehr im Mittelpunkt. Einschneidender war die Besetzung der Lehrerstelle, deren Inhaber in der Regel nicht sehr lange in Schatthausen blieben. Das Konsistorium drängte wiederholt der Gemeinde ihren Kandidaten auf oder verwarf die getroffenen Personalentscheidungen der Vogtsherrschaft.[2] So sah man sich einer Beschwerde des Konsistoriums gegenüber, als 1771 ohne Rückfrage Samuel Sperling zum neuen Lehrer auserkoren wurde. Dieser führte sich nun wenige Jahre später nicht gerade als Vorbild für die Jugend auf, was Konsistorialbeamte nutzten, um den "Fall Sperling" zu untersuchen und auch gleich einen Nachfolger zu präsentieren. Diesmal war es die Vogtsherrschaft, die dagegen Beschwerde einlegte, schließlich hatte sie Sperling noch gar nicht entlassen, als *ohn mein begehren* schon sein Nachfolger Bürckel aus Sandhausen vor der Türe stand. Trotzdem wurde der Neue akzeptiert. Zehn Jahre später wurde Otto Heinrich von Brüggen beim Tode Bürckels zuerst initiativ. Er bat das Konsistorium formgetreu um die Prüfung des Georg David Obermüller, und - zögernd zwar - wird die Auswahl gutgeheißen. Damit war erstmals von Seiten der Vogtsherrschaft das Auswahlrecht des Konsistoriums für das Schulmeisteramt anerkannt worden.[3] Als Karl von Zyllnhardt 1803 auf möglichst elegante Weise einen Schullehrer los werden wollte, der sich etliche Eskapaden in der Gemeinde geleistet hatte, wußte er gar nicht anders, als das Konsistorium um einen Tauschpartner zu bitten.[4] Die noch 1758 vehement bekämpfte neue Situation wurde auf diese Art mehr und mehr akzeptiert.

Wie die Beschwerden bei der Auswahl eines neuen Lehrers zu einer Pflichtübung verkamen, so wurde gleicherweise das ius episcopale dem pfälzischen Konsistorium zuerkannt. Als 1801 Karl von Zyllenhard einen Nachfolger für einen Pfarrer suchte, kam es zu einem tiefen Zerwürfnis zwischen ihm und der Gemeinde, die gar in passiven Widerstand gegen

---

[1] Frh.A.Sch. A 1099.
[2] Frh.A.Sch. A 1149 - A 1151.
[3] Frh.A.Sch. A 1149.
[4] Frh.A.Sch. A 1151. Allerdings traf die Anfrage in Heidelberg ein, als das Konsistorium gerade aufgelöst wurde, der Petent wurde an den Kirchenrat in Karlsruhe verwiesen.

den Geistlichen trat.[1] In dieser hohen Not drehten sich die Vorzeichen nun um: Der Vogtsherr, ansonsten ein Verfechter der Autonomie, wandte sich um Hilfe bittend an das Landeskommissariat, das wiederum das Oberamt anwies, die Schatthäuser zu ermahnen.[2]

Zu echten emotionalen Konflikten führten die pfälzischen Eingriffe in das Rechnungswesen und die Zehntverteilung.[3] In den 70er Jahren hatte das Konsistorium wiederholt verlangt, die Heiligen- und Almosenrechnungen aus Schatthausen zu überprüfen. Dabei scheute man nicht davor zurück, Otto Heinrich von Brüggen eine unredliche, betrügerische Rechnungsführung zu unterstellen. Dies wurde noch verschärft, als sich die Schatthäuser weigerten, bei der 1777 durchgeführten Schulinspektion die Diäten zu entrichten. Ging es Otto Heinrich um die prinzipielle Zuständigkeit über die Schule, die er als sein Kompetenzgebiet erachtete, so schob das Konsistorium die Weigerung zur Zahlung auf Otto Heinrichs Unterschlagungen zurück. Damit hatte die Offensive des Konsistoriums noch nicht ihren Höhepunkt erreicht. 1742 war die bereits im 16. Jahrhundert geübte Praxis wieder eingeführt worden, den Pfarrer mit einem festen, naturalen Jahresgehalt zu entlohnen. Während der wirtschaftlichen Notjahre hatte man sich dagegen eines einfacheren Verfahrens bedient, indem man dem Geistlichen den halben Zehnt vollständig zum Einzug überließ. Zu dieser Praxis, die den Pfarrer nach dem wirtschaftlichen Aufschwung weit besser gestellt hätte, wollte das Konsistorium wieder zurückkehren. Diese Forderung kam einem eklatanten Eingriff in das Patronatsrecht gleich. Von ältesten Zeiten her waren die Modalitäten zur Pfarrerbesoldung dem Patronatsherrn zugestanden.

1778 begann das Konsistorium sein geplantes Vorgehen gegen die Vogtsherrschaft den Schatthäusern regelrecht zu oktroyieren. Es verlangte ein Zeugnis, in dem die Gemeinde die Bereitschaft aussprechen sollte, die Kosten eines Prozesses um die Zehntregelung zu übernehmen. Die Gemeinde ließ das Amt Dilsberg wissen, sie sehe sich *in einem prozeß gegen ihre eigene früher angefertigte Zeugnisse und Überzeugung gestellt* und habe *kein Interesse* an einer juristischen Auseinandersetzung. Das ausführende Amt Dilsberg verlangte daraufhin gegen 20 Reichstaler Strafe ein Zeugnis *ohne Eingehen auf die Materialien des Prozesses*. Im nächsten Schreiben aus Schatthausen, es wurde wie alle anderen von Otto Heinrich von Brüggen angefertigt, hieß es, man sehe sich durch die angedrohte Strafe gezwungen, das Zeugnis zu geben. Worauf die Behörde die Antwort erneut zurückschickte und ein Attestat ohne jeden Zusatz verlangte. Unter diesem massiven Druck ist es kein Wunder, daß Otto Heinrich persönlichen Haß auszumachen glaubte.

[1] Siehe zu dem Fall auch Kap. 3.3.3.
[2] Frh.A.Sch. A 1101.
[3] GLA 77/4409, 77/4411, Frh.A.Sch. A 1083, A 1187.

LANDESHOHEIT

Seit 1785 wurde überdies die leidige Frondienstfrage wieder angeschnitten: Immer wieder war um die Dienstverpflichtung von sieben, nach einer Teilung offenbar acht Schatthäuser Hofstellen gegenüber dem Amt Dilsberg gestritten worden. Jetzt, in der ohnehin angespannten Situation, verhielten sich beide Seiten intransigent. Der Schatthäuser Dorfherr forderte zwar noch die mitbetroffenen Gemeinden in Mauer und Angelloch dazu auf, sie sollten *sich ein wenig regen*. Bald darauf aber resigniert er. Er stellt einen Advokaten ein, dem er den Auftrag gibt, die Beziehungen mit der Pfalz zu unterhalten.[1] Nichts hätte deutlicher die Ohnmacht des Adels dokumentieren können. Natürlich vermochte auch der Jurist keine entscheidenden Weichenstellungen vorzunehmen. Und Karl von Zyllnhardt, seit 1795 neuer Ortsherr von Schatthausen, als Lehensherr von Mauer in der Zentfrage nicht unerfahren, flüchtet sich 1800 gar in Resignation: *Man hält sich für einen verdienstvollen mann, wenn man uns die Hasen und Hüner todtschießen läßt*, schreibt er tief gekränkt an den Kurfürsten. Er könne sich nicht vorstellen, *daß in einem lande ein Ort menschlicher Gesellschaft wohnen sollte, der man nicht einmal Gehör geben und Justiz widerfahren lassen wollte*. Die täglichen Beschwernisse in der Zent vergleicht er gar mit der großen Politik. *Die Verteidigung eines jeden von dem, was er besitzt, erzeugt den gegenwärtigen blutigen Krieg.* Schließlich fordert Zyllnhardt die Aufkündigung des Zentvertrages. Denn vergeblich habe man geglaubt, daß es mit diesem Kontrakt *besser gehen würde*.

Damit wurde zum ersten Male der Zentvertrag als Ursache des Übels erkannt.[2] Freilich kommen Zyllnhardts *Promemoria* und die Forderung nach einem neuen Vergleich zwischen Vogtsjunkern und Kurfürsten zu spät, war das völlige Ende der Zentorte doch schon nahe gerückt. Mit dem Frieden von Lunéville wurden Schatthausen und die Meckesheimer Zent als Bestandteil des Oberamts Heidelberg Baden zugeschlagen, die territoriale Neuordnung nahm keine Rücksicht auf das rechtliche Konstrukt der Zentherrschaften. 130 Jahre nach Wollrad von Brüggens vergeblichem und geahndetem Appell an die kaiserliche Schutzmacht wurden die Schatthäuser Ortsherren vom neuen Großherzogtum ohne Umschweife als landsässig behandelt.[3]

---

[1] Frh.A.Sch. A 958, 959.
[2] Frh.A.Sch. A 380.
[3] Immerhin gelang es Karl von Zyllnhardt II. 1805, den Prozeß, der zur Landsässigkeit führte, so exakt nachzuzeichnen, daß er für seine Herrschaften nochmals Zugeständnisse erwirken konnte. Siehe dazu Kap. 3.4.

3. Herrschaft

3.1 Herrschaftliches Recht: Das Schloß

3.1.1 Herrschaft und Untertanschaft

Fünfzig Jahre lang war um die Herrschaftsrechte an Schatthausen zum Teil heftig gestritten worden. In den sechziger Jahren des 17. Jahrhunderts beanspruchten zur gleichen Zeit gar drei verschiedene Familien den Ort. Schließlich setzte sich eine vierte durch, die weder mit Schatthausen noch mit dem Kraichgau überhaupt in irgendeiner Beziehung gestanden hatte. Als Wollrad von Brüggen zum ersten Mal in den Ort gekommen ist, konnte daher von herrschaftlicher Tradition kaum die Rede sein.

Otto Brunners Feststellung, das Wesen von Herrschaft ließe sich nur vom Schloß aus erfassen, erhält in Schatthausen damit augenfällige Bedeutung.[1] Was anderes als das Schloß ist in den Jahren des Besitzwechsel unbehelligt geblieben? Das Schloß ist nicht nur unbestritten Mittelpunkt der Herrschaft, es ist auch die einzig definierende Kraft. Wie sich im Verlaufe des Spätmittelalters die Territorialisierung ehedem personenbezogener Einzelrechte rund um ein Herrschaftszentrum vollzog, hat Lohmann am Beispiel Hirschhorn stringent nachgezeichnet.[2] Auch im Falle Schatthausens ist der Besitz des Schlosses mit dem Besitz der Herrschaftsrechte nach und nach identisch geworden. Graf von Schönberg hatte sich 1656 informieren lassen, *welcher junker daß schloß in Schatthausen hat, deme seint die untertanen...schuldig zu fronen.*[3] Das Lagerbuch von 1562, die älteste Rechtsquelle für die Herrschaft überhaupt, subsumiert seine Aufzählung unter dem Titel *das schloß mit allem seinem begriff.*[4]

Doch wie ist es Mitte des 17. Jahrhunderts um dieses Schloß bestellt? Seine Mauern bedürfen dringender Restaurationen, die Räume sind

---

[1] Brunner (1939), S.254f.
[2] Lohmann, besonders S.224. Im Gegensatz zum Adel etwa in der Meckesheimer Zent war es den Herren von Hirschhorn dank kaiserlicher Privilegien gelungen, die eigene Herrschaft nach außen abzuschließen. Die Funktion der südwestdeutschen Burg als Zentrum der Verherrschaftlichung im Mittelalter auch bei Maurer, S.321.
[3] Frh.A.Sch. B 1. Abgedruckt bei Kollnig (1968), S.299.
[4] Frh.A.Sch. B 2.

kaum bewohnbar. Die Ländereien liegen fast völlig brach und werden erst nach harten Rodungsarbeiten langsam wieder hinreichenden Ertrag abwerfen. Was Wunder, daß der in seiner Stattlichkeit gebrochene Herrensitz nicht zum Sitz des Herrn wird. Wollrad von Brüggen zieht - wie viele Standesgenossen mit ihm[1] - das gemäße Leben in der Stadt dem Landleben vor, überdies heißt ihn seine diplomatische Tätigkeit für Sachsen-Lauenburg ohnehin häufig umherzureisen. Seine Vogtsherrschaft läßt er von einem Amtmann verwalten und begibt sich nur für wichtige Geschäfte nach Schatthausen. 1682 wird der speyrische Schultheiß von Horrenberg, Johann Ludwig Hamberger, als Amtmann für Schatthausen und Wollenberg, dem anderen von Brüggenschen Besitz, bestellt. Dessen Dienstverpflichtung enthält die ausdrückliche Weisung, die Gerechtigkeit an beiden Orten zu beobachten und entsprechende Strafen auszusprechen. In Schatthausen sollte er alle *acht tage nach meinen sachen sehen*, in Wollenberg genügte ein 14tägiger Turnus.[2] Die Gefälle, die der Amtmann einzutreiben hat, sind allerdings in diesen Jahren so gering, daß der Vogtsherr sich um die Erträge seines Besitzes sorgen muß.[3] Nach Wollrad von Brüggens frühem Tod 1684 zieht es auch die Witwe vor, den in der Nähe der Kriegsschauplätze von Heidelberg liegenden Ort zu meiden. Nur zuweilen kommt sie in das baufällige Schloß nach Schatthausen, läßt sich dann von ihrem Verwalter versorgen, der selbst wiederum die Gefälle von den Bauern nicht zuletzt für seinen eigenen Unterhalt einzutreiben hat. Weiterreichende Beschlüsse fallen in diesen Jahren wirtschaftlicher Not kaum, allenfalls bemüht sich Christina Barbara immer wieder, Pächter für ihre Hofgüter anzustellen, eine freilich nicht einfache Aufgabe.[4] Das Interesse an der Herrschaft scheint etwas erlahmt zu sein, nachdem die Witwe mit ihren zwei Töchtern und ihrem Sohn selbst Mühe hatte, ihren Besitz nach den Kriegsstürmen von 1689 in Speyer zu erhalten.[5]

Wenn hier von Herrschaft die Rede ist, so ist mit ihr die *vogtbarlich obrigkeit* gemeint, wie es der Zentvertrag ausdrückte, mithin "Herrschaft über Menschen". Nachdem der Herrensitz ganz offensichtlich als reales Zentrum dieser Herrschaft noch ausfällt, empfiehlt sich zunächst ein Blick auf diese Menschen, die Schatthäuser Untertanschaft.

[1] Vgl. etwa Kollmer, S.39f.
[2] In den neunziger Jahren wird einem Friedrich Gerner die Aufsicht über Schloß und Häuser in Schatthausen und Hohenhardt übertragen. Gerners Tätigkeit scheint allerdings mehr in der Hofökonomie angesiedelt gewesen zu sein. Zur Bestellung der Vögte: Frh.A.Sch. A 285.
[3] GLA 125/3144.
[4] Vgl. Kap. 4.
[5] Vgl. Kap. 6.2.

Neben der Abrundung des zersplitterten Besitzes hatte in den siebziger Jahren die Wiederansiedlung von Bauern in dem verlassenen Ort die dringendste Aufgabe dargestellt. Franken und Franzosen, Österreicher und Schweizer, natürlich auch Pfälzer aus der Nachbarschaft und Bauern aus dem angrenzenden Ritterkanton Kraichgau bezogen nach und nach die verlassenen Bauernstellen.[1] Eines hatte die heterogene Gruppe gemein: Die kleine Herrschaft war für alle ein gänzlich neuer Ort, den sie oft sogar nur zum vorübergehenden Aufenthalt zu nutzen gewillt waren. Diese neue Bauernschaft begann bald mit den Rodungsarbeiten, die ihnen durch besondere Zugeständnisse attraktiv gemacht worden war. Doch waren weder alte Ackergrenzen zu erkennen, noch war der Modus der Inbesitznahme exakt geregelt, Konflikte konnten mithin nicht ausbleiben.[2] Wohin sich aber wenden? Den Amtleuten war es offenbar nicht gelungen, im Wochenturnus eine effiziente und zufriedenstellende, vor allem aber akzeptierte Gerichtsherrschaft auszubilden. Was lag für die Bauern näher, als sich ihr Recht dort zu suchen, wo die höhere Gerichtsinstanz angesiedelt war, beim pfälzischen Amt Dilsberg?

Die kurpfälzischen Behörden hatten ohne besonderes Zutun in dieser Zeit Attraktivität für die Untertanschaft des Zentorts gewonnen. 1706 erinnert sich der greise Gerichtsmann Benedict Martin, die Beamten dort hätten sich gar zuweilen über die ständigen kleinlichen Klagen geärgert, die von Untertanen reichsritterschaftlicher Dörfer auf dem Dilsberg angebracht wurden.[3] Der Effekt dürfte den auf Ausweitung ihrer Amtsbefugnisse drängenden Dilsberger Beamten jedoch nicht ungelegen gewesen sein. 1694 nutzten sie die Abwesenheit der Familie von Brüggen, um beim Tode des Anwalts einen neuen Ortsvorsteher einzusetzen. Mit diesem Eingriff in die gerichtsherrlichen Befugnisse des Vogtsherrn verletzten die Beamten klar die Bestimmungen des Zentvertrages, der die Besetzung der Anwaltsstelle dem Ortsadel einräumte. Christina Barbara von Brüggen konnte erst einige Zeit danach die Berufung rückgängig machen.

Die Abwesenheit der eigenen Vogtsherrschaft, deren faktischer Verlust der Gerichtsherrschaft bei gleichzeitiger steter Präsenz der pfälzischen Beamten hatte weitergehende Folgen. Mit der zunehmenden Orientierung am Dilsberg hatte sich die ohnehin noch nicht fest verankerte Bindung zur Familie von Brüggen völlig gelöst. Dies wurde evident, als sich die Familie um 1702 entschloß, in ihr Schloß nach Schatthausen überzusiedeln.[4] 1704 schimpfte der Bauer Hans Adam Schütz: *ich scher mich nicht umb die Edelfrau alhier.* Und der Anwalt Georg Stroh ließ den jungen Herrn vom Schloß, August Philipp von Brüggen, gar noch

---

[1] Zur Bevölkerung siehe genauer Kap. 7.1.
[2] Zur "Restitution der Landwirtschaft" siehe Kap. 4.2.1.
[3] Frh.A.Sch. B 13.
[4] Siehe dazu Kap. 6.1.

deutlicher wissen: *Ihr seid nicht unser herr, der Churfürst ist unser herr.*[1] Diese Zitate stehen paradigmatisch für die erste Dekade echter Brüggenscher Herrschaft im Ort. Später finden sich wohl weiter etliche Beispiele für Ungehorsam in den Protokollen des Ruggerichts, doch nie wieder so deutliche Worte grundsätzlicher Ablehnung. Angesichts dieser Situation verwundert es nicht, daß die Vogtsherrin *empfindliche marckmahle* einer Rebellion zu entdecken meinte.[2]
In den Jahren zwischen 1677 und 1702 hat sich dieses Eigenleben der Gemeinde entfaltet. Auf sich allein gestellt, war die Zugehörigkeit zur Zentgenossenschaft unter den Dilsberger Beamten ein stärkeres Bindemittel als die ferne, desinteressierte Herrschaft. Trotz der 1681 vollendeten Besitzabrundung Wollrads kann von "einer" Herrschaft um 1700 damit noch nicht die Rede sein. Im Gegenteil: Wollte der nun wieder im Ort lebende Adel seine Herrschaft wieder aufrichten, so mußte er sich zu allererst durchsetzen.

3.1.2 Die Aufrichtung der Herrschaft Brüggen

Wollrad von Brüggens einziger Sohn und Erbe, August Philipp, scheute nicht vor Handgreiflichkeiten zurück, wenn es um seine Gerechtsame ging. Dem Anwalt, der sich weigerte, Grundstücksgeschäfte von ihm bestätigen zu lassen, fielen einige Streiche mit dem spanischen Rohrstock auf den Rücken.[3] Ebenso schlug der junge Adlige den katholischen Pfarrer, der Taufen und Beerdigungen zu halten beanspruchte.[4] Dieser individuellen Härte trat eine restriktiv gehandhabte Gerichtsherrschaft zur Seite, durch die man sich offenbar am schnellsten den Herrschaftsanspruch wieder zu sichern hoffte.[5]
Eine der ersten Maßnahmen Christina Barbaras nach 1702 war es, die ständige *Lauferei auf den Dilsperg* abzustellen.[6] Sie wies die Bauern darauf hin, daß ihr die niedergerichtlichen Befugnisse und das erstinstanzliche Recht zuständen und künftig wieder alles zuerst in Schatthausen anzuzeigen sei. Daß die Verordnung wiederholt werden mußte, zeigt, wie unbeirrt die unterste Rechtsinstanz zunächst noch unterlaufen wurde, wie ungebrochen die Fixierung auf Dilsberg blieb.[7] Seit 1704 wurde wieder in einer festgefügten, feierlichen Form in Schatthausen Rugge-

---

[1] Beide Aussagen unter Frh.A.Sch. A 1037.
[2] Frh.A.Sch. A 1037.
[3] Frh.A.Sch. A 1037.
[4] Frh.A.Sch. A 1112. Siehe auch oben, Kap. 2.2.
[5] Zur herausgehobenen Bedeutung der Gerichtsherrschaft vgl. auch Deutsche Verwaltungsgeschichte I, S.69 und Lohmann, S.196ff.
[6] Frh.A.Sch. A 1037. Vgl. auch Kap. 2.
[7] Frh.A.Sch. A 1037, A 1131.

richt gehalten. Nie wieder waren Ruggerichte so streng reglementiert und ausführlich abgehalten worden wie in der ersten Zeit von Brüggenscher Herrschaft am Ort. Mit Sorgfalt wurde darauf geachtet, daß alles, was rugbar ist, auch angezeigt wurde. Wer etwas verschwieg, mußte sich dafür verantworten. Oft erstreckte sich der Gerichtstermin auf mehrere Tage, um allen die Möglichkeit zu geben, ihre Beschwerden anzubringen. Bis hinein in familiäre Zwistigkeiten finden sich in diesen Jahren Streitsachen, womit der Ortsadel, aber auch die bürgerlichen Gerichtsmänner, zu den bestinformiertesten Personen im Ort avancierten. Erstaunlich schnell hat sich die Herrschaft dadurch nach 1702 ihre Position sichern können.[1] 1706 begann sie, mit dem Erlaß von Dorf-, Feld- und Waldordnungen, das Zusammenleben der Bauern zu reglementieren.[2]

Die Installation der alten Herrschaftsrechte bereitete kaum größere Probleme. Es zeigte sich bald, daß die Bauernschaft nur bedingt über alte Herrschaftsrechte informiert war, wohl auch einiges an Wissen nicht preiszugeben gewillt war. 1706 bediente sich Christina Barbara von Brüggen eines Weistums, um die Modalitäten ihrer weiteren Rechte im Ort kennenzulernen.[3] Im Beisein eines kaiserlichen Notars wurden die drei ältesten Bauern über die Rechtslage befragt - nur einer von ihnen war in Schatthausen geboren, ein anderer wenigstens seit Kindheitstagen im Ort. Dieser Erfahrungshorizont reichte nicht aus, um zum sehr wichtigen Thema der Nachsteuer und der Handlöhne - immerhin wurden diese Abgaben später zu den mit Abstand drückendsten Leistungen in der Herrschaft - Aussagen zu machen. Der Herrschaft war damit ein Freibrief ausgestellt. Sie konnte mithilfe aufgefundener alter Briefe die beiden Abgaben durchsetzen und da sich darin nichts zu ihrer Ausgestaltung fand, sogar die Modifikation festlegen. An dieser Entscheidung konnte die Gemeinde nicht rütteln, aber man setzte immerhin das Amt Dilsberg davon in Kenntnis. Und die Beamten dort nahmen die Nachsteuerfrage gerne auf: Sie befahlen 1710, von der Erhebung einer Nachsteuer abzusehen, wenn ein Untertan in ein *churpfalzisch Eigenthums Orth sich begibt*, mithin die Nachsteuerpflicht nur dann bestünde, wenn ein Untertan das Land verlasse. Dahinter steht natürlich das pfälzische Bestreben, die Zentorte mehr und mehr unter die Landesherrlichkeit zu ziehen. Die Vogtsherrschaft fügte sich, nachdem sie in den umliegenden Orten den Modus erfragt hat, in den Befehl.[4] Wie wirkungslos das Weistum für die Bauernschaft war, zeigt die kurze Zeit später angelegte Beschreibung

---

[1] Frh.A.Sch. A 1067 und A 1068.
[2] Frh.A.Sch. B 1, Kollnig (1968), S.301ff. Aufschlußreicher für das dörfliche Leben sind indes die jährlich zu den Ruggerichten erlassenen Verordnungen, hierzu Kap. 7.2.
[3] Frh.A.Sch. B 13.
[4] Frh.A.Sch. A 1039.

der herrschaftlichen Gerechtsamen, die weit über den Inhalt des 1706 erfragten Kenntnisstandes hinausging.[1] Es war der Familie von Brüggen problemlos möglich gewesen, alte Herrschaftsrechte wieder zu beleben, die auch in der Bevölkerung nicht mehr präsent waren, und neue oder modifizierte zu verankern.

Über diese eigene Positionierung im Ort hinaus gelang den Vogtsjunkern eine weitere, entscheidende Ausweitung der Gerechtsamen, als August Philipp von Brüggen 1712 das Zehntrecht von den Herren von Kaltental erwerben konnte. Damit gewann er nicht nur eine entsprechend der Restitution der Landwirtschaft kräftig ansteigende zusätzliche Einnahme aus dem Zehnten, sondern erzielte überdies einen wichtigen Abrundungseffekt: Indem die Schloßherrschaft die Achtelanteile der Dominikaner und der kurpfälzischen Administration zu ihren eigenen Teilen hinzupachtete, oblag ihr fortan allein die Verwaltung des Zehnteinzugs. Vom Bestellen der Zehntträger über die Überwachung der Ernte und des Druschs bis hin zur Aburteilung eventueller Zehntfrevel lag nun alles in einer Hand.[2] Mit dem ius episcopale übernahm sie die Kirchenaufsicht im Ort, einschließlich der Erwählung und Einsetzung des Pfarrers, bei der allerdings auch schon zuvor die Ortsherren ein Mitspracherecht gehabt hatten, die Einsetzung der Kirchen- und Almosenpfleger und die Aufsicht über das Almosenwesen.[3] Das Bild vogteilicher Rechte rundete sich damit: Künftig hatte der Schloßherr in allen Belangen des dörflichen Lebens mitzusprechen. Wie einschneidend dies war, zeigt der an sich so so belanglose Punkt des Almosenwesens. Es war nicht unüblich, bei Kaufhandlungen einen Teil der Handelssumme der Almosenkasse zu schenken. Unter August Philipp von Brüggen wurde diese Abgabe nun aber zu einem zwar ungeschriebenen, aber herrschaftlich kontrollierten Automatismus: Bei jeder Protokollierung eines Grundstücksgeschäfts mußte nach Abzug des Handlohnes sowie der Vergütung der Siegelung und der Schreibauslagen eine Spende für die Armen gemacht werden.[4] Symptomatisch, daß sich die Bauern diesem Konnex dann zu widersetzen begannen, als ausgangs des Jahrhunderts die Autorität der Herrschaft wieder ins Wanken geriet.[5]

---

[1] Frh.A.Sch. B 14.
[2] Wie wertvoll es für die Vogtsherrschaft war, den ganzen Zehnt zu verwalten, zeigte sich in der zweiten Hälfte des 18. Jahrhunderts. Zu dieser Zeit verpachteten die Dominikaner ihre Anteile an einen Schatthäuser Katholiken, der daraufhin Repressalien seiner Vogtsherrschaft ausgesetzt war (GLA 66/10634). Zu weiteren Berechtigungen am Zehnt und zur Zehnterhebung allgemein siehe ausführlich unter den Kap. 4.4.1. und 5.1.
[3] Frh.A.Sch. U 193, A 1033.
[4] Frh.A.Sch. B 49-51, A 1122.
[5] Frh.A.Sch. A 1114. Siehe unten, Kap. 3.3.

Der Umfang der eigenen Schloßgüter war zwar schon 1681 mit dem Erwerb des Schönberger Hofgutes wieder auf den Stand von 1562 zurückgeführt worden. Doch konnte erst 1718 eine exakte, notariell beglaubigte Güterbeschreibung fertiggestellt werden. Auch die Zinsäcker und die auf den Hofstellen ruhenden Geflügelgefälle und Hellerabgaben wurden erst in diesem Jahr in einer Renovation verbindlich fixiert und niedergeschrieben. Mit dem Abschluß der Renovation wurden die bis zu diesem Zeitpunkt häufigsten Beschwerden bei den Ruggerichten, Grenzverletzungen durch Überzackern der Raine, reduziert. Vor allem aber war die Zinsordnung wieder auf eine feste Grundlage gestellt worden.[1] Die Höhe der Zinsen nahm akribisch die von 1562 vorliegenden Werte wieder auf. 1715 und 1732 konnten einige unbedeutende, nach auswärts fallende Zinsen eingetauscht werden. Damit wurde der Schloßherr neben der Kirche der einzige relevante Zinsempfänger von Schatthäuser Gütern.[2] Dem Vogtsjunker gelang es allerdings nicht, die Verpflichtung von sieben Hofstellen nach Dilsberg abzulösen, die mit gelegentlichen Streitereien bis 1802 ihre Frondienste an Kurpfalz zu leisten hatten.[3] Mit der auch schriftlichen Fixierung des grundherrlichen Besitzes, der Wiedereinrichtung einer straffen Gerichtsherrschaft und schließlich dem Erwerb des Kirchensatzes hatte sich die Herrschaft Schatthausen spätestens 1718 zu einer Herrschaft Brüggen gewandelt. Eine Herrschaft, die freilich unter der genauen Beobachtung der pfälzischen Behörden stand.

3.1.3 Die Gerechtsamen der Vogtsjunker

1712 begann August Philipp mit großem Aufwand, das Schloß zu restaurieren. Jeder, der im 18. Jahrhundert Schatthausen betrat, wußte schon angesichts des in barockem Glanz stehenden Herrensitzes um die Stellung des Ortes. Die optische Dominanz beschränkte sich nicht nur auf das schmucke Herrenhaus. Rund um das Schloß waren die Gesindehäuser angeordnet und die Stallungen, in denen zu Beginn des Jahrhunderts ebenso viele Pferde standen wie im ganzen Ort zusammen. Dem fremden Beschauer fiel es leicht, die Parzellen der schloßeigenen Äcker, die rund um den Ort lagen trotz Dreifelderordnung von den bürgerlichen Flurstückchen zu unterscheiden: Schließlich waren sie gleich um ein Vielfaches größer.[4]

---

[1] 1711 gab es die letzte Beschwerde wegen einer angeblich nicht korrekten Zinslast. Frh.A.Sch. A 1067. In diesem Sinne fügt sich Schatthausen vollständig in G.F.Knapps Bild der "erstarrten Grundherrschaft" ein. Dazu besonders Rösener (1979), S.20ff. (mit weiterer Literatur).
[2] Frh.A.Sch. A 1024.
[3] Frh.A.Sch. A 958, GLA 229/92180.
[4] Zum Besitz von Schloß und Bauernschaft siehe die Kap. 4 und 7.2.

Der Grundbesitz des Schlosses war denn auch ein entscheidendes Merkmal für herrschaftliche Macht. 38 Prozent der nutzbaren Markung Schatthausens gehörten dem Schloß. Diese Grundherrschaft im engeren Sinne wurde durch die Zinspflichtigkeit von Gütern der Bauernschaft nur noch wenig ergänzt: Von kaum sechs Prozent der Felder fielen Getreideabgaben an die Herrschaft. Allerdings hatte der Ortsherr mittels Handlohn und Nachsteuer, die bei Besitzwechsel anfielen, fiskalischen Zugriff auf alle Äcker in der Markung. Auch bezog er von fast allen Hofstellen Geflügelabgaben und kleine Geldsummen und konnte von ihren Besitzern acht Tage Frondienst fordern.[1] Nur er durfte in großem Maße Schafe halten, auf seinen Feldern stand der Pferch besonders lang, und die herrschaftliche Mühle besaß natürlich das Bannrecht.[2]

Als "Flurgenosse" war der Schatthäuser Schloßherr Mitglied des genossenschaftlichen Verbandes. Da er darüber hinaus größter Grundbesitzer im Dorf war, beanspruchte er sein Herrenrecht an der Allmend, nämlich an den genossenschaftlichen Vergünstigungen jeweils in doppeltem Umfang wie ein gemeiner Bürger teilzuhaben.[3] So stand jedem Bürger der Gemeinde ein Krautgarten zu, dem Schloßherrn aber zwei. Berücksichtigt man, daß zum inneren Schloßbereich eine Krautgartenfläche gehörte, die rund zehnmal so groß war[4] wie ein Krautgarten der Gemeinde, und daß gerade junge Neubürger oft jahrelang auf die Zuteilung warten mußten, so wird deutlich, daß dieses Privileg auch eine Belastung für die übrige Genossenschaft bedeutete. Nicht minder drastisch verhielt es sich bei Holzzuteilungen. Die Gemeinde beklagte immer wieder den Mangel an Holz, besaß sie doch kaum mehr Wald als die Herrschaft. Dennoch beanspruchte der Schloßherr bei Holzzuteilungen das Doppelte an Holzgarben wie ein Bürger, ebenso stand ihm die doppelte Menge des wild wachsenden Obstes zu, das die Gemeinde normalerweise unter sich verteilte. Gab es Bucheckern, was selten genug vorkam, dann durfte der Schloßherr doppelt so viele Schweine in das begehrte Futter treiben wie ein Schatthäuser Bauer. Sein Großvieh konnte der Grundherr wiederum kostenlos dem von der Gemeinde zu besoldenden Viehhirten überantworten, nur die Pächter der Hofgüter hatten die *pfrund* zu entrichten. Diese landwirtschaftlichen Vergünstigungen erbrachten für sich genommen dem Gutsbesitzer eine ganze Reihe von Ersparnissen oder gar zusätzlicher Einnahmen. Weitere angestammte Rechte des Schloßherrn waren nicht minder wirtschaftlich relevant: Vor allem der günstigere Tagelohnsatz, der ihm zustand. Diesen ließ sich schon die Brandtsche Witwe 1621

[1] Zur Grundherrschaft siehe unten, Kap. 3.3.2.
[2] Zur wirtschaftlichen Seite siehe ausführlich Kap. 4.
[3] Zum Herrenrecht an der Allmende: Lohmann, S.195, Brunner (1939), S.328.
[4] Das Schloß hatte im inneren Bereich eine Krautartenfläche von 1,3 Morgen, ein *gemeiner Krautgarten* dürfte etwa 20 Quadratruthen umfaßt haben.

bestätigen, die Herrschaft von Brüggen nahm die Regelung 1709 wieder auf, nach der ein Tagelöhner vom Ortsadel um zwei Pfennig geringer zu besolden war als von einem ortsansässigen Bauern.[1] Für die Reputation des Adligen viel bedeutsamer war freilich die "Herrschaft über Menschen", die ihm aus seiner vogtsherrschaftlichen Gewalt heraus zustand.[2] Zu ihr gehörte vor allem die Gerichtsherrschaft; auch wenn sie im Zentverband schwer eingeschränkt war, stellte sie eine der wichtigsten Gerechtsamen dar.[3] Ein Teil der Geflügelabgaben war wohl als Recognition der gerichtsherrlichen Gewalt entstanden, ebenso das Recht auf Hausdurchsuchung im Strafverfolgungsfall.

Das äußere Zeichen für die Herrschaft über Personen war die Huldigung. Wie wichtig sie den Schloßherren erschien, wird schon darin erkennbar, daß sie ihre Untertanschaft schon zum frühesten Zeitpunkt dazu aufforderten. 1664 hatte sich Abraham Gerner von Lilienstein als Gatte Sibillas von Weitershausen von den Schatthäuser Untertanen huldigen lassen. Wollrad von Brüggen wurde 1670 gehuldigt, als er noch gar nicht formell im Besitz der Herrschaft war, August Philipp hielt das Zeremoniell wenige Tage nach dem Tode seiner Mutter im Jahre 1712 ab. Wann sich die Witwe Christina Barbara von Brüggen hat huldigen lassen, läßt sich nicht klären. Allerdings weisen ein paar Punkte darauf hin, daß es nicht vor 1702 geschah.[4] Dies würde vielleicht auch erklären, daß eine so deutliche Entfremdung zwischen Untertanschaft und Ortsherrschaft hatte eintreten können. Denn daß die Huldigung als Treueeid ernst genommen wurde, dafür sorgte die starke religiöse Sicherung, die gerade Christina Barbara von Brüggen den Bauern besonders nachdrücklich ans Herz gelegt hatte. Wer den Eid breche, handle gegen die heilige Dreifaltigkeit, ließ sie ihre Untertanen wissen. Und ein solcher Frevel würde häufig schon auf Erden mit Stummheit, Lahmheit, Zittern oder einem umgedrehten Hals durch Gott gestraft.[5] Der Eid wurde von allen männlichen Einwohnern der Gemeinde geleistet, ob sie Bauern oder Beisassen waren. Auch die Wiedertäufer hatten sich einzufinden, für sie genügte es statt der Eidesformel *handtreu* zu geben. Mit dem Eid verpflichteten sich die Untertanen sowohl dem Junker persönlich als auch dem Haus und Schloß Schatthausen stets zu *frommen und nutzen* zu sein, und weder heimliche Versammlungen noch *agenterey* wider ihren Junker zu treiben.

---

[1] Frh.A.Sch. B 13, B 14. Stadtarchiv Wiesloch, Abt. Schatthausen, Dorfbuch B 1.
[2] So etwa bei Andermann (1982), S.211.
[3] Zur Vogteiherrschaft in der Zent siehe auch Brinkmann S. XX und Lenz S.25 sowie Kapitel 2.1. Zur weltlichen Vogtei und ihren Rechten allgemein: Willoweit, S.78ff., Hofmann, S.82, auch Lohmann S.188.
[4] Zu den Huldigungen Frh.A.Sch. A 1033.
[5] Frh.A.Sch. A 1037.

HERRSCHAFT

Der Rahmen, den die Kombination von Gerichts-, Grund- und Dorfherrschaft vorgab, wurde durch die Ortsherren mehr und mehr ausgeweitet, wodurch sich eine Vielzahl weiterer Rechte ergeben hatte.[1] Der Herr erhob dadurch den Anspruch, das gesamte gemeindliche Leben zu regeln. Vielfach verknüpfte er Reglementierungen mit Abgaben, die ihm weitere kleine Einkünfte bescherten. Als Beitrag zur Schädlingsbekämpfung wurde 1708 erstmals die Abgabe von Spatzenköpfen eingeführt. Entsprechend ihrem Stand waren ein Großbauer mit einem Pflug, ein einspänniger Kuhbauer oder ein Tagelöhner in verschiedenem Umfang dazu verpflichtet, durch die Ablieferung ihren Beitrag zur Schädlingsbekämpfung nachzuweisen. Ersatzweise konnte ein Spatzenkopf auch mit drei Kreuzern bezahlt werden.[2] Da auch Tauben Schäden anrichten konnten, beschränkte die Vogtsherrschaft die Haltung auf drei Paare bei jedem Bauern. Um aber von der Mitte des Jahrhunderts beliebter werdenden Taubenhaltung zu profitieren, legte er auch eine Taubenabgabe fest: Von jedem Paar alter Tauben, das jemand hielt, hatte er ein junges Paar ins Schloß zu liefern.[3]

Die Weinschank-Verleihung war so komplex, daß 1721 dafür ein 12 Paragraphen umfassender Vertrag aufgestellt werden mußte. Für Bier Wein und Most mußte ein genau bemessenes Ohmgeld bezahlt werden. Dagegen gab der Schloßherr den Branntwein frei, bezog dafür aber zum Kirchweihfest *einen mürben kuchen und ein halbes maß wein*. 1741 wurden die Gebühren drastisch erhöht, während man sich Mitte des Jahrhunderts angesichts der sich komplizierenden Abrechungen dann zweier Wirtschaften dazu entschloß, das Weinschankrecht mit dem kleinen Zehnten zusammen zu versteigern.[4] Die Einnahmen lagen um 1750 zwischen 20 und 30 Gulden.[5] Mit der Regelung des Weinausschanks griff der Herr ebenso in den Freizeitbereich ein wie mit dem Anspruch, Spielleute formal anzunehmen und ihnen Zeiten für das Musizieren vorzugeben. Auch die Einsätze beim Kartenspiel wurden Ende des 18. Jahrhunderts von der Herrschaft limitiert.[6] Von der Neubürgeraufnahme bis hin zur Regelung bäuerlicher Hinterlassenschaft hatten die Schatthäuser Untertanen in fast allen Lebenssituationen die Zustimmung der Herrschaft zu erbitten. Nur allzu häufig waren für die Herrschaft finanzielle

---

[1] Hierzu vor allem Frh.A.Sch. B 13 und B 14 sowie die Ruggerichtsprotokolle, Frh.A.Sch. A 1067ff. Diese Ausweitung der Rechte zur Dorfobrigkeit beobachtete auch Lohmann, S.195.
[2] Frh.A.Sch. B 14, A 1037.
[3] Ruggerichtsverordnungen von 1761, 1770, 1771 und 1782, Frh.A.Sch. A 1072, A 1073, A 1074.
[4] Frh.A.Sch. A 1191.
[5] Frh.A.Sch. A 1191. Zur Einordnung der Einkünfte vgl. Kap. 4.4.
[6] Frh.A.Sch. A 1073 und A 1074.

HERRSCHAFT

Einkünfte damit verbunden: Das Bürgereinnahmegeld wurde grundsätzlich zwischen Herrschaft und Gemeindekasse geteilt; der Vogtsjunker erhob Gebühren für die Ausstellung von Ehekonsensscheinen und Pässen; schließlich stand ihm das Recht zu, Vormünder einzusetzen. Und den Besitz kinderloser Ehepaare zog er nach deren Tod an sich. Entscheidender ist aber, daß der Vogtsherr die Fülle seiner Gerechtsamen in der vogteilichen Verwaltung nur beschränkt selbst wahrnahm. Er übertrug sie zeitweise an die von ihm erwählten Gerichtsleute und den Anwalt und griff nur dann ein, wenn eigene primäre Interessen betroffen waren. Dadurch erhielten aber diese Mandatsträger Macht- und Weisungsbefugnisse, die sie weit über die Gemeinde hinaushoben und damit im dörflichen Zusammenleben eine zeitweise belastende soziale Struktur schufen, die weit einschneidender sein konnte als der materiellrechtliche

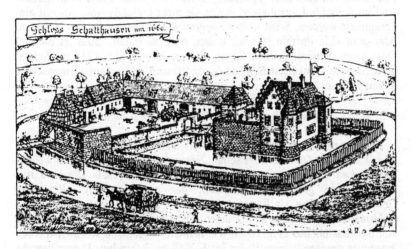

Durch Wassergräben geschützt, dem Dorf entrückt:
Schloß Schatthausen im 18. Jahrhundert[1]

---

[1] Die im 19. Jahrhundert gefertigte Skizze soll "zurückgedacht" die Situation um 1660 darstellen. Tatsächlich war das Schloß zu dieser Zeit noch vom Krieg in Mitleidenschaft gezogen. Wohl erst nach 1720 dürfte es wieder diese Stattlichkeit erreicht haben. (GLA JB 1 1919 Nr. 20).

Ausfluß der Vogtsherrschaft. Es entstand damit eine zweite Instanz von Herrschaft, die sich im "Haus des Anwalts" lokalisiert. Ihre Rolle als Pendant zur Herrschaft oder als "herrschaftliche Form der Genossenschaft" wird genauer zu untersuchen sein.[1] Doch nochmals zurück zum Schloß. Seine optische Dominanz ist mit optischer Beherrschung nicht gleichzusetzen. Das alte Wasserschloß steht in maßvoller Entfernung des Ortes. Die Schloßherren gefallen sich in dieser räumlichen Entrückung, die ihre Autorität steigert. Benachbarte Adlige rollen in ihren Kutschen durch den Ort und hinaus zum Schloß, wo Feste gefeiert werden und zur Jagd geblasen wird.[2] Wenn auch das attraktivere Hochwild den kurpfälzischen Jagden vorbehalten ist, so nutzt man doch die Koppeljagd zum ausgiebigen Vergnügen.[3] Der Gang zum Schloß ist damit für den Untertan keine Selbstverständlichkeit. Zum Frondienst hat man dort regelmäßig anzutreten. Auch Zinsen und Gefälle sind im Schloßhof anzuliefern, wenn sie nicht kollektiv vom Anwalt eingesammelt werden. Wird man zu ungewohnter Zeit ins Schloß befohlen, oder geht man dorthin, um zu klagen oder zu bitten, dann ist dies im Dorf kaum geheimzuhalten. Sogar um den Anwalt, der 1714 ins Schloß gerufen wird, ranken sich wilde Spekulationen, als er auf seinem Gang hinaus beobachtet wird.[4]

3.2 Herrschaftliche Praxis: Das Haus des Anwalts

Den Untertanen ist das Kellerhaus viel näher als das Schloß. Es ist das größte Haus am Ort und trägt seinen Namen, weil es lange Zeit das einzige der etwa 40 Bauernhäuser war, das einen Keller besaß. Dieses stattliche Gebäude gehört dem Anwalt, der es zusammen mit seinen *Gerichtsverwandten* als Ratssaal nutzt und zum Grundamt macht, wenn es Grundstücksgeschäfte zu erledigen gilt. Die pfälzische Schatzung wird von dort aus ebenso eingezogen wie manche vogteiliche Abgabe, die der Anwalt in corpore seinem Herrn ins Schloß zu liefern hat. Dieser bemüht sich mindestens einmal im Jahr ins Haus des Anwalts, um Gericht zu halten. Die Gemeinde trifft sich im Kellerhaus zu Versteigerungen, sie wird dort über pfälzische und vogteiliche Beschlüsse informiert, und am Aschermittwoch findet der traditionelle Umtrunk der Schatthäuser Bau-

---

[1] Blickle (1983), S.515 und Wunder, S.20 und über die Abhängigkeiten zwischen Bauern S.97. Über das Desiderat in der Forschung, betreffend der Einbindung bäuerlicher Oberschichten in das Ämterwesen der Dorfherrschaft zuletzt auch Reichert (1991), besonders S.490.
[2] Zur "Entrückung" der adligen Wohnsitze vom gemeinen Mann auch Hofmann, S.135. Zur adligen Lebensführung auch unten, Kap. 6.
[3] GLA 229/92187 und 229/92188.
[4] Frh.A.Sch. A 1067.

ernschaft im Haus des Anwalts statt: Kein Wunder, denn wie viele seiner Amtsgenossen hat der Schatthäuser Anwalt sein großes Haus genutzt, um dort eine Wirtschaft einzurichten. Nicht unwesentlich ist diese Funktion. Regelmäßig sitzen Bauern gesellig zusammen, spielen nicht nur Karten und lassen sich zum Tanz aufspielen; zuweilen erweist der Anwalt am Schanktisch auch amtliche Gefälligkeiten. Das multifunktionale Gebäude spiegelt sich im dörflichen Leben also in verschiedenen Bereichen wieder. Es steht aber vor allem für "Herrschaft von Bauern über Bauern", ausgeübt vor allem vom Anwalt und seinen Gerichtsleuten. Daher gilt es zunächst, die Einbindung dieser Ämter in die Gemeindeverfassung genauer zu betrachten.

3.2.1 Die Gemeindeämter

Der Begriff Anwalt stand in Schatthausen ziemlich genau im Zeitraum der Ära Brüggen für Schultheiß. Im Zentvertrag war den Vogtsjunkern die Bestellung eines *schultheißen* eingeräumt worden, noch 1656 ist vom Schatthäuser Schultheißen Wendel Pfister die Rede.[1] Später wurde es dann üblich, die Vorsteher der vogteilichen Orte zur Unterscheidung von ihren Amtskollegen in den pfälzischen Gemeinden als Anwälte zu benennen. Die Bezeichnung hielt sich bis Ende des 18. Jahrhunderts. Erst unter der Ägide des späteren Ortsherren Karl von Zyllnhardt wurde die Bezeichnung Schultheiß wieder gebräuchlich.[2] Die Bestellung des Anwalts wie auch der Gerichtsleute war ausschließlich Sache des Vogtsjunkers, Kurpfalz hatte dabei keine Beteiligungsrechte. Mit zunehmender Extendierung der pfälzischen Ämter auf die alten Zenten gewann jedoch die Stelle des Anwalts für den Territorialstaat an Bedeutung. Er wird als untergeordneter Amtsträger, als Zuarbeiter und als Ansprechpartner instrumentalisiert. Diese Entwicklung brachte den Ersten der dörflichen Genossenschaft schrittweise in eine veränderte Situation: Gegenüber dem Ortsherrn, der ihn als - freilich aus der Genossenschaft herausgehobenen - Untertanen betrachtete, konnte er die Karte des pfälzischen Amtsträgers ausspielen und rückte in eine bedeutsame Schlüsselfunktion.

Die Zahl der Gerichtsleute schwankte. Es waren Anfang des 17. Jahrhunderts stets fünf, zeitweise sogar sechs *düchtige männer*, dann jedoch sank ihre Zahl schnell, so daß sich 1780 ein Dreiergremium durchsetzte. Von den Gerichtsleuten sollten alle drei Konfessionen des Orts repräsentiert werden. Sie sollten des Schreibens mächtig sein, was aber offenbar nicht immer der Fall war. Den Vorsitz führte der Gerichtsbürgermeister. Dieser wurde zu Beginn des Jahrhunderts auf unbestimmte Dauer er-

---

[1] Kollnig (1968), S.299.
[2] Frh.A.Sch. A 172.

wählt, seit 1737 auf sechs Jahre, später wurde die Amtszeit auf zwei Jahre verkürzt und ausgangs des Jahrhunderts wechselten sich die Gerichtsmänner alle Jahre im Vorsitz ab. Die Gerichtsmänner waren privilegierte Bürger, deren Reputation der Vogtsherr sich noch zu heben bemühte. Bei jeder Gelegenheit wurden sie mitsamt ihrem Titel *des gerichts* aufgeführt. Sie hatten nicht nur Anspruch auf besondere Plätze in der Kirche, sie waren auch dazu verpflichtet, diese einzunehmen. Einem gemeinen Bürger war es bei Strafe verboten, einen der Gerichtsmänner oder gar den Anwalt zu duzen. Von den Gerichtsverwandten erwartete der Vogtsherr aber auch ein ihrem Stande entsprechendes Verhalten; besonders Streitigkeiten untereinander sollten sie sich versagen.[1] Dem Gericht stand ein Gemeinde- oder auch Gemeinsbürgermeister zur Seite, der alljährlich aus der Bürgerschaft ausgewählt wurde.[2] Er sollte vor allem die Verwaltung der Gemeindegüter übernehmen und zu Gemeindefronen rufen. Für die Besetzung des Amtes wurde der in der Bürgerliste festgelegten Reihe nach vorgegangen, so daß sich niemand dieser Aufgabe entziehen konnte. Allenfalls konnte bei notorischer Unzulänglichkeit ein Bauer von der Amtsübernahme ausgeschlossen werden. 1797 verzichtete man etwa darauf, den überschuldeten Adam Ullerich zum Gemeindebürgermeister zu wählen.[3] 1704 wurde der neue Anwalt unter anderem auch dazu verpflichtet, die Abrechnungen des Gemeindebürgermeisters zu überwachen. 1709 notierte er in sein Frevelbuch, daß der Bürgermeister Schütz einen Befehl nicht ausgeführt habe. Schütz wurde im nachfolgenden Ruggericht zu einem halben Pfund Heller Strafe verurteilt.[4] Ein noch deutlicherer Beleg für die Weisungsbefugnis des Anwalts gegenüber dem Gemeindebürgermeister stammt aus dem Jahre 1737. Damals hieß es, dem Gerichtsbürgermeister werde alljährlich ein Gemeinsbürgermeister zur Seite gestellt, der habe *alles mit zu besorgen und in acht zu nehmen.* Es zeigt sich, daß Anwälte und der Gerichtsbürgermeister sehr häufig in die Aufgaben des Gemeindebürgermeisters eingriffen. Verwundern kann dies nicht, schließlich waren die wenigsten Bauern des Schreibens und Lesens mächtig und dürften sich kaum im Stand gesehen haben, die Abrechnungen von Versteigerungen oder die Verpachtung von Allmendstücken ordentlich zu notieren. Das Amt hatte einen dementsprechend schlechten Ruf unter der Bauernschaft.[5]

[1] Die Stellung der Gerichtsmänner ergibt sich aus vielen Anweisungen und Ermahnungen während der Ruggerichte, etwa 1719, 1723, 1727 (Frh.A.Sch. A 1067 und A 1068.).
[2] Die Bürgermeister wurden alljährlich beim Ruggericht vereidigt, sodaß sich aus den Protokollen deren Sukzession ablesen läßt.
[3] Ruggerichtsprotokoll von 1797, Frh.A.Sch. A 1075.
[4] Ruggericht 3.6.1709, Frh.A.Sch. A 1067.
[5] Zur gemeindlichen Ordnung siehe Kap. 7.2.

HERRSCHAFT

Die Aufgaben des Anwalts waren zeitaufwendig. Christian Stroh hielt sich mit einem Gerichtsverwandten im Jahre 1725 vier Tage in Heidelberg und Mannheim auf, weil er um Linderung der Schatzung nachsuchen wollte. 1726 war er mindestens elfmal in Amtssachen auf dem Dilsberg. 14 Mal erreichten ihn in diesem Jahr Laufzettel, die ihm befahlen, Bauern zu Fronfuhren[1] abzustellen oder Attestate anzufertigen. Für seine Arbeit wurde der Anwalt sowohl vom Amt Dilsberg als auch von der Gemeinde besoldet, die ihm eine Minderung seines Schatzungskapitals um 50, später 100 Gulden zugestand. Überdies konnte er sich Gänge auf den Dilsberg mit 30 Kreuzern verrechnen lassen; wurde er länger aufgehalten, konnte er auch Wegzehrung in Rechnung stellen.[2] In den zwanziger Jahren beliefen sich damit die Einkünfte des Anwalts auf etwa zwölf Gulden im Jahr.

Der Gerichtsbürgermeister wurde in dieser Zeit mit zwei Gulden und einem Malter Spelz entlohnt, er partizipierte jedoch über das Zählgeld auch an der Schatzung, die er zu erheben und auf den Dilsberg zu liefern hatte. Der Gemeindebürgermeister erhielt aus der Kasse einen Gulden.[3] Die Gerichtsleute finanzierten ihr Honorar ausschließlich aus Gebühren, die sie für das Verfassen von Attestaten und das Aufnehmen von Hinterlassenschaften berechneten. Damit war ihre Bezahlung völlig unzureichend: Der Zyllnhardt'sche Verwalter riet seinem Herrn noch 1804, dringend einen Modus für ein besseres Entgelt zu finden.[4] Ein zentraler Punkt in der Salierung der Gerichtsleute war die Zehrung. Ob es die Einstellung eines neuen Kuhhirten war oder der Hörnerschnitt der Rinder, Anwalt und Gerichtsleute liessen sich nach fast allen Arbeiten ein Vesper aus der Gemeindekasse verrechnen.[5] Diese Art der Vergütung mag in der noch stark der Naturalwirtschaft verhafteten Gesellschaft leicht erklärlich sein; sie gewann aber aber auch Bedeutung durch das innewohnende Kollektivprinzip: Das regelmäßige Zusammensitzen nach der Arbeit förderte die Gerichtsriege als Gemeinschaft ebenso wie ihre Abschottung gegenüber der Gemeinde. Auch in der Bauernschaft schien man diesen Eindruck gewonnen zu haben. Ein Bauer schalt 1711 überspitzt, *die Bürgermeister fressen und saufen nur.*[6]

[1] Dabei handelt es sich um die Bewohner von sieben Schatthäuser Höfen, die dem Amt Dilsberg fronpflichtig waren (Frh.A.Sch. A 958).
[2] Frh.A.Sch. A 1131.
[3] So in der Honorarfestsetzung beim Ruggericht 1737. Frh.A.Sch. A 1067. Die Zahlungen wurden mehrfach erhöht, so daß 1791 der Gerichtsbürgermeister 12, der Gemeindebürgermeister vier Gulden erhielt (Frh.A.Sch. A 1074).
[4] Ruggerichtsprotokoll 1804. Frh.A.Sch. A 1076.
[5] Frh.A.Sch. A 1131 - A 1133.
[6] Frh.A.Sch. A 1131.

Der ohne Zweifel hohe zeitliche Aufwand, den die Gemeindeämter forderten, war für einen Vollerwerbsbauer beschwerlich. Es ist denn auch kein Wunder, daß die Anwälte stets zu den begütertsten Bauern im Dorf gehören. Nur ein hinreichend großer Hof, der von Knechten oder Söhnen ausreichend mitbewirtschaftet wurde, erlaubte es dem Anwalt, öfter abkömmlich zu sein.[1] Dies wurde beim Rücktritt des langjährigen Anwalts Christian Stroh deutlich, der zu einer Zeit erfolgte, als seine Söhne ihre eigenen Haushaltungen übernommen hatten oder nach auswärts gezogen waren. Da bat er nicht nur wegen seines Alters um Entlassung, sondern weil *seine eigene Haushaltung zu grundt ginge.*[2] Auch Adam Litterer legte 1800 sein Amt als Gerichtsmann nieder, nachdem der Sohn zum Militär ziehen mußte.[3] Gleichwohl waren Rücktritte von den auf Lebenszeit vergebenen Ämtern sehr selten.

Aus den fünf Gerichtsleuten rekrutierten sich die üblicherweise drei Feldrichter. Dieses wichtige Amt setzte höchste Vertrauenswürdigkeit der Inhaber voraus, da die Feldrichter die Steine der Grundstücke zu setzen und sie durch geheime Zeichen zu konfirmieren hatten. Über die Arbeit der Feldrichter hat es nie Klagen gegeben. Gleichwohl verletzten Bauern immer wieder deren Setzmonopol, um die Gebühren zu sparen. Dann und wann hat es auch einmal den streng geahndeten Versuch gegeben, Grenzsteine zu verrücken.[4] Die Feldrichter hatten einmal im Jahr einen Umgang zu halten und dabei besonders die Grenzen der Gemeindegüter zu überwachen. Im Frühjahr oder im Spätjahr konnten auch private Grundstücke neu umsteint werden, wofür die Feldrichter dann Gebühren erhoben.[5] Als weitere Gemeindeämter waren die Stellen des Kirchen- und Almosenpflegers zu besetzen. Als 1712 zwei Feldrichter *altershalber* ihr Amt zurückgaben, machte August Philipp von Brüggen sie zu Kirchenpflegern.[6] Auch das Widdumgut wurde stets ausschließlich an Gerichtsleute verpachtet.[7] Damit besaßen die Gerichtsverwandten über ihre direkten Funktionen hinaus Begünstigungen, die sowohl auf ihre wirtschaftliche wie auch auf ihre soziale Stellung im Dorf zurückwirkten.[8]

---

[1] Dagegen bringt Heide Wunder, S.96, Beispiele, nach denen die reichen Bauern die mühsamen Amtsgeschäften gerne mittleren und kleineren Bauern überließen. Schaab (1966), S.169, hat im Zuge der Rekatholisierung in der Pfalz viele arme Katholiken in den Schultheißenämtern ausgemacht.
[2] Frh.A.Sch. A 1042.
[3] Frh.A.Sch. A 1048.
[4] Frh.A.Sch. A 942.
[5] Frh.A.Sch. A 942, Ruggericht von 1756, A 1068.
[6] Frh.A.Sch. A 1033.
[7] Frh.A.Sch. A 1162. Siehe auch Kap. 5.1.
[8] Zu diesem Sachverhalt genauer unter Kap. 7.3.1 und 7.4.

3.2.2 Herrschaftliche Funktionen im Haus des Anwalts

3.2.2.1 Die Gerichtsherrschaft

Die niedere Gerichtsherrschaft hatte eine entscheidende Rolle bei der Wiedererrichtung der Schatthäuser Herrschaft gespielt. Schon aus politischen Gründen war die Betonung der eigenen Gerichtsherrlichkeit bedeutsam gewesen, aber auch zur Stützung des Herrschaftsanspruchs gegenüber der Bauernschaft hatte sie sich als geeignetes Mittel erwiesen. Die Gerichtsherrschaft manifestierte sich zuallererst in den jährlichen Ruggerichten. Sie wurden in aller Regel im Spätjahr abgehalten, nach der intensiven landwirtschaftlichen Arbeitsphase. Denn bei den zuweilen zwei oder drei aufeinanderfolgenden Gerichtstagen mußte das dörfliche Leben ruhen: Da jeder Bürger einer Ladung vor Gericht gewärtig sein mußte, hatte sich an diesen Tagen jeder in der Nähe des Anwaltshauses aufzuhalten, denn dort wurde zu Gericht gesessen. Als es im Jahre 1728 nicht möglich war, im Kellerhaus Gericht zu halten und man daher ins Schloß auswich, ließ sich die Gemeinde am Ende ausdrücklich die Urteile des Ruggerichts mit dem Hinweis auf den nicht üblichen Gerichtsort bestätigen. Entsprechendes geschah, als Otto Heinrich von Brüggen aufgrund seiner Krankheit in den neunziger Jahren das Gericht ins Schloß verlegt hatte.[1]

Zu Beginn des Gerichtstages übergab der Anwalt seinen Amtsstab an den Vogtsjunker, der die Leitung der Sitzung übernahm. Es folgten die strengen Ermahnungen an die Anwesenden, alles Rugbare anzuzeigen, dem Gemeldeten werde dann *rechtliche erörterung* getan. Zumeist begannen die eigentlichen Sitzungen mit der Neuaufnahme von Bürgern, in der Mitte des Jahrhunderts wurde es dann auch üblich, Rechtsgeschäfte bestätigen zu lassen. Dann trat die Bürgerschaft ab und das Frevelregister wurde verlesen, das vom Anwalt oder einem der Gerichtsmänner geführt wurde. Am häufigsten wurden in diesen Registern Verfehlungen im Bereich der Gemeindedienste vermerkt, also im originären Bereich von Anwalt und Gericht. Zuweilen wurden auch notorische private Händel festgehalten; dies gab den Gerichtsmännern ein gewisses Machtmittel in die Hand, denn die Art und Weise eines Klagevortrags konnte bereits ein Präjudiz schaffen. Nachdem die in den Registern aufgeführten Punkte abgehandelt und die betroffenen Bauern dazu gehört und entsprechend bestraft worden worden waren, begann das Vortreten *mann für mann*. Da kein Bauer sicher sein konnte, daß ein Holzdiebstahl, von dem er wußte, angezeigt wurde, und dann für das Verschweigen eine Strafe auf ihn war-

---

[1] Die zentrale Quelle für die Ausführungen zur Gerichtsherrschaft bilden die Ruggerichtsprotokolle der Jahre 1703 - 1806, Frh.A.Sch. A 1067 - A 1075.

tete, hielt kaum jemand hinter dem Berg. Auf diese Art wurde das Gemeindeleben bis in intime Bereiche hinein offengelegt: schließlich konnten auch Schimpfwörter zwischen Eheleuten rugbar werden.[1] Das Schatthäuser Gericht konnte Geldstrafen bis zu einer Höhe von drei Pfund und fünf Schilling Hellern aussprechen, was ungefähr einem Reichstaler entspricht. Höchstens drei Tage und drei Nächte durften Frevler eingesperrt werden, dann waren sie an das Amt Dilsberg zu verweisen. Die *geige*, eine hölzerne Konstruktion, die man einem Delinquenten zum Gespött der Bürger um den Hals legte bevor man ihn durchs Dorf führen ließ, findet zwar Erwähnung.[2] Niemals jedoch wird die Geigenstrafe verhängt. Schwerere Vergehen wies der Zentvertrag ebenso den Zentgerichten zu wie *iniurien, darauf eine oder die ander partei zu beweisen oder dieselbigen zu schmehen verharrete*.[3] Dieser Passus war Grund dafür, daß manche Verfahren sich vor dem Dorfgericht nicht auswuchsen: Denn die Verweisung an das Zentgericht mußten häufig beide Parteien ob des unklaren Ausgangs und der zu erwartenden härteren Strafe fürchten. Am Ende der Gerichtssitzung hatten alle Bürger nochmals im Haus des Anwalts zusammenzukommen. Es wurden dann allgemeine Verordnungen verlesen, auch disziplinarische Maßregeln erteilt. Einige Jahre lang war es auch üblich, daß an dieser Stelle der Pfarrer den Kirchenbesuch und die Teilnahme an den Sakramenten rügte. Dann konnten sogar nochmals Strafen vor versammelter Gemeinde ausgesprochen werden. Auch wenn in der kleinen überschaubaren Welt Öffentlichkeit zum Prinzip gehörte, selbst familiäre Auseinandersetzungen kaum geheimzuhalten waren, ist die aus dem Verhandlungsmodus erwachsende Sonderstellung der Gerichtsleute nicht gering zu achten. Daß der gemeine Bauer sich einmal im Jahr von Gerichtsleuten befragen lassen mußte, die ihm das Jahr hindurch Nachbarn oder gar Anverwandten waren, jene wiederum innerhalb der Bevölkerung von allen Vorkommnissen unterrichtet wurden, schuf hohe soziale Ungleichheit. Hinzu kam eine quasi-polizeiliche Kontrollfunktion des Gerichts, die sich im Recht ausdrückte, Hausdurchsuchungen vorzunehmen. Dabei konnten die Gerichtsverwandten auch tiefe Einblicke in die Lebensumstände ihrer Mitbürger nehmen, was ihre Autorität in der Gemeinde stärkte.[4]

Neben der geordneten Rechtsprechung in den Ruggerichten existierte noch die prompte. Denn für die Überwachung der Ordnung war seit 1709 von der Herrschaft ein Schloßschütz angestellt worden, der neben der Ausführung der Turmstrafe und Hilfestellungen bei Geschäften im Zu-

---

[1] Über die soziale Seite der Ruggerichtsanzeigen vgl. auch Kap. 7.5.1.
[2] Frh.A.Sch. A 288.
[3] Im Abdruck bei Brinkmann, S. 14.
[4] Ruggerichtsprotokoll von 1716, Frh.A.Sch. A 1067.

sammenhang mit den Gerichtsverfahren auch alle strafbare Handlungen im Feld anzuzeigen hatte.[1] Diese Anzeigen, für die er besonders entlohnt wurde, finden sich nie in den sonst ausführlichen Ruggerichtsprotokollen. Auch wurden zumindest unter August Philipp selten Verfehlungen vom Ortsherrn angebracht, allenfalls von Seiten seiner Hofpächter. Es ist kaum zu vermuten, daß der Schütz in diesen Jahren keine Grenzverletzung auf dem Gut des Schlosses bemerkt haben sollte und niemals fremde Gänse zu vertreiben hatte. Es ist viel eher wahrscheinlich, daß diese typischen kleinen Straftaten vom Herrn sofort abgeurteilt wurden und er sich nicht an das jährliche Ruggericht hielt.

3.2.2.2 Die vogteiliche Verwaltung

Zwar behielt der Vogtsherr sich die abschließende Konfirmation stets vor, doch eine ganze Reihe vogteilicher Kompetenzen konnte der Anwalt mit seinen Gerichtsleuten recht freizügig vornehmen. Dazu gehörte vor allem die Protokollierung von Grundstücksgeschäften, die zwar weiterhin von der Herrschaft förmlich abgezeichnet werden mußten. Das eigentliche Geschäft war aber zu diesem Zeitpunkt bereits zwischen den Handelspartnern sowie dem Anwalt und seinen Gerichtsleuten abgesprochen. Damit lag die eigentliche Entscheidung über ein Grundstücksgeschäft bei diesen letzteren. Die Herrschaft reduzierte ihr grundherrschaftliches Interesse auf die sorgfältige Abrechnung der ihr zustehenden Handlöhne und Nachsteuern. Da die starke Besitzsplitterung in der Gemarkung schon aufgrund der Überfahrtrechte häufig schwer lösbare Konflikte nach sich zog, konnten Entscheidungen der Gerichtsmänner über Grundstücksgeschäfte sehr empfindlich die wirtschaftliche Situation ihrer Mitbürger beeinflussen. Anwalt und Gericht nutzten ihre Freiheiten Ende des 18. Jahrhunderts, um auswärtige Bürger von Versteigerungen über Schatthäuser Liegenschaften auszuschließen. Otto Heinrich von Brüggen hatte Mühe, diese Maßnahme wieder aufzuheben, durch die sich die Gemeinde die ungeliebten Ausmärker fernhielt und moderatere Grundstückspreise erzielte.[2]

Bei den Grundzinsen handelte es sich um Bringschulden, die direkt zwischen den Zinspflichtigen und dem Schloßherrn abgerechnet wurden. Strafgelder, Handlöhne, Nachsteuern und die verschiedenen Konfirmationsgelder und die Erhebung der Spatzenköpfe war dagegen Sache des Anwalts.[3] Da die wenigsten Bauern das Jahr über liquide waren, erfolg-

---

[1] Frh.A.Sch. A 288.
[2] Frh.A.Sch. A 1046.
[3] Zu den Abgaben im einzelnen siehe Kap. 4.4.

te die Aufstellung der geldlichen Leistungen am Ende des Jahres. Die Pflichtigen hatten ihre Außenstände dann zuerst mit dem Anwalt zu regeln, bevor die Vogtsherrschaft eventuell um den Nachlaß von Geldern befragt wurde. Die Vogtsherrschaft notierte unter ihren Gerechtsamen auch das Recht der *vormunderey*.[1] Tatsächlich nahmen diese Aufgabe die Gerichtsmänner wahr. Sie setzten Vormünder über Waisen ein, waren aber auch dazu berechtigt, die Hinterlassenschaften von Verstorbenen aufzunehmen und Erbteilungen einzuleiten.

3.2.2.3 Die Vertretung nach außen

Als wichtige kurpfälzische Amtsträger fungierten vor allem der Anwalt und der Gerichtsbürgermeister. Während ersterer für die grundsätzliche Vertretung der Gemeinde verantwortlich war und von den Behörden als Ansprechpartner in der Herrschaft betrachtet wurde, zeichnete der Gerichtsbürgermeister für den Einzug der pfälzischen Schatzungs- und Umlagegelder verantwortlich.[2] Die Wiedereinführung der Schatzung setzte eine umfassende Renovation der bürgerlichen Güter voraus. Diese Ermittlung der Besitzverhältnisse einschließlich ihrer wertmäßigen Erfassung nahmen Beamte der kurpfälzischen Schatzungskommission vor, die sich von Männern assistieren ließen, die über die Besitzverhältnisse besonders informiert waren. Für die interne Fortschreibung des Schatzungskapitals wurde dann in Schatthausen ein Ausschuß gebildet, dem kraft seines Amtes der Anwalt nebst zwei weiteren Bürgern angehörten, die nicht zum Gericht gehören mußten.[3] Von den Verbrauchssteuern war ausschließlich die Akzise auf Fleisch für die Bauern von Bedeutung. Als *Akziser* fungierte der Anwalt.

Auch Verordnungen, die von den Behörden in die Zentorte geschickt wurden, waren an die Anwälte oder Schultheißen adressiert, die sich dann um die Verkündigung im Ort zu kümmern oder den Weitertransport der gewöhnlich als Laufzettel kursierenden Botschaften zu besorgen hatten. Forderte das Amt Dilsberg Fronleistungen, so erging der Befehl nicht an die Besitzer der sieben fronpflichtigen Höfe, sondern an den Anwalt, der die Bauern dann den verlangten Diensten entsprechend einzuteilen hatte.[4]

Vertretung nach außen hieß im kriegerischen 18. Jahrhundert aber auch Verhandeln mit passierenden Truppenverbänden. Oft mußte der Anwalt *fourage*-Lieferungen von den Bauern eintreiben, um die Militärs zu-

---

[1] Frh.A.Sch. A 1038.
[2] Zur fiskalischen Seite dieser Gelder siehe Kap. 4.4.2.
[3] Frh.A.Sch. A 1162, sowie Ruggerichtsprotokolle 1717, 1723.
[4] Frh.A.Sch. A 1131.

frieden zu stellen. Um diese verhaßte Last von den Bauern fernzuhalten, verstand sich der Schatthäuser Anwalt Michael Funck auch auf Bestechung: Ihm gelang es 1737, einen Obersten der sächsisch-eisenachschen Kompagnie zum Weiterreiten zu veranlassen.[1]

3.2.2.4 Die genossenschaftliche Leitung

Das genossenschaftliche Prinzip ging in der bäuerlichen Gemeinde der frühen Neuzeit weit über das Wirtschaftssystem hinaus.[2] Um das Zusammenleben zu koordinieren, waren vielfältige Absprachen über Erntetermine, Weide- und Überfahrtrechte nötig. Eine Reihe von Aufgaben nahmen der Anwalt, die Gerichtsleute und der Gemeindebürgermeister wahr, letzterer jedoch unter recht strenger Tutel der Vorgenannten. Immer wieder sorgten die Gerichtsmänner mit umstrittenen Holzverteilungen aus dem Gemeindewald für Unruhe in der Bevölkerung. Aber auch die Krautgärten wurden zum Teil recht ungleich verteilt: So besaßen Anwalt und Gerichtsbürgermeister zu Beginn des 18. Jahrhunderts zwei Gärten, während andere auf die Zuteilung warten mußten.[3]

Sowohl die Bewirtschaftung der Gemeindeäcker als auch die Instandhaltung von Plätzen und Brunnen im Dorf machte Frondienste erforderlich. Auch für die Unterstützung der verwalterischen Tätigkeit wurden immer wieder Bauern befohlen: Zum Briefetragen, zum Weiterleiten von Laufzetteln, für die Dorfhut oder für das Amt des Nachtwächters. Ende des Jahrhunderts macht dann die Wiesenwässerung den Einsatz von Bauern nötig. Bei der Vergabe dieser Arbeiten durften der Anwalt, der Gerichts- oder Gemeindebürgermeister mit unbedingtem Gehorsam rechnen. Wer sich einer auferlegten Fron entzog, mußte mit einer Anzeige rechnen.[4] In diese genossenschaftliche Regelungen greift der Schloßherr auf dem Verordnungswege nur zuweilen ein. Er straffte etwa die Sonntagsweide, um möglichst vielen Bauern den Gottesdienstbesuch zu ermöglichen, oder regelte die feste Einrichtung einer Nachtwächterstelle.[5]

---

[1] Frh.A.Sch. A 1042.
[2] Siehe dazu Kap. 7.2.
[3] Frh.A.Sch. A 1067.
[4] Hier soll es vornehmlich darum gehen, die Bereiche anzusprechen, in denen es den Mandatsträgern möglich war, "Herrschaft" auszuüben. Zum genossenschaftlichen Leben ausführlicher in Kap. 7.2.
[5] Die Zurückhaltung des Herrn in Fragen genossenschaftlicher Regelungen hat auch Bader (1962), S.269, festgestellt.

3.3 Die Herrschaft verliert die Herrschaft:
Adel, Gemeinde und Gericht im 18. Jahrhundert

Die rein gemeinderechtliche Deskription hat noch nicht verdeutlicht, auf welche Art die oben als "Herrschaft von Bauern" bezeichnete Einflußnahme wirksam wurde. Der Begriff der Herrschaft bedarf an dieser Stelle zunächst einer Modifikation. Es kann sich in diesem Zusammenhang nicht nur um eine festgefügte, institutionalisierte Rechtsbasis handeln. Denn die Gemeindeämter hatten in erster Linie administrativen Charakter, wenn ihren Inhabern in geringerem Umfang auch politischer Entscheidungsspielraum blieb. Viel entscheidender ist eine kombinierte sozial-rechtliche Dimension, die es den aus der Bauernschaft herausgehobenen politisch-administrativen Mandatsträgern erlaubt, die Gemeinde für ihre, auch privaten Zwecke zu nutzen und sie gar zu unterdrücken.[1]
Die Intensität solcher Verhaltensweisen ist dabei von den relevanten, nominellen Herrschaftsträgern abhängig, der adligen Vogtsherrschaft und den pfälzischen Behörden. Es entsteht damit ein recht komplexes, dreifaches Gefüge obrigkeitlicher Strukturen, auf die überdies die korporative Gemeinde oder Teile der Bevölkerung in Sonderfällen aktiv einwirkten. Die Analyse dieses Wechselspiels zwischen den Kräftefeldern soll im folgenden chronologisch vorgenommen werden.

3.3.1 *Die anderen gelten nicht*
Der Anwalt vertritt sich allein

Ausgestattet mit Kompetenzen von Kurpfalz und eigener Vogtsherrschaft und unterstützt durch Standesprivilegien, verselbständigte sich zu Beginn des Jahrhunderts die Macht des Anwalts. Zusammen mit dem Gerichtsmann Johann Jakob Hetzel verstand es der seit 1704 amtierende Christian Stroh sogar, seine Mitbürger regelrecht einzuschüchtern. Besonders die Gerichtskollegen ärgerten sich, als Stroh 1714 tönte, *was er und Hetzel nicht ausmachen, gelte nichts*, wie später im Protokoll zu lesen ist. Tatsächlich dürfte es zuweilen ausgereicht haben, die beiden bei guter Stimmung am Wirtstisch um ein Tauschgeschäft zu bitten, wohingegen sie anderen alle möglichen Steine in den Weg legten.
Die Gerichtsprotokolle haben unübersehbare Spuren des dominanten Anwalts ausgelegt. Aus seinen 36 Amtsjahren finden sich nicht weniger als 21 Klagen gegen ihn, zweimal sogar kollektiv von der ganzen Gemeinde vorgetragen. 13 Mal standen dabei private Verfehlungen zur Verhandlung an: 1706 schlug er im Rausch ein Fenster ein und warf einen

---

[1] Heide Wunder (S.20) spricht von der "Vetternwirtschaft" dörflicher Beamter.

Mitbürger zu Boden, 1720 traktierte er einen schlafenden Schatthäuser Bauern auf dem Wieslocher Laurentius-Markt gar so stark, daß jenem die Nase blutete, und im selben Jahr spürte ein weiterer Bauer bei Bauholzfuhren die Faust des Anwalts. Peinlich hätten ihm jene Klagen sein müssen, in denen er der Mißachtung von Flurordnungen überführt wurde, die er zuvor selbst verkündigt hatte. Doch blieb der Anwalt nach seinen Bestrafungen weiterhin unbehelligt an der Spitze der Gemeinde. Dies ist umso verwunderlicher, wenn man dazu die Liste der Fälle berücksichtigt, bei denen seine Amtsführung Gegenstand der Klagen war. 1712 zeigte ihn die ganze Gemeinde bei den pfälzischen Behörden an, weil sich Stroh Gelder in die eigene Tasche gewirtschaftet habe. 1733 warf die Bürgerschaft ihm und dem Gerichtsbürgermeister Hetzel *üble administration* vor. In diesem Jahr hatte die Mißwirtschaft ihren Höhepunkt erreicht, als die beiden einen Befehl des Vogtsherrn, die Allmendbrücke zu reparieren, nicht nur mißachteten, sondern sogar beschlossen, den Steg einzureißen, das Holz zu verkaufen und den Erlös zu vertrinken. Strohs Sündenregister geht noch weiter: 1714 grobe Angeberei, 1715 unautorisiertes Handeln, 1716 Bestechlichkeit, 1717 Untreue, 1731 Amtsübertretung und Vorteilnahme. August Philipp von Brüggen, der sich als Vogtsherr mit diesen Vorwürfen auseinandersetzen mußte, kam nicht umhin, seinen Anwalt zu bestrafen. Aber von einer Amtsenthebung oder nur einer strengeren Ermahnung findet sich keine Spur.[1] Ein Nachtwächter, der sich in den zwanziger Jahren eines kleinen Diebstahls im Amt schuldig machte, wurde bereits einen Tag später der Gemeinde verwiesen.[2] Wieso geschah im Falle des Anwalts nichts?

Die Gemeinde wäre hinter ihrem Vogtsherrn gestanden, wenn er 1712 oder 1733 ernsthaft gegen den Anwalt vorgegangen wäre. Überdies hätte er persönliche Gründe gehabt: Denn Christian Stroh hatte 1710 bei Zeugenbefragungen seinem adligen Ortsherrn vorgeworfen, die *pure Unwahrheit* gesagt zu haben. Überdies gab er ihm alleine die Schuld an den Rangeleien mit dem katholischen Pfarrer, in dessen Verlauf August Philipp von Brüggen dem Geistlichen eine blutende Wunde zugefügt hatte, womit dem Adligen die Strafverfolgung durch pfälzische Behörden drohte.[3] Die Position des Anwalts war von Kurpfalz offensichtlich zu stark gestützt, als daß der Ortsherr sie in der ohnehin konfliktreichen Zeit, in der um die Stellung der Herrschaft gerungen wurde, ohne weitere Folgen hätte antasten können. Vielleicht hatte sich August Philipp von Brüggen aber auch darauf besonnen, daß ihm der selbstbewußte Anwalt dienlich werden konnte und er an dessen Stelle allenfalls einen schwachen Mann

---

[1] Vgl. die Ruggerichtsprotokolle der entsprechenden Jahre, Frh.A.Sch. A 1067 und A 1068 sowie Frh.A.Sch. A 1131.
[2] Frh.A.Sch. A 1068.
[3] GLA 229/922234, Frh.A.Sch. A 1112. Zu dem Fall auch Kap. 2.2.

hätte berufen können. Denn groß war die Auswahl kompetenter Männer nicht. Daher scheint er Anfang 1711 nicht nur den Vergleich mit den Schatthäuser Katholiken gesucht zu haben, sondern auch dem Anwalt Zugeständnisse gemacht zu haben. Denn der ging gestärkt aus dem Konflikt hervor und agierte plötzlich als Moderator zwischen Herrschaft und Pfalz. 1712 brachte die Gemeinde eine Klage gegen die Amtsführung Christian Strohs in bewußter Umgehung der ersten Instanz zunächst beim Amt Dilsberg an: Man hatte befürchtet, der Vogtsherr würde auf Seiten seines Anwalts stehen. So kam es schließlich auch, als August Philipp von Brüggen die Gemeinde zur Rede gestellt und den Fall an sich gezogen hatte.[1]

Seine Unterstützung durch die Vogtsherrschaft hat dem Anwalt bei den pfälzischen Beamten dennoch keine Nachteile eingebracht. Geschickt muß es Stroh verstanden haben, zwischen dem Schatthäuser Schloß und dem Dilsberger Amt zu jonglieren. Schon aufgrund seiner Konfession mußte der katholische Amtsinhaber in der lutherischen Herrschaft beste Beziehungen und starken Rückhalt bei den pfälzischen Beamten gehabt haben. Die erwählten ihn in den dreißiger Jahren zum Zentschöffen, womit er sich im Ort weitere Autorität verschaffte. Der doppelten Unterstützung sicher, hatte Stroh freie Hand: 1717 rief er die Gemeinde zu einer Vollversammlung ein, um eine Beschwerde gegen neue pfälzische Steuererforderungen vorzubereiten. 1721 bestätigte der Anwalt mit seinen Gerichtsmännern im Sinne der Vogtsherrschaft, daß noch nie Prozessionen durch Schatthausen geführt hätten, womit die katholischen Waghäuselwallfahrten am Pfingstmontag abgestellt werden konnten.[2] Auch in Schatzungssachen attestierte er das alte Herkommen, das für die Steuerfreiheit des Ortsadels spräche, in diesem Falle allerdings ohne zählbaren Erfolg.[3] Doch wandte er sich auch gegen die Herrschaft, als diese etwa versuchte, ihrem Gesinde die bürgerlichen Nutznießungen einzuräumen. 1727 griff der Anwalt das ius episcopale der Herrschaft an, als er zusammen mit dem Pfarrer aus Zuzenhausen eine katholische Schule durchzusetzen versuchte.[4]

Welche Rolle der pfälzische Rückhalt für Stroh spielte, zeigt der Fall seines Nachfolgers als Schatthäuser Anwalt, Michael Funk, der gegen den Willen der pfälzischen Beamten eingesetzt worden war. Funk war erst 1724 nach Schatthausen eingewandert. Der Vogtsherr hatte ihn wohl für das Anwaltsamt vorbereiten wollen, als er ihn im Januar 1735 zum sechsten Gerichtsmann ernannte. Vielleicht war dies der Anlaß für Chri-

---

[1] Frh.A.Sch. A 1131.
[2] Frh.A.Sch. A 1067, A 1112, A 1162. Vgl. oben Kap. 2.2.
[3] Frh.A.Sch. A 1162.
[4] Frh.A.Sch. A 1112.

stian Stroh, schon im darauffolgenden März um seinen Rücktritt nachzusuchen, worauf der Lutheraner Funk als Anwalt vereidigt wurde. Der Protest der pfälzischen Behörde, die den neuen Anwalt formell anzuerkennen beanspruchte, ließ nicht lange auf sich warten, doch verhallte er ungehört. Kurze Zeit nach Amtanstritt sah sich Funk jedoch Vorwürfen ausgesetzt, er habe Steuergelder nicht korrekt abgerechnet.[1] Er versuchte sich zu rechtfertigten, indem er vorgab, in den Kriegswirren die genaue Rechnungsführung vergessen und auf *böses Anraten* nicht notiert zu haben. Dies erinnert an die Klage, die von der Gemeinde 1712 gegen den damaligen Anwalt erhoben wurde. Auch damals hatte sich Ungeschick mit vorsätzlichem Unterschlagen gepaart.[2] Christian Stroh war jedoch trotz überführter Schuld nicht zurückgetreten, man begnügte sich, daß er die Restgelder zurückzahlte. Jetzt entschied sich der Anwalt unter dem doppelten Druck der Gemeinde und des Amtes Dilsberg zum Rücktritt. Die Vogtsherrschaft hatte ihn nicht zu stützen vermocht, sie nahm in Ermangelung eines anderen geeigneten Mannes Christian Stroh wieder als Anwalt an.

Die anderen gelten nicht, hatte Christian Stroh 1714 gesagt, als er ohne Rücksprache die pfälzische Licent-Abrechnung unterzeichnete. Trotz Ahndungen und Strafen etablierte der selbstsichere Mann neben der adligen Dorfherrschaft eine "Herrschaft" des Anwalts,[3] die wegen seiner räumlichen Nähe und ständigen Präsenz im Ort vielleicht fühlbarer war als die Vogteiherrschaft im Schloß.

3.3.2 *Der lohn ist dem geschäft nicht angemessen*
Das Gericht verliert seine Stellung

Christian Stroh war zu einer Zeit Anwalt geworden, als die Ausrichtung der Schatthäuser Untertanschaft auf Kurpfalz noch recht stark gewesen war. Indem er sich in den ersten Jahren auch sehr dezidiert gegen seinen eigenen Grundherren wandte, gewann er Ansehen bei der Amtsbehörde, das er auch nicht verlor, als er später öfter die Rechte seiner Vogtsherrschaft durch Attestate zu stützen versuchte. 40 Jahre später war dies anders. Der Lutheraner Orthgieß wurde von den Beamten stets als vogteilicher Anwalt angesehen, während ihnen die Schatthäuser Katholiken sehr viel näher standen, von denen sie regelmäßig Zentschöffen erwählten. In dieser Lage büßten der Anwalt und mit ihm das Gericht an Eigenständigkeit ein, zunehmend wurde es zu einem herrschaftlichen Instrument. Nirgends wurde dies deutlicher als im ernsten Konflikt mit dem

---

[1] Frh.A.Sch. A 1042.
[2] Frh.A.Sch. A 1131.
[3] Dazu ausführlich Kap. 7.3.

lutherischen Konsistorium in Heidelberg um den Zehnten in Schatthausen: Damals hatte das Konsistorium von der Gemeinde eine Übernahmeerklärung für anfallende Gerichtskosten verlangt. Die Antworten der Gemeinde, mit denen sie jegliches Interesse an einem Rechtsstreit um den Zehnten negierten, wurden allesamt von Otto Heinrich von Brüggen gefertigt.[1]

Stroh hatte sehr sorgfältig und ausladend die Frevelregister geführt und für adäquate Verhandlungen gesorgt. Seine Fähigkeiten wurden nach seinem altersbedingten Rücktritt augenfällig, als sein Nachfolger wegen *unnötiger klag* wiederholt ermahnt wurde.[2] Vielleicht reduzierte Jakob Orthgieß ob dieser Kritik die Führung der Frevelregister. In den fünfziger Jahre zeichnete sich dann jedoch ab, daß sich auch die Bauern mit der gegenseitigen Denunziation zurückhielten, wie sie zuvor zum Wesen der Gerichtstage gehört hatte, die Mann-für-Mann-Befragungen erbrachten fast keinerlei Klagen mehr. Vielleicht war daran schuld, daß in diesen Jahren etwas unklarer Herrschaftsverhältnisse mehrfach die Gerichtsherren wechselten.[3] Jedenfalls wurden erst ab 1773 wieder Individualklagen vorgebracht. Mit dieser Entwicklung war die Vogtsherrschaft keineswegs zufrieden gewesen. Mehrfach nämlich wurde gemahnt, alles anzuzeigen; wenn dies auch ein alter Formalismus war, so war jetzt neu, daß für Ankläger Belohnungen durch Anteile am Strafgeld ausgesetzt wurden. Wie wichtig das gegenseitige Klagen gemäß altem Ruggerichtsverfahren gewesen war, zeigte sich mehr und mehr. 1766 belegte man alle Ortsjugendlichen mit einer Geldstrafe, weil niemand bereit war, den zu benennen, der in der Neujahrsnacht trotz Verbotes *geschossen* hatte. 1787 bürdete man Georg Eppler die Höchststrafe von einem Gulden und 30 Kreuzern auf, weil er die Mitglieder einer Bande von Holzfrevlern nicht preisgeben wollte. Es steht zu vermuten, daß viele andere Fälle nicht aktenkundig wurden, weil sich Bauern erfolgreich gegenseitig deckten.[4]

Otto Heinrich von Brüggen, juristisch vorgebildet, nahm seit den sechziger Jahren verstärkten Einfluß auf die Verhandlungen. Von ihm sind

---

[1] Zu den Materialien des Streits siehe Kap. 2.5.
[2] Ruggerichtsprotokoll von 1747, Frh.A.Sch. A 1069.
[3] Nach dem Tode August Philipps hatte dessen Sohn aus erster Ehe zunächst versucht, die Herrschaft an sich zu ziehen. 1756 ließ er sich dann ausbezahlen und die Witwe von Brüggen, seine Stiefmutter, übernahm die Herrschaft. Sie starb 1759, für die noch unmündigen Kinder übernahm der befreundete Junker von Reichhartshausen, Johann Bürchig, kurze Zeit die Herrschaftsgeschäfte. Als der jüngste Sohn Otto Heinrich von seinen Jurastudien zurückkehrte, führte er zusammen mit seinen drei unverheirateten Geschwistern den väterlichen Besitz. Zur Sukzession siehe ausführlich Kap. 6.1.2.
[4] Hierzu die Ruggerichtsprotokolle ab 1763, Frh.A.Sch. A 1072ff.

erinnerungszettel überliefert, auf denen er nicht nur die Punkte notierte, die er beim Ruggericht anzusprechen gedachte. Vielmehr ergänzte er nach den niedergeschriebenen Sachverhalten noch: *ist mit 10, höchstens 15 xr zur Warnung zu strafen.* Er dürfte damit dem Gericht allenfalls beschränkte Entscheidungsbefugnis überantwortet haben.[1] Unter diesem nachweisbaren Einfluß des Vogtsherrn und der von Dilsberg nicht gestützten Stellung des Anwalts verlor das Gericht in den Augen der Untertanschaft an Bedeutung. 1770, 1777, 1781 und 1791 mußten formell Mahnungen ausgesprochen werden, den Gerichtsverwandten mehr Respekt zu zollen.[2] Äußeres Zeichen für die sinkende Bedeutung ist überdies die abnehmende Zahl der Gerichtsmänner. Mit Michael Funk war die üblicherweise fünf Mann starke Gerichtsriege auf sechs Mitglieder erhöht worden. Seit 1755 hatte man jedoch Mühe, vier Gerichtsmänner zu ernennen, mehrfach traten Vakanzen auf. Seit 1770 amtierten nur noch drei, einer aus jeder Konfession. Obgleich man mindestens zweimal die Besoldung anpaßte, schließlich dem Gerichtsbürgermeister zwölf Gulden aus der Gemeindekasse zahlte, fanden sich kaum mehr Freiwillige für die Ämter. 1804 weigerte sich der Gerichtsbürgermeister, die Schatzung einzuziehen, weil *der Lohn für diese Besorgung dem Geschäft nicht angemessen* sei. Michael Mannsmann fürchtete gar um *gesundheit und gemütsverfassung*, wenn er weiter im Amt eines Gerichtsmannes bliebe, und sagte, er wolle selbst bei größter Bestrafung nie mehr an einem Gericht teilnehmen. Für den herrschaftlichen Verwalter war die Situation insofern unangenehm, weil er schon bald seinem Herrn melden mußte, es sei jetzt schon sicher, daß niemand Geeignetes bereit sei, die vakante Stelle zu besetzen.[3]

Die schlechte Finanzierung war sicher ein gewichtiger Grund für die Unlust der Bürger, die Gerichtsmandate anzunehmen. Schließlich machte etwa der Einzug der Schatzungsgelder monatlich umfangreiche Abrechnungen nötig, die mit dem Ausbau der Finanzhoheit der Pfalz, der Einführung neuer Gelder und der strengeren Abrechnungskontrolle noch detaillierter auszuführen waren. Doch dürfte vor allem der rapide Verlust an Reputation dafür verantwortlich sein, der sich Ende des Jahrhunderts mit der zunehmenden Emanzipation der Gemeinde ergeben hatte.

---

[1] Vgl. Ruggerichtsprotokolle seit 1763, Frh.A.Sch. A 1072ff. Wie Bußgeldkataloge die Bedeutung bäuerlicher Gerichte minderten, beschreibt Blickle (1983), S.518.

[2] Ruggerichtsprotokolle der entsprechenden Jahre, Frh.A.Sch. A 1073 und A 1074.

[3] Ruggerichtsprotokoll von 1804, Frh.A.Sch. A 1075. Zur Besetzung der Gerichtsstellen siehe auch Kap. 7.4.1.2., besonders Tab. 7.3.

3.3.3 Wir lassen uns unser recht nicht nehmen
Die Herrschaft verläßt die Herrschaft

Als sich um 1760 die vier Geschwister von Brüggen in der Herrschaft einrichteten, hatten sie sich ein einhelliges Ziel gesetzt.[1] *Nach dem Tode unseres Vaters war es der Wunsch, die Untertanen so zu behandeln, daß sie überzeugt sind, daß nur ihr bestes besorgt werde,* erinnert sich Wilhelmine von Brüggen.[2] Das klingt nicht nur programmatisch, das klingt auch nach Abgrenzung von den vorangegangenen Jahren. Tatsächlich läßt sich feststellen, daß vor allem Strafgelder eingeschränkt wurden und das Siegelgeld als Konfirmation von Kaufverträgen 1778 verschwindet.[3]

Da die individuellen Klagen immer weniger geworden waren, nutzte Otto Heinrich von Brüggen die Ruggerichte vor allem, um Verordnungen zu erlassen. Zu den stereotypen Ermahnungen zählte etwa, doch die *schöne Sitte anderer Orte und früherer Zeiten* aufrechtzuerhalten und am Sonntag nicht auf die Weide zu gehen. Die Höchststrafe des Ruggerichts drohte Spielern und Wirten, wenn nach der Polizeistunde noch Karten- und Würfelspiele in den Gasthäusern getrieben wurden. Den Einsatz des Kartenspiels beschränkte Otto Heinrich bald auf ein Glas Wein. Jugendlichen verbot es der Vogtsjunker, im Wirtshaus gemeinsame Zeche zu machen, und nächtliche Zusammenkünfte, von denen die jungen Leute nur verderbt würden, verlangte er anzuzeigen.[4] Trotz dieser peniblen Verordnungen verlor die Herrschaft ständig an Autorität, viele Befehle mußten wiederholt werden. Alljährlich war es üblich geworden, beim Ruggericht die Martinsschulden anzumahnen, die oft bis im Frühjahr des darauffolgenden Jahres noch nicht bezahlt worden waren. Die Abkehr von der Denunziation vergangener Jahre hatte schon eine Art passiver Opposition angedeutet. Zu Beginn der achtziger Jahre verdichtete sich diese zu echtem Widerstand. Die Gruppe der Unzufriedenen scharte sich dabei um den katholischen Gerichtsmann Lorenz Schäfer und dessen Bruder Jakob, der zum kurpfälzischen Zentschöffen ernannt worden war. Ihre Ämter hoben die Männer deutlich aus der Genossenschaft heraus.[5] Als noch wichtiger aber sollte sich erweisen, daß sie in ständigem Kontakt zur Amtsverwaltung auf dem Dilsberg standen.[6]

Auslösend war wohl die Forderung der Katholiken nach einer eigenen Kirche. In ihrer Argumentation vermittelten die Petenten den Eindruck,

---

[1] Zur Herrschaftssukzession siehe genauer Kap. 6.
[2] Frh.A.Sch. A 1114.
[3] So etwa sichtbar in den Kontraktenbüchern, Frh.A.Sch. B 42 und B 52.
[4] Die sukzessiven Veränderungen lassen sich sehr gut an den Ruggerichten ablesen, Frh.A.Sch. A 1067ff.
[5] Zu den Personen siehe auch Kap. 7.4.1.3.
[6] Frh.A.Sch. A 1114.

die Schatthäuser Kirche sei ihnen widerrechtlich durch die Herrschaft Brüggen entzogen worden.[1] Die Unterstützung der Katholiken am Ort war den *rebellen* damit sicher. Hinzu kamen aber auch bald schon Angehörige der anderen Konfessionen, die auf Distanz zu ihrer Herrschaft gingen. Äußerer Anlaß war, daß die Herrschaft angesichts der in den neunziger Jahren heraufziehenden Kriegsgefahr ihre Mobilien hatte nach Schernau schaffen lassen, einem Familienbesitz in der Nähe Würzburgs. Diese Flucht mußte den Bauern umso verräterischer vorgekommen sein, als sie selbst zu Kriegsfronleistungen verpflichtet wurden, unter denen sich die Gemeinde erheblich verschuldete.

Die Rädelsführer waren neben den beiden Mandatsträgern drei weitere wirtschaftlich gut gestellte Bauern, denen darüber hinaus noch *etliche zu Gebot* standen.[2] Dieser *club der rebellen* suchte auf allen Ebenen den Konflikt mit der Vogtsherrschaft. Mit offenem Ungehorsam widersetzte er sich zunächst dem Befehl, einen Rohrbrunnen zu bauen. Später ging man dazu über, Dienst nach sturem Wortsinne zu tun: Das Holz wurde zwar wie befohlen herbeigeschafft, jedoch an einer falschen Stelle *zum verderben gelagert* abgelegt. Neben diesem kollektiven Ungehorsam getraute sich der junge Bürger Johann Fischer, animiert vom katholischen Gerichtsmann, seiner Herrschaft ganz allein zu widersprechen. Er verweigerte die Almosengelder, die gewohnheitsrechtlich bei Verkäufen zu zahlen waren. Später zahlte er auch Strafgelder und angefallenen Handlohn nicht. Ebenso hatte man sich den Anwalt zur Zielscheibe auserkoren: Zuerst wurde er mehrfach daran gehindert, einen herrschaftlichen Befehl zu verkünden. Dann klagte man ihn im Spätjahr 1793 auf dem Dilsberg mit der Begründung an, *er halte es mit der Vogtsherrschaft*. Zwar stiftete die pfälzische Seite einen Vergleich zwischen den Parteien, doch der Anwalt beschloß, zurückzutreten. Wieweit die Machtverhältnisse mittlerweile schon verschoben waren, zeigt der Umstand, daß die Vogtsherrschaft nun den Anwalt in seinem Amt zu bleiben aufforderte, weil der *club* bereits einen Nachfolger auserkoren hatte. Die Herrschaft befürchtete also, ihre eigenen Personalwünsche schon nicht mehr durchsetzen zu können. Der Bitte des Anwalts, die Stelle eines Beigeordneten zu schaffen, widersetzten sich wiederum die Dilsberger Beamten.[3]

Die alternden Geschwister von Brüggen hatten 1792 ihren Neffen Karl von Zyllnhardt von der benachbarten Lehensherrschaft Mauer als Erben für ihre Anteile an der Vogtsherrschaft testamentarisch bestimmt.[4] Das Führen der Herrschaft war ihnen immer schwerer geworden, sie hatten

---

[1] Frh.A.Sch. A 1114, auch GLA 229/92202 und 92205.
[2] Zur sozialen Stellung dieser Bauern im einzelnen auch Kap. 7.4.1.3.
[3] Einzelheiten dieser "Rebellion" im wesentlichen unter Frh.A.Sch. A 1114.
[4] Ein weiteres Viertel stand einer verheirateten Schwester in Schernau zu, dazu genauer Kap. 6.1.2.

ihre eigene Bewirtschaftung mehr und mehr eingeschränkt und ihr Personal abgebaut. 1790 hatte Otto Heinrich von Brüggen einen Juristen beauftragt, die Korrespondenzen mit Kurpfalz zu führen, da er sich außerstande sah, selbst auf die Pressionen der Dilsberger Amtleute zu reagieren. Der Advokat übernahm schon bald auch andere interne Aufgaben.[1] Am 13. April 1794 starb überraschend Otto Heinrich von Brüggen, der jüngste der noch lebenden drei Geschwister. Seine Schwester Wilhelmine versuchte eine Zeitlang, die Herrschaft alleine zu führen. Angesichts der Konflikte mit dem Amt Dilsberg und der *bosheit* ihrer Untertanen beschloß sie jedoch bald, sich von der Herrschaft zurückzuziehen und sie vorzeitig dem Erben zu übertragen. Diese Übergabe wurde am 7. Januar 1795 in Heidelberg besiegelt.[2] Die Herrschaft von Brüggen hatte aufgrund äußerer Zwänge ein verfrühtes Ende gefunden.

Es gilt, die Entwicklung noch ein Stück weiter zu verfolgen, ehe die Widerstände richtig bewertet werden können. Für den noch minderjährigen Karl von Zyllnhardt übernahm zunächst dessen Vater Karl Friedrich die Herrschaft in Schatthausen.[3] Dieser in Fürstendienst zu Ehren gekommene Adlige war als Tierarzt und Agronom bekannt und in Schatthausen sogar beliebt, so daß er beim Huldigungszeremoniell eine *aufrichtige Freundschaft zwischen Schatthäuser Gemeind und hiesiger Herrschaft* konstatierte. Ja, eine *unvergeßliche lieb* würde die Beziehungen zwischen ihm, dem angestammten Maurer Herrn, und der Bevölkerung seines neuen Besitzes begleiten. Mit Zyllnhardt war erstmals nach vielen Jahren ein Schatthäuser Vogtsherr nicht kontinuierlich in der Herrschaft selbst präsent. Ein Amtmann, den er regelmäßig nach Schatthausen schickte, führte die Geschäfte, das Schloß bewohnten noch gut zehn Jahre lang die Geschwister von Brüggen.[4]

Die Ansprache, mit denen sich Zyllnhardt in Schatthausen einführte, und die Briefe, die er später mit seinem Verwalter wechselte, zeugen von der Lektüre aufklärerischer Schriften und von großem Vertrauen in die erzieherische Kraft. Die Christenpflichten waren das wichtigste Korrektiv in seinen Augen: *Liebet euch untereinander, wie Christen brüder, Mitbürger, zu thun schuldig sind*, wies er die Gemeinde an. Es gelte immer, *rechtschaffen zu handeln und friedlich gesinnt zu sein*. Selbstverständlich war dies nicht mehr: Viele gebe es, so weiß auch Zyllnhardt, die glauben machen wollen, *die zeiten sind nicht mehr so*.[5] Die Widerstände waren ihm nicht verborgen geblieben, weswegen er sich deutlich für die Beibehaltung der Gemeindestrukturen aussprach. Der Anwalt,

---

[1] Frh.A.Sch. A 958, A 1045.
[2] Frh.A.Sch. A 172, A 239.
[3] Zu den Personen siehe Kap. 6.3.
[4] Frh.A.Sch. A 172, A 1048.
[5] Frh.A.Sch. A 172, A 1101.

den er nun Schultheiß nannte, forderte er auf, die Bürgerschaft als *Mitbürger* zu begreifen - Zyllnhardt scheint von den Ideen der französischen Revolution nicht ganz unbeeinflußt geblieben zu sein. Jene wiederum mahnte er, die dörfliche Hierarchie der Ämter streng zu achten. Überdies wollte er mit Behutsamkeit vorgehen, mit *Liebe und Sanftheit* etwa um Verständnis werben für nötige Fronfuhren![1]

Die Ideale von 1795 wichen alsbald einer Realität, die keine Rücksicht nahm auf die *unvergeßliche lieb*. Denn tatsächlich war sie bald vergessen. Es brachen Gegensätze auf, wie schon so oft zuvor: in der Kirchenfrage. Nachdem Zyllnhardt den Katholiken seine Unterstützung zugesagt hatte, sich mit ihnen gemeinsam um einen Pfarrer bekümmern wollte und bereits im katholischen Schulhaus einen Raum für Gottesdienste einrichten ließ, waren es dieses Mal die lutherischen Christen, von der die Herrschaft herausgefordert wurde. Eine Ungeschicklichkeit Zyllnhardts scheint dafür verantwortlich zu sein. Ein charakteristischer Zug mithin, denn der Ortsherr wollte die nötige Besetzung der Pfarrerstelle zunächst nicht über die Köpfe der Gemeinde hinweg vornehmen. Also fragte er nach ihrer Meinung, hielt sich dann aber nicht an das vielleicht unklare, vielleicht auch revidierte Votum. Die Gemeinde zog ihre Konsequenzen. Sie weigerte sich, den berufenen Pfarrer anzuerkennen, verschmähte seine Gottesdienste und besuchte die Kirchen der Nachbargemeinden. Die Kinder wurden angewiesen, bei der Katechese nicht mehr zu antworten. Nur ein paar alte Frauen und die Bediensteten des Schlosses nahmen noch an den Gottesdiensten teil.[2] Der junge Karl von Zyllnhardt ermahnte seine Gemeinde vergebens, *sich nicht ins Verderben zu stürzen*, aufzuhören mit der *Aufkündigung des Eids*. Er mußte schließlich das Landeskommissariat zuhilfe rufen, doch auch dann noch gab es keine Ruhe.[3] Wie mußte es den neuen Herrn erst belasten, als der Pfarrer, dem er in dieser Zeit massiv den Rücken gestärkt hatte, sich nun selbst gegen ihn stellte. 1803 forderte er eine Überprüfung der Zehntordnung, drohte mit Klage. Der Ortsherr gab nach und erhöhte die Besoldung. Doch ein paar Jahre später schrieb der Pfarrer öffentlich *Wahrheiten* nieder über den ihm entzogenen Kartoffelzehnten. Diesmal blieb Zyllnhardt hart, antwortete tief getroffen, *mich schmerzt es, daß sie ganz alles Persönliche bey mir auf die Seite setzen*, und sah sich *schweren herzens* zu einer Besitzstörungsklage gedrängt. Denn der eilfertige Geistliche hatte schon im Vorgriff auf seine Ansprüche Kartoffeln vom Haferfeld widerrechtlich ins Pfarrhaus fahren lassen.[4]

---

[1] Frh.A.Sch. A 1101.
[2] Frh.A.Sch. A 1101, A 1184. Zu anderen, moderater ausgefallenen Einwirkungen der lutherischen Gemeinde auf die Pfarrerwahl siehe Kap. 5.2.2.
[3] Frh.A.Sch. A 1101.
[4] Frh.A.Sch. A 1184, A 1187.

Geschehnisse wie diese haben seit etwa 1790 die vogtsherrschaftlichen Verhältnisse in Schatthausen belastet. Die zahlreichen Aktionen, allesamt "niedrige" Formen des Widerstands, waren weder koordiniert, noch verfolgten sie ein bestimmtes Ziel. Vielmehr lassen sich die ersten Fälle unter "offenem Ungehorsam" subsumieren, den ein gravierender Autoritätverlust der Vogtsherrschaft möglich gemacht hatte. Daß sich einer der Hauprädelsführer des Rebellenclubs als *Patriot* bezeichnen ließ, der den Franzosen *hände und füße küssen* würde, wenn sie denn kämen, zeugt zwar von einer Rezeption der Revolutionsideen, sie blieb indes fragmentarisch. Das Anliegen der Rebellen wurde nirgendwo faßbar, die ganz offensichtlich gewachsene Sensibilität gegenüber den Privilegien der Herrschaft nie umgemünzt in eine handhabbare Beschwerde.[1]

In keinem Falle lag den bäuerlichen Aktionen eine Verschärfung der herrschaftlichen Gewohnheiten zugrunde, die eine Reizschwelle hätten überschreiten können. Vielmehr scheint eine allgemeine Unzufriedenheit über die politische Ordnung vorzuliegen.[2] Indem die Katholiken eine eigene Kirche forderten, die lutherische Gemeinde Mitsprache bei der Wahl des Pfarrers und jener selbst seine angeblich zu schlechte Besoldung öffentlich machte, erhielt Interessenvertretung einen bislang unbekannten Charakter. Das alte Herkommen hatte ausgedient, jetzt hieß es *wir lassen uns unser recht nicht nehmen, das tun wir nicht*, wie einer der Rebellen sich hatte 1794 vernehmen lassen.[3] Das Recht wurde von der Bürgerschaft nun dezidiert dazu benutzt, Unzufriedenheit zu artikulieren. Zu dieser Schärfung des Rechtsempfindens dürfte das Amt Dilsberg viel beigetragen haben. Die Bauern sprachen dies unumwunden aus, wenn sie in den neunziger Jahren Befehle ihrer Herrschaft mit dem Hinweis mißachteten, *ich befrag mich weiter*, nämlich auf dem Dilsberg. Das Verhält-

---

[1] Vgl. etwa die Beschwerdehefte, die in den benachbarten speyrischen Dörfern angefertigt wurden, dazu Voss, passim.

[2] Die bäuerlichen Widerstände in der frühen Neuzeit haben in den letzten Jahren verstärkte Aufmerksamkeit gefunden. Zu den Theorien siehe Schulze (1980), der die "überschrittene Reizschwelle" als Auslöser für Konflikte definiert (S. 44) und das Dreiecksverhältnis Untertan, Grundherr, Territorialstaat als förderlich für bäuerlichen Widerstand ansieht (S. 65f.). Blickle (1980), betont als Erklärungsmuster sehr plausibel die "Disharmonie der Wertevorstellungen über die politische Ordnung" (S. 302), womit er das übliche challenge-response-Modell ersetzen kann, das auch im Falle Schatthausens ins Leere liefe. Von einer grundsätzlichen Infragestellung der herrschaftlichen Verhältnisse während der Bauernunruhen zwischen 1789 und 1800 ging auch die alte DDR-Forschung aus (Bleiber/Schmidt, S.1083), von der die Trias Bauer-Grundherr-Staat allerdings unter anderem Gewicht, nämlich in einer tendenziellen Interessengemeinschaft der beiden letzteren gegen den Bauer, aufgelöst wurde (Vogler, S.40).

[3] Frh.A.Sch. A 1114.

nis zwischen Herrschaft und Untertanschaft wird im 19. Jahrhundert zunächst eine Geschichte der Gerichtsverfahren werden. Dies wird noch zu zeigen sein. Ihren Ursprung hatte diese Entwicklung im offenen Ungehorsam der neunziger Jahre. Dennoch dürfte Karl Friedrich von Zyllnhardt die Lage zu schwarz gesehen haben, als er klagte, daß es bald von *jedem Tagelöhner abhängt, ob er mich verklagt oder nicht.*[1] Denn tatsächlich waren die Widerstände in dieser Zeit ausschließlich getragen von einer wirtschaftlich besser gestellten Schicht der Bauern.[2]

3.4 Das Ende der Vogtsherrschaft

3.4.1 Der Staat beseitigt die Adelsherrschaft

Der Reichsdeputationshauptschluß hat für Schatthausen eine Weichenstellung bedeutet: Zusammen mit dem Oberamt Heidelberg war Schatthausen Baden zugefallen. Das erste Organisationsedikt gliederte die erworbenen pfälzischen Gebiete als "badische Pfalzgrafschaft" in das Kurfürstentum ein, tastete ihre innere rechtliche Struktur und den verwaltungstechnischen Aufbau jedoch noch nicht an. Erst später wollte man gemäß der vom Großherzog gewünschten rücksichtsvollen Vorgehensweise mit der Stärkung der Zentralgewalt beginnen.[3] Direkte Auswirkungen auf das dörfliche Leben ergaben sich durch die territoriale Neuordnung zwar nicht, jedoch war formal bestätigt worden, was sich im Laufe des 18. Jahrhunderts bereits in der Praxis angedeutet hatte und wogegen bis zuletzt aufopferungsvoll gekämpft worden war: Mit der Zugehörigkeit zur Zent unterstand die Herrschaft in den Augen des Staatsrechts ohne Einschränkung der pfälzischen Landessuperiorität. Entsprechend war sie an das Kurfürstentum gefallen und in die neue Amtsverfassung einbezogen worden, entsprechend wurden die Ortsadligen künftig gesetzgeberisch behandelt.

Karl von Zyllnhardt wollte sich mit diesem Automatismus nicht abfinden, nachdem jahrhundertelang um die Stellung der Zentorte mit Kurpfalz gerungen worden war. Anlaß war gegeben: Das neue Amt Neckargemünd war in der Dilsberger Tradition fortgefahren und hatte damit begonnen, seine Gerichtsrechte anzugreifen und Rechtsfälle an sich zu ziehen. Mit einer umfassenden Deduktion legte Zyllnhardt 1805 die Verhältnisse seiner Vogteiorte dar. Dabei stellte er die Bedeutung des Zentvertrags grundsätzlich in Frage. Schon dessen Existenz zeige, daß weder

---

[1] GLA 77/9656.
[2] Vgl. auch Kap. 7.4.1.
[3] Hierzu ausführlich Stiefel I, S. 172f und 208ff., Andreas S. 172ff., von Weech S. 479f. Zur Eingliederung der Zenten besonders Krapp S.11ff.

der Kurfürst zur Gänze Landesherr noch die Ritter echte Untertanen gewesen seien. Vielmehr hätten sich die Ritter in den Zenten zusammengeschlossen, um Schutz vor dem Faustrecht zu finden, jedoch *ohne ihren Vorzügen und Rechten ... zu entsagen.*[1] Mit seiner Darlegung hatte Karl von Zyllnhardt das erreicht, was seinen Vorgängern nie geglückt war. Das Großherzogtum erkannte an, daß die rechtliche Position der Zentorte durch Kurpfalz deformiert worden war. Die *Grundherrlichkeit Schatthausen* wurde im Rahmen der Neueinteilung der Amtsbezirke 1807 daher aus dem Amt Neckargemünd ausgegliedert und der Obergerichtsbarkeit des Oberamts Heidelberg unterstellt. Unter der Herrschaft Zyllnhardt firmierten Mauer und Schatthausen damit zusammen als Amt.[2] Faktisch bedeutete dies die Gleichstellung des Zentortes mit dem alten reichsritterschaftlichen, nun mediatisierten Adel.[3]

Das vierte Konstitutionsedikt hatte den badischen Adel zwar der Besteuerung unterworfen; weitgehende Zugeständnisse sicherten ihm indessen seine Privilegien. Von besonderer Relevanz für die gesicherte Herrschaftsausübung war die Zuerkennung der niederen Gerichtsbarkeit, des Ortspolizeiwesens und der Aufsicht über den Gemeindehaushalt. Die *regalia minora*, zu denen neben den Bannrechten auch Fronleistungen und Zinsen gezählt wurden sowie die Beteiligung am Bürgereinzugsgeld, blieben ebenfalls unangetastet in Händen der Grundherren.[4] Der Adel zeigte sich trotz der Einschränkungen über das Edikt zufrieden. Dabei verkannte er völlig die Dynamik, die im dringend notwendigen Ausbau des zusammengewürfelten badischen Staatsgebildes steckte. Kaum war das Edikt in Kraft, wurde es durch neue Verordnungen wieder ausgehöhlt, sukzessive wurden gewährte Vorrechte entzogen. Den "Schlußpunkt der Entmachtung" setzte die Verordnung vom 14. Mai 1813, mit der jegliche Gerichtsgewalt an staatliche Behörden übertragen wurde.[5]

Für Schatthausen hatte diese Bestimmung weiterreichende Folgen. Wenige Wochen später wurde als Konsequenz aus der neuen Gerichtsverwaltung die Grundherrschaft Schatthausen dem neugegründeten Bezirksamt Wiesloch unterstellt.[6] Damit gingen weitere empfindliche Einbußen für die Dorfherrschaften einher, denn die Amtsverwaltung be-

---

[1] Frh.A.Sch. A 718.
[2] Reg.Bl. 1807, Nr.XXIII. Diese Zuordnung gilt auch noch über das richtungsweisende Generalreskript von 1809 hinaus, siehe Reg.Bl. 1809, S.413.
[3] Vgl. das Fazit Vierhaus', der den Unterschied zwischen reichsfreiem und landsässigem Adel im 19. Jahrhundert nur noch als einen Umstand des "sozialen Ansehens oder der Selbsteinschätzung" ansieht (Vierhaus, S.257).
[4] 4. Konstitutionsedikt, Reg.Bl. 1807, S.165. Dazu auch Andreas, S.179f.
[5] Dazu vor allem von Stetten, S.214ff. und S.241ff. Dort auch das Zitat.
[6] Die vorbereitende und ausführliche Ankündigung der Neugliederung in Reg.Bl.1813 Nr.XXII, S.129ff.

handelte die alte Adelsherrschaft nun wie alle nachgeordneten Gemeinden und wendete auf sie die allgemeine Gemeindeverfassung an.

Die badische Ritterschaft bekämpfte den Entzug ihrer angestammten Rechte entschieden, erst recht, als Artikel 14 der Bundesakte ihnen 1815 wieder gewisse Vorrechte erschloß.[1] Besonders Karl von Zyllnhardt engagierte sich vehement für die Umsetzung der Bundesakte. Weil er die scharfen Protestnoten des nordbadischen Adels mitunterzeichnet hatte, mußte er 1816 sogar den Dienst im badischen Staat quittieren.[2] Die Beschwerden zeitigten in Karlsruhe Erfolg, als 1818 Ludwig an die Stelle des früh verstorbenen Großherzogs Karl trat. Obgleich die zweite badische Kammer sich legislativen Zugeständnissen widersetzte, vermochte die Ritterschaft bis 1824 auf dem Verhandlungswege wieder einige Zusagen zu erstreiten. Besonders konnten sie sich von der Unterstellung unter die Ortsbehörden und der Bezirksämter freimachen, ihnen blieb eine Mitwirkung bei der Schultheißenwahl und Mitsprache bei Bürgerannahmen. Mit der Bewilligung des Kirchengebets und dem achttägigen Trauergeläut war ihnen auch eine Art herrschaftlicher Präsentationsmöglichkeit in ihren Dörfern zugestanden worden.[3]

Der badische Adel hatte empfindliche Einbußen seiner herrschaftlichen Stellung hinnehmen müssen, seine ökonomische Situation war allerdings noch unbehelligt geblieben. Damit hatte sich in kaum 20 Jahren der Wandel vollzogen vom Dorfherrn zum Grundherrn, von adligem Herrschaftsanspruch zu adligem Unternehmertum. Das vierte Konstitutionsedikt hatte dem Adel gestattet, seine Liegenschaften als Stammgut auszuweisen und so zur Erhaltung des Namens und des Geschlechts weiterzuvererben.[4] Auch die Einnahmen aus Frondiensten, Zinsen und Zehnten waren dem Adel geblieben. Zwar zeigte sich Zyllnhardt den Wünschen der Gemeinde durchaus offen, als sie die Aufhebung der drückendsten Grundlasten forderte. Indes war er nicht bereit, entschädigungslos auf seine Einkünfte zu verzichten. Die Vielgestaltigkeit dieser Abgaben, deren Rechtsgrund oft nicht mehr zu erheben war, stellte die Gesetzgeber aber zunächst vor Schwierigkeiten.[5]

[1] Lautenschlager (1915), S.9., bezeichnete den Artikel 14 als "die unerfreuliche Morgengabe des Deutschen Bundes", unter dem besonders die Bauern hätten zu leiden gehabt. Dazu auch Vierhaus, S.229f. Pointiert entgegengesetzt dazu Fehrenbach (1983), die den Versuch der Adelsrestauration mit Artikel 14 als "gescheitert" ansieht.
[2] Mangold, S.45ff., von Stetten S.241ff. Vgl. ausführlicher Kap. 6.3.
[3] Reg.Bl. Nr.XI/1815. Dazu auch von Stetten, S.247f.
[4] Reg.Bl.1807, S.167. Zum Stammgutrecht ausführlich Curtaz, S.71-87.
[5] Andreas, S.180. Zur Ablösung in Schatthausen detailliert Kap. 4.6. Die Ablösungsgesetzgebung in Baden dargestellt bei Kohler, kurz zusammengefaßt von Dipper, S. 82-85, unter mehr fiskalischen Gesichtspunkten bei Winkel (1968).

3.4.2 Die Bürger beseitigen die Herrschaftslasten

1807 hatte sich die neue Territorialzugehörigkeit erstmals für die Untertanen bemerkbar gemacht, als Großherzog Karl Friedrich die Leibeigenschaft in den Gebieten der Pfalzgrafschaft aufhob. 1801 waren in Schatthausen noch 69 der 326 Einwohner dem kurpfälzischen Leibrecht unterstanden.[1] Das zweite Konstitutionsedikt regelte im gleichen Jahre die Kommunalverwaltung in den Gemeinden neu.[2] In seinem Duktus bestätigte das Edikt die gewohnte dörfliche Ordnung: Ein Gericht vertrat die Gemeinde samt ihren Rechten und sollte für Gehorsam und Ordnung in der Bürgerschaft sorgen. Dem Gericht stand ein Vogt vor, der die Rechte des Regenten zu wahren und die Befehle der Exekutive bekannt zu machen hatte. Die Bestimmungen des Konstitutionsedikts fanden erstmals Anwendung, als 1808 Bürgermeister Josef Schuchart von seinem Amt zurücktrat. Die männlichen Bürger der Gemeinde wählten am 22. Januar nach der neuen Verordnung ihren Ortsvorgesetzten, dabei leitete der grundherrschaftliche Verwalter den Wahlvorgang, in dem er die Voten der einzeln eintretenden Bürger hinter deren Namen notierte.

Es hatte sich schon in den ausgehenden Jahren der von Brüggenschen Herrschaft gezeigt, daß zumindest Teile der Gemeinde zunehmend die Konfrontation mit ihrer Herrschaft suchten. Auch unter Karl von Zyllnhardt war dies nicht anders geworden. Ein Licht auf die Verhältnisse warf diese Bürgermeisterwahl von 1808. Der zurückgetretene Bürgermeister hatte nämlich manche vorgesehenen Projekte der Herrschaft verhindert. So konnte weder ein öffentliches Backhaus eingerichtet werden, um den Holzverbrauch und die Feuergefahr zu mindern, noch vermochte es die Herrschaft, das Aufenthaltsrecht für Durchreisende zu verkürzen und das immer noch unvollendete Brunnenprojekt auszuführen. *Bei diesem Schultheiß...in der Ortsherrschaft, wird sich dies nicht machen lassen.*[3] Umso ärgerlicher mußte es für den herrschaftlichen Verwalter gewesen sein, als der eben erst zurückgetretene Bürgermeister wieder mit Abstand die meisten Stimmen auf sich vereinen konnte. Der Amtsverwalter nutzte daher das im zweiten Konstitutionsedikt verankerte Recht, unter den *in der Wahl minder begünstigten* Kandidaten einen anderen auszuwählen.[4] Allerdings kaschierte er diese Maßnahme mit dem Hinweis, daß die Wiederwahl eines zurückgetretenen Bürgermeisters nicht zulässig sei. Er erwählte den zweitplazierten Josef Mannsmanns zum Schultheiß, die beiden nächstfolgenden Kandidaten wurden Gerichts-

---

[1] Frh.A.Sch. A 1133.
[2] Reg.Bl. 1807, Nr.26. Zur Kommunalverfassung auch Stiefel II, S.1112. Mit dem Schwergewicht auf die parlamentarische Diskussion Blase, passim.
[3] Frh.A.Sch. A 1151.
[4] Reg.Bl. 1827, Nr.26, S.126.

männer, womit das Gericht von nun an nur noch aus zwei Personen bestand.[1] Unter der neuen Kommunalordnung setzte sich die Emanzipation der Gemeinde schnell fort. Dafür verantwortlich war nicht zuletzt die schwere Verschuldung der Gemeinde, unter der die Bauern seit den Kriegsjahren schwer zu leiden hatte. Als seit 1810 der badische Staat mit der Installation eines Steuersystems anstelle der Schatzung begann, mußten so manche grundherrschaftlichen Abgaben noch härter wirken.[2] Insbesondere die Kritik am Handlohn sollte nicht mehr verstummen: 1811 forderte die Gemeinde die Aufhebung dieser drückendsten Last der Grundherrschaft, 1829 wandte man sich erstmals an das Bezirksamt, 1837 an den Landtag, stets erfolglos. 1838 zelebrierte die Gemeinde dann ihr Selbstbewußtsein, als Bürgermeister Weckesser den Grundherrn wissen ließ, daß die Gemeinde nicht mehr geneigt sei, die Abgabe weiter zu bezahlen.[3] Auch bei der Ablösung anderer vogteilicher Lasten mehrten sich zu dieser Zeit die Konflikte zwischen Gemeinde und Grundherr. Dabei agierte die Bürgerschaft in den vierziger Jahren juristisch sehr geschickt. Sie hatte die Hilfe eines fahrenden Anwalts angenommen, der die Kommunen über ihre Rechte gegenüber den Grundherrn informierte und sie vor Gericht vertrat. Daher ließ sich die Gemeinde auch nicht abschrecken, als das erstinstanzliche Bezirksamt Wiesloch wiederholt die Klagen der Gemeinde abwies.[4] Der Gemeinde gelang es auf diese Art, dem Grundherrn Karl von Göler, der seit 1828 im Besitz Schatthausens war, mehrere gerichtliche Niederlagen beizubringen. Der Unterlegene mutmaßte 1842 wohl nicht ganz zu Unrecht, daß die höheren Gerichte in diesen Jahren eher auf Seiten der Gemeinden als auf der des Adels standen.[5] Mit einem fehlerhaften Entwurf zur Zehntablösung, durch die er die Gemeinde übervorteilt hätte, sorgte allerdings auch Karl von Göler 1842 für Unruhe in der Bevölkerung.[6] Zu dieser Zeit war das Verhältnis zwischen Gemeinde und Schloß auf einem Tiefpunkt angelangt. Wegen der Handlöhne und des Bürgereinzugsgeldes waren gerichtliche Ver-

---

[1] Frh.A.Sch. A 1051.
[2] Es geht hier nur allgemein um das Verhältnis zwischen Grundherrschaft und Untertanschaft. Eine genaue Darstellung der Ablösung der Feudallasten unter wirtschaftlichen Gesichtspunkten folgt im Kap. 4.6.
[3] Frh.A.Sch. A 1044.
[4] Ohnehin besaßen die Amtsgerichte keine hohe Reputation in der Bevölkerung, vgl. Krapp, S.51. Zur Haltung des Bezirksgerichts kann beigetragen haben, daß ihr der Erlaß von 1824 gewisse Auflagen in der Behandlung der Grundherrn machte, siehe Kap. 3.4.2.
[5] Frh. A 1076.
[6] Siehe Kap. 4.6.

fahren anhängig, selbst für die Erstattung der Gerichtskosten, zu der Karl von Göler nicht bereit war, mußte nochmals prozessiert werden.

Die Konfrontation zwischen Grundherrschaft und Untertanschaft zeichnete sich aber auch in der örtlichen Jurisdiktion ab. Schon vor dem Entzug der Patrimonialgerichtsbarkeit hatten die Ruggerichte keine große Rolle mehr gespielt. In den Kriegsjahren 1802 und 1803 sowie 1805 hatten keine Gerichtstage stattgefunden, inhaltlich hatten sie ohnehin mehr und mehr an Bedeutung eingebüßt. 1804 klagte der Verwalter, daß allzu häufig nur aus Rachsucht angezeigt würde, nämlich dann, wenn ein Bauer selbst belastet worden war. Schlimmer aber sei noch, daß man sich wissentlich gegenseitig verheimliche, wodurch rechtsfreie Räume entstünden, in denen *diebsgesellschaften* nisten könnten.[1] Mit der Verlegung der Gerichtsortes nach Wiesloch nahmen dann die Beschwerden wieder zu, doch richteten sie sich nun immer häufiger gegen die Grundherrschaft. Offenbar fiel es den Schatthäuser Bauern leichter, gegen ihren nicht präsenten Herrn zu klagen, der weder sein Teilnahmerecht ausübte noch häufig Beschwerden schriftlich vorbrachte. Die Ruggerichte entwikkelten sich in den vierziger Jahren sogar zu einem kleinen Tribunal, in dem die Vorrechte des Grundherren hart angeprangert wurden. 1841 wurde Karl von Göler vom Amt informiert, daß sein Schäfer angeklagt worden sein, weil er seine Weiderechte übertreten habe. Er selbst sei angezeigt worden, weil er dem Mohn-, Hafer und Hanfanbau geschadet habe, als er im Sommer jagte. Die Bezirksämter waren angehalten, sich bei Eingaben an den Grundherren *eines dem Stande der Grundherren angemessenen Geschäftsstyls zu bedienen.*[2] Weswegen denn auch den Gerichtsbeschwerden hinzugefügt wurde, daß man die Gerechtigkeiten nicht anzweifle, doch bitte man um Abstellung. Ein Jahr später verwies die Gemeinde darauf, daß der Weg samt Brücke zum Schloß und zur Mühle schon jeher von der Herrschaft besorgt worden sei, die Gemeinde daher nicht an den Reparaturkosten teilhaben werde.[3] Dieser Fall zeigt, wie gestört die Kommunikation zwischen Gemeinde und Adel in dieser Zeit war. Karl von Göler ließ nämlich daraufhin via Bezirksamt seiner Gemeinde die Benutzung des Weges verbieten.

Ich kann doch meine herrschaft nicht verklagen, hatte der Schatthäuser Anwalt 1702 vor den Beamten auf dem Dilsberg die Grenzen seiner Opposition in der formalen Klage gesetzt.[4] Von einer solchen Beschränkung ist im 19. Jahrhundert nichts mehr zu spüren. Die in ihren Rechten gestärkte und selbstbewußt gewordene Gemeinde scheute vor gerichtlichen Auseinandersetzungen mit ihrem Herrn nicht mehr zurück. Die jah-

---

[1] Frh.A.Sch. A 1075.
[2] Reg.Bl. 1824, Nr.XI, S. 1765.
[3] Frh.A.Sch. A 1076.
[4] Frh.A.Sch. A 1037.

relangen Kontroversen selbst um Kleinigkeiten zeigen, daß beide Seiten entschieden um ihre Gerechtsamen kämpften. Von einem patriarchalischen Zug des Ortsadels oder von unterwürfigem Gestus der Gemeindevertreter ist dabei nichts zu spüren. Freilich dürfte das Gros der Bevölkerung an althergebrachter Obrigkeitshörigkeit festgehalten und den Respekt vor dem Herrn, der sich zuweilen sozialen Hilfeleistungen in der Gemeinde nicht versagte, bewahrt haben. Dennoch ließ das Ringen um wirtschaftliche Vorteile in einer Zeit des wirtschaftlichen Umbruchs keinen Raum mehr für traditionelles Herrschaftsgebaren. Niemand drückte die neue Qualität der Beziehungen besser aus als der lutherische Pfarrer, der nach sich hinziehenden Kompetenzstreitigkeiten zwischen den Zehntherren ungeduldig wird und Karl von Göler 1842 in dessen Stadthaus in Heidelberg wissen läßt: *Fiat voluntas tua! und so habe ich sie heute in bester laune verklagt.*[1]

Durch die bereits in den dreißiger und vierziger Jahren ausgestandenen Konfrontationen scheinen sich Bauernrebellionen 1848 erübrigt zu haben. Nur eine einzige Klage war zu dieser Zeit noch offen, sie verlor mit dem Gesetz vom 10. April 1848, das alle Feudallasten für aufgehoben erklärte, ihren Gegenstand.[2] Während in den benachbarten Herrschaften zum Teil erbitterte Aufstände loderten, dankte Karl von Göler seinen Untertanen 1849 für ihre besonnene Zurückhaltung.[3] Fortan verbesserten sich auch wieder die Beziehungen zwischen Herrschaft und Gemeinde.

---

[1] Der Vorgang um den strittigen Zehnten in Frh.A.Sch. A 1097 und A 1205.
[2] Reg.Bl. 1848, Nr.XXIII.
[3] Über die Bauernunruhen informiert sehr anschaulich Lautenschläger (1915). Den Rückschluß auf "gute und harmonische Verhältnisse" in der Vormärzzeit, wie ihn Haaf (S.88) aus von Gölers Dankesworten zieht, ist nicht stimmig.

4. Wirtschaft

4.1 Produktionsbedingungen

4.1.1 Die natürlichen Ertragsbedingungen

Die natürlichen Bedingungen für die Landwirtschaft sind in Schatthausen nicht unvorteilhaft. Mit durchschnittlich 800 Millimetern Niederschlagsmenge und einer mittleren Jahrestemperatur von 9.2 Grad Celsius zählt der Ort zu den besonders begünstigten Gebieten am Rande des Kraichgaus.[1] Die Gemarkung liegt, wie für das Hügelland typisch, im Lößgebiet. Außer zwei Prozent der agrarisch genutzten Fläche, die aus Muschelkalkverwitterungsböden besteht, bilden für sämtliche Wiesen, Äcker und Gärten vor allem feinsandige Lehme den Untergrund. Die Grundwasserverhältnisse werden in den ebenen und leicht geneigten Lagen als "nicht ungünstig" bezeichnet.[2] In das Angelbachtal münden auf Schatthäuser Gemarkung weitere kleinere Täler von Nord und Süd ein. Dies führt zu einem recht welligen, teilweise sogar zu stark abfallendem Gelände. Ebene Flächen finden sich nur in den schmalen Talmulden und vereinzelt auf der Höhe. Die gute Bodenstruktur wird dadurch beeinträchtigt. Zwar hat die Bodenschätzung für den Ort einen recht hohen durchschnittlichen Ackerwert von 65 ermittelt, jedoch erfahren auch gute Ackerlagen an den Gefällseiten beträchtliche Abschläge.[3] Im 18. Jahrhundert fielen die negativen Auswirkungen dieser Bodenkonfigurati-

---

[1] Die Bodenverhältnisse im Kraichgau hat Schottmüller beschrieben, zu den Bodengütewerten siehe Sailer (1984), S.45 und Cloß, S.36 sowie Karten 1+2. Cloß weist dem Großteil des Gebietes um Schatthausen "gute bis sehr gute natürliche Bedingungen für die Landwirtschaft" zu. Siehe auch KB Mannheim-Heidelberg S.875ff.

[2] Ergebnisse der Bodenschätzung 1950, Finanzamt Heidelberg, Abteilung Bodenschätzung.

[3] Amtliche Flurkarten, Finanzamt Heidelberg. Die Bodenschätzung richtet sich nach den natürlichen Ertragsbedingungen wie Bodenbeschaffenheit, Geländegestaltung und klimatische Verhältnisse (vgl. § 2 des Gesetzes zur Reichsbodenschätzung, in: Rösch/Kurandt). Meliorationen wie etwa die im 19. Jahrhundert intensivierte Felddüngung sind darin nicht berücksichtigt. Aus diesem Grund können die Ergebnisse für eine zumindest relative Einschätzung der Böden im 18. Jahrhundert geltend gemacht werden.

on stark ins Gewicht, überdies ließ die Nachbarschaft zum sehr guten Schwemmland im Neckar-Rhein-Raum Vergleiche leicht fallen.[1] Die in der Relation deutlich werdende ungünstige Beurteilung drückte sich in den Schatzungslisten des Oberamts Heidelberg aus. 1722 wurden 65 Prozent der schatzbaren Schatthäuser Äcker, Wiesen und Gärten in die Kategorie "sehr schlecht" eingestuft, unter die Rubrik "gute Lage" fielen gerade 0.9 Prozent. Nach dem Lagerbuch von 1741 verfügte jeder Bauer über durchschnittlich 85 Prozent "sehr schlechte" Böden.[2] Die Bonität des freiadligen, daher nicht veranschlagten herrschaftlichen Besitzes läßt sich im 18. Jahrhundert nicht direkt mit den schatzbaren Gütern vergleichen. Immerhin weist ein Grundsteuerzettel von 1837 rund 15 Prozent der herrschaftlichen Güter den beiden obersten Steuerklassen zu.[3] Auch die für das 18. Jahrhundert errechneten Erträge unterstreichen, daß die herrschaftlichen Äcker zumindest zum Teil in guten Lagen zu finden waren.[4] Allerdings dürfte für die gute Ertragslage die sehr vorteilhafte Parzellenstruktur von ebenso erheblicher Bedeutung gewesen sein wie das bekannte landwirtschaftliche Geschick der durchgehend mennonitischen Hofpächter.[5]

4.1.2 Die Bodennutzungsstruktur im 18. Jahrhundert

Eine genaue Gemarkungsberechnung liegt für den Ort erst aus dem 19. Jahrhundert vor. Damals verfügte Schatthausen über 569 Hektar Fläche, 492 Hektar wurden landwirtschaftlich genutzt, davon 439 Hektar als Ackerland. Für das 18. Jahrhundert ist die Bodennutzungsstruktur schon aufgrund des Wachstumsprozesses, dem die landwirtschaftliche Nutzfläche fast kontinuierlich unterworfen war, nicht ganz leicht zu ermitteln. Insbesondere die bürgerlichen Gartenanteile, deren Größe ausgangs des Jahrhunderts anstieg, konnten nirgendwo exakt ermittelt werden. Sie

---

[1] Schottmüller, S.29.
[2] Schatzungslisten in GLA 135/107, Stadtarchiv Wiesloch, Abt. Schatthausen, B 1.
[3] Frh.A.Sch. A 1166.
[4] Eine ausführliche Aufschlüsselung der Ernteerträge von Schloß- und Bauernwirtschaft erfolgt unter Kap. 4.3.3. und 7.3.
[5] Sehr viele große Hofgüter im deutschen Südwesten wurden durch Mennoniten bewirtschaftet, dazu Correll, S.110ff., Biskup, S.36. Ihre Bedeutung für die Wirtschaft ist für einen anderen Landstrich explizit beschrieben im Aufsatz von Hard. In Zusammenhang mit dem landwirtschaftlichen Geschick der Wiedertäufer wird auch immer wieder auf die Fähigkeiten David Möllingers verwiesen, etwa Rau, S. 263.

WIRTSCHAFT

wurden aus den Angaben vom Anfang des 19. Jahrhunderts vorsichtig zurückgerechnet.[1] Die landwirtschaftliche Nutzfläche umfaßte in Schatthausen 1350 Morgen, was 89.5 Prozent der Gesamtmarkung entspricht.[2] Wie für den Kraichgau üblich, war die Vergetreidung sehr hoch, das Ackerland dominierte mit fast 85 Prozent. Elf zu eins betrug der Nutzflächenquotient, der den Umfang des Ackerlands zu den Wiesen ins Verhältnis setzt. Neben dem nur aus den Angaben von 1852 schätzbaren Abzug für die Hofreiten, für Wege und Gewässer, einige Steinbrüche und öffentliche Plätze verblieben 1741 noch rund 100 Morgen unbestimmtes Land, das wohl zusätzlich als Weide diente. Es wurde in der Folgezeit, als sich die Stallfütterung durchzusetzen begann, zu Äckern gemacht oder in größerem Umfang dem Wald zugeschlagen.

Die 1147 Morgen Ackerland lagen aufgeteilt in die drei Fluren Scheerbach, Maurer Weg und Eck, nur ein geringer Teil war als Flachs- und Hanfäcker von der strengen Dreifelderordnung ausgenommen. Das schatzbare bäuerliche Ackerland wurde im Laufe des Jahrhunderts von kaum 500 Morgen im Jahre 1724 auf über 700 Morgen im Jahre 1796

Tab. 4.1: Bodennutzungsstruktur (1741)

Ackerland	1147 Morgen
Grünland	99 Morgen
Wald	79 Morgen
Gärten	25 Morgen
	1350 Morgen

[1] Trotz der Quellenschwäche konnte ein brauchbares Nutzungsprotokoll für das Jahr 1741 gefertigt werden, da die Vielzahl in diesem Jahr gefertigter Verzeichnisse eine gegenseitige Kontrolle ermöglichten. (Frh.A.Sch. B 19a, B 25, A 1106, A 1133, A 1162, GLA 229/62109.) Das Jahr ist auch aus anderem Grund als günstig anzusehen: Die krisenhaften Folgen des 17. Jahrhunderts sind zu diesem Zeitpunkt behoben, die sich Ende des Jahrhunderts abzeichnenden produktionstechnischen Veränderungen haben noch nicht eingesetzt.

[2] Es werden im folgenden stets die in den Akten gebräuchlichen "Schatthäuser Morgen" als Maßeinheit genutzt. Dies scheint vorteilhaft, da eine Umrechnung in badische Morgen die Darstellung jeweils nur mit Dezimalstellen belasten und die Vergleichbarkeit mit abgedruckten Quellen oder den Akten erschweren würde. Überdies liegt das Erkenntnisziel vor allem in der Ermittlung von Relationen. Die Umrechnung auf gebräuchliche Maße kann im Bedarfsfalle leicht vorgenommen werden: Der Schatthäuser Morgen entspricht 1,048 badischen Morgen und damit etwa 0,377 Hektar.

WIRTSCHAFT

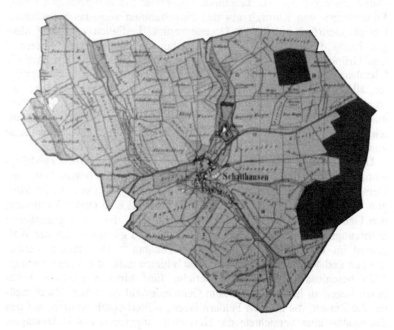

Gemarkungskarte Schatthausens[1]

---

[1] Die Karte datiert um 1880 (GLA Dia 76/95). Die dunklen Flächen stellen Waldgebiete dar, die hellgrünen Gärten, Wiesen und Weiden, das Ackerland ist braungefärbt. Die Größenverhältnisse entsprechen, sieht man vom ausgeweiteten Baubestand im Ort ab, der Situation um 1800.

ausgedehnt. Dabei soll es sich ausschließlich um die Wiederurbarmachung schon vor dem 16. Jahrhundert genutzter Flächen gehandelt haben. Forderungen von Kurpfalz auf den Novalzehnten wies das Schatthäuser Gericht mehrfach aus diesem Grunde zurück. Lediglich von zwölf Morgen bezog die Hofkammer diese Abgabe von neugerodeten Äckern.[1] Das Grünland nahm 7.3 Prozent der gesamten Nutzfläche ein. Auf die Kleinbauernstellen entfielen dabei nur geringe Anteile, vielmehr verfügten alleine die größeren Höfe über eine respektable Wiesenfläche. So zum Beispiel das Hofgut mit 11.4 Prozent, das Pfarrgut mit weit überdurchschnittlichen 31.3 Prozent ihrer gesamten Produktivfläche. Ein mittelmäßig begüterter Bauer wie Wollrad Hetzel besaß auf eine Ackerfläche von 15 Morgen ein Wiesenstück von gerade einem Viertel Morgen.

Der Wald war schon ausgangs des Mittelalters stark zurückgedrängt worden. Während die Vogtsherrschaft rund 52 Morgen besaß, führte die Gemeinde in den Schatzungslisten von 1742 und 1758 stets nur 27 Morgen Wald in ihrem Besitz auf. Um 1800 beziffert eine exakte Kartierung den Gemeindewald auf 100 Morgen. Wenn auch die vorhergegangenen Schatzungsangaben untertrieben sein mochten, so gilt doch, daß der Waldanteil im 18. Jahrhundert beträchtlich zunahm.[2] Die starken Verwüstungen und Verwucherungen um 1700 bildeten dafür die Voraussetzung. 1725 beschlossen Anwalt und Gericht, fünf Morgen zinsbare Äcker brach liegen zu lassen und sie zum Gemeindewald zu ziehen. Zwar mußten die Zinsen, die auf den Feldern lagen, weiterbezahlt werden, auf den Zehntanteil aber verzichtete die Herrschaft angesichts des Holzmangels auf der Gemarkung. Später wurden weitere öd gelegene und unbelastete Äcker dem Wald zugefügt.[3] Die Gärten teilten sich in die bei den Hofreiten liegenden Hausgärten und einen nicht genau zu spezifizierenden Teil, der außerhalb des Etters lag. Zu letzterem zählen auch die 5.5 Morgen Krautgärten in Gemeindebesitz, die unter die Bürger in jeweils cirka 20 Quadratruthen große Stücke aufgeteilt wurden.

4.1.3 Die Besitzstruktur

Dominierender Grundbesitzer in Schatthausen war im 18. Jahrhundert der Schloßherr. Seit August Philipp von Brüggen verschiedene Gefälle hatte eintauschen können, spielten auswärtige Zinsrechte am Schatthäuser

---

[1] GLA 145/710, Frh.A.Sch. A 1200.
[2] Ein augenfälliger Grund für die zu niedrige Schätzung liegt nicht vor. Die Armut an Wald konnte immerhin zur Dokumentation allgemeiner Armut dienen. Wahrscheinlicher ist jedoch, daß die 27 Morgen in Ermangelung einer genau ermittelten Größe eingesetzt und danach beibehalten wurden, da sie für die Schatzungserhebung ohne Relevanz waren.
[3] Frh.A.Sch. A 1029, A 1068, A 1133, A 1178.

WIRTSCHAFT

Boden eine untergeordnete Rolle. Neben unbedeutenden, nach auswärts fallenden Bodenzinsen waren sieben Hofstätten allerdings Dilsberg zins- und fronpflichtig. Kloster Schönau besaß ein von der Schaffnerei Lobenfeld verwaltetes, 59 Morgen großes Hofgut[1], das Widdumgut beanspruchte lange Zeit das Kloster Hirschhorn.[2] Einschließlich der schloßeigenen Ländereien waren 588 Morgen der landwirtschaftlich nutzbaren Fläche Schatthausens auf feste Hofgüter bezogen, die teils in Erbbestand, teils in Zeitpacht vergeben wurden. 669 Morgen wurden als bürgerliche Güter bezeichnet, das heißt, sie waren im Besitz von Bauern. Dabei wurde nie eine Unterscheidung gemacht, ob sie zinsbar oder unbelastet waren.[3] Schon daraus wird ersichtlich, daß die Zinslast der Äcker unerheblich war, die Besitzverhältnisse für die Bauern damit sehr gut gewesen sind. Neben den geringen jährlichen Abgaben bestanden keine anderen Verpflichtungen, die Felder konnten frei veräußert, vererbt oder geteilt werden.[4]

Tab. 4.2: Die Verteilung der Nutzflächen (1741)

Schloß	460,0 Morgen
Schönauer Hofgut	59,0 Morgen
Widdumgut	25,0 Morgen
Pfarrgut	31,5 Morgen
Kirchengut	12,0 Morgen
Bürgerliche Güter	669,0 Morgen
Gemeindegüter	14,5 Morgen
Herrschaftswald	52,0 Morgen
Gemeindewald	27,0 Morgen
	1350,0 Morgen

[1] Dazu: Schaab (1963, Schönau), S.179.
[2] Frh.A.Sch. A 1011, auch Kap. 5.2.1.
[3] Vgl. von Hippel, S.100, der diese Unterscheidungssystematik auch im württembergischen Gebiet festgestellt hat. "Gute" Besitzverhältnisse sind ohnehin charakteristisch für den südwestdeutschen Raum, vgl. Tacke S.28, Strobel, S.54, Fleck, S.57, Schaab (1992), S.225ff.
[4] Zu den Zinsen genauer unter Kap. 4.4.4.

Die Allmende war von überaus geringer Bedeutung.[1] Um 1718 verfügte die Gemeinde neben den erwähnten Krautgärten über rund 18 Morgen Äcker und Wiesen, 1741 waren es nur noch sechs Morgen. Sie wurden anfangs durch Gemeindefrondienste bewirtschaftet, die Erträge aus den verkauften Früchten flossen der Gemeindekasse zu. Später wurden die Äcker verpachtet.[2] Weitere drei Morgen waren als *waydstücke* für das Zugvieh ausgewiesen.

4.2 Die Produktion

4.2.1 Die Restitution der Landwirtschaft nach 1648

Das 17. Jahrhundert hatte der landwirtschaftlichen Produktion einen herben Rückschlag gebracht. Während des 30jährigen Krieges wurden infolge Abwanderung, Flucht oder Einziehung zum Mitlitärdienst enorme landwirtschaftliche Produktivflächen nicht mehr bebaut. Größere Hofgüter litten unter dem zusammengeschmolzenen Absatzmarkt. Überdies waren Verbindungswege versperrt, weswegen etwa die Familie von Schönberg den Kontakt zu ihrem Schatthäuser Hofgut völlig verlor, so daß sie 1651 feststellen mußte, es sei *mehrenteils in Unbau geraten*.[3] Die Weitershausischen Töchter zogen sich angesichts der Kriegsgefahr nach Pforzheim zurück, was die Bewirtschaftung ihrer Güter ebenso gelähmt haben dürfte.[4] Ausschlaggebend war freilich der Bevölkerungsverlust. Um 1600 lebten rund 200 Menschen in Schatthausen, am Ende des Krieges waren es zeitweilig gerade noch vier. Bis zur Huldigung an den neuen Ortsherren im Jahre 1670 war die Bevölkerung dann wieder auf 44 angestiegen.[5] Insgesamt können die Wüstungen im Ort während des 30jährigen Krieges auf weit über zwei Drittel geschätzt werden, was Franz` Einordnung der pfälzischen Territorien als "Hauptzerstörungsgebiete" entspricht.[6] Dabei war die Zahl der bäuerlichen Güter von 50 auf 11, also auf 22 Prozent des Vorkriegsumfangs zurückgegangen. Aus der Renovation des Schönberger Hofgutes gleich nach dem Krieg ergibt sich, daß mindestens 67 Prozent der Äcker wüst waren. Zusätze wie *anhero auch besamt* zeigen, daß just zum Zeitpunkt dieser Re-

---

[1] Darauf verwies auch Völter S. 48f. Probleme mit der Allmend, insbesondere ihrer Verteilung, konnten folglich nicht auftreten. Vgl. dagegen die Situation in den nahen Dörfern der Rheinebene, wie sie bei Bergdolt und Ellering oder für die Pfalz bei Regula beschrieben sind.
[2] Frh.A.Sch. A 1131 - 1133 (Gemeinderechnungen).
[3] Frh.A.Sch. A 965.
[4] Frh.A.Sch. A 138, Gerichtsbeilage K.
[5] Frh.A.Sch. A 1033.
[6] Franz (1943), S.53. Auch Henning (1991), S.736f.

novation ein Umschwung eintrat, der tatsächliche Unbau zur Kriegszeit mithin noch größer gewesen sein dürfte.[1] Während der Kriege Ende des Jahrhunderts konnte sich die Wirtschaft nicht erholen, um 1700 lagen die Erträge des großen Zehnten bei maximal 60 Malter Frucht.[2] Erst danach wurde verwüstetes Feld in größerem Umfang urbar gemacht, noch 1724 wurde von "neugerodeten Äckern" gezehndet. Anfang der zwanziger Jahre waren rund 500 Morgen Ackerland in die Schatzung einbezogen, 1742 waren es 700 Morgen, was dem Vorkriegsstand entsprach. Die Einkünfte des großen Fruchtzehnten stiegen dann bis auf 400 Malter per annum.

Die Wüstungen hatten nicht nur produktionstechnische Folgen, sie brachten auch die Besitzstrukturen nachhaltig durcheinander. Die völlig überwucherten, teilweise schon zu Wald gewordenen ehemaligen Ackerböden ließen es kaum zu, die Furchen zu identifizieren, nach denen die Grenzen fixiert worden waren.[3] So machten die vagen Angaben in den Renovationsprotokollen mit ihren ungenauen Größenwerten und den Benennungen von Anrainern, die selbst schon längst außer Ortes oder gestorben waren, das Wiederauffinden der Grundstücke unmöglich. In der ersten umfassenden Besitzrenovation des Schatthäuser Schloßgutes nach dem Kriege sind nicht weniger als 130 Morgen Ackerfläche aufgeführt, die nicht mehr aufgefunden werden konnten, vor dem Krieg aber als Schloßgüter ausgewiesen waren.[4]

Die zuwandernde Bevölkerung traf in Schatthausen auf völlig unklare Eigentumsverhältnisse und wüst gewordene Felder, die durch die Dezimierung der eingesessenen Bürger entstanden waren. Unsicherheiten über Grenzverläufe beeinträchtigten nicht nur das innerörtliche Gemeindeleben, auch die Beziehungen zur Nachbargemeinde Angelloch litten darunter. Im Jahre 1703 kam es zu einer ernsten Auseinandersetzung, die die gesamte Gemeinde Angelloch mobilisierte, als die Schatthäuser Vogtsherrschaft einen Acker beanspruchte, den die Angellocher zuvor *eingehäbert* hatten.[5] Auch mit Bammental und Baiertal ergaben sich rechtliche Schwierigkeiten.[6]

Bereits Ende des 17. Jahrhunderts erließ die Vogtsherrschaft die Order an jeden Bauern, die verwucherten Felder auszuputzen. Wer ein solches Feld nutzbar machte, der durfte es in seinen Besitz bringen. Die Bauern wußten diese Regelung alsbald auf ihre Weise auszulegen: Manch einer begann auf einer großen Fläche mit den Ausputzarbeiten, alleine um sich

[1] Die Renovation des Schönberger Hofguts: Frh.A.Sch. A 969.
[2] Zu den Kriegen: KB Heidelberg-Mannheim I, S. 358f.
[3] Frh.A.Sch. A 1135.
[4] Frh.A.Sch. B 22.
[5] Frh.A.Sch. A 1037.
[6] Frh.A.Sch. A 1037.

die Option auf diese Felder zu sichern. Die Vogtsherrschaft präzisierte daher die Regelung. Seit 1711 hatte nur noch der das Recht auf einen gerodeten Acker, der ihn vollständig instandgesetzt hatte. Blieb ein Acker halbgerodet liegen, so durfte ihn ein anderer jederzeit weiterbearbeiten und gewann dadurch das Recht an dem Feldstück. Doch scheint auch dies der Gerechtigkeit noch nicht völlig Genüge getan zu haben, weswegen sich später die Vogtsherrschaft die Zustimmung zu neuen Ausputzarbeiten vorbehielt. Die Arbeit in wüstliegenden Distrikten wurden fortan jeweils an Gruppen von Bauern vergeben. Sobald die Äcker wieder in Bau waren, wurden sie auf die Bauern verteilt.[1] Um gerade die größeren Höfe wieder in Gang zu bringen, versuchte August Philipp von Brüggen, sie bewährten Landwirten zu übertragen.[2]

Ein erhebliches Hemmnis bei diesen Bemühungen stellten die Engpässe auf dem Arbeitsmarkt dar. Zwischen 1666 und 1711 waren es nicht weniger als 19 Bauern, die als Schloßgutbeständer fungierten. Die Verweilzeit der meist aus zwei Personen bestehenden Parteien lag trotz längerer Pachtfristen bei gerade dreieinhalb Jahren. Etliche Bauern wechselten in diesen Jahren ihre Anstellungen häufig, um auch anderswo in den Genuß der "Freijahre" zu kommen, das heißt, verwüstete Ländereien pachtfrei urbar zu machen.[3] Andere wurden "weggelotst", wie der Schatthäuser Hofbauer Josef Müller. Der Herrschaft bereitete diese Fluktuation große Schwierigkeiten, wie der Wunsch des Beständers auf dem Hohenhardter Hof im Jahr 1703 zeigt. Der wollte nach einem Unfall vorzeitig aus dem Erbbestand entlassen werden, um in seinen Heimatort Seckenheim zurückzukehren. Wiewohl Anwalt und Bürger von Seckenheim in Schatthausen vorsprachen, um die Entlassung zu unterstützen, wollte Charlotta von Brüggen ihm den Abschied erst gewähren, wenn er einen Nachfolger präsentieren könne.[4]

Um Pächter zu binden, waren Anreize erforderlich. Schon seit 1666 überließ die Herrschaft neugerodete Felder für ein Jahr abgabenfrei. Bald schon reichte dies indes nicht mehr aus, die freie Nutzung gerodeter Äkker wurde auf sechs Jahre verlängert, *da sie ja oft erst nach jahren ertragreich seien*. Als ergänzende Maßnahme wies Charlotta von Brüggen in den achtziger Jahren ihren Kutscher an, verschiedene Äcker vom Un-

---

[1] Ruggerichtsprotokolle von 1711, 1713 und 1714. Frh.A.Sch. A 1067.
[2] So etwa im Falle des Thierbergschen Gutes, das nach der Verschuldung Wimmis an den Schäfer Michael Grimm vergeben wurde. Vgl. auch den unten angeführten Fall des bewährten Pächters auf dem Hohenhardter Hof, dessen Rückgabegesuch abschlägig beschieden wurde.
[3] Vgl. Franz (1943), S. 57.
[4] Die Reihe der Hofgutbeständer läßt sich ermitteln aus: Frh.A. Sch. B 1, B 14, B 23 sowie A 988 und in den Pachtverträgen A 1007. Zum Fall des Beständers auf dem Hohenhardter Hof: Frh.A.Sch. A 1037.

kraut zu befreien und zu zackern. Seit 1700 wurden dann Pächter dazu verpflichtet, alljährlich einen Morgen Acker zu roden. Aus dem Jahre 1711 existiert ein Pachtvertrag über 225 Morgen Ackerland, mit dem lapidaren Zusatz *weil ja in zwei Fluren nicht so viel* sei, müßten die Pächter den Rest selbst ausroden.[1]
Zum Bemühen um die Hebung der Landwirtschaft gehört auch die Suche nach dem effizienten Pachtsystem. Schon vor dem Krieg waren die Schloßgüter im Teilpachtverfahren verliehen worden, d.h. Anbaukosten und Ernteerträge wurden zwischen Pächter und Schloßherr geteilt.[2] 1697 wird von dieser Vergabeart plötzlich abgewichen und ein Geißelmeier gegen eine fixe jährliche Entlohnung aus Fruchtgaben und 44 Gulden angestellt. Vier Jahre später wechselt das Pachtsystem wieder zur Teilpacht, und zwar sind zwei Fünftel der Erträge abzuliefern, die Besämung ist dafür Sache des Beständers. Weitere vier Jahre später wird die Abgabe auf ein Drittel reduziert. 1705 reservierte sich die Herrschaft pro Flur acht Morgen Acker als Eigenbau, verpachtete diese Felder jedoch zehn Jahre später wieder an den Beständer. Diese häufigen personellen wie technischen Wechsel in der Verpachtung drücken die Schwierigkeit aus, ökonomisch wieder Tritt zu fassen. Notorisch werden die Probleme in den zwanziger Jahren, als der Pächter des Schloßhofgutes, obgleich er über einen weiteren, äußerst respektablen Hof von 225 Morgen verfügte, völlig verschuldet war. Die Herrschaft kaufte ihm seine Gerätschaften ab und setzte ihn als Geißelmeier zu einem festen Jahresgehalt ein. Diese Einrichtung der Geißelmeierei war vor allem "steuerpolitisch" motiviert, war also nicht als Mittel zu einer intensiveren Bebauung gewählt worden.[3] Dennoch gelang es in dieser Zeit, die Ackerfläche in dem Umfang zu stabilisieren, der dann das Jahrhundert hindurch bestehen blieb. 1733 konnte das Teilpachtsystem installiert werden, das dann seine Gültigkeit behielt.

4.2.2 Die Betriebsweise

Die Dreifelderwirtschaft, die bis Anfang des 19. Jahrhunderts in Schatthausen in einer strengen Form Gültigkeit besaß, dominierte nicht allein die landwirtschaftliche Ordnung.[4] Sie griff tief in das gemeindli-

---

[1] Frh.A.Sch. A 988.
[2] Frh.A.Sch. A 965, Designation von 1596.
[3] Erhebung aus den Ernteregistern B 42, Akten über die Geißelmeierei A 1129, Pachtverträge A 988. Zur "steuerpolitischen" Intention vgl. Kap. 2.2.
[4] Zur frühneuzeitlichen Landwirtschaft in der Pfalz siehe Schwerz, Rau (1830), Rau (1860), Schaab (1992), in Auszügen auch Weidmann. Allgemein zum Landbau in Süddeutschland Knapp (1902), Knapp (1919), Jänichen (1970) und die betreffenden Kapitel in Henning (1988).

che Zusammenleben ein, setzte die Produktionsweise doch stets gemeinsames Handeln und dauernde Absprache voraus.[1] Für Individualität blieb kaum Platz. Wurde ein Acker nicht in der turnusgemäßen Weise angebaut, so konnten Strafen ausgesprochen werden, bei einer weitergehenden Vernachlässigung des Besitzes drohte die Enteignung.[2] Friedrich Schütz mußte 1729 und 1730 jeweils zwei Pfund Heller bezahlen, weil er einen Acker nicht eingebaut hatte. Überdies wurde er öffentlich als *übler Haußhalter* gescholten und von den Dezimatoren nochmals zur Kasse gebeten.[3] Einer strengen Prüfung sah sich sogar der herrschaftliche Pächter Daniel Neukum ausgesetzt, als er versäumt hatte, die Wintersaat vor Martini abzuschließen.[4] Daß die Gemeinde auf die Einhaltung geregelter Arbeitsgänge drang, erklärt sich schon allein aus der starken Besitzsplitterung. Viele Flurstücke waren nicht anders als über den Acker eines Anrainers zu erreichen. Bei ungeordneter Bearbeitung konnte dies zu Schädigungen führen. Die gemeinsame Ernte war folglich unabdingbar. Ihre Terminierung wurde in einer Gemeindeversammlung beschlossen, darauf oblag es dem Anwalt, gewohnheitsrechtlich festgelegte Wege in die Frucht zu schneiden.

Die gesamte Gemarkung war in die drei Fluren Scheerbach, Eck und Maurer Weg eingeteilt. Die jeweilige Brachflur wurde nur zum geringen Teil mit Futterpflanzen und Brachrüben bebaut. In Schatthausen wurde, wie im Getreideland Kraichgau üblich, im Winterfeld fast ausschließlich Spelz neben einem geringen Umfang an Roggen angebaut, im Sommerfeld standen Hafer und Gerste. Um bessere Erträge zu erzielen, scheint es sich für verschiedene Felder empfohlen zu haben, Spelz und Roggen, der als Korn bezeichnet wurde, zu mischen. Der kräftigere Halm des Roggens sollte auf diese Art den schwächeren Spelz schützen.[5]

Aus den im Schloß geführten Registern lassen sich die auf der Gemarkung Schatthausen erzielten Zehnterträge über fast das ganze 18. Jahrhundert hinweg verfolgen. Bis ins Jahr 1730 spiegelt sich die Wiederurbarmachung der Äcker in den Zehnterträgen wieder, die sich fast verdoppeln. Doch auch in der zweiten Hälfte des Jahrhunderts läßt sich ein

[1] Siehe auch Kap. 7.2.
[2] Vgl. hierzu Kap. 7.2.1.
[3] Ruggerichtsprotokolle 1729 und 1730 (Frh.A.Sch. A 1069). Eine Liste mit den Strafen auch in den Unterlagen zum Gerichtstag 1753 (Frh.A.Sch. A 1071).
[4] Frh.A.Sch. A 988. Zwar waren die Feldrichter zur Taxation des Schadens wahrscheinlich von der Herrschaft bestellt worden. Doch monierten sie in ihrer Begutachtung ausdrücklich, daß Neukum seine Felder *nicht nach der ordnung* bestellt habe.
[5] Vgl. Jänichen, S. 98. Zu den Spezifika der Getreidearten auch Rau (1860), S.356ff.

weiteres Wachstum beobachten.[1] Neben dem Anbau der üblichen Hülsenfrüchte wie Erbsen, Linsen und Saubohnen findet sich in der Brachflur und im Sommerfeld eine große Palette von Sonderkulturen, die allerdings im einzelnen kaum eine Rolle spielten.[2] Raps wurde vornehmlich vom Schloßherrn im Eigenbau und von den Schloßhofpächtern angebaut. Deren Mengen waren oft doppelt so hoch wie die im gesamten Dorf gewonnenen.[3] Mohn, Leinsamen und Hanfsamen finden sich etwas häufiger, wohl weil die letzteren nicht nur Öl, sondern auch das wertvolle Stroh lieferten. Schon vor der Kleerevolution wurden verschiedene Pflanzen zur Viehfütterung angebaut, vor allem die eiweißhaltigen Wicken. Tabak läßt sich schon bald nach 1700 nachweisen, scheint in der Jahrhundertmitte indes an Bedeutung zu verlieren, bevor er im 19. Jahrhundert den durchschlagenden Erfolg erlebte.[4]
Trotz der vorgegebenen Homogenität setzt im 18. Jahrhundert ein dynamischer Entwicklungsprozess im Anbauverhalten ein.[5] Da ist die Kartoffel, die seit 1730 verstärkt angebaut wird und die Stupfelrübe verdrängt.[6] Während die Versuche mit dem Anbau von Einkorn in den 1760er Jahren erfolglos verlaufen zu sein scheinen, taucht zu dieser Zeit erstmals echte Wintergerste auf, die sich sehr schnell verbreitet.[7] Mitte des Jahrhunderts setzt überdies die Besömmerung der Brache mit Steinklee ein. Steinklee war schon zu Beginn des Jahrhunderts angebaut worden, doch Bedeutung erlangte er erst in den fünfziger Jahren. Der Effekt läßt sich am Heuzehnt ablesen, dessen Erträge sich bis 1775 verdoppelten und kontinuierlich weiterstiegen.[8] Aber auch in den Ruggerichtspro-

---

[1] Vgl. Diagramm 4.1. Daten aus Frh.A.Sch. B 42, A 1188, A 1189. Das Ende der Rodungen läßt sich daraus ersehen, daß der *wüst acker zehnt* nicht mehr anfällt. Er sah eine Ermäßigung der Abgaben von neugerodeten Feldern vor. Der Bildung einer Ertragszahl "Malter pro Morgen" steht leider die Unkenntnis der exakten Flurgrößen entgegen, sie war nur für das Schoßhofgut zu ermitteln, vgl. Kap. 4.3.

[2] Glaser (Karte 4) reiht noch für das 20. Jahrhundert das Gebiet um Wiesloch in Sachen Sonderkulturanbau im unteren Mittelfeld ein.

[3] Vgl. Zehntregister (Frh.A.Sch. B 42), in denen die Produzenten zuweilen unterschieden werden.

[4] Frh.A.Sch. B 42.

[5] Zu diesem Wandel siehe das betreffende Kapitel in Henning (1988), S.72ff, Boelcke (1987), S. 106ff und S. 111ff., Zimmermann, C. (1989), S.111, Schaab (1992), S.225f. Einflüsse der verstärkten landwirtschaftlichen Forschung in der Pfalz (vgl. etwa Hess (1988), Poller (1979)) werden spätestens mit Karl von Zyllnhardt auch in Schatthausen sichtbar.

[6] Zum Kartoffelanbau in der Pfalz allgemein: Kleinschmidt.

[7] Frh.A.Sch. B 42. Zu den Spezifika dieser Getreidearten siehe Rau S.356ff. und Jänichen S. 98.

[8] Frh.A.Sch. A 1192. Siehe auch Kap. 4.4.2.

Dgr. 4.3: Die Entwicklung der Zehnterträge 1735 - 1794[1]

tokollen wird dies deutlich, weil Weideordnungen und Überfahrtrechte mit Rücksicht auf den gestiegenen Kleebau immer wieder modifiziert und neue Zehntregelungen geschaffen werden mußten.[2] Einhergehend mit der Kleepflanzung konnte der Viehbestand ausgeweitet werden. Hinzu treten die "wirtschaftspolitischen" Maßnahmen: Die Anreize und teilweise handfesten Verpflichtungen von Kurpfalz, Maulbeerbäume zu pflanzen und Hopfen anzubauen, trugen Ende des Jahrhunderts in Schatthausen

[1] Zugrunde liegen die Erträge der wichtigsten Getreidearten Roggen, Spelz und Gemischtfrucht. Zum Vergleich wurden die Werte zwischen 1706 und 1715 hinzugefügt, als noch viele Felder wüst lagen. Über die Methode, die nur im ungedroschenen Zustand zu erhebenden Erträge in Malterwerte zu überführen vgl. die Einführung zu Kap. 4.3 und die Liste im Anhang. Die aufsteigende Linie entspricht dem mathematisch ermittelten Trend und verdeutlicht das Wachstum.

[2] Ruggerichtsprotokolle z.B. aus den Jahren 1756 und 1774, Frh.A.Sch. A 1071 und A 1073.

Früchte.[1] Dem landwirtschaftlich geschulten Karl von Zyllnhardt gelang es durch das Ausloben von Preisen, das Propfen von Birnbäumen mit Äpfelzweigen zu verbreiten. Auch Rezepturen für Pferdekrankheiten ließ er mitteilen und zeigte so sein Interesse am agrarischen Ausbau.[2] Das Pferd war das vorherrschende Zugtier. Zehn Pferdebauern standen 1768 fünf Ochsenbauern gegenüber, weitere 14 Bauern wurden als Handfröner geführt, verfügten jedoch zum Teil über mindestens eine Kuh.[3] Bis zur Jahrhundertwende war dann der Viehbestand angestiegen. 1796 kamen auf 21 Pferdebauern, sieben Ochs- und acht Kuhbauern, 14 Bauernstellen besassen bei einer Ackerfläche von weniger als fünf Morgen allenfalls Kleinvieh.[4] Als Indikator für den anwachsenden Viehbestand kann auch der Blutzehnt gelten: Er umfaßte Abgaben für neugeborenes Vieh, das im eigenen Stall herangezogen oder nach auswärts verkauft wurde.[5] Von rund vier Gulden im Jahr 1711 stieg der Blutzehnt bis 1744 auf elf Gulden, 1752 auf 19 Gulden, 1762 auf 28 Gulden. Auf dieser Höhe blieb er dann stehen, zur Zeit der Ablösung wurden die durchschnittlichen Erträge auf 24 Gulden geschätzt.[6]

Bei der geringen Wiesenfläche hatte der Heuertrag für die meisten Bauern trotz eines zweiten Schnitts, der Ohmd, nicht ausgereicht, um ausreichend Futter für die Winterfütterung bereitzustellen. Der ständige Mangel an Heu zwang die Bauern, alle möglichen Raine an ihren Äckern auszugrasen, ja die Äcker selbst. Das Grasen auf fremden Feldern gehörte dennoch zur Tagesordnung.[7] Folge dieses Mangels an Wiesen war die geringe Bedeutung der Viehwirtschaft, der erst mit der Besämmerung der Brache und mit der Einführung einer effizienten Wiesenbewirtschaftung mit Düngung und Wässerung Ende des 18. Jahrhunderts entgegengetreten werden konnte.[8] Legt man die Zahlen aus den Zehntregistern zugrunde, dann ergibt sich eine Getreideproduktion um 1740 in einer Höhe von 4000 Malter, gewichtet mit einem durchschnittlichen Preisniveau

[1] Stadtarchiv Wiesloch, Abt. Schatthausen, Dorfbuch B 1. Frh.A.Sch. A 1201 (falscher Titel im Repertorium, es geht nicht um die Ablösung, sondern um eine Abänderung des Zehnten auf Hopfen, dessen Anbau sich verstärkt hatte). Zu den kurpfälzischen Bemühungen siehe Schlick, S. 108ff. und Scheifele, passim.
[2] Frh.A.Sch. A 1048. Zu Karl von Zyllnhardts landwirtschaftlichen Interessen auch Kap. 6.3.
[3] Frh.A.Sch. A 1132.
[4] Frh.A.Sch. A 1116.
[5] Frh.A.Sch. A 1185/1186. Zum Blutzehnt siehe ausführlicher Kap. 4.4.1.
[6] Frh.A.Sch. B 42, A 1192, A 1193, A 1202. Dieser Anstieg bleibt auch unter Berücksichtigung eines steigenden Preisniveaus signifikant. Nach Abel (1977), S.33, lag die Inflationsrate zwischen 1701 und 1800 bei etwa 75 Prozent.
[7] Vgl. die Ruggerichtsprotokolle (Frh.A.Sch. A 1067 - A 1076) während des gesamten 18. Jahrhunderts. Siehe auch Kap. 6.
[8] Frh.A.Sch. A 964.

entspricht dies annähernd 10000 Gulden. Hingegen hat der Blutzehnt in dieser Zeit meist rund zehn Gulden eingebracht, womit Schatthäuser Bauern durchschnittlich kaum mehr als 100 Gulden durch den Verkauf von Vieh eingenommen haben dürften.[1] Das Großvieh mußte vom Frühjahr an solange als möglich auf dem Feld geweidet werden. Im Spätjahr wurde es oft nötig, den Bestand durch Verkauf oder Schlachtung zu dezimieren, um den verbleibenden Rest über Winter ausreichend mit Stallfutter versorgen zu können.[2] Es ist bezeichnend, daß es nur einem Mennoniten - also dem Angehörigen einer Gruppe, die im pfälzischen Raum auch als "meisterhafte Stallfütterungswirte" bekannt war[3] - gelang, während seiner Pachtjahre auf dem Schönauer Hofgut sein Vieh auch im Frühjahr noch im Stall zu halten. Eine Ermäßigung seines Anteils am Hirtenlohn wollte ihm die Gemeinde dennoch nicht gewähren.[4] Während das Schloß mit der Schäferei ein Herrschaftsrecht innehatte und eine recht umfangreiche Schweinehaltung pflegte, finden sich Schafe, Schweine und Ziegen eher selten in den Bauernstellen.[5] Da sie "alles fressen", stehen sie in Konkurrenz zum Menschen, wie Schlögl meint, was ihre Bedeutung bei Nahrungsknappheit geschmälert haben dürfte.[6] Federvieh, Hühner und Gänse, lebten in großer Zahl auf den Hofreiten. Da sie als "vogelfrei" galten, mußte ihr Besitzer gut auf sie achten: Eine fremde Gans, die sich auf seinem Terrain gütlich tat, durfte jeder Bewohner straflos erschlagen.

Für die Beweidung standen die Brachflur, das Stoppelfeld nach der Getreideernte, der Wald und nach Matthäi auch die Wiesen zur Verfügung. In dieser Zeit wurden Übertretungen der Weideordnung streng geahndet. Weder durfte nachts geweidet werden, um *unordnung* zu vermeiden, noch sollte sonntags das Zugvieh auf die Weide geführt werden. Dies war Ende des Jahrhunderts jedoch kaum mehr aufrecht zu erhalten. Wer nach Kirchweih seine Gärten noch nicht freigeben wollte, mußte selbst für eine dichte Befestigung sorgen. Für Hornvieh hatte die Gemeinde eine eigene, drei Morgen große Fläche, die sogenannten Bruchstücke, ausgewiesen. Die Allmend durfte nicht beweidet werden, dort konnte ausschließlich Grünfutter zur sofortigen Verfütterung geholt werden. Mit dem verstärkten Anbau von Klee ging folgerichtig die Beweidung der Brachflur gegen Ende des Jahrhunderts zurück, alleine

---

[1] Zum Zehntmodus siehe Kap. 4.4.1.
[2] Die "hausgemachten" geringen Viehbestände sind ein Charakteristikum für Süddeutschland, Boelcke (1964) S.257, Jänichen S.39, Schlögl S.135.
[3] Correll, S.117, Biskup, S.36.
[4] Frh.A.Sch. 1069.
[5] Dies läßt sich aus den Registern des Blutzehnten ableiten.
[6] Schlögl, S.132.

WIRTSCHAFT

der Schäfer pochte weiter auf sein Weiderecht und belastete damit das Verhältnis zwischen Herrschaft und Gemeinde.[1] Jeder Bürger hatte Anrecht auf einen der in knapp zwei Viertel große Stücke geteilten *gemeinen Krautgärten*. Das Bevölkerungswachstum verhinderte indes, daß der Anspruch eines Neubürgers sofort umgesetzt werden konnte.[2] Der Anbau in diesen Gärten wurde durch die Gemeinde kontrolliert. Baute jemand etwas anderes als Kraut, so wurde ihm die Ernte eingezogen, er verlor das Recht an seinem Garten und wurde auf ein Stück am äußeren, schlechten Rand der Anlage verwiesen. Die Pflanzordnung war gleichfalls genossenschaftlich geregelt, so daß die *drey ersten gegen das Dorf stehende Reihen Kraut* leicht als Zehntabgabe bestimmt werden konnten.[3] Neben der durch den Dreifelderrhythmus festgelegten Bewirtschaftung der Äcker, dem genossenschaftlichen Nießbrauch von Weide und Wald und dem Reglement über die Krautgärten erlaubte einzig der mehr oder minder große Garten, den fast jeder Bauer bei seiner Hofreite besaß, individuellen Anbau. Neben etlichen Obstbäumen wurden dort Küchengemüse und all jene kleinen Gewächse angebaut, die eine Bäuerin "bei der Hand" benötigt.[4] Genauere Quellen über die Nutzung der Gärten liegen nicht vor.

4.3   Die Schloßwirtschaft

Das Schloß als größter Grundbesitzer verlangt eine eingehendere Analyse. Zum einen, weil nur die Register der Dorfherrschaft sonst nicht mögliche Einblicke in die Landwirtschaft des 18. Jahrhunderts gewähren. Sodann, weil das Schloß die gesamte dörfliche Wirtschaftsstruktur bestimmte. Nach einem Blick auf den Besitz des Schlosses soll die Zeit der Geißelmeierei dazu dienen, die wichtigsten Zahlen der Schatthäuser Betriebe aufzuschlüsseln. Die Geißelmeierei bietet den großen Vorteil, daß die Bestellung aller Hofäcker wie auch die Ernte und die Weiterverarbeitung in diesen Jahren in einer Hand vereint lagen, und schließlich auch die Verwendungsseite, nämlich Vertrieb und Haushaltsführung, zentral geregelt wurde. Die dort erhobenen Daten können dann auf die spätere Entwicklung umgerechnet werden.

Wichtigste Quellengrundlage sind neben den Pachtverträgen die Ernteregister, die in handlichem Kleinformat von 1707 bis 1796 geführt wur-

[1] Zur komplexen Weideordnung finden sich immer wieder Angaben in den Ruggerichtsprotokollen. Frh.A.Sch. A 1076 - A 1075.
[2] Zur Krautgartenregelung vgl. auch Kap. 6. Grundbestimmungen beim Ruggericht 1794, Frh.A.Sch. A 1067, Zehntordnung Frh.A.Sch. A 1185/1186.
[3] Ruggerichtsprotokoll 1703, Frh.A.Sch. A 1067, Zehntordnung Frh.A.Sch. 1185/1186.
[4] Hierzu: Franz (1984), Bader (1958).

den, ein weiteres Heftchen liegt aus dem Jahre 1703 vor.[1] Während aus den ersten Jahren aufgrund der immer wieder wechselnden Pacht- und Anbauarten kaum strukturelle Ergebnisse gewonnen werden können, gewinnen die Register seit den zwanziger Jahren mehr und mehr einen identischen Aufbau: Unter dem Titel *Gott segne alles* wurde zunächst in einem *Ernteregister* im engeren Sinne all jene Frucht aufgelistet, die von den eigenen Hofgütern in die Scheuern des Schlosses eingeliefert wurden. Die in Garben gemessenen Getreidemengen wurden nach den Teilfruchtabgaben des Hofbauern und den Äckern unterschieden.[2] Unter der folgenden Rubrik *Treschregister* trug der Schloßherr die Tagesleistungen der bestallten Drescher ein.[3] In den meisten Fällen ist das folgende *Ver-*

---

[1] Frh.A.Sch. B 42.

[2] Für die Ermittlung der Gesamterträge hieß dies die Teilpachtergebnisse entsprechend zu multiplizieren und mit den Eigenbauanteilen Jahr für Jahr zu addieren und mit dem schon auf dem Feld erfolgten Zehntabzug zu verrechnen. Dabei konnten eventuell vorliegende technische Schwierigkeiten bei der Teilung ebensowenig berücksichtigt werden wie die Möglichkeit, daß ein Pächter ab und zu Getreidemengen unterschlug.

[3] Ein Verzicht auf eine exakte Umrechnung bezeichnete Achilles (1960) als "bloße Zahlenmanipulation". Die Auswertung von über 3000 Dreschvorgängen (aufgeführt in Frh.A.Sch. B 42) brachte indes eine Reihe von Schwierigkeiten mit sich: Zuallererst finden sich in den Listen nur die Getreidemengen, die von den Dreschern bearbeitet wurden. Darüber hinausgehend wurde Getreide offenbar auch im Tagelohn ausgedroschen, vielleicht auch ungedroschen verkauft. Aus den Registern konnte daher nicht das gesamte Ernteergebnis in Malter umgerechnet werden, es konnten lediglich Maßzahlen für die Umrechung erhoben werden. Die Drescharbeiten zogen sich immer bis ins Frühjahr des kommenden Jahres hin, die Dreschregister bestehen daher aus meist rund 60 Einzeleintragungen der Form *8 neunling 6 garben spelz ergaben - acht malter 3 simri*. Die statistische Auswertung dieser Tagesleistungen erbrachte in den meisten Jahren ein arithmetisches Mittel mit geringer Varianz und damit einen unbedenklich anwendbaren Faktor. Allerdings muß auch darauf hingewiesen werden, daß in manchen Jahren insbesondere im Falle der Gemischtfrucht, deren Spelz-Korn-Zusammensetzung nicht bekannt ist, große Schwankungen vorliegen. Einige Male waren keine Angaben zum Drusch einer Getreideart, besonders der weniger bedeutenden Gerstearten, zu erhalten. In diesen wenigen Fällen mußte über die Ermittlung von Korrelationen aus den anderen Jahren oder mithilfe von Plausibilitätsüberlegungen ein Wert geschätzt werden. (Umrechnungstabelle siehe gesondert im Anhang).
Da spezifische Gewichte für die alten Getreidearten nicht vorliegen, wurde auf eine Umrechnung der Hohlmaße in Gewichtseinheiten verzichtet. Denn das übergeordnete Interesse erfordert jeweils nur die Kenntnis von Relationen, etwa die Feudalquote oder die Einkommenstruktur des herrschaftlichen Haushalts. Umrechnungen können, wo nötig, mit den verschiedentlich aufgeführten Tabellen näherungsweise vorgenommen werden, etwa nach Schremmer (1963), S.189 (Anhang 5) und Sieglerschmidt, S.81f.

kaufsregister nur unzureichend zu gebrauchen. Die Eintragungen scheinen nur sporadisch gemacht worden zu sein, allein einige Käufer sowie die Kaufpreise konnten daraus ermittelt werden. Den Abschluß der Heftchen machen die zumeist sehr sorgfältig ausgeführten Angaben zum *Großen Zehnten*, dem oft noch Modalitäten zur Zehnteinholung, der Bestellung von Zehntträgern sowie zu den Erträgen des kleinen Zehnten beigegeben sind.

4.3.1 Der Besitz des Schatthäuser Schlosses

Im Mittelpunkt der rund 460 Morgen landwirtschaftlich nutzbarer Flächen des Schatthäuser Schlosses stand das Hofgut. Nach der Beseitigung der Kriegsschäden wurde es seit 1733 in einer Größe von 225 Morgen Äcker und 25 Morgen Wiesen auf Teilpacht verliehen. 46 Morgen behielt sich die Herrschaft bis ins Jahr 1749 als Eigenbaufläche vor, einige kleinere Stücke wurden zuweilen Schloßbediensteten, wie dem herrschaftlichen Jäger, als besondere Vergütung überlassen. Die Ziegelei, die der Schloßherr um das Jahr 1700 wieder hatte mit einem Ziegler besetzen können, erwies sich während der Restaurationsarbeiten am Schloß als recht vorteilhaft, empfing August Philipp doch neben dem Brandgeld jährlich 1500 Ziegel, die gleich bei den Bauarbeiten Verwendung fanden.

Tab. 4.4: Das Stammgut im 18. Jahrhundert[1]

Schloßbezirk:	
Gebäude, Höfe und Wege	3,7 Mg
Fischwässer und Gräben	2,4 Mg
Baumgärten und Kleeäcker	4 Mg
Grasgärten	3,8 Mg
Kochgärten	1,2 Mg
Krautgärten	1,3 Mg
Wiesen	9,9 Mg
In der Gemarkung:	
Hausplätze und Gärten	6,8 Mg
Hanfland	1,7 Mg
Äcker in den drei Fluren	398,3 Mg
Wiesen	31,3 Mg
Wald	52,5 Mg
	516,9 Mg

[1] Frh.A.Sch. B 22, B 25.

Aufriß der zum Schloß gehörigen Gebäude[1]

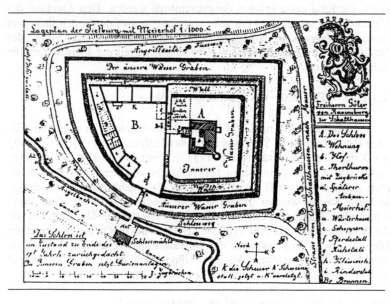

Bald danach ließ die Aktivität auf dem Ziegelhof nach, 1723 entschloß sich der letzte Ziegler, wegen *heltzmangels* (!) aufzugeben. Fortan vergab August Philipp den Ziegelhof als gesonderten landwirtschaftlichen Betrieb, den er 1730 mit 80 Morgen Äckern und Wiesen ausstattete. Auch während der Jahre, in denen Ziegelhof und Schloßgut von denselben Bauern gepachtet waren, mußten beide Höfe getrennt voneinander geführt werden. Der Hauptpächter hatte dann einen Nebenpächter einzustellen. Im Gegensatz zum Hofgut wurde der Ziegelhof gegen Bargeld verpachtet: Zusammen mit der eingeräumten Nutzung der verbliebenen Steinbrüche hatte der Beständer 75 Gulden zu zahlen.[2] Seit 1761 wurde der Ziegelhof in Erbpacht vergeben.

35 Morgen der Schloßfelder wurden dem Beständer der herrschaftlichen Mühle zugeordnet. Der Müller hatte dafür der Herrschaft multerfrei zu mahlen und mußte 20 Malter glatte Frucht und einige Geflügelgaben entrichten. Er hatte überdies das Mahlmonopol in Schatthausen.[3]

[1] Die im 19. Jahrhundert entstanden Skizze (GLA JB 1 1919 Nr.20) gibt die Situation um 1740 wieder. Sie zeigt deutlich die Größe des Ökonomiebetriebes (B) gegenüber dem eigentlichen Schloßbereich (A).
[2] Frh.A.Sch. A 1019 und A 1020.
[3] Frh.A.Sch. A 1120, A 1121, A 1122.

WIRTSCHAFT

Neben dem zentralen Mühlenbetrieb gehörte mit der Schäferei noch ein anderes ertragsstarkes Gewerbe zum Schloßprivileg.[1] Der Beständer der Schäferei, dem 30 Morgen Ackerland und Wiesen überlassen wurden, zahlte alljährlich 100 Reichstaler. Darüber hinaus war er verpflichtet, beim Trieb der meist rund 350 Schafe den Pferch zu genau bestimmten Zeiten auf die Schloßäcker zu stellen und den Dung aus dem Schafhaus an die Hofbauern zu liefern. Das Weiderecht für den Schäfer war überaus kompliziert und konnte beim einsetzenden Kleebau kaum mehr ohne Interessenkollision aufrecht erhalten werden. Es gab immer wieder Anlaß zu Beschwerden.[2] Die verbleibenden, zum Schloß gehörigen Äcker waren an verschiedene Bauern in Erbpacht vergeben worden. Durch Versteigerungen wurden in der Regel die mitten im Dorf gelegenen, sogenannten Sommergärten verliehen. Nach 1800 ließ sie Karl von Zyllnhardt in sechs Lose teilen und als Baugrundstücke ausweisen.

Das Schloß verfügte schon seit dem späten Mittelalter über verschiedene Besitzstände in Bammental, Baiertal und Ochsenbach.[3] In Bammental waren es zwei Höfe von zusammen etwa 34,5 Morgen. Nachdem Doro-

Tab. 4.5: Die Aufteilung der Nutzfläche des Schlosses

Hofgut	Äcker	225	Mg.
	Wiesen	25	Mg.
Ziegelhof	Äcker	80	Mg.
	Wiesen	7.25	Mg.
Mühle	Äcker	33.75	Mg.
	Wiesen	1	Mg.
Eigenbau (1749 dem Hofgut zugeschlagen)			
	Äcker	46	Mg.
Schäfer	Äcker und Wiesen	30	Mg.
Einzelne Felder in Erbbestand		12	Mg.
		460	Mg.

[1] Frh.A.Sch. A 795 - A 797, U 194.
[2] Die Klagen gehörten um 1800 zum üblichen Katalog der Ruggerichtsbeschwerden, Frh.A.Sch. A 1074 - 1076 und A 799.
[3] Die älteren Angaben zum auswärtigen Besitz sind nur in Abschriften August Philipps erhalten, Frh.A.Sch. B 1, S. 226ff.

thea Ursula von Weitershausen einen Teil dieses Besitzes in den Krisenjahren verkauft hatte, gelang es Wollrad von Brüggen 1669/1670, die Veräußerung rückgängig zu machen, da die erfolgte Verpfändung *uncräfftig und auß einem irrthumb* entstanden sei. Die Hofgüter hätten immer zum Schloß Schatthausen gehört und seien unveräußerlich. Als die Höfe durch verschiedene Pächter wieder in Stand gebracht worden waren, vereinfachte August Philipp von Brüggen das bis zu diesem Zeitpunkt aus Naturalabgaben bestehende Pachtsystem, indem er die Güter versteigerte.[1] Das Ochsenbacher Gut wurde mehrere Male vergrößert und erreichte Mitte des 18. Jahrhunderts den Umfang von knapp 25 Morgen Äckern, 4,5 Morgen Wiesen sowie fast vier Morgen Wald.[2] Entsprechend stiegen auch die Abgaben aus Ochsenbach an, von sieben Gulden 30 Kreuzern im Jahre 1710 bis auf 20 Gulden, die der Beständer seit 1742 zu entrichten hatte. In Baiertal hatte die Schatthäuser Herrschaft einen kleinen Hof besessen, von dem 1543 fünf Malter Korn als jährliche Abgabe bezogen wurden. 1703 wurde der Hof gegen zunächst drei Malter Getreide, später gegen acht Gulden verliehen.[3] 1715 entschied sich August Philipp, das Gut gegen die von Schatthausen an die Baiertaler Adelsfamilie von May fallenden Zinsen einzutauschen.[4]

4.3.2 Die Pachtsysteme

4.3.2.1 Die Teilpachtvergabe des Hofgutes

Mit der neuerlichen Installation des Teilpachtsystems 1733 wurde vor allem eine feste Ackergröße für das Hofgut geschaffen und damit eine festgefügte Fruchtfolge auf den Äckern.[5] Die Pachthöhe wurde fixiert auf die Hälfte der Erträge des Winterfelds und ein Drittel der Erträge des Sommerfelds. Deren Bestellung war nun ganz allein in die Verantwortung der Beständer übergegangen, auch wenn sich die Herrschaft Eingriffe vorbehielt und insbesondere in den detailliert ausgearbeiteten Pachtverträgen die landwirtschaftliche Ordnung zu reglementieren ver-

---

[1] Frh.A.Sch. U 190, B 15, B 23, B 24 und A 468/469.
[2] 1830 umfaßte das Gut 30,5 badische Morgen an Äckern, Wiesen und Wald.
[3] Frh.A.Sch. A 897 - A 908. Die älteren Urkunden darüber hinaus in Abschriften August Philipps von Brüggen in Frh.A.Sch. B 1, S. 249 bis 254, auch Insert in U 210.
[4] Frh.A.Sch. A 968.
[5] Die methodische Bedeutung der Teilpachterforschung schon bei Gerß. Eine moderne Analyse gibt Spieß. Zu den Schatthäuser Pachtverträgen: Frh.A.Sch. A 988, A 1007.

suchte.[1] Als Beständer fungierten durchgehend Mennoniten aus der Schweiz, die Pachtverträge wurden jeweils für neun Jahre geschlossen.

Die "ausgeklügelten Kontrollmechanismen"[2] in den Pachtverträgen spiegeln das Grundproblem der Teilpachtvergabe wieder: Die Überprüfbarkeit der Ernteabgaben. In Schatthausen hatte die Teilung der Ernte stets nach dem Zehntabzug auf dem Acker zu erfolgen. *Um geteilte Ernte wird auf dem Feld gelost*, hieß der Grundsatz von 1687, durch den man Unregelmäßigkeiten möglichst keinen Raum lassen wollte. Aus dem Jahr 1793 existiert die Verpflichtungserklärung des damaligen Schulmeisters Geeßer, der den Auftrag hatte, in der Erntezeit allmorgendlich zum Hofbeständer Mathias Mußmann zu gehen und zu fragen, *ob derselbe früchte bindet und nach Hause fährt.* War dies der Fall, so hatte er mit aufs Feld zu gehen, um die Teilung der Erträge sowohl quantitativ als auch qualitativ richtigzustellen. Der Herrschaft war diese Kontrolle immerhin ein Malter Spelz wert. Nach der Teilung hatte der Beständer zuallererst den herrschaftlichen Anteil in die Scheuern zu führen, *ohn ihro* (d.i.: der Herrschaft) *kosten und ganz frei*.

Die Höhe der Pachtsumme und die Modalitäten ihrer Erhebung stellen zwar das Wesen der Teilpachtvereinbarung dar. Allein, der Beständer hat sich mit dem Vertrag in ein enges Verhältnis zu seinem herrschaftlichen Verpächter begeben, das ihn weit über die materielle Belastung hinaus band. Schon 1666 war der Pächter Hans Caspar Geuser von der Herrschaft zu *zehn Fuhren was sie von nöthen* verpflichtet worden, darunter konnten auch Überlandfahrten von größerer Entfernung fallen. Diese Verpflichtung zu Transportdiensten hatte Bestand. Jacob Zehner mußte 1732 zum Weinholen gar in die linksrheinische Pfalz fahren. Nach August Philipp von Brüggens Tod 1749 wurde die Eigenwirtschaft des Schlosses stark eingeschränkt. Daher wurden die Hofbauern dazu verpflichtet, der Herrschaft Reitpferde gegen Entgelt auszuleihen. Die Herrschaft kam den Bauern indes durch das Versprechen entgegen, die Tiere nicht zu ungebührlichen, das heißt arbeitsintensiven Zeiten zu fordern. Neben den Fuhren war der Pächter zu Holzlieferungen verpflichtet. Waren es 1687 noch 20 bis 30 Klafter, so wurden ab 1733 *jährlich 50 clafter Brennholz zwey bis drey stunden weit fuhrlohn-frey* zu holen verlangt. 1749 wurden die Lieferungen wieder auf 40 Klafter gedrückt. Immerhin stellte dies eine beträchtliche zusätzliche Belastung dar, schließlich mußte der Beständer das Holz ankaufen.

Mit der Zeit wuchsen die Reglementierungen, die der Pächter für die Bewirtschaftung seines Gutes einzugehen hatte. In vielen Bestimmungen zeigt sich ganz einfach die Furcht der Herrschaft, der Temporalbeständer

---

[1] Ein Pachtvertrag ist im Anhang abgedruckt.
[2] Spieß, S.230.

könnte in seinem vorübergehenden Engagement in Schatthausen die Grundstücke ausbeuten. Die Auflage, abgehende Obstbäume wieder aufzuforsten oder Weiden zu pflanzen, gehören genauso in diese Kategorie wie die Ermahnungen, die Baulichkeiten *in guten stand zu erhalten*, etwa durch das regelmäßige Wiedereinstecken von Ziegeln und Schindeln. Ferner machte sich aber auch bemerkbar, daß der Herrschaft an einer effizienten Bewirtschaftung lag. Seit 1744 forderte sie regelmäßig die Ausweitung des Viehbestands, natürlich verbunden mit der Absicht, den Anfall an Dung zu mehren. Einer Steigerung des natürlichen Düngers diente auch das herrschaftliche Zehntstroh, das mit der Auflage an den Beständer übergeben wurde, es nur zum Füttern und Streuen zu verwenden, und keinesfalls zum Verkauf. Auch die Düngung selbst wurde teilweise vertraglich fixiert. Zum einen beanspruchte die Herrschaft die Düngung ihrer eigenbebauten Flächen, zum andern mußte der Pächter die Erlaubnis erbitten, Dung auf seine eigenen Äcker fahren zu dürfen.

Auch die Verpflichtung zum festen Fruchtwechsel gehört in diese Kategorie der Pachtverträge. Es wurde verboten, auf Äckern, die Spelz und Gemischtfrucht trugen, Hackfrüchte einzubauen, wie ohnehin der Anbau von Kartoffeln und Kraut auf die schloßnahen Gärten eingeschränkt wurde und der Anbau von Erbsen auf den Äckern mehr und mehr abnahm. Auch der verstärkte Kleeanbau findet in den Verträgen seinen Niederschlag: Ab 1760 wurde ausdrücklich auf der hälftigen Lieferung des Steinklees bestanden, der jetzt zum Teil auf Äckern gesät wurde, die zuvor im Fruchtwechsel standen. Die Herrschaft beteiligte sich zur Hälfte an der Saat und gab pauschal zur Düngung mit Salzasche einen Betrag von drei Gulden. Mit dem Jahr 1758 wird das Dickicht an gegenseitigen Verpflichtungen fast undurchdringlich. In diesem Jahr übergab Magdalena Juliana die früheren Eigenbauäcker in den drei Fluren an den Pächter, es blieben ihr nur noch die Nutzflächen im unmittelbaren Schloßbezirk. Schon seit dem Tode ihres Manne war das ziemlich genau 23 Morgen große Ackerland vom Pächter, allerdings mit herrschaftlichen Zugtieren, bebaut worden. Nun gingen sie zwar ganz an den Beständer, doch zu anderen Konditionen als die große Masse der Felder, nämlich gegen Abgabe der Hälfte von Sommer- wie auch Winterfrucht. Wie sehr für die Vogtsherrin zu jedem Teilpachtvertrag die Verpflichtung zu Holzfuhren gehörte, zeigt die Anmerkung im Punkt neun: Anstelle der ihr ja zustehenden Holzfuhren solle der Beständer hinfort aus der ganzen Gemarkung ihre Zehntfrucht in die herrschaftlichen Scheuern führen. Belastend wurde auch die Anweisung, auf die der Herrschaft verbliebenen Kartoffel- und Krautäcker den Dung zu führen. Vorbehalte machte die Verpächterin durch die Pflicht, auf 2,5 Morgen Raps anzubauen und ihn *gebutzt* zu liefern sowie Platz für den Rübenanbau bereitzustellen. Nach der fast völligen Aufgabe des Eigenbaus wurde es üblich, daß die alternden Geschwister von Brüggen alljährlich Butterabgaben forderten und sich Hanf zustellen ließen.

Die starke Verflechtung von Leistung und Gegenleistung wirft die Frage auf, wie ein ortsfremder Pachtinteressent in der Lage war, die Auflagen zu bewerten. Immerhin zeigt das Jahr 1760, daß um den Abschluß eines Pachtvertrages durchaus gerungen werden konnte. In diesem Jahr interessierte sich Johannes Ösch, der Beständer des im Baden-Durlachschen gelegenen Steinacher Hofes für die Übernahme der Schatthäuser Hofwirtschaft. Als er die Konditionen mitgeteilt bekam, reiste er zurück und legte die Vereinbarungen seinen Verpächtern vor. Die kritisierten nicht nur die Sonderbestimmungen für die alten Eigenbauäcker, sondern auch die Höhe der Holzfuhren und eine etwas laxe Regelung über die Abgabe von Brachrüben, von denen Magdalene Juliana beanspruchte, *so viel ich verlange*. Der neue Beständer konnte sich in zwei Punkten durchsetzen: Statt der Holzfuhren hatte er künftig 40 Gulden zu zahlen, was ihm zumindest die Transportarbeit ersparte. Und auch die Rübenfrage konnte geklärt werden, was indessen den Vertrag um einen weiteren ausgeklügelten Passus erweiterte. In der Frage der erhöhten Abgabe von den alten Eigenbauäckern blieb die Herrschaft hart. Diese Regelung behielt bis ins 19. Jahrhundert hinein Gültigkeit.

Warum Ösch nach nur drei Jahren Schatthausen wieder verließ, ist unbekannt. Ohnehin dürfte interessanter sein, daß Daniel Neukum, der schon zuvor Beständer war, nun wieder als Pächter angenommen wurde. Und dies, obwohl er bei der Düngung nicht immer eine glückliche Hand gehabt hatte und daher von seiner Herrschaft auch mehrfach gerügt worden war. Schon kurz nach seiner erneuten Übernahme des Gutes stand seine bäuerliche Kompetenz wieder auf dem Prüfstand: Er mußte eine feldrichterliche Überprüfung über sich ergehen lassen, weil sich gezeigt hatte, daß er seine Güter *nicht nach der ordnung und zur rechten Zeit anbaut, was einen nicht geringen verlust verursacht*. Daß er trotz der Unzulänglichkeiten im Amt blieb, mag auf mangelnde Konkurrenz hinweisen. Denn einer Abschiebung auf den weniger bedeutenden Ziegelhof, wie schon 1760 geschehen, hätte nichts im Wege gestanden. Als 1775 Matthias Mußmann das Gut übernahm, verbesserte sich fast von Stund an die Ertragslage der Äcker. Zum Teil stiegen die Ernteergebnisse sprunghaft an.[1] Und auch qualitativ änderte sich das Anbauverhalten. Die Mischfrucht verlor völlig an Bedeutung, Gerste wurde stärker angebaut.

Die alternden Geschwister von Brüggen, die Ende des 18. Jahrhunderts die Herrschaft führten, schränkten ihre Landwirtschaft mehr und

---

[1] Siehe Diagramm 4.6. Bei den aufgeführten Äckern liessen sich ackerbezogene Erträge über einen längeren Zeitraum hinweg ermitteln. Die Trendlinie der abgetragenen Ernteergebnisse ist eindeutig ansteigend, zum Teil wird überdies ein sprunghafter Anstieg sichtbar (S 3).

Dgr. 4.6: *Ertragssteigerung in der zweiten Hälfte des 18. Jahrhunderts auf drei ausgewählten Äckern*

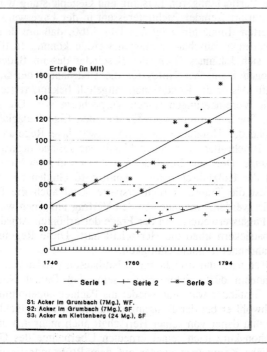

mehr ein.[1] Entsprechend übergaben sie dem Pächter des Hofgutes weitere Äcker, Wiesen und Gartenanteile. Diese Verpachtungen wurden nun erstmals gegen Bargeld vorgenommen, so hatte Mußmann für einen Baumgarten 60 Gulden, für verschiedene Grasstücke und ein kleines Kartoffelfeld insgesamt 85 Gulden zu bezahlen. 1794/95 stellten die Geschwister die bis dahin betriebene eigene Viehwirtschaft ein. Der Pächter wurde daher verpflichtet, seinen eigenen Viehbestand entsprechend aufzustocken, für das an ihn fallende Heu und die Ohmd wurden ihm jährlich 200 Gulden berechnet. Früchte aus dem bebauten Brachfeld, die in den Vorjahren präzise fixiert gewesen waren, wurden nun weiter heruntergeschraubt bis auf Mengen *als man zum Kochen benöthiget*. Auch als 1795 die Herrschaft Schatthausen an Karl von Zyllnhardt übergeben wurde, blieb dieser Modus in Kraft, da die beiden Geschwister Wilhelmine und Carl Christoph von Brüggen im Schloß wohnen blieben. So wurde

[1] Zur Genealogie siehe ausführlich Kap. 6.1.

durch Karl von Zyllnhardt der Pachtvertrag zweimal verlängert. 1805 starb der letzte Angehörige des Geschlechts von Brüggen, 1810 trat Christian Mußmann wohl altershalber vom Temporalbestand zurück, was die Gelegenheit zu einer grundsätzlichen Neuordnung des Pachtsystems bot.[1]

Karl von Zyllnhardt zerlegte in diesem Jahr das Hofgut in 16 etwa gleichgroße Einzelhöfe, die zeitweise in eigener Regie bewirtschaftet, in der Regel aber verpachtet wurden.[2] Ein einheitlicher Zins wurde auf 9,5 Gulden pro Morgen fixiert. Hinzu waren pro Hof drei Pfund Hanf und im Spätjahr ein 110 Pfund schweres Schwein abzugeben sowie Butter und Eier. Jeweils eine Woche lang war das Schloß von einem der Höfe mit Milch zu versorgen. Die traditionelle Fuhrverpflichtung blieb, allerdings wurden die Pächter für ihre Fahrten außerhalb der Gemarkung besser entschädigt. Von Äckern, auf denen der Schafpferch stand, mußten die Pächter dem Schäfer die dritte Garbe entrichten. Diese Pachtmodalitäten wurden bald insoweit geändert, als die Hofbauern anstelle der hohen Barabgaben eine geringere Summe zahlen konnten, die mit 14 Malter Spelz bzw. Hafer als Pacht kombiniert wurde. Sollte der Getreidepreis über eine festgesetzte Marge steigen, wurde die Abgabe etwas reduziert.

Die Zerlegung des Hofgutes in 16 Höfe von je rund 15 Morgen schuf überschaubare Einheiten, die in der für den Ort günstigen Größe praktikabel zu bewirtschaften waren.[3] Mit Hilfe dieser Maßnahme konnten immerhin 15 weitere Bauern ausreichenden Lebensunterhalt beziehen. Die zur Verfügung stehenden Ackerflächen des ehemaligen Hofgutes zählten fast durchweg zur besten Schatthäuser Bodenqualität, sodaß die Pächter mit rund 80 Malter Getreide rechnen konnten. Auch bei abzuziehenden 28 Maltern Pacht blieb damit ein Rest, der einer Familie das Auskommen und eine geringe Marktquote sichern konnte; zumal davon ausgegangen werden kann, daß die Pächterfamilien über weitere eigene Stücke verfügten. Allerdings ist dieser soziale Aspekt durch die Vergabe in neunjährige Zeitpacht stark eingeschränkt. Eine Bewirtschaftung auf Dauer trat nie ein, die personelle Fluktuation unter den Pächtern blieb hoch. Auch war dem Grundherrn nicht an einer längerfristigen Vergabe gelegen. Als der spätere Schatthäuser Grundherr Karl von Göler den Staatsdienst verließ und sich aufs Land zurückzog, entschied er sich 1838, zweieinhalb Höfe fortan selbst zu bewirtschaften.[4]

---

[1] Frh.A.Sch. Rechnungsbücher für Schatthausen 1832ff., Einzelheiten auch in Frh.A.Sch. A 1118.
[2] Frh.A.Sch. A 1007.
[3] Eine Übersicht über die Größe der bäuerlichen Güter in Schatthausen gibt Kap. 7.2.1.
[4] Frh.A.Sch. Rechnungsbücher für Schatthausen 1833 ff.

4.3.2.2 Die Vergabe von Schloßbesitz in Erbbestand

In Erbbestand wurden seit jeher nur die Mühle und die Schäferei vergeben sowie die auswärtigen Hofgüter in Ochsenbach und - bis 1786 - in Bammental. Die Ziegelei bzw. der spätere Ziegelhof war stets in Temporalbestand gegen Teilfrucht oder fixe Barsummen verliehen worden, bis man sich 1761 entschied, den bestehenden Vertrag in einen Erbbestand umzuändern.
Die Vorteile der Erbpacht liegen eindeutig in der besseren, weil kontinuierlichen Bewirtschaftung. Der Pächter nimmt das Objekt unbefristet in seine Obhut und behandelt es entsprechend sorgfältig. Für den Verpächter bedeutet das Erbpachtsystem einen stetigen Bezug von Abgaben, ohne selbst mit Verwaltungs- oder Kontrollaufgaben belangt zu sein. Die Besitzsicherheit für einen Erbbeständer war durchaus hoch, eine Entlassung kam sehr selten vor. Die Pächter des Bammentaler Hofgutes hatten mehrfach grob gegen die vertraglich fixierte Sorgfaltspflicht über ihre Güter verstoßen, worauf August Philipp von Brüggen ihnen wiederholt androhte, den Erbbestand aufzukündigen. Doch hatte es dabei sein Bewenden. Erst als die Pächterfamilie zwei Generationen später Teile ihres Erbpachtbesitzes veräußerte, ohne die Schatthäuser Schloßherrschaft davon zu unterrichten, wurde der Familie das Gut weggenommen.[1] Wollte ein Pächter von einem Vertrag zurücktreten, so scheint dies unproblematisch gewesen zu sein, wenn ein passender Nachpächter präsentiert werden konnte. Zwischen 1738 und 1746 wechselten die Erbpächter der Schatthäuser Mühle nicht weniger als dreimal.[2] Die unbestrittenen Nachteile der Erbpachtvergabe waren für den Verpächter freilich die beschränkten Möglichkeiten, auf die Bewirtschaftung Einfluß zu nehmen. Die immer umfangreicheren Reglementierungen in den Temporalpachtverträgen haben gezeigt, wie sehr die Herrschaft versuchte, ihre Pächter auf die neuesten Anbautechniken zu verpflichten. Dies ließ sich im Erbbestandsverfahren nicht machen. Noch ungünstiger war die fehlende Möglichkeit, an den steigenden Erträgen durch steigende Pachtpreise teilzuhaben. Die im Erbbestandsverfahren einmal festgelegten Abgaben hatten Bestand auf ewig. Gerade nach der Konsolidierung in der zweiten Hälfte des 18. Jahrhunderts werden die Unterschiede spürbar, wie ein Blick auf die beiden auswärtigen Hofgüter in Bammental und Ochsenbach zeigt. Nachdem das Bammentaler Hofgut seit 1786 in Temporalpacht vergeben worden war, konnten die Pachtpreise zwischen 1786 und 1837 von 110 Gulden auf 200 Gulden, also um fast 100 Prozent gesteigert

---

[1] Frh.A.Sch. A 468/469.
[2] Frh.A.Sch. A 1122.

werden. Währenddessen warf das Erbpachtgut in Ochsenbach von 1738 bis 1837 alljährlich konstant nur 20 Gulden ab.

Die Schäferei wurde 1713 an Michael Grimm in Erbbestand vergeben, die vereinbarte Zahlung von 100 Reichstalern und einem Hammel alljährlich hat bis ins 19. Jahrhundert hinein Gültigkeit. Daß der aus Angelloch stammende Michael Grimm in der ersten Hälfte des 18. Jahrhunderts zum eifrigsten Käufer von Grundstücken gehörte und seine Familie zu einer der reichsten Grundbesitzer machte, deutet nicht nur auf das Grimmsche Geschick hin, sondern auch auf die Tatsache, daß der festgelegte Pachtzins dem Schäfer einen nicht geringen Spielraum für Verdienstmöglichkeiten ließ.[1] Auch die Müller waren nicht schlecht situiert. Die Besitzwechsel um 1740 zeigen, daß sie nie Liquiditätsprobleme hatten. Ihre Pachtverpflichtungen erscheinen auch schon formal gering: 20 Malter Getreideabgaben konnten aus dem 33 Morgen großen Mühlgut beglichen werden. Die Pflicht, das von der Herrschaft zum Hauskonsum vorgesehene Getreide multerfrei zu mahlen, wurde mehr als ausgeglichen durch das Bannrecht, das jeden Schatthäuser Bauern zum Mahlen an die eigene Mühle verpflichtete.

Die von der Statik des Pachtzinses bewirkte wirtschaftliche Einbuße konnte durch die Besitzwechselgebühr nicht wettgemacht werden.[2] Die Laudemialgebühr fiel beim Verkauf eines Erbbestands an und war vom Verkäufer zu entrichten. Im Vergleich zum Kreuzergeld, das beim Verkauf von bürgerlichen Güter zu entrichten war und für jeden bezahlten Gulden die Abgabe eines Kreuzers forderte, lag die Abgabe geringfügig höher: Für den Ziegelhof und die Mühle waren pro bezahltem Gulden 1.2, für die Schäferei 1.8 Kreuzer zu entrichten. Für Ochsenbach war ein fixes Konsensgeld von 57 Gulden 30 Kreuzern festgelegt worden, das sich an der bei Pachtantritt zu zahlenden Gebühr orientierte. Da auch diese Gebühr zwischen 1741 und 1830 konstant blieb, konnte also auch hier keine Abschöpfung erfolgen. Überdies sind personelle Veränderungen auf den großen Erbbestandsgütern eher selten, weswegen die Laudemialgelder nur selten anfielen. Daran ändert auch die vorübergehend hohe Fluktuation auf der herrschaftlichen Mühle nichts. Immerhin bezog die Herrschaft in diesen Jahren dreimal die Laudemialabgabe, die sich einschließlich von Attestatsgebühren für gewährte Urkunden und Siegelgelder auf jeweils über 100 Gulden belief. Für den scheidenden Erbbeständer fielen darüber hinaus noch die Schreibergebühren an, sodaß Johann Philipp Müller 1746 113 Gulden und 12 Kreuzer zu zahlen hatte, bevor er Schatthausen verlassen konnte.

---

[1] Frh.A.Sch. A 798, B 14.
[2] Lütge (1941) wies für bestimmte Regionen nach, daß Besitzwechselgebühren als Abschöpfung der Wertsteigerungen von Liegenschaften eine Entschädigung für die auf geringem Niveau erstarrten Zinslasten darstellten.

4.3.3 Gott segne alles - Die Hofgutsbewirtschaftung

Der Geißelmeier Rudi Landes besämte 1724 84.5 Morgen in der Flur Scheerbach mit Wintergetreide. Außer einem kleinen Teil des 38.5 Morgen großen Ackers "am Eckweg", in den er im folgenden Frühjahr Gerste säen wollte, trugen alle anderen Felder Korn und Spelz. Diese Durchbrechung der Flurordnung läßt sich in den Ernteregistern der Schloßherrschaft öfters feststellen. Es konnte vorkommen, daß ein Acker, wiewohl unter Sommerfeld geführt, jahrelang zum Winterfeld gezogen wurde. Die Größe der Anbaufläche war in dieser Zeit von Jahr zu Jahr verschieden, die Gesamtmorgenzahl schwankte im Winter- und Sommerfeld jeweils zwischen 80 und 110 Morgen. Erst als 1733 die Geißelmeierei aufgegeben wurde und die Bewirtschaftung wieder in die Hände eines Pächters überging, wurde die Anbauweise fixiert, die Äcker waren seither fest auf die Teilhöfe verteilt.

Tab. 4.7: Die Parzellengröße des Hofguts nach 1733 (in Mg.)

	Hofbauer					Eigenbau[1]	
Scherbachflur	35	30	6			9	6
Flur Maurer Weg	30.5	20	7	4	2.5	9	7
Flur Eck	31	16	24			8.3	7

In den allermeisten Jahren wurde ein bestimmter Teil des Wintergetreides zusammen ausgesät und damit *gemisch frucht* erzeugt. Das Mischungsverhältnis hatte sich in den überprüfbaren Jahren kaum einmal höher eingependelt als ein Korn Roggen auf zwölf Körner Spelz, allein auf kleineren Äckern kam einmal ein Verhältnis 1:6 zustande. Diese Mischfrucht wurde anschließend unter Spelz geführt, was unterstreicht, daß es sich ausschließlich um eine Maßnahme zum Stabilisieren der schwächeren Spelzhalme handelte. An Saatgut bedurften die Schatthäuser Felder zu dieser Zeit 0.8 Malter Winterfrucht sowie rund 0.4 Malter Gerste und Hafer pro Morgen.

[1] Nach 1749 wurden diese Äcker zu besonderen Konditionen verpachtet.

Das Ertragsjahr 1725 war ein Spitzenjahr.[1] Der Spelz erbrachte gut das 12. Korn als Ertrag, Roggen das 11. Der Morgen trug damit 9.8

Tab. 4.8: *Die Aussaat (in Malter pro Morgen)*[2]

Hafersaat 1724[3]:

Acker (Mg.)	30.50	16.3	3.85	2.3	20.1	3.0
Saatmenge (Mlt.)	15.25	7.0	1.80	1.0	6.3	1.2
	0.5	0.43	0.46	0.43	0.31	0.4

Wintersaat 1724:

Acker (Mg.)	38.50	33.00	6	5	2
Saatmenge (Mlt.)	34.90	23.90	3.9	1.88	1.4
	0.9	0.72	0.65	0.37	0.7

Wintersaat 1730:

Acker (Mg.)	34.5	22	6	3	2
Saatmenge (Mlt.)	28.6	14.25	6.5	1.5	2.3
	0.83	0.65	1	0.5	1.1

Wintersaat 1732:

Acker (Mg.)	24	16.5	8.5
Saatmenge (Mlt.)	19.875	20.5	11.75
	0.83	1.2	1.38

[1] Sollen die Werte verglichen werden mit den Ergebnissen, wie sie etwa Henning (1988), S.81, oder Saalfeld, S.160, ermittelt haben, so muß zunächst auf das leichter handhabbare badische Maß umgerechnet werden. Dies geschieht durch Multiplikation mit dem Faktor 0,7979 im Falle glatter Frucht (also im wesentlichen Wintergetreide), mit dem Faktor 0.897 für rauhe Frucht (also Hafer, der auch den dominierenden Anteil am Sommergetreide stellt). Führt man die Rechnung durch, so lassen sich auch Vergleiche mit Rau (1860), S.404, anstellen. Es zeigt sich, daß die Erträge im Winterfeld nur geringfügig hinter den Erntemengen zurückblieben, die Rau in der Mitte des 19. Jahrhunderts für die Hügelgegend bei Heidelberg angibt. Deutlicher entwickelt hätten sich seit dem 18. Jahrhundert dagegen die Haferernten.

[2] Aufgenommen wurden nur die Äcker, bei denen die Getreidesaatmengen klar ersichtlich waren. Linsen, Erbsen oder Raps, die teilweise auf denselben Feldern standen, hätten die Angaben zur Saatdichte verfälscht.

[3] Gerste wurde in diesem Jahr nur in geringem Umfang gesät.

WIRTSCHAFT

Malter Getreide im Winterfeld und 4.7 Malter im Sommerfeld, wo überdies auf sechs Morgen Erbsen, Linsen und Wicken geerntetwerden konnten. Ein Teil des Brachfeldes war von den Beständern schon immer intensiv genutzt worden, Welschkorn, Rüben, Leinsamen und Bohnen wuchsen dort in oft nicht unerheblichem Umfang. Für den Anbau von

Tab. 4.9: Anbau und Erträge des Schloßhofgutes

Jahr	Aussaat in Mlt.	Fläche in Mg.	Saatgut pro Mg.	Ertrag in Mlt.	Ertrag pro Mlt.	Ertrag pro Mg.
Winterfeld.						
1724/25	66,1	84,50	0,78	821,40	12,42	9,72
1725/26	88,7	100,00	0,88	586,30	6,61	5,86
1726/27	69,7	82,25	0,85	771,70	11,01	9,38
1727/28	85,8	107,00	0,80	878,00	10,23	8,21
1734/35	-	86,5	-	576,04	-	6,65
1735/36	-	(55)	-	617,84	-	11,2
1736/37	-	76	-	633,34	-	8,3
1737/38	-	80,5	-	595,1	-	7,4
1738/39	-	55	-	387,89	-	7,1
1739/40	-	79	-	591,39	-	7,5
1740/41	-	71	-	907,39	-	12,8
1741/42	-	79,5	-	833,32	-	10,5
1742/43	-	85	-	582,78	-	6,85
1743/44	-	80	-	758,87	-	9,5
1744/45	-	80	-	472,74	-	5,9
Sommerfeld.						
1724	34,1	85,00	0,40	-	-	-
1725	-	102,25	-	488,5	-	4,77
1726	44,5	107,00	0,41	369,0	8,29	3,45
1727	37,25	100,25	0,37	380,0	10,2	3,79
1735	-	64	-	317,24	-	4,96
1736	-	71	-	233,42	-	3,3
1737	-	71,5	-	286,66	-	4,0
1738	-	71	-	296,89	-	4,18
1739	-	71,25	-	221,32	-	3,11
1740	-	71,5	-	330,55	-	4,6
1741	-	69,5	-	355,19	-	5,11
1742	-	71,3	-	283,47	-	3,98
1743	-	71	-	322,08	-	4,5
1744	-	72	-	230,89	-	3,21
1745	-	71,25	-	217,58	-	3,05

Hanf und Flachs waren spezielle Äcker ausgewiesen, wie auch ein Kleeacker beim Schloß abgetrennt lag. Neben gut acht Morgen Koch-, Kraut- und Grasgärten beanspruchte der Ortsherr auch von den gemeinen Krautgärten seinen Teil. Und nicht nur dies: *Wenn Gemeindmann 1 hat*, so heißt es lapidar, dann hat die Vogtsherrschaft Anspruch auf zwei.[1] Das Einbringen der Früchte machte eine große Zahl von Tagelöhnern erforderlich. Anfang des Jahrhunderts zogen Gruppen von auswärts, vor allem aus Wiesloch, zur Erntezeit nach Schatthausen. Diese Erntehelfer wurden *parteiweise* sowohl bar als auch mit reichlich Nahrungsmitteln entlohnt. Die Erntekosten lagen alljährlich zwischen 40 und 45 Kreuzern pro Morgen Winterfeld, 12 Kreuzern Sommerfeld, zuzüglich Wein und Brot. Die Differenz in der Entlohnung mag zum einen darauf gründen, daß der Schnitt des Wintergetreides mit der Sichel statt mit der Sense erfolgte, um den Körnerausfall so gering als möglich zu halten. Zum andern mußte beim Wintergetreide das Stroh gebündelt werden, um später die nötigen Seile herstellen zu können. Für Gerste, deren Umfang indes gering war, schwankte die Entlohnung zwischen 24 und 45 Kreuzern. Die Geldhonorierung belief sich damit bei 80 Morgen Winter- und 80 Morgen Sommerfeld auf mindestens 85 Gulden. Hinzu kommen die nur schwer monetisierbaren Naturalien. Für das Heu- und Ohmdmachen wurden Tagelöhner mit 16 Kreuzern pro Morgen entlohnt, für die Dörrarbeiten erhielten sie nochmals acht Kreuzer, was bei einer Wiesenfläche von 26 Morgen einen Betrag von etwa 11 Gulden ausgemacht haben dürfte. Am Ende der Erntezeit reichte die Herrschaft ihren Arbeitern einen Schmaus. 1728 wurde für den "Erndbraten" eine Suppe aufgetischt, sodann Gemüse, Rindfleisch, Brot und Wein, bis *alle satt* waren. In ihrer Ausgestaltung wechselten die Lohnsätze alljährlich, ohne daß sie deswegen nachfrageelastisch gewesen wären. Sowohl in schlechten wie in guten Jahren wurde der Lohnsatz auf den Morgen bezogen, den abzuernten in der Regel vier Leute an einem Tag schafften[2], nicht aber auf die eingebrachte Menge. Das in die neben dem Schloß gelegenen Scheuern eingefahrene Getreide wurde meist bis in den Dezember hinein gedroschen. Dazu wurden zwei Drescher angestellt, die nach Ablegung eines Eides das Dreschen zu besorgen hatten.[3] Ihr Gehalt schwankte mit den Jahren. Es lag zwischen dem 11. und dem 13. Simmern des gedroschenen Getreides, also zwischen 7.5 und 9 Prozent. Die Drescher der Zehntfrucht, die klar getrennt von den eigenen Früchten verarbeitet wurde, erhielten

---

[1] Etwa in Frh.A.Sch. B 14.
[2] Rau, S.354.
[3] Drescher-Eid in Frh.A.Sch. A 1041.

jeweils eine um ein oder zwei Simmer bessere Entlohnung.[1] 1725 waren es auf diese Art 8.8 Prozent des Gesamtertrages, der den beiden Dreschern zufloß. Bevor sich der Nettobetrag bilden läßt, müssen die Rücklagen für die nächste Aussaat abgezogen werden. Im Beispieljahr waren es 10.5 Prozent aller Früchte, die dafür zurückgelegt wurden. Der

Tab. 4.10: Ertrags- und Verwendungsrechnung 1726[2]

	Ertrag nach Drusch	Dresch-lohn	Saat	Verkauf	Haus-halt	Erlös
Winterfeld in Flur Maurer Weg (100 Mg)						
Korn	28,7	23,0	1,8	7,6	2,6	11	9,8
Spelz	377,6	492,6	38,0	62,1	293,0	99,7	576,9
Raps		5,8	0,5	0,6	4,0	1,1	22,0
Sommerfeld in Flur Scheerbach (107,5 Mg)						
Hafer	339,8	304,3	23,5	34,0	85,0	167,0	130,1
Gerste	31,8	20,8	1,6	1,9	5,0	12,3	13,7
Erbsen	10,0	2,3	0,2	0,5	0,1	1,5	0,3
Linsen	5,0	1,1	0,1	0,4	-	0,5	0,3
Wicken	5,0	0,8	0,1	0,3	0,1	0,3	-
Haferwicken	1	0,3	0,3	0,1			

Brachflur und Gärten

Hanf	30 Bund	Leinsamen	7 Simmer
Welschkorn	2 Simmer	Erdbieren	1 Wagen
Kürbis	2 Wagen	Kraut	3 Wagen
Rüben	18 Wagen	Feldbieren	5 Säcke
Flachs	45 Bund	Weiden	40

---

[1] 1717 wird z.B. für Eigenfrucht das elfte Simmer an die Dreschknechte bezahlt, für Zehntfrucht das zehnte, 1780 für Eigenfrucht das zwölfte, für Zehntfrucht das elfte (Frh.A.Sch. B 42).

[2] Die Maßheiten wie folgt: In der Spalte "Ertrag" sind "Neunlinge" wiedergegeben, in der Spalte Erlös Gulden. Die übrigen Spalten geben Malterwerte an. Die Tabelle ist dem Ernteregister von 1725 entnommen, die Beträge wurden für die Wiedergabe lediglich in dezimalisierte Form gebracht. Da in der Zehntordnung zwischen *Erdbieren* und *Erdäpfel* unterschieden wird, dürfte im vorliegenden Fall die Bezeichnung *Feldbieren* für Erdäpfel stehen, so daß also Kartoffel bzw. Topinambur gemeint ist.

prozentual gemessene Drescherlohn und die relativ konstanten Saatmengen bestimmen die in den Registern ausgewiesenen "Nettoerträge", die sich bei einer schlechten Ernte bis auf 15 Prozent des Bruttoergebnisses ermäßigen konnten.[1]
Die Angaben für die Verwendung des Getreides im Haushalt dürften wahrscheinlich Obergrenzen darstellen. Es steht zu vermuten, daß in die Rubrik auch solche Mengen eingetragen wurden, die im Rechnungsjahr nicht verkauft werden konnten oder sollten. Dennoch sind die Werte von einer gewissen Stabilität. 1725 flossen in den Haushalt rund 71 Malter Spelz, 9 Malter Gerste, 0.3 Malter Roggen und 166 Malter Hafer, im darauffolgenden Jahr sind die Zahlen für die Sommerfrüchte fast präzise dieselben, während 40 Malter mehr an Wintergetreide aufgeführt sind.[2]
Nach Abzug der Rücklagen restierten im Jahre 1725 noch 66 Prozent vom Spelz, 77 Prozent vom Korn, 40 Prozent vom Hafer und 71 Prozent von der Gerste für den Verkauf. Zusammen mit einem geringeren Anteil an Wicken und Erbsen waren damit 1030 Gulden und 50 Kreuzer erlöst worden. Dieses Ergebnis ist, wie gesagt, ein Spitzenergebnis und wurde erst 1732 wieder annähernd erreicht. 1730 lag das monetäre Ergebnis gerade bei der Hälfte von 1725, 1728 mit 484 Gulden sogar noch darunter. Die Verkäufe erfolgten das ganze Jahr hindurch, meist in kleinen Mengen, deren Preise im Jahreslauf schwanken konnten. Abnehmer waren oft die jüdischen Zwischenhändler in den benachbarten Gemeinden. Zuweilen wurde Handel bis nach Hockenheim und Neckarsteinach getrieben. Im Laufe des Jahrhunderts gewann auch der Absatz an die Bierbrauwirtschaft zu Heidelberg an Bedeutung, die Gerste einkaufte.
Da bei sehr guten Erntejahren, wie 1725, auch Getreide zurückgehalten werden konnte und erst im Folgejahr auf den Markt gebracht wurde, konnte die Herrschaft zuweilen von höheren Preisen profitieren. Immerhin schwankten die Preise für ein Malter Roggen von 1717 bis 1732 zwischen zwei und vier Gulden, für die gleiche Menge Spelz zwischen 80 Kreuzern und 2.5 Gulden. Allein im Jahr 1729 verkaufte August Philipp das Malter Spelz zu fünf verschiedenen Preisen zwischen 76 und 90 Kreuzern. Höchste Erträge ließen sich mit Raps erzielen, den die Gutsherrschaft meist bis auf die nötige Saatmenge verkaufte, 1729 sogar direkt auf dem Feld. Bis zu 40 Gulden pro Morgen ließen sich durch diese Ölfrucht erlösen, was erklärlich macht, daß die Herrschaft auf den Anbau dieser Frucht höchsten Wert legte: Sie ließ ihn in späteren Jahren auf

[1] Freilich müßte ein echtes Nettoresultat auch weitere produktionstechnische Unkosten wie zum Beispiel die Erntekosten berücksichtigen.
[2] Da die Ertrags- und Verwendungsrechnung für 1727 nicht in derselben Sorgfalt ausgeführt wurde wie in den Vorjahren, läßt sich nicht feststellen, ob diese 40 Malter als Rücklage noch erhalten waren und vielleicht später in den Verkauf gingen.

den Eigenbaufeldern und durch die Bestände der Hofgüter erwirtschaften. Als Zugtiere wurden auf dem Schloßgut ausschließlich Pferde verwendet. Vier Stuten, drei Hengste und drei Füllen sowie elf Kühe und ein Kalb bildeten den Großviehbestand des Rudi Landes, der neben einem umfangreichen Geflügelstall noch ein rundes Dutzend Schweine zu versorgen hatte. Das Geißelmeiergesinde bestand aus Rudi Landes, seiner Frau und Tochter, einem Knecht, einer Magd und einem Jungen, Personal, das ihm die Herrschaft gedungen hatte. Als Entlohnung für seine Arbeit erhielt er mit seiner Frau an Barlohn 31 Gulden, der Knecht 20 und die Magd zehn. Pro Person waren darüber hinaus fünf Malter glatte Frucht und ein Malter Spelz als Naturallohn vorgesehen, dazu für den gesamten Haushalt zusammen Erbsen, Linsen, Gerste und Hafermehl sowie Salz, Pfeffer und Essig in geregeltem Umfang. In einem kleinen Kochgarten konnte Landes Küchengemüse bauen. Drei Kühe durfte der Geißelmeier für seine eigene Haushaltung in Anspruch nehmen, ebenso ein kleines Schwein und vier Hühner. Dazu gewährte die Herrschaft seinem Oberknecht 50 Pfund Schweinefleisch, seiner Frau 25. Am Festtag gab es einen Braten und ein Maß Wein, Brennholz wurde gestellt. Nach den pro Kopf gerechneten Getreidemengen ergibt sich für den Bauern im Vergleich zu anderen Territorien und dem ermittelten Grundbedarf kein schlechtes Auskommen.[1]

Wiewohl die Landwirtschaft das eigentliche wirtschaftliche Standbein der Schatthäuser Vogtsherrschaft darstellte, läßt sich auch während der Jahre, als der Vogtsherr selbst die Ökonomie führte, kein besonders überlegtes Wirtschaften feststellen. Die Buchführung über die Verkäufe hat eher Zufallscharakter, ein systematischer Vertrieb und eine geordnete Rücklagenbildung lassen sich nicht erkennen[2] - gleichwohl bleibt festzuhalten, daß die Landwirtschaft alljährlich für kräftige Überschüsse sorgte. August Philipp von Brüggen konnte 1726 aus der Landwirtschaft 753 Gulden erlösen, was zumindest in den Jahren der Geißelmeierei ein durchschnittliches Ergebnis war. Legt man die für dieses Jahr geltenden Daten auf das Teilpachtsystem um, so blieben für einen Pächter gerade 276 Gulden 15 Kreuzer übrig, weniger als die Hälfte, da er Erntekosten

---

[1] So gibt Henning (1969), S.188, den Bedarf pro Kopf mit 2,6 bis 3,1 dz an, Schlögl nennt 250 Kilogramm eine "knappe Ration" (S.160f.). Beck (S.177f.) verweist darauf, daß die Landsberger Soldaten ohne jede andere Zusätze mit 320 Kilogramm Getreide auszukommen hatten.

[2] Die wird besonders deutlich, wenn man die zur gleichen Zeit angelegten Rechnungsbücher im Nachbarort Mauer dagegenhält. Vom dortigen, verwalterisch geschulten Vormund des geistesschwachen Maurer Dorfherrn liegt eine umfassende Gewinn- und Verlustrechnung vor.

WIRTSCHAFT

Tab. 4.11: Die Verkaufserlöse aus der Ackerwirtschaft[1]

	1725	1726	1727	1728	1729	1730	1731	1732
Spelz	639,3	576,9	320,8	224,3	621,0	372,0	*	*
Korn	131,5	9,8	103,8	44,8	38,3	51,5	*	*
Raps		22,0	63,3	182,9		83,3	128,7	*
Gerste	78,8	13,7	23,8	0,8			*	*
Hafer	174,0	130,0	85,3	30,8	91,6		*	*
Erbsen	0,7	0,3	15,4	0,3	2		*	*
Wicken	6,6		1		1,7	3,4	*	*
Linsen		0,3	1,4		0,4	1,8	*	*
Saubohnen				0,1	0,5		*	*
	1030,9	753,0	614,8	484,0	755,5	512,0	719,0	1115,2

und Aussaat alleine zu tragen hatte.[2] Seit 1733 bewirtschaftete der Schloßherr 46 Morgen im Eigenbau durch eigenes Gesinde, für die intensiven Arbeitsphasen konnte er darüber hinaus auf die Frondienste zurückgreifen. Aus diesen 46 Morgen war der adlige Haushalt in aller Regel zu finanzieren.[3] Die Teilfrucht konnte die Herrschaft damit in ihrer gesamten Höhe als Nettoerlös einstreichen, es fielen alleine die

---

[1] Die angegebenen Werte stellen jeweils Guldenbeträge dar. Die nicht ermittelbaren Daten sind mit * gekennzeichnet. Bei den Jahren 1728, 1729 und 1730 handelt es sich um Mindestbeträge, die aus den einzelnen Angaben über verkaufte Früchte errechnet wurden. Verglichen mit den teilweise vorliegenden Gesamterträgen könnte sich hier und da noch Potential für eine weitere, nicht registrierte Vermarktung ergeben.

[2] Bei der Schätzung des Pächterhaushalts wurde die vereinfachende Annahme gemacht, daß sich die Haushaltsmengen von 1726 zwischen Schloßherr und Pächter gerade halbierten. Für die Zahl der Personen trifft dies auch recht exakt zu, allein der Viehbestand dürfte beim Pächter trotz Reittiere und Milchkühe, die auch die Herrschaft besaß, etwas größer gewesen sein. Was hier dem Pächter eventuell zugut gerechnet wird, geht indes wieder dadurch verloren, daß seine Ackerfläche nach 1733 etwas geringer war als die in den Zeiten der Geißelmeierei.

[3] Eine Auswertung der Erträge aus dem Eigenbau erbringt recht genau die Hälfte der Menge, die in den Jahren der Geißelmeierei für den Haushalt veranschlagt worden war. Da der Haushalt durch die Ausgliederung des Pächters und seiner Familie sowie vor allem der Zugtiere um mehr als die Hälfte verkleinert worden war, dürfte demnach die Erntemengen gut ausgereicht haben.

WIRTSCHAFT

Dgr. 4.12: Verwendung von 100 Prozent Wintergetreide

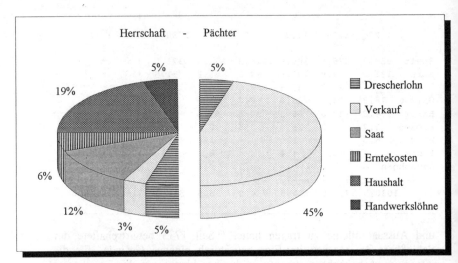

Drescherlöhne als zurechenbare Kosten an.[1] Auf der anderen Seite hatte der Pächter von den restierenden 276 Gulden noch Handwerkerleistungen zu bezahlen. Wenn diese auf 30 Kreuzer pro Hektar zu schätzen sind, dann ergeben sich für die 80 Hektar Ackerland des Schatthäuser Hofgutes nochmals rund 40 Gulden an jährlich anfallenden Kosten.[2] Dazu kommen die Ausgaben für die Brennholzlieferungen, die Mitte des Jahrhunderts mit 40 Gulden veranschlagt waren. Läßt man die übrigen Verpflichtungen des Beständers außer acht, da sie nicht kalkulierte Arbeitsleistungen darstellten, so reduziert sich der Erlös also auf 196 Gulden. Nun war das so geschilderte Jahr 1726 nicht das schlechteste Ertragsjahr, dessen Kalkulation im einzelnen nachvollzogen werden kann. Ein Jahr später reduzierte sich der monetäre Erlös auf 484 Gulden, was für den Beständer dann nur knapp 200 Gulden bedeutet haben mag. Hiervon die Leistungen abgezogen, bleiben nicht ganz 100 Gulden Rest. Das untenstehende Diagramm dokumentiert die geschickte Fixierung der Pachthöhe. Die hellen Flächen oben stellen die Anteile der Herrschaft dar, die dunklen Flächen die der Pächter. Faßt man die oben angegebenen festen Kosten einschließlich des Haushaltsbedarfs zusammen, so er-

[1] Wohl nur in schlechten Jahren war es nötig, über den Eigenbau hinaus die Erträge der Schloßgüter anzugreifen. Die Verwendung der hälftig zwischen Herrschaft und Pächter geteilten Winterfrucht beispielhaft in Dgr. 4.12.

[2] Zur Taxierung von Handwerkerleistungen vgl. Schlögl, S.159f. und Schremmer (1963), S.88.

WIRTSCHAFT

geben sich als Mindestbedarf 390 Neunlinge an Getreide.[1] Es wird deutlich, daß dieser Mindestbedarf in vielen Jahren nicht erreicht wurde, daß auch in guten Jahren die Gewinne nicht ausuferten. Zwar dürften Gewinne aus der Viehhaltung eine Einkommensverbesserung dargestellt haben. Eine Marginalnotiz aus dem Jahr 1733 gibt darüber den einzigen Aufschluß. Dort umfaßt der Gewinn aus dem Vieh- und Schweineverkauf so-

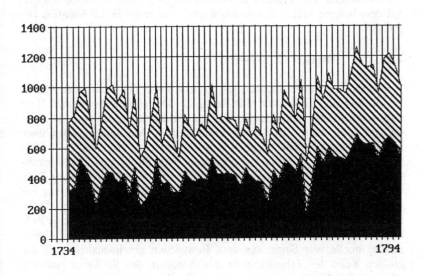

Dgr. 4.13: Die Erträge des Hofgutes im 18. Jh.[2]

[1] Hier wurde eine möglichst enge Anlehnung an die Ernteregister gewählt, daher dienen Neunlinge als Maßeinheit. Folglich mußten auch die Kosten und Aufwendungen für den ungedroschenen Zustand umgerechnet werden. Trotz der Problematik dieser Übertragung (siehe S. xxx, Anm. 2, vgl. dazu die Tabelle im Materialanhang) ist das Ergebnis eindeutig: Denn die Umrechnung wurde hier mit tendenziell eher zu ungünstigen Druschrelationen vorgenommen, so daß die Linie für den Mindestbedarf wohl eher weiter oben verläuft, die Situation für den Pächter mithin noch unvorteilhafter gewesen sein dürfte.

[2] Als Maßeinheit dienen Neunlinge, eine Liste mit den Getreideernten des Hofgutes findet sich im Materialanhang. Dort erfolgten auch eine Umrechnung in Malter und eine Aufschlüsselung nach Getreidearten. Die helle Fläche gibt den Ernteanteil der Herrschaft an, die dunkle den des Pächters.

WIRTSCHAFT

wie erbrachten Dienstleistungen mit Zugtieren 11,5 Prozent des Fruchterlöses. Da diese 1732 sehr günstig waren, könnte der Anteil des Vieherlöses in schlechten Jahren tendenziell noch höher liegen. Dennoch bleibt als Resümee, daß die Getreidewirtschaft für die Beständer eine sehr knapp gemessene Gewinnspanne erbrachte. Wollten sie in schlechten Jahren Verluste vermeiden, mußten sie Sparen und sehr überlegt wirtschaften. Die Herrschaft hingegen konnte alljährlich mit einem hohen Übertrag rechnen, da die Einkommen aus dem Hofgut nur in extremen Notjahren und dann auch nur zum Teil in den eigenen Haushalt fließen mußten. Die Tendenz zu höherwertigen Produkten wie dem Raps, mit dem bessere Preise zu erzielen waren, war somit in der Situation begründet.

4.4 Abgaben und Dienste

Seinem Ärger über Abgaben gab Lorenz Stroh, der Bruder des Schatthäuser Anwalts, 1706 recht rüde Ausdruck. Das ganze Jahr sei man Herr über seine Äcker, schalt der Bauer, zur Erntezeit aber *komme ein jeder tausend sacramenter und wolle etwas haben*. Mit seinem Zorn über belastende Steuern und Abgaben steht Stroh weder unter seinen Zeitgenossen noch in der Geschichte alleine da. Was Strohs gerichtlich geahndeter Ausruf indes bemerkenswert macht: Er unterscheidet weder Zins noch Zehnt, Ernthahn noch Maienbeeth, Schatzung oder Steuer, nur: *ein jeder wolle etwas haben*. Damit traf der Unzufriedene den Kern. Denn die Gründe für die Abgaben spielten im 18. Jahrhundert längst keine Rolle mehr. Die ursprüngliche Bedeutung des Zehnten als kirchliche Finanzierungsquelle war längst aus dem Bewußtsein geschwunden, weil die größten Teile der Zehntfrucht in den Scheuern des Schlosses landeten oder aus dem Ort transportiert wurden. Ob Fruchtzinsen aus vergangener Teilpachtabhängigkeit entstanden waren oder durch Geflügelabgaben ehedem die vogteiliche Gerichtsherrschaft formal anerkannt werden sollte, dies war weder für den neuen Adel von Interesse noch für die Bevölkerung von Belang. Der Verlust der historischen Begründung, des "alten Herkommens", verkürzt den Sinn der Abgaben auf ihre wirtschaftliche Bedeutung. Unter dieser Maßgabe sind sie bis zur Ablösung in der ersten Hälfte des 19. Jahrhunderts zu sehen.

4.4.1 Der Zehnte

Der Zehnte stellte im süddeutschen Raum die drückendste bäuerliche Abgabe dar. Das Bruttoprinzip bewirkte, daß besonders die ärmeren Schichten unter ihm zu leiden hatten, da sie meist über Böden minderer

Bonität verfügten.[1] Entsprechend stark war die Ablehnung unter den Bauern, die auf vielfältige Art versuchten, die ungeliebte Abgabe zu umgehen. Trotz einer abschreckenden, drastischen Bestrafung, die August Philipp schon recht bald eingeführt hatte, gehörten Zehntfrevel zur Tagesordnung der jährlichen Ruggerichte, was umso verwunderlicher ist, als die Flurordnung den Zehntknechten eine nahezu perfekte Überwachung ermöglichte und jede Unregelmäßigkeit recht leicht geahndet werden konnte.[2] Als die schrittweise Veränderung im Anbauverhalten den Zehnteinzug komplizierter gestaltete, wußten dies die Bauern folglich erst recht für sich auszunutzen. Zeigte sich im Frühjahr, daß der Klee auf verschiedenen Äckern mißraten war, so zehnteten sie beispielsweise von diesen Feldern, um sie danach umzubrechen und mit Sommerfrucht erneut zu besämen, die dann zehntfrei genossen werden konnte.[3]

Das Schatthäuser Zehntareal umfaßte auch einen Teil von Baiertal und den Hohenhardter Hof. Auf Schatthäuser Gemarkung war von 1046 Morgen Äckern und Wiesen der Zehnt zu entrichten, was 1844 - und nur für dieses Jahr läßt sich der Wert ermitteln - 77 Prozent der landwirtschaftlichen Nutzfläche entsprach. Ein Zehntfreibezirk von rund 22 Morgen lag direkt am Schloß, zehntfrei waren auch die herrschaftlichen Sommergärten, das Pfarr- und das Kirchgut, wie auch die mit Zinsen belasteten Koch- und Grasgärten an den Häusern, *ausgenommen das darin wachsende Obst*. Der vom Widdumgut fallende Zehnt stand als Entlohnung dem Schullehrer zu,[4] während der Pfarrer einen etwas separierten Zehntdistrikt am Hohenhardter Hof innehatte. Von dort gelegenen 40 Morgen neu gerodetem Land fiel der Novalzehnt an die Grundherrschaft, Kurpfalz bezog im 18. Jahrhundert den Novalzehnt von zwölf Morgen am Eichwäldlein.[5]

Die Schatthäuser Zehntordnung mußte wegen der pfälzischen Beteiligungsrechte durch das Amt genehmigt werden, sie lehnte sich daher eng an den in der Zent gebräuchlichen Modus an.[6] Während die Zeit für die Getreideernte unter den Bauern abgesprochen wurde und damit allgemein bekannt war, mußte das Einholen anderer Früchte vorher den Zehntknechten angezeigt werden. Von allen Getreidearten waren jeweils

---

[1] Über die wirtschaftliche Bedeutung des Zehnten in Süddeutschland und die zeitgenössische Kritik siehe Kopp, S.67ff., Hippel, S.209-228, Zeile (1989), S.29f., Zeile (1991) S.201ff., Zimmermann, S.30, Fleck, S.201ff.
[2] Vgl. die Ruggerichtsprotokolle 1703 - 1806, Frh.A.Sch. A 1067 bis A 1075 sowie A 1186.
[3] Frh.A.Sch. A 1185/1186.
[4] Frh. A. Sch. A 1203.
[5] Frh.A.Sch. B 13, A 1185 und A 1203. Der pfälzische Novalzehnt in GLA 145/710, Frh.A.Sch. A 1200.
[6] Zehntordnungen Frh.A.Sch. A 1185/1186.

vier geerntete Garben frei, für die fünfte mußte man eine halbe, für die sechste etwas mehr als eine halbe Garbe deutlich beiseite legen. Von der siebten bis zur zehnten geernteten Garbe war dann eine ganze zu separieren, so daß der Mißbrauch ausgeschlossen wurde, die letzten Garben vor der Zehnten etwas größer zu machen.[1] Erst nach der Kontrolle durch die Zehntträger durfte die eigene Ernte nach Hause gefahren werden, was zu den oft beklagten Verlusten durch während der Liegezeit herausgefallene Körner führte. Einige Stichproben aus den Dreschregistern ergaben tatsächlich, daß die Druschergebnisse beim Zehntgetreide auffallend schlechter waren als beim Getreide des Hofgutes.[2] Der Heuzehnt begann Mitte des 18. Jahrhunderts mit dem wachsenden Kleeanbau eine immer größere Rolle zu spielen. Vom *grün abgemachten* Morgen eines Kleeackers waren 32 Kreuzer zu zahlen, von einem Morgen Wiesen 12 Kreuzer. Zusammen mit dem größten Teil des Blutzehnten und im 19. Jahrhundert des Hopfenzehnten wurden diese Einnahmen bar genossen. Der Blutzehnt wurde auf frisch geborene Kälber, Schweine, Gänse oder Lämmer erhoben. In der Regel mußte ein fester Betrag oder ein Teil der neugeborenen Tiere abgegeben werden. Wurde ein junges Kalb im ersten Jahre verkauft, so wurde vom Verkaufspreis gezehntet.[3]

Das Zehntrecht war in Schatthausen nie in einer Hand vereint gewesen.[4] Seit 1712 entfielen fünf Achtel des großen Zehnten auf die Schatthäuser Vogtsherrschaft mit der Auflage, daraus den Pfarrer zu besolden, zu zwei Achteln auf die geistliche Administration und zu einem Achtel auf das neugegründete Dominikanerkloster in Heidelberg.[5] Vom kleinen Zehnten gehörte die Hälfte der Pfarrei, drei Achtelteile der Vogtsherrschaft und ein Achtel den Heidelberger Dominikanern. In der ersten Hälfte des 18. Jahrhunderts hat die Vogtsherrschaft zumeist die Anteile der Condezimatoren ersteigert, was dann den Einzug des Zehnten vereinfachte. Hierzu wurde im Juli ein Ritt durch die Gemarkung abgehalten, danach die Zehnteinkünfte taxiert. Die Auslieferung der Anteile war auf

[1] Vgl. Bühler, S.503f.
[2] So ergab im Jahre 1779 eine Garbe Wintergetreide des Hofgutes 1,19 Malter Getreide, für eine Garbe aus der Zehntfrucht wurden durchschnittlich 0,99 Malter errechnet. Freilich bedürften weitreichendere Schlüsse daraus einer systematischen Auswertung, deren Aufwand jedoch respektive der Schatthäuser Aktenlage in keinem sinnvollen Verhältnis zum Ergebnis stünde. Denn nach wie vor bliebe ungeklärt, ob der Grund für die Abweichung in einer besseren Bewirtschaftung der Mennoniten (etwa durch geschicktes Mischen der Getreidearten) lag oder ob der alleinige Grund im schlechten Umgang mit der geernteten Zehntfrucht zu suchen ist.
[3] Frh.A.Sch. A 1185/1186.
[4] Zur Geschichte des Zehnten in Schatthausen siehe Kap. 5.1.
[5] Zum Dominikanerkloster: Lossen, passim, Schaab (1966), S.178.

Martini fixiert, erfolgte indes oft erst im Dezember, zuweilen sogar erst im Januar. Die Kosten für das Einbringen des Zehnten und die Transportlöhne nach Heidelberg und später auch an das Kloster Lobenfeld oblagen nach der Versteigerung dem Vogtsherrn. Nicht wenige Male führte dies zu einem Verlustgeschäft für den Schatthäuser Adel: 1745 waren für knapp 100 Gulden eigene Früchte aufzuwenden, um den Preis für die ersteigerten Anteile begleichen zu können. In der zweiten Hälfte des Jahrhunderts verpachtete dann auch die Vogtsherrschaft ihren eigenen Anteil an die Bauern im Dorf.[1]

Die Zehnteinkünfte hatten für die Herrschaft erst dann einen hohen Stellenwert, als sich um das Jahr 1730 die landwirtschaftliche Produktion stabilisiert hatte und man 1743 auf eine bereits im 17. Jahrhundert gebräuchliche Praxis zurückgriff, den Pfarrer mit je 16 Maltern der drei wichtigsten Getreidesorten zu entlohnen. Bis zu diesem Jahr war nämlich der halbe große Zehnt als Besoldung an den Pfarrer abgetreten worden, was lange Zeit ungefähr den 48 Maltern entsprochen hatte, mit der zunehmenden Produktivität jedoch weit darüber hinausging: Die Herrschaft konnte um diese Zeit mit rund 200 Maltern Getreide jährlich rechnen. Hinzu kamen die schon bald in bar zu entrichtenden Abgaben an Raps, der Heu- und der Blutzehnt. Für die drei Achtel des kleinen Naturalzehnten errechnen sich 1750 rund 35 Gulden, bei allerdings 10 Gulden Aufwand für Verarbeitungskosten und natürlichen Abgang. Vorsichtig geschätzt, ergeben sich alleine für die Anteile der Vogtsherrschaft Mitte des 18. Jahrhunderts annähernd 500 Gulden Erlös. 1838 wurde das jährliche Einkommen der Herrschaft aus allen diesen Zehntanteilen auf über 1400 Gulden berechnet. Ausschlaggebend dafür war vor allem anderen der stark gestiegene Getreidepreis; dann aber auch die Ertragssteigerungen durch die Aufgabe des Brachfeldes und die Veredlung der landwirtschaftlichen Produktion etwa durch den einsetzenden Hopfenanbau.[2]

4.4.2 Kurpfälzische Abgaben und Reichssteuern

Mit dem Zentvertrag hatte sich die Schatthäuser Herrschaft der kurpfälzischen Schatzungspflicht unterworfen.[3] Zur Zeit des Vertragsabschlusses spielte die Direktbesteuerung allerdings noch eine untergeordnete Rolle, erst nach dem 30jährigen Krieg begann Kurpfalz seine gravierenden Haushaltslücken mithilfe der Schatzung zu finanzie-

---

[1] Frh.A.Sch. A 1182 sowie die Ernteregister B 42.
[2] Frh.A.Sch. A 1203.
[3] Zu den Staatsfinanzen der Pfalz und den haushaltspolitischen Problemen nach den Kriegen des 17. Jahrhunderts vgl. Sellin (1978) und Biskup.

WIRTSCHAFT

ren.[1] Dabei führten die unzureichenden Schatzungsrenovationen zunächst zu schweren Ungerechtigkeiten bei der Steuererhebung. Besonders betroffen war das Amt Dilsberg, das um 1720 mit einer 18- bis 20-prozentigen Besteuerung dreimal so stark belastet war wie etwa das Oberamt Neustadt.[2] Mit der richtungsweisenden Renovation von 1722 wurden diese Mängel im Schatzungswesen abgestellt, freilich gleichzeitig auch ein allumfassender Maßstab geschaffen, der die leichte Erhebung anderer Umlagen gemäß des einmal veranschlagten Schatzungskapitals erlaubte. Dies gilt auch für Schatthausen: Denn die pfälzischen Beamten hatten keine Bedenken, aus dem Zentvertrag ihr Recht auch auf weitere Gelder abzuleiten.[3]

Seit 1722 pendelte das veranschlagte Schatzungskapital von Schatthausen meist um 5000 Gulden. Jährlich waren auf die kapitalisierte Summe zwischen 400 bis 500 Gulden zu leisten, die in monatlichen Raten erhoben wurden.[4] Damit bildeten die pfälzischen Abgaben nach dem Zehnten die schwerste Belastung der Bauern. Die Ausdehnung der Finanzhoheit führte endlich so weit, daß auch die freieigenen Güter des Schatthäuser Adels in die Besteuerung einbezogen wurden. Zwar hatte sich August Philipp von Brüggen noch einige Zeit erfolgreich dagegen zur Wehr setzen können. Doch seit den vierziger Jahren wurden auch die Temporalbestänbder anteilig in der Schatzungsliste veranlagt. Der Vogtsherrschaft gelang es lediglich, ihre Güter bei bestimmten Abgaben wie etwa den Zentkosten von den Umlagen herausnehmen zu lassen.

Tab. 4.14: Jährliche Abgaben an Kurpfalz (um 1730)

Schatzung	595,5 fl.
Zentkosten	32,0 fl.
Salzgeld	24,0 fl.
Landmilizgelder	23,7 fl.
Oberamtskosten	10,1 fl.
Maienbeeth	0,6 fl.
Weihnachtsbeeth	0,6 fl.
	686,5 fl.

[1] Zum Schatzungswesen in der Pfalz siehe ausführlich Reimer, S.56 - 169, in einer älteren Fassung auch Blasse, passim.
[2] Reimer, S.154.
[3] Siehe auch Kap. 2.
[4] Frh.A.Sch. A 1162 - A 1164.

WIRTSCHAFT

Wenngleich eine völlige Übersicht über die Sondererhebungen nicht zu erhalten ist, weil nur aus vier Jahren ausführliche Gemeinderechnungen vorliegen[1], so erscheint doch sicher, daß sich die weiteren Abgaben an Kurpfalz neben der Schatzung eher bescheiden ausnahmen, in ihrer Summe freilich eine weitere Belastung darstellten. Zu den besonders umstrittenen Umlagen gehörten die Zent- und Oberamtskosten sowie die Beiträge zur Landmiliz. Sie wurden ebenso auf das Schatzungskapital veranschlagt wie das Salzgeld, das ursprünglich eine Verbrauchssteuer war. Projektbezogen und daher nicht kontinuierlich fielen die umstrittenen Schloßbaugelder, die Rheinbaugelder und Ende des Jahrhunderts Beiträge zu *Dohlen und Kanälen* für die neuen Chausseen an. Auch zu Kriegszeiten wurden auf das Schatzungskapital Umlagen für Futterlieferungen an passierende Truppen eingefordert.[2] Unbedeutend waren dagegen die Beethzahlungen geworden. Sie existierten als Maienbeeth und als Weihnachtsbeeth fort und wurden pro Hofreite mit einem Kreuzer angesetzt. Die Beeth hatte damit ihren Steuercharakter verloren und fiel in die Kategorie der erstarrten Geldabgaben.[3]

Die Gesamtbelastung der Akzise, die insbesondere auf Fleisch bei Schlachtungen als ärgerlich empfunden wurde, kann nicht ermittelt werden.[4] Ebenso muß offen bleiben, inwieweit die exzessiven Landesfundigelder in Schatthausen abgerechnet wurden. Die dort geregelten Steuertatbestände reichen vom Tanz ungeladener Gäste auf Hochzeiten über den Leichentransport mit Kutschen bis hin zur Hinterlassenschaft von Selbstmördern. In einigen Punkten überschneiden sie vogteiliche Gerechtsame, etwa im Recht auf das Vormundswesen und noch deutlicher bei der Umsatzbesteuerung. Es ist daher anzunehmen, daß die schwer überprüfbare Entrichtung der Landesfundigelder nur periphere Bedeutung in den Zentorten erlangten.[5]

Die wichtigste Reichssteuer waren die Türkengelder, die mit einem Prozent des Schatzungskapitals angesetzt wurden. Die Reichssteuern wurden seit 1713 als Kopfsteuer ausgeschrieben, zu der alle Bürger ab 14 Jahre beizutragen hatten. In Schatthausen waren es meist rund 70 Personen, die zu den Reichssteuern veranschlagt wurden. Diese Umlagen, zu denen etwa die Wetzlarer-Deputationsgelder zählten, erreichten kaum mehr als 13 Gulden im Jahr.[6]

---

[1] Frh.A.Sch. A 1131-1133.
[2] Zusammen mit den ohnehin schwer belastenden Einquartierungen verschuldete sich die Gemeinde in kriegerischen Zeiten wiederholt schwer.
[3] Vgl. Reimer S.29, Kauw, S.49, Thoelke, passim.
[4] Zur Erhebung der Akzise detailliert Reimer, S. 217 - 243, Fineisen, passim, auch Boelcke (1972).
[5] Frh.A.Sch. A 405, dazu auch Reimer S. 263.
[6] Frh.A.Sch. A 405, A 1164.

4.4.3 Die Fron

Der Modus der Schatthäuser Fronpflicht rekurriert auf einen Schiedsspruch des Pfalzgrafen Friedrich I. aus dem Jahre 1470. Als die Gemeinde darauf bestand, nur vier Tage jährlich fronen zu müssen, Junker Wendel von Neipperg aber ungemessene Fronen verlangte, verglich der Kurfürst die Streitparteien mit dem Urteil, wer in Schatthausen *hüßlich und hoblich* wohnt, der sei acht Tage Fron schuldig.[1] Ob diese Fronpflicht "walzend", also an das Grundstück gebunden war, oder "persönlich" jeden Einwohner Schatthausens traf, war bis zur Ablösung der Fronpflicht nie ganz deutlich geworden.[2] Die Eintragung in den Lagerbüchern deutet eher auf eine walzende Last hin. Denn besaß ein Bauer mehrere Hofstätten, so wurde ihm für jede einzelne die Fronpflicht von acht Tagen zugerechnet. Faktisch aber hatte der Beständer der Hofstatt die Fron zu leisten, wie es vor dem Ruggericht 1742 deutlich ausgeführt wurde.[3] Auch bei Veräußerungen wurde der Käufer stets auf die mit dem Hof verbundenen acht Tage Fron hingewiesen, die aber hätte er *als bürger und inwohner alhier* zu leisten.[4] Bei der Übergabe eines Hofes an die Kinder wurden dadurch nicht automatisch die Eltern von der Fron herausgenommen. Ihnen wurde lediglich die Halbierung zugestanden.[5] Diese faktisch praktizierte persönliche Fronpflicht schlug letztlich durch, Karl von Göler konnte sie nicht, wie gewünscht, als walzende Last und damit mit einem höheren Kapital ablösen. Er mußte sich mit der 12fachen Ablöse der *persönlichen* Lasten begnügen.[6].

Eine Unterscheidung in Hand- und Spannfronden wurde im 18. Jahrhundert nicht gemacht. Jeder Fronpflichtige schuldete acht Tage Arbeit oder einen Reichstaler. Diese unübliche Vereinheitlichung lag wohl an der geringen Bedeutung der von der Herrschaft selbst gebauten Landwirtschaft. Fast ausschließlich zur Erntezeit mußten Bauern auf den herrschaftlichen Feldern Frondienste leisten. Vielfach zeigt sich, daß Familien zu leichteren Hausarbeiten herangezogen wurden, Töchter im Schloß etwa die Fenster zu putzen hatten. Dem Schulmeister oblag es, die *zeitungen aus Wiesloch* zu holen. Je kleiner der Umfang der herrschaftlichen Landwirtschaft wurde, desto stärker nahmen solcherlei Arbeiten zu. Im gleichen Umfang wuchs das Abzahlen der Fron: Waren es 1718 noch allein die reichsten Bauern, die durch Zahlung eines Reichstalers die Fronarbeiten beglichen, so zahlten 30 Jahre später schon 21 von

---

[1] Undatiertes Schreiben in Frh.A.Sch. A 958.
[2] Zur rechtlichen Unterscheidung siehe Reg.Bl. 7. Juli 1808.
[3] Ruggerichtsprotokoll vom 17. Dezember 1742, Frh.A.Sch. 1070.
[4] So z.B. in Frh.A.Sch. A 972.
[5] Ruggerichtsprotokoll vom 10. November 1717, Frh.A.Sch. A 1067.
[6] Frh.A.Sch. 962.

37 Dorfbewohner ihre Fronschuldigkeit ab.[1] Für die ärmeren Bauern war der Frondienst ohnehin keine allzu große Belastung. Die Fronarbeit hinderte sie höchstens, zu gleicher Zeit bei einem Bauern im Tagelohn Geld zu verdienen. Da nun aber die Fronarbeiten auf den Felder oft nur halbtagsweise vergeben wurden, darf auch dies als nicht sehr relevant eingestuft werden. Zumal die extreme Streulage in der Gemarkung auch in dieser Hinsicht die Härte des Frondienstes milderte, da es problemlos möglich war, auf eigene oder die Felder eines anderen Arbeitgebers überzuwechseln. Ein Vergleich zu der errechneten Belastung der Dienste in Kurpfalz und Baden unterstreicht die geringe Last der Schatthäuser Fron. So werden für Pfalz zwischen sieben und zehn Gulden jährlicher Belastung errechnet, für Baden zwischen 14.3 und 16 Tage Dienst.[2]
Nach 1800 war ganz offiziell der Reichstaler als Surrogat für die Fron eingeführt worden.[3]
Die Akzeptanz der Herrenfrondienste war im Vergleich zur Zehntlast hoch. Nicht ein einziger Ausfall gegen die Herrschaftsfron liegt vor, was wohl auch für die geringe Bedeutung spricht. Renitenz gegen die Herrschaft bediente sich in Schatthausen anderer Mittel als die der Verweigerung von Frondiensten.[4] Dagegen waren Verfehlungen gegen die Gemeindefronen an der Tagesordnung.[5]

4.4.4 Die Hof- und Ackerzinsen

Eine Art Grundsteuer auf Hof und Garten stellten die Hofzinsen dar, die zum größten Teil aus Geflügelgaben zur Erntezeit, zu Martini oder Fastnacht zu entrichten waren, in kleinerem Umfang durch Geld. Die gelegentlich zu findenden flürlichen Fruchtgefälle rühren von Äckern her, die zu einer Hofstatt hinzugezogen worden waren. Zinsnehmer waren vor allem das Schloß, die Schatthäuser Pfarrei und Kirche sowie in geringerem Umfang das kurpfälzische Amt Dilsberg, das von sieben Hofstätten Abgaben bezog und die Schaffnerei Lobenfeld. Heidelberg hatte sich den Wünschen August Philipp von Brüggen, die Kurpfalz zustehenden Gefälle einzutauschen, gesperrt.[6]
Wie sehr die Hofzinsen "versteinert" waren, zeigt die Behandlung der komplex gewordenen Last: Als Hofteilungen dazu geführt hatten, daß

---

[1] Frh.A.Sch. B 39, B 40, B 41.
[2] Scholten, S. 43, Zimmermann, C. (1983), S. 29.
[3] Frh.A.Sch. A 962.
[4] Beispiele für diese Widerstandsformen bei Ludwig, S.87 und Völter, S.69.
[5] Vergleiche Kap. 7.2.
[6] Auf die Indifferenz Dilsbergs, seine Gerechtsame in Schatthausen zu ordnen, verweist auch Lenz, S. 42. Vgl. Kap. 3.1.1. Zum Besitz des Klosters Lobenfeld siehe KB Heidelberg-Mannheim II, S.622ff.

verschiedene Bauern gemeinschaftlich ein Zinshuhn abgeben mußten, besann man sich nicht etwa auf den Rechtsgrund der Abgabe, um den Modus anzupassen. Vielmehr führte die Herrschaft in den zwanziger Jahren einen Wertigkeitskanon ein, der die Begleichung der Zinslast in bar erlaubte.[1] Die Hofzinsen, seit dem Lagerbuch von 1562 nur unwesentlich verändert, erbrachten dem Schloßherrn Jahreseinnahmen von rund 25 Gulden.[2] Die Ablösung im Jahr 1837 kam nur aufgrund der gestiegenen Haferpreise bei 27 Gulden zustande. Die jährlichen Geldzinsen, die vor allem das Kirchengut zu beziehen hatte, rühren von aufgenommenen Kapitalien her, die mit fünf Prozent verzinst wurden und als hypothekarische Absicherung auf ein Hofgut bezogen wurden. Selbst ansonsten liquide Bauern hatten mit der Rückzahlung dieser Kapitalien keine Eile. So hatten die Kirchenrechner im Jahr die Zinsen von über 100 Gulden ausgeliehener Gelder einzutreiben.[3]

Rund 77 Morgen Acker- und Grasland waren dem Schloß, 62 der Kirche, 37 der Pfarrei zinspflichtig. Außerhalb des Etters waren damit gerade 26 Prozent der gesamten "bürgerlich" nutzbaren Felder mit Abgaben belastet.[4] Weitere nach auswärts fallende Zinsen hatte August Philipp Anfang des Jahrhunderts eintauschen können.[5] Auch die Erträge für die Herrschaft sind demnach bescheiden, der Schloßherr selbst hatte um 1700 die Gefälle als vernachlässigenswert bezeichnet.[6] In drei Jahren bezog das Schloß an flürlichen Abgaben gerade elf Malter Korn und entsprechend Hafer, von einer einkommensrelevanten Größe kann damit kaum gesprochen werden. Bei den Zinsen handelte es sich vor allem um flürliche Abgaben, also dem jeweiligen Stand des Dreifelderanbaus entsprechend waren Korn oder Hafer aus dem Ertrag abzuliefern. Die Höhe dieser Abgaben schwankte zwischen 0.6 und 3 Simri pro Morgen, belief sich im Durchschnitt auf 1.1 Simri. Bei einem geschätzten durchschnittlichen Morgenertrag von etwa sieben Malter Wintergetreide belasteten die flürlichen Zinsen also die Ernte mit nicht ganz zwei Prozent, bei der in aller Regel schwächer ausfallenden Sommerernte mit knapp vier Prozent. Die Abgaben waren 1562 auf ein größeres Feldstück fixiert worden und blieben in dieser Höhe bis ins Jahr der Ablösung. Vollzogene Teilungen der Äcker drücken sich in einer immer diffuser werdenden Aufteilung der Zinsen aus. Neben den geschilderten flürlichen Abgaben war es vor allem die Kirche, die rund 20 Morgen Ackerland mit Wachs- und Ölab-

---

[1] Frh.A.Sch. B 18, S.102.
[2] Frh.A.Sch. B 2, B 19, B 25, A 1027.
[3] Frh.A.Sch. A 1106, A 1110.
[4] Renovationen von 1718 und 1741, Frh.A.Sch. A 1106, B 18 und B 26.
[5] Frh.A.Sch. A 1024.
[6] GLA 125/3144.

gaben im Wert von etwa vier Gulden zusätzlich belastete.[1] Mit den Akkerzinsen waren keine weiteren Einschränkungen im Besitzrecht verbunden. Die Felder waren veräußerbar, vererbbar und konnten geteilt werden. Einzig der Verkauf von zinsbaren Äckern an den Vogtsherren bereitete Schwierigkeiten, da die Herrschaft *nicht das geringste von bürgerlich schatz- und zinsbaren gütern beim schloß* haben wollte. In diesem Fall mußte ein komplementäres Tauschgeschäft vorgeschaltet werden.[2] Während die Herkunft der flürlichen Zinse auf alte Teilfruchtabhängigkeit hinweist, sind einige "Hellerzinsen" davon zu unterscheiden. Von diesen bezog die Kirche 40, die Pfarrei 60 Schillinge. Sie rekurrieren offenbar auf eine frühere hypothekarische Belastung des Bodens.

Taxiert man sämtliche auf Höfe und Äcker bezogenen jährlichen und flürlichen Fruchtgaben, so ergeben sich sehr genau 60 Gulden. Die flürlichen Abgaben wurden dabei auf ein Jahr bezogen und mit durchschnittlichen Marktpreisen gewichtet. Die Vogtsherrschaft war daran mit 37 Gulden am stärksten beteiligt. Die Kirche erhielt 14 Gulden, Kurpfalz etwa vier und die Pfarrei etwas mehr als drei Gulden. Der Rest entfiel auf die Schaffnerei Lobenfeld.[3]

4.4.5 Die Handlöhne

Bei den Handlöhnen handelte es sich um eine direkte Besteuerung von Kauf- und Verkaufsgeschäften. Der Käufer von Liegenschaften oder Gebäuden hatte für jeden Gulden des Kaufpreises einen Kreuzer an die Herrschaft zu entrichten,[4] weswegen häufig auch der Begriff Kreuzergeld verwendet wurde.[5] Ihrem Charakter nach war diese Abgabe im 18. Jahrhundert eine Art Umsatzbesteuerung, die es dem Bezieher erlaubte, entsprechend der Wertsteigerungen an den Meliorationen zu partizipieren und einen Teil der Erträge abzuschöpfen. Für die Rendite spielte indes

---

[1] Berechnung nach GLA 135/107.
[2] Frh.A.Sch. A 1026.
[3] Renovationen von 1718 und 1740 (Frh.A.Sch. B 18 und B 24) sowie Ablösungsunterlagen (Frh.A.Sch. A 1029). Deutlich auch aus GLA 135/107.
[4] Frh.A.Sch. A 1044, B 49. Zum Handlohn siehe Hippel, S. 132ff., Schremmer (1963), S.48, Lütge (1941).
[5] Der Begriff Laudemium als Besitzwechselgebühr bei Erbbestandsgütern wird in Schatthausen nicht eindeutig gebraucht. Beim Verkauf der Mühle 1738 steht Laudemium für nichts anderes als den Handlohn, während er 1744 dem Verkäufer zugerechnet wird, der sich außerhalb der Kurpfalz niederläßt, also den Platz der Nachsteuer einnimmt. In den meisten Fällen werden die Gebühren bei Besitzwechsel von Erbbestandsgütern wie bei den bürgerlichen Gütern berechnet. Der Begriff findet sich einmal bei der Übergabe des Ziegelhofes (Frh.A.Sch. A 1020) und bei einer Übergabe der Mühle (Frh.A.Sch. 1121).

neben der Wertsteigerung auch die Häufigkeit der Besitzwechsel eine Rolle. Da beides zunahm, wuchsen die Jahreserträge enorm: Zwischen 1704 und 1710 lagen sie bei kaum mehr als einem Gulden, um die Jahrhundertmitte ließen sich meist zweistellige Beträge bis zu einem Spitzenergebnis von fast 49 Gulden im Jahre 1749 erlösen. Vom Kreuzergeld betroffen waren Veräußerungen jedweder Art an Immobilien wie Häuser, Scheuern, Stallungen, Äcker, Wiesen, Gärten oder Waldungen.[1] Das Handlohnrecht findet sich in einem Kaufbrief von 1599. Während des 17. Jahrhunderts hatte es indes keine Rolle gespielt, so daß Unstimmigkeiten auftraten, als August Philipp von Brüggen das Kreuzergeld Anfang des 18. Jahrhunderts wieder installieren wollte.[2] Im Gegensatz zu den Zinsen mußte er das Handlohnrecht mehrfach begründen. Seine Auffassung, der Handlohn gehöre *notorisch zur Untergerichtsbarkeit*, wurde bereits durch eine Umfrage 1710 bei anderen Zentorten widerlegt, die zum Teil keine Handlöhne oder auf unterschiedliche Weise und in unterschiedlicher Höhe bezogen.[3] Schon bald hatte der Ortsherr bemerkt, wie wesentlich eine Kontrolle der Verkaufsgeschäfte war, um ein Unterlaufen der Kreuzerabgabe zu vermeiden. 1715 wies August Philipp seinen Anwalt an, *Winkelkäufe* zu verbieten, durch die Preise manipuliert und damit der Handlohn gedrückt werden konnte. Unter Androhung des Gütereinzugs ließ der Vogtsherr künftig jedes Geschäft vom Gericht untersuchen und behielt sich selbst die Genehmigung vor.[4] Auf diese Art hatte die Herrschaft eine weitere Quelle für Gebühreneinnahmen aufgetan, denn für jedes Geschäft mußten fortan verschiedene Konfirmationsgelder entrichtet werden.[5]

Der Handlohn stellte die am wenigsten akzeptierte Abgabe dar, er war wiederholt Gegenstand von Klagen.[6] Erbbestände des Schönauer Hofgutes, die der Geistlichen Administration laudemialpflichtig waren, widersetzten sich, von Heidelberg unterstützt, ohnehin regelmäßig seinem Einzug.[7] Strukturelle Einflüsse des Handlohns auf die Veräußerungsge-

---

[1] Frh.A.Sch. B 44 und B 52.
[2] Christina Barbara von Brüggen war 1703 durch einen aufgefundenen Brief auf das alte Recht aufmerksam geworden, Handlöhne und Nachsteuer erheben zu dürfen. Ihre Bauern wollten dies bei einer durchgeführten Befragung durch einen kaiserlichen Notar nicht bestätigen (Frh.A.Sch. B 13). Wenige Jahre später regelte August Philipp von Brüggen nach einigen Beschwerden den Modus dieser Gebühren (Frh.A.Sch. A 1039, B 14).
[3] Frh.A.Sch. A 1039.
[4] Frh.A.Sch. B 49.
[5] Siehe Kap. 4.4.7. Dies entspricht etwa den Ergebnissen, die Lütge (1957) für Mitteldeutschland gewonnen hat (S.185f.). Vgl. dagegen Hippel, S.135.
[6] Frh.A.Sch. A 1044, in Sachen Übergabe von Erbteilen.
[7] Frh.A.Sch. A 1031. Die Geistliche Administration war seit 1576 für die Verwaltung der Kirchengüter in der Pfalz zuständig.

wohnheiten lassen sich nur schwer feststellen.[1] Doch der notorische Unmut über die Abgabe legt nahe, daß sie den Besitzwechsel und folglich auch die wirtschaftliche Entwicklung hemmte. Nach 1800 lagen die Einkünfte aus dem Handlohn bei jährlich rund 60 Gulden, stellten für die Herrschaft somit ein Einkommen dar, auf das ungern verzichtet wurde. Dies macht verständlich, daß sich Karl von Zyllnhardt zwar schon 1812 für die Umwandlung der *drückenden* Abgabe aussprach, jedoch eine Entschädigung beanspruchte.[2] Da Entschädigungen aber nur für Leistungen als *ungetheilte Ausflüsse der Erbpflichtig- und Leibeshörigkeit* gewährt wurde, beschied das Finanzministerium entsprechende Eingaben in den zwanziger Jahren wiederholt abschlägig.[3]

4.4.6 Die Nachsteuer

Auch die Nachsteuer wurde unter Christina Barbara von Brüggen wieder installiert. Sie war auf das Kapital zu entrichten, das ein nach auswärts ziehender Schatthäuser Einwohner mit sich nehmen wollte. Als Besteuerungsgrundlage dienten die Erlöse aus dem Verkauf von Liegenschaften, vorhandene Barvermögen abzüglich Passivschulden. Die Nachsteuer belief sich auf zehn Prozent des Vermögenswertes.[4]

Die auch als Abzuggeld bezeichnete Nachsteuer war im Kaufbrief von 1599 aufgeführt worden, die Art ihrer Erhebung fixierte August Philipp 1710 nach einer Umfrage in den anderen Zentorten. Bei einem Umzug innerhalb Kurpfalz war grundsätzlich keine Steuer zu entrichten, ferner gab es zwischen den Oberämtern Heidelberg und Bruchsal *reciprocierliche Freizügigkeit*. Freies Wegzugsrecht galt nicht für die reichsritterschaftlichen Gebiete. Mehrfach führte dies bei Umzügen in den reichsritterschaftlichen Teil des Nachbarortes Baiertal zu erheblichem Ärger.[5] Wer beim Abzug noch nicht wußte, wo er sich niederlassen würde, mußte seine Steuersumme bis zur Entscheidung beim Anwalt hinterlegen.[6]

[1] Dies liegt im wesentlichen daran, daß der Handlohn nur bei Verkaufsgeschäften zum tragen kam. In anderen Gebieten, in denen auch Schenkungen, Vererbungen und Tauschgeschäfte über den Handlohn besteuert wurden, waren die Verwerfungen grösser. Siehe Schremmer (1963), S.48.
[2] Frh.A.Sch. A 1044.
[3] Zitiert nach der Verordnung vom 5. August 1824 (Reg.Bl. 17/1824), die Handlöhne und Nachsteuer ausdrücklich von den Entschädigungsrechnungen ausnimmt.
[4] Frh.A.Sch. B 14, B 49. Zur Nachsteuer in der Literatur Knapp (1902), S.127ff, Knapp (1919), I:S.15 II:S.9f. Die Modalitäten ähnlich wie in Schatthausen bei Völter, S.66.
[5] Frh.A.Sch. 1039.
[6] Frh.A.Sch. B 49.

1750 konnte sich Kurpfalz das Recht auf die Hälfte der Nachsteuer erkämpfen.[1] Zwar zog das Dorfgericht weiterhin die Abgabe ein, doch mußte sie in vollem Umfang an die Gefällverweserei Neckargemünd abgeliefert werden. Von dort her bezog die Herrschaft dann ihren Anteil. Die Nachsteuer war nicht minder drückend als das Kreuzergeld. Besonders bei Erbteilungen konnten beide Abgaben gemeinsam erheblich ins Gewicht fallen. Als ein Sohn Christian Strohs nach dem Todes seines Vaters ins ritterschaftliche Michelfeld zog, daher seine zustehenden Erbteile an die Geschwister veräußerte, fielen Handlohn und Nachsteuer in Höhe 51 Gulden an, was 11 Prozent des Nettoerbes ausmachte.

4.4.7 Konfirmationsgelder

Die zur Erhebung von Handlohn und Nachsteuer nötige behördliche Registrierung brachte für Käufer und Verkäufer noch eine Reihe von Gebühren mit sich, die den Handel weiter belasteten. Ihre Erhebung unterlag indessen einer gewissen Willkür. Bei den Verkaufsgeschäften fielen für den Verkäufer Siegel- oder Confirmationsgelder an. Lag die Kaufsumme unter 20 Gulden, so waren 20 Kreuzer zu entrichten, bei Summen zwischen 20 und 50 Gulden waren es 30 Kreuzer, zwischen 50 und 100 Gulden mußte ein Gulden, bei darüberliegenden Summen ein Reichstaler gezahlt werden. Dauerte die Kontraktierung länger als ein Tag, beispielsweise bei Erbteilungen, war zusätzlich noch den Gerichtsleuten, die für die Ausfertigung zuständig waren, freie Kost zu gewähren.[2] Bei einem Verkauf von Erbbestandsgütern galt eine Sonderregelung über die Höhe der Konfirmation.[3] Diese an sich geringe Gebühr konnte für die Vogtsherrschaft im Jahr bis zu 18 Gulden erbringen. Zwischen 1712 und 1775 lag die durchschnittliche Einnahme bei etwa 3,6 Gulden.[4] Zusammengenommen lagen die Einkünfte aus Handlöhnen, Nachsteuer und Siegelgeld in diesem Zeitraum bei jährlich rund 60 Gulden.[5] Die Siegelgebühr schloß nicht automatisch die Anfertigung des Kaufkontraktes mit ein. Zuweilen mußte noch ein Schreiber, oft der Dorfschullehrer, eigens entlohnt werden. Dazu kam bei einem Kaufgeschäft noch die obligatorische Gabe in die Almosenkasse der Kirche, die sich auf circa ein viertel Prozent des Kaufpreises belief.[6]

[1] Vgl. Kap. 2. Zur Technik der Nachsteuererhebung auch Reimer, S.254.
[2] Frh.A.Sch. B 49, B 14. Ruggerichtsprotokoll 1722, A 1068.
[3] So waren bei einer Veräußerung der Mühle 1751 zwölf Gulden Konsensgebühr zu geben. (Frh.A.Sch. A 1122)
[4] Vgl. Tab. 4.15.
[5] In Zeiten starker Auswanderung lag der Betrag erheblich über dem Durchschnitt, so etwa 1749 mit 350 Gulden (Frh.A.Sch. B 44, B 52).
[6] Frh.A.Sch. B 50, B 51. A 1039, A 1122.

In die Rubrik Konfirmationsgelder fällt auch die Erhebung von Gebühren für die Anfertigung von Attestaten und Pässen. Besonders für Gewerbetreibende, die sich auswärts niederlassen wollten, aber auch für die Auswanderer erstellte der Vogtsherr die Reisepapiere. Während er bei den oft mittellosen Auswanderern die Ausfertigung kostenfrei besorgte oder die erhobenen Gebühren später stornierte, ließ er sich etwa von den wegziehenden Müllern den Dienst mit bis zu 20 Gulden bezahlen.[1] So läßt sich bei der Festsetzung der Konfirmationsgelder eine gewisse Willkür feststellen. Reichere Verkaufskontrahenten wurden stärker belastet, ärmere zuweilen gar nicht.

4.5 Eine Bilanz

Wirtschaftliche Bilanzierung setzt Kenntnis aller erbrachten Güter und Leistungen sowie Quantifizierung aller Kosten voraus. Für die frühe Neuzeit ist ein solcher Datenkranz selten vollständig zu erhalten, eine Bilanz wird daher immer nur unter Kompromissen zu erstellen sein.[2] Gleichwohl ist der Versuch notwendig, um die vielfältigen Ströme von Natural- und Barleistungen zumindest grob zu systematisieren, und ein Fazit über die tatsächliche Belastung der Bauernschaft ziehen zu können.

Methodisch erleichternd wirkt die Tatsache, daß im Falle Schatthausens die wirtschaftliche Leistungsstärke fast ausschließlich in der Getreideproduktion lag. Hier, wo die Wiesen und Weiden stets knapp waren, spielte Viehwirtschaft eine untergeordnete Rolle. Entsprechend wurde im folgenden auf eine ohnehin nur vage zu instrumentierende Einbeziehung derselben verzichtet. Durch Gewerbe, die ohne landwirtschaftlichen Nebenerwerb nicht zu betreiben waren, oder Tagelohndienste konnten ebensowenig respektable, eigenständige Erträge erwirtschaftet werden.[3]

[1] Frh.A.Sch. B 49ff. A 1039, A 1122.
[2] Zu methodischen Konzepten solcher Aufstellungen vgl. Henning (1970), S.149ff. Die Quellenlage wird wohl stets Modifikationen in der Umsetzung solcher Konzepte nötig machen. Ein Beispiel einer Bilanzierung für den Raum Hohenlohe bei Schremmer (1963), S.66ff., S.89ff.
[3] Hierzu genauer Kap. 7.3. Da es hier vor allem um die prozentuale Aufteilung der landwirtschaftlichen Produktion geht, dürften sich zusätzliche Erträge aus der Viehwirtschaft ausgleichen. Was der Schloßherr an Gewinn erzielen könnte (wohlgemerkt: der Schloßherr alleine, der kaum noch über eigenbebaute Flächen verfügt), das wird mehr oder weniger auch von den Bauern zu erreichen sein, womit der Proporz erhalten bliebe. Überdies relativiert eine Quelle aus dem Jahr 1732 die Bedeutung der Viehverkäufe, die damals mit 110 Gulden zu Buche schlugen: Dagegen bezog die Herrschaft mehr als das Zehnfache aus dem Getreideverkauf.

WIRTSCHAFT

Eine einfache Jahresbilanz vermag zwar einiges zu verdeutlichen. Die Gefahr ist indes groß, daß sie auch vieles verzerrt, wenn Zufälligkeiten das Bild bestimmen. Das Ergebnis der Ernte und die mit ihm korrelierten Preise zum einen, die unregelmäßig anfallenden "Umsatzbesteuerungen" zum andern würden das entworfene Bild wenig repräsentativ machen. Um eine vereinfachte Bilanz für Schatthausen zu entwerfen, wurden daher die Jahre 1735 bis 1745 ausgewertet und auf ein fiktives Durchschnittsjahr umgelegt. Entsprechend seiner definierenden Kraft für die Herrschaft steht im Mittelpunkt dieser Bilanz das Schloß. Seine Besitzstrukturen dominieren die landwirtschaftliche Ordnung im Ort, überdies partizipiert die Herrschaft an der Wertschöpfung der Untertanen. Wie hoch ist danach die "Feudalquote" in Schatthausen am Ende des Alten Reiches?

Vorab: Die eigenen Besitzstände, das Hofgut, die Ziegelei, die Schäferei, die Mühle, sie sorgen für den bei weitem größten Einnahmeposten der Schatthäuser Schloßherren. 64 Prozent ihrer jährlichen Einnahmen schöpfen sie aus diesen Quellen. Schon die Zehnterträge, die große bäuerliche Abgabe schlechthin in Süddeutschland, fallen mit 28 Prozent dagegen weit zurück. Getreideabgaben sowie Hofzinsen in Form von Geflügel haben daneben ebensowenig Bedeutung wie die schon seit der Jahrhundertmitte in großem Umfang monetär abzuleistende Frondienstverpflichtung. Die Besteuerung der Verkäufe von Liegenschaften ist zwar in manchen Jahren recht hoch, kann dann über hundert Gulden erreichen; in längerer Sicht besitzt aber auch dieser Wert für die Einnahmestruktur nur geringeren Wert. Die Hausnotdurft des Schlosses, also der zum Unterhalt der Hausgemeinschaft und zur Aufrechterhaltung des Betriebes nötige Bedarf, verringert das kapitalisierte Ergebnis des Hofgutes um etwa 465 Gulden.[1] Echten "Nutzen" stiften somit nur rund 1000 Gulden aus den eigenen Betrieben. Setzt man diese Summe ins Verhältnis zu den Abgabeerträgen, so läßt sich die obengemachte Aussage auch anders formulieren: Mithilfe der Feudal- und Zehntabgaben vermochte die Herrschaft die nutzenstiftenden Erträge aus ihren eigenen Gütern zu verdoppeln!

Die Schwächen dieser rein kapitalisierten Bilanz dürfen nicht vergessen werden, rückt dabei doch das Wesen der Abgaben in den Hintergrund. Die rund 50 Hühner, Hähne und Kapaunen, die über das Jahr verteilt ins Schloß gebracht werden mußten, ersetzen in ihrer Summe einen durchaus respektablen Geflügelstall, der seinerseits mittelfristig Profit abwerfen kann. Andere ökonomische Vergünstigungen lassen sich -

---

[1] Zum Begriff der "Hausnotdurft" siehe DRW 5, S.450f. Die 465 Gulden errechnen sich aus dem nötigen Saatgut für die Eigenbauäcker sowie einem Haushaltsbedarf, wie er sich aus den Verwendungsregistern der Jahre 1726-1730 (Frh.A.Sch. B 42) plausibel umrechnen läßt.

WIRTSCHAFT

Tab. 4.15: Die durchschnittlichen Jahreseinnahmen
von Schloß Schatthausen[1]

Erträge aus eigenen Gütern:			64 Prozent
Hofgut	1128,0	Gulden	
Pachterlöse	400,0	Gulden	
Zehnterträge:			28 Prozent
	495,0	Gulden	
Gefälle:			8 Prozent
Zinsen	47,0	Gulden	
Steuern, Gebühren	32,2	Gulden	
Frondienste	61,5	Gulden	
Ohmgeld	30,0	Gulden	
	2193,7	Gulden	

überhaupt nicht kapitalisiert erfassen, etwa die Berechtigung, Tagelöhner zur Hälfte des üblichen Lohnsatzes beschäftigen zu dürfen. Ebensowenig wie verschiedene Abgaben, die zum Kirchweihtag ins Schloß gebracht wurden, kann auch das Ohmgeld, das in der ersten Hälfte des Jahrhunderts fein säuberlich auf jedes getrunkene Ohm Wein oder Bier berechnet worden war, später en gros versteigert wurde, nicht präzise angegeben werden. Wenn sie auch in der Summe gering zu achten sind, so leisteten diese kleinen, regelmäßigen Bezüge doch jenen Beitrag zur Finanzierung des Alltagslebens, der zu Bequemlichkeit verleitete und für den beharrenden, fortschrittshemmenden Charakter adliger Herrschaften mitverantwortlich war. Welche Bedeutung den Transferleistungen beikommt, hängt auch vom Ausgabeverhalten des Adels ab. Bei hohen Fixkosten, die durch die eigene Wirtschaft gerade gedeckt werden können, ergäbe sich ein anderes Bild als in einem Fall, in dem die Kosten für Personal, Bauunterhaltung und "adliges Leben" die Vermögensbildung durch die landwirtschaftlichen Erträge nicht stark beeinflußten. Damit aber ist ein Feld erreicht, das die rein wirtschaftliche Betrachtung sprengt. Denn, allen buchhalterischen Regeln Hohn sprechend, ist das Ausgabeverhalten des Adels in der frühen Neuzeit völlig losgelöst vom Umfang der Einnah-

[1] Die Werte wurden aus den Angaben zu den Jahren 1735 bis 1745 erhoben und gemittelt. Dabei wurden die Getreideerlöse mit anteilsmäßig errechneten Preisen gewichtet.

WIRTSCHAFT

men, hohe Verbindlichkeiten sind weder eine Seltenheit noch beunruhigen sie den adligen Schuldner. Dieser "Irrationalität des ökonomischen Verhaltens der Ritter"[1] Rechnung tragend, wird die Frage: Vermögensbildung oder Kostendeckung, adliger Wohlstand oder adlige Verschwendung, die letztlich von außerökonomischen Faktoren beeinflußt wird, gesondert zu betrachten sein.[2]

Tab. 4.16: Schatthäuser Jahresgetreideproduktion
(im Durchschnitt der Jahre 1735 - 1745)

Schloßbetriebe einschließlich Erbpächter	1433 Malter
In den 40 Bauernstellen, einschließlich Schönauer Erbbestandsgut	3028 Malter
In der Gemarkung insgesamt	4461 Malter

Um die Bilanzierung fortzusetzen, richtet sich der Blick nun auf die Bauernseite, auf die 40 Höfe, die gemeinsam kaum mehr als das Doppelte erwirtschaften wie der Schloßherr mit seinem Gesinde und seinen Pächtern, und deren Erträge durch Transferleistungen nochmals geschmälert werden.

Die Getreideernte ist der Kern des Schatthäuser Bruttosozialprodukts, dessen Verwendung in drei ungleiche Teile zerfällt. Das Schloß profitiert durch eigenen Grundbesitz und Bezug der Feudalabgaben mit 38 Prozent an der Jahresernte, an deren Produktion es mit lediglich 32 Prozent teilhatte. Bei den Bauern selbst verbleibt die Hälfte der Produktion. Sie hatten zur Gestehung zu 68 Prozent beigetragen. Verbleiben zwölf Prozent, die an andere Zins- und Zehntberechtigte sowie den kurpfälzischen Fiskus abzuführen waren.

Berücksichtigt man die Hausnotdurft der Bauern und die unbedingt nötigen Rücklagen für die nächste Saat, so bleiben den Hofstellen noch rund 1200 Gulden, die sich auf rund 40 Bauernhöfe verteilen. Zum ersten ist die Tatsache, daß dieses Residuum positiv ist, zu vermerken. Diese veritable Größe ist der Wert, der es erlaubt, von einer gesunden Wirtschaft im Schatthausen des 18. Jahrhunderts zu sprechen. Schaab zählte aufgrund der Schatzungszahlen den Ort gar zu den "reichen Dörfern" im Unterneckarland, wobei er seiner Rubrizierung das geringe Größen-

[1] Kollmer, S. 124.
[2] Siehe insbesondere Kap. 6.2.

wachstum als Erklärung beifügte.[1] In der Tat läßt der um die Jahrhundertmitte ermittelte positive Saldo Platz für ein weiteres Bevölkerungswachstum in der zweiten Jahrhunderthälfte.

Der zweite Punkt wirft jedoch einen Schatten auf die günstige Wirtschaftslage. Die 1129 Gulden ergeben für jede der Hofstellen etwa 28 Gulden. 28 Gulden, von denen Handwerkerleistungen zu bestreiten und weitere Kulturkosten aufzubringen sind, die zur Erstanschaffung von Ar-

Tab. 4.17: Die Verwendung der bäuerlichen Ernte[2]

Gesamternte		3028 Mlt	100 Prozent
Hausnotdurft	"auf den Tisch"	1033 Mlt.	
	Pferdehafer	166 Mlt.	
	Saatrücklage	432 Mlt.	
	Ausschuß	223 Mlt.	
			61 Prozent
Abgaben	großer Zehnt	627,4 fl.	
	Schatzung	659 fl.	
	Fron	61,5 fl.	
	Zinsen	60 fl.	
	Vogteilich	72,2 fl.	
	Pacht	54,3 fl.	
			23 Prozent
Saldo		1129 fl.	16 Prozent

beitsgerät, zum Bau und zur Instandhaltung der Gebäude dienen müssen. 28 Gulden, die vor allem wegen der zugrunde gelegten Gleichverteilung nur einen schlechten Anhaltspunkt bieten.

Denn die Hofgrößen divergieren enorm, was zur Folge hat, daß ein landarmer Bauer für Pflug- und Fuhrdienste auf seinen reicheren Nachbarn angewiesen ist, den er dafür bezahlen muß. Ein reicher Bauer hat dagegen Knechte zu besolden und muß sich um Tagelöhner kümmern. Diese Verflechtungen der bäuerlichen Wirtschaft sollen hier nur angedeutet werden, ebenso die Dynamik, die bei der statischen Analyse bislang gänzlich außer acht gelassen wurde: So reduziert ein schlechtes

[1] Schaab (1963), S.254.
[2] Zugrunde liegen die Erträge der 40 Hofstellen und des Schönauer Hofgutes. Auf letzters bezieht sich die Pachtabgabe von 54,3 Gulden. Die Werte für den Zehnten und die Schatzung wurden bereinigt um die Beiträge, die vom Schloß, vom Müller und vom Schäfer aufgebracht werden mußten.

Ertragsjahr vielleicht den Saldo um die Hälfte, was unweigerlich zu Verschuldungen führt, die in den besseren Jahren verzinst abzutragen sind. Die Bauern, die bäuerlichen Betriebe und ihre wirtschaftliche Mächtigkeit werden weiter unten genauer zu untersuchen sein.

4.6 Exkurs: Die Ablösung der vogteilichen Lasten

Insgesamt 24885 Gulden flossen zwischen 1819 und 1848 als Ablösungskapital für Zinsen, Zehnte, Dienste und Abgaben in die Kasse der Schatthäuser Grundherrschaft. Die Abgabepflichtigen belastete das Kapital auf doppelte Weise: Sie hatten um die Ablösung verschiedener Leistungen hart ringen müssen, wiederholt standen ihre Vertreter sogar vor den Schranken der Gerichte. Die schließlich fixierten Beträge wurden zumeist von der Staatskasse vorfinanziert, für die Zinsen hatten die Bauern noch in die fünfziger Jahre hinein Modalitätsstreitigkeiten, insbesondere fiel die Entrichtung in bar schwer. Die Jahrzehnte der "Bauernbefreiung" hatten nicht zuletzt das Klima zwischen Herrschaft und Untertanschaft erheblich beeinträchtigt.[1]

Die erste Abgabe, über deren Umwandlung gesprochen wurde, waren die Handlöhne. Doch sollten sie zu den am schwierigsten aufhebbaren Gefällen gehören. Zunächst konnte die Umwandlung der flürlichen Bodenzinsen in den Jahren 1819 bis 1821 vollzogen werden. Ihre Ablösung war bereits 1809 von staatlicher Seite ermöglicht worden für Zinszahlungen, die geringer lagen als ein halbes Malter, war ein 20facher Ablösungsbetrag fesgesetzt worden.[2] Er erbrachte in Schatthausen ein Kapital von 1848 Gulden, das in den drei vorgesehenen Jahren jeweils zu einem Drittel abgetragen werden mußten. Auf jeden der 78 Zinspflichtigen entfielen durchschnittlich 7.8 Gulden jährlich.[3] Während 32 Bauern weniger als einen Gulden zu zahlen hatten, mußten immerhin acht einen Betrag von mehr als 20 Gulden im Jahr, einer sogar 72 Gulden leisten.[4]

Für eine auch noch zu Beginn des 19. Jahrhunderts der Naturalwirtschaft verhaftete Gesellschaft bedeutete die Ablösung durch Geldbeträge einen tiefen Einschnitt. Die Ablösung der Frondienste erfolgte daher

---

[1] Die umfangreiche Literatur zur Bauernbefreiung ist am besten bei Dipper zusammengefaßt. Zur Ablösung im Südwesten aus parlamentarischer Sicht liegt eine neuere Untersuchung von Zeile (1989) vor, eine allgemeine Studie über die badische Bauernbefreiung ist noch Desiderat. Siehe auch Kap. 3.4.

[2] Reg.Bl 15/1809. Für Zinsen, die höher lagen als ein halbes Malter oder ein Gulden galt ein 25facher Satz.

[3] Korn wurde zu einem Malterpreis von 6 Gulden 14 Kreutzer, Hafer zu 2 Gulden 52 Kreutzer berechnet.

[4] Frh.A.Sch. A 1027.

WIRTSCHAFT

Tab. 4.18: Das an die Grundherrschaft gezahlte Ablösungskapital[1]

		Ablösungsjahr
Zehnt	21 300 fl.	1845
Ackerzinsen	1 848 fl.	1819-1821
Frohn	901 fl.	1832
Hofzinsen	461 fl.	1839
Blutzehnt	362 fl.	1832
Nachsteuer	12 fl.	1848
	24 884 fl.	

erst zehn Jahre später. Dabei dürfte auch eine Rolle gespielt haben, daß die "Kann-Verordnung" für ihre Ablösung 1820 keine staatliche Zuwendung und einen recht hohen Ablösungssatz vorgesehen hatte. Dies wurde 1832 modifiziert, persönliche Fronen konnten mit dem zwölffachen Betrag abgelöst werden bei Teilung der Kosten zwischen Staats- und Gemeindekasse.[2] Zwischen 1833 und 1838 hatte die Gemeinde jährlich 75 Gulden an die Herrschaft zu zahlen, zuzüglich vier Prozent Zinsen.[3]

Seiner Bedeutung entsprechend nahm die Ablösung des Zehnten grossen Raum ein. Der Blutzehnt war schon bald nach der Verordnung vom Dezember 1831 umgewandelt worden.[4] Am 5. April 1832 wurde das Ablösungskapital auf 362 Gulden und 30 Kreuzer fixiert, das sich Staatskassse und Gemeindekasse teilten. Die vom badischen Staat schon 1833 gesetzlich geregelte Ablösung des großen und kleinen Zehnten erwies sich in Schatthausen jedoch als schwieriger durchzuführen.[5] Erst 1838 wurde ein Vertrag zwischen Herrschaft und Gemeinde geschlossen, offenbar nachdem die Belastung durch die Ablösung der Frondienste verkraftet war.[6] Die Naturalabgaben wurden mit diesem Kontrakt in

[1] Die Beträge wurden jeweils gerundet.
[2] Die Verordnung von 1820 (Reg.Blatt XV/1820, 21.Oktober 1820) sah die Ablösung persönlicher Frohnen zum 15fachen Wert vor. 1832 (Reg.Blatt I/1832, 6.1.1832) wurde dieser Ansatz auf den 12fachen Betrag gekürzt, ein Drittel des Aufwands übernahm dabei die Staatskasse.
[3] Frh.A.Sch. A 962.
[4] Reg.Bl. Nr. 1, 6.1.1832, S. 14. Frh.A.Sch. A 1202.
[5] Das Gesetz mit den umfangreichen Modalitäten der Ablösung im Reg.Bl. Nr. 49 vom 17.12.1833. Zur Zehntablösung in der Literatur vor allem Kopp.
[6] Die letzte der Rate der Fronablösung fiel 1838 an. Vgl. Kap. 5.4.2.2.

147

Zinszahlungen umgewandelt. Als jedoch die Domänenverwaltung Rauenberg und später auch die Hof-Domänen-Kammer diesen Vertrag ablehnten, weil Karl von Göler seine eigenen Äcker in die Rechnung mit einbezogen habe, diese jedoch nicht entschädigungsberechtigt seien, trat die Gemeinde in der ohnehin angespannten Situation von den Vereinbarungen zurück. Erst 1845 wurde der Vertrag mit der Herrschaft endgültig geschlossen, 1847 wurden die nach auswärts fallenden Zehntanteile abgelöst. Insgesamt hatte die Gemeinde für die Ablösung über 32000 Gulden aufzubringen, die aus der Zehntschuldentilgungskasse vorgestreckt wurden. Der badische Staat kam für ein weiteres Fünftel auf. An Karl von Göler entfielen 21335 Gulden als Entschädigung.[1]

1839 konnte die Umwandlung der Hofzinsen unproblematisch eingeschoben werden. Schließlich handelte es sich nur um eine geringe Last von jährlich 27 Gulden, für deren Umwandlung mit *Rücksicht auf die Vermögensverhältnisse* ein geringer 16,5facher Betrag gewählt wurde.[2] Dieses Entgegenkommen der Herrschaft war das letzte in einer Zeit, zur spannungsgeladensten Epoche wurde. Auslöser waren die Handlöhne, deren Ablösung schon seit langem gefordert worden war. Da Karl von Göler jedoch nicht ohne Entschädigung einer Aufhebung zustimmen wollte, übernahm die Gemeinde die Initiative. Nach einer erfolglosen Petition an den badischen Landtag 1837, gab - gestärkt durch einen reisenden Anwalt - der Schatthäuser Bürgermeister Weckesser am 14.12.1838 der Herrschaft den Entschluß bekannt, daß die Gemeinde nicht geneigt sei, die *drückende Last* des Kreuzergeldes weiter zu tragen.

Der durch Karl von Göler daraufhin angestrengte Prozeß konnte zwar in erster Instanz vor dem auch in anderen Dingen grundherrenfreundlichen Bezirksamt Wiesloch gewonnen werden. Die beiden nächsten Instanzen revidierten indes 1841/42 das Urteil.[3] Daß Karl von Göler die Rechtslage schon bedenklich eingeschätzt hatte, beweist ein Vermerk an seinen Anwalt aus dem Jahr 1839. Damals hatte er gemahnt, die Eintreibung der einmal mehr verweigerten Handlöhne der Schaffnerei Lobenfeld nicht gerichtlich einzuklagen, da dies bei negativem Bescheid zu einem völligen Verlust des Handlohnrechtes führen könnte.[4] Der Handlohn, ein Jahrhundert lang Gegenstand der Auseinandersetzung, war aufgrund der einseitigen Aufkündigung der Gemeinde zum Erliegen gekommen. Ein nachfolgender Streit um die Gerichtskosten tat ein übriges, das Verhältnis zwischen Gemeinde und Herrschaft abzukühlen.

Zusammen mit der gerichtlichen Auseinandersetzung um den Handlohn begann die Gemeinde 1842 auch das Recht der Herrschaft auf das

[1] Frh.A.Sch. A 1204, A 1209.
[2] Frh.A.Sch. A 1028.
[3] Frh.A.Sch. A 1044.
[4] Frh.A.Sch. A 1060.

Bürgereinzugsgeld zu bestreiten. 1846 strengte die Gemeinde anstelle des betroffenen Karl Joseph Stroh eine Klage gegen das zweifache Bürgergeld bei Auswärtigen an. Das Bezirksamt wie das Hofgericht lehnten die Klage ab. Ein neuerlicher Vorstoß bei Hof- und Oberhofgericht wegen *widerrechtlicher Aneignung des Bürgereinzugsgeldes* ging 1846 ebenso verloren wie ein neuerlicher Vorstoß beim Hofgericht auf *Freiheit vom Bürgereinzugsgeld*. Mitten in die zweitinstanzliche Behandlung dieser Klage platzte endlich das Gesetz vom 10. April 1848 über die Aufhebung der Feudalrechte.[1] Damit wurde die Klage gegenstandslos, das Bürgereinzugsgeld war aufgehoben, die Prozeßkosten wurden geteilt.

Im Gegensatz zu diesem Engagement der Gemeinde überrascht die Indifferenz in Sachen Nachsteuer. 1804 wurde dem Schatthäuser Dorfherrn vom badischen Staat das Recht auf die halbe Nachsteuer zugestanden[2], in der Verordnung zur Standesherrlichkeit 1807 nochmals bestätigt. Der Rechtsgrund war daher ebenso gegeben wie beim Handlohn, der in beiden Verordnungen mitaufgeführt war. Doch verursachte die Nachsteuer keine Polarisierung; wiewohl gerade in den vierziger Jahren eine ganze Reihe von Amerikaauswanderern unter die Nachsteuer fiel, mühte sich keiner um eine Aufhebung. Die Gemeinde als Korporation trat nicht für eine Entlastung derjenigen ein, die eben jener Gemeinde den Rücken kehren wollten. Da ein Verzicht auf Ausübung ebensowenig vorlag wie ein aberkennendes richterliches Urteil, wurde die Nachsteuer mit dem Gesetz vom 10. April 1848 abgelöst.[3] Als Maßzahlen wurden die für die Herrschaft sehr ungünstigen Jahre zwischen 1825 und 1844 gewählt, in die nur ein einziges Auswanderungsgesuch fiel. Damit belief sich das Ablösungskapital auch lediglich auf 12 Gulden und 29 Kreuzer.[4]

[1] Reg.Bl. 23/1848.
[2] Reg.Bl. 33/1804, Anlage.
[3] Reg.Bl. 23/1848.
[4] Frh.A.Sch. A 1039.

5. Religion

Neben dem Schloß und dem Haus des Anwalts bildete die Kirche den dritten wichtigen Treffpunkt der bäuerlichen Gemeinde. Das in der Ortsmitte stehende Gotteshaus manifestierte äußerlich die adlige Ortsherrschaft: Über seinem Portal war unübersehbar das Wappen des Patronatsherrn angebracht. Wer die Kirche betrat, sah die Grabmäler der bereits verstorbenen Mitglieder der vogtsherrschaftlichen Familie, die das Recht des Erbbegräbnisses in dem Gotteshaus besaß.[1] Nicht nur am Sonntag, sondern auch zweimal an Werktagen hatte die lutherische Gemeinde zu Gebetsstunden und Predigten zusammenzukommen, nur wenn die Arbeit es in der Erntezeit nicht erlaubte, wurden die Gottesdienste etwas eingeschränkt. Oft besuchten auch die reformierten und katholischen Mitbürger das Gotteshaus, etwa bei Beerdigungen. Auch das Fest Kirchweih wurde natürlich überkonfessionell gefeiert und rund um die Kirche festlich begangen.

Die Kirche und die mit ihr verbundenen Rechte standen seit 1712 wieder dem Schatthäuser Dorfherrn zu, was eine nicht unwesentliche Abrun-

Tab.5.1: Die Konfessionsverteilung in Schatthausen

	1718	1742[2]	1807[3]
Lutheraner	48,0 %	60,0 %	51,7 %
Katholiken	29,0 %	23,0 %	33,8 %
Reformierte	15,5 %	8,0 %	11,4 %
Wiedertäufer	5,5 %	8,0 %	3,1 %

[1] Frh.A.Sch. A 1110.
[2] Die Zahlen sind den Bevölkerungszählungen entnommen, die in Schatthausen durchgeführt wurden (Frh.A.Sch. A 1040). Eine 1727 von Kurpfalz befohlene Umfrage unter den Ortsvorständen (GLA 145/364) über die Zahl der Katholiken ergab für Schatthausen 28,7 Prozent. Wenn auch dieser Proporz realistisch erscheint, so ist die zugrunde gelegte Gesamtbevölkerung jedoch zu gering. Auch Schaab (1966), S.159, zieht die Genauigkeit der Umfrage in Zweifel.
[3] GLA 313/2809, badische Statistik.

dung der Herrschaft bedeutete.[1] Allerdings ist die Bedeutung des *Kirchensatzes*, wie alle kirchlichen Rechte im Dorf zusammengefaßt genannt werden, im 18. Jahrhundert relativ geringer geworden.

Bis ins 17. Jahrhundert hinein hatte im Ort unbestrittene konfessionelle Uniformität geherrscht. Seit 1557 war Schatthausen eine "protestantische Herrschaft" gewesen, wie die meisten der ritterschaftlichen Dörfer. Die nötige Peuplierung und wirtschaftliche Gesundung hatten dann den Blick auf die Konfession einwanderungswilliger Untertanen verboten. Über ein Drittel der Schatthäuser Untertanen standen seit 1712 dem lutherischen Gotteshaus, dem lutherischen Pfarrer und den pfarreirechtlichen Anweisungen des Patronatsherrn zumindest indifferent gegenüber, die zweitgrößte konfessionelle Gruppe, die Katholiken, trat sogar wiederholt entschieden in Opposition zu den althergebrachten Gerechtsamen. Die zahlenmäßig etwa gleichstarken Angehörigen des reformierten Bekenntnisses und der Mennoniten sorgten überdies für konfessionelle Heterogenität. Im 18. Jahrhundert gestaltete sich das religiöse Leben in Schatthausen daher vielgestaltig.

5.1 Die Geschichte der kirchlichen Rechte

Seit 1363 lagen die kirchlichen Befugnisse nicht mehr in Händen der Schatthäuser Ortsherrschaft. In diesem Jahr hatte Albrecht von Hohenhardt, dessen Familie Allodialeigentümer an dem Ort war, den Kirchensatz und das Widdumgut samt den dazugehörigen Rechten und Nutzungen an Engelhart von Hirschhorn verkauft.[2] Die Erträge aus dieser Erwerbung wurden vom Käufer oder dessen Nachfahren der Ersheimer Kirche eingeräumt, deren Bezüge aus Schatthausen in einer Renovation von 1543 ausgewiesen sind.[3]

Schon sehr früh haben sich die Brüder Engelhart III. und Georg von Hirschhorn der Reformation zugewandt und in ihren Hauptkirchen protestantische Prediger bestellt.[4] Ausgestattet mit dem Episcopalrecht gelang es Hans von Hirschhorn, 1557 mit dem Priester Otto Bartholomäus auch Schatthausen zu reformieren.[5] In den ersten Jahren nach der Reformation entstanden wiederholt Streitigkeiten zwischen Patronats- und Dorfherrn, weil Pfarrer nicht dem Rezeß gemäß in der reinen lutherischen

---

[1] Vgl. Kap. 3.1.2.
[2] Frh.A.Sch. U 4.
[3] Wormser Synodale (ZGO 27), S.424, Lohmann S.88/89.
[4] Villinger in Hirschhorn (1983), S. 145, Irschlinger, S.21f., Steitz S.37. Zur frühen Reformation der Kraichgauer Ritter zuletzt Röcker (mit weiterer Literatur). Grundsätzlich ist Vorsicht geboten bei der Verwendung der Begrifflichkeit "durchgeführte Reformation", dazu Ehmer, S.38f., Zeeden, S.48.
[5] Frh.A.Sch. A 1083, A 1099.

Lehre predigten. Als es 1618 erneut Schwierigkeiten ob einer Personalfrage gegeben hatte, gestand Friedrich von Hirschhorn dem Dorfherrn Andreas von Brandt formell zu, künftig immer nur einen sich zur Augsburger Konfession bekennenden Geistlichen bestellen zu wollen; sollte dieser im Dorf begründeten Anlaß zu Klagen geben, wolle er einen anderen berufen.[1] Auf diesen Passus berief sich 1667 Johann Ludwig von Bettendorf, der die Eskapaden des *der trunckenheit verfallenen* Pfarrers Michael Steck nicht mehr tragbar fand, und deshalb eine annehmliche Person von den Kollatoren verlangte.[2]

Als mit Friedrich von Hirschhorns Tod das Patronatsrecht auf Georg Wolf von Kaltental und Johann Heinrich Schertel von Burtenbach überging - Franz Reinhard von Bettendorf war als ein weiterer Berechtigter ausbezahlt worden - war die räumliche Trennung von Kirche und Patronatsherr noch größer geworden.[3] Die Pfarrbesetzungen wurden jetzt ausschließlich von den Dorfherren getätigt, die Patronatsherren begnügten sich mit einer blossen Zustimmungserklärung. Daher verwundert auch nicht, daß Wollrad von Brüggen das Angebot ablehnte, das Kollaturrecht zu erwerben. Da ihm nichts *davon zu Nutzen käme*, würde er eine Regelung über den Widdumhof vorziehen, ließ er die Patronatsherrn wissen, die das Angebot in den 1670er Jahren unterbreitet hatten.[4] Erst 1712 konnte Wollrads Sohn, August Philipp von Brüggen, den ganzen Kirchensatz erwerben und vereinte damit wieder die kirchlichen und vogteilichen Rechte im Dorf in einer Hand.[5] Mit einer Ausnahme: Nach dem Aussterben der Herren von Hirschhorn hatte das Karmeliterkloster Hirschhorn erste Ansprüche auf den Widdumhof erhoben. Obgleich der Widdumhof in der Kaufurkunde von 1712 ausdrücklich aufgenommen ist, blieb er bis Mitte des 18. Jahrhunderts im Besitz des Klosters. Es vergab die etwa 25 Morgen, aufgesplittert in oft bis zu sechs Teile, an überdurchschnittlich begüterte oder durch politische Ämter herausgehobene Bürger Schatthausens.[6]

Das neuerrichtete lutherische Konsistorium in Heidelberg mischte sich im 18. Jahrhundert mehr und mehr in die kirchlichen Angelegenheiten ein und nahm schließlich seit 1758 formell das Episcopalrecht für sich in Anspruch.[7] Die Besetzung der Pfarrer- und Schulmeisterstellen waren von dieser Zeit an stets von Auseinandersetzungen begleitet. Mit der Ablösung des Zehnten verlor die Grundherrschaft schließlich in den vierzi-

---

[1] Frh.A.Sch. B 1, S. 283.
[2] Frh.A.Sch. A 1099.
[3] Lohmann S. 76. Frh.A.Sch. U 193.
[4] Frh.A.Sch. B 1, S. 308.
[5] Frh.A.Sch. U 193.
[6] Frh.A.Sch. A 1011, die Erbpachtvergabe in A 1162. Vgl. auch Kap. 7.3.
[7] Vgl. Kap. 2.4.

RELIGION

ger Jahren des 19. Jahrhunderts einen weiteren Teil ihrer kirchlichen Gerechtsamen und behielt nur noch das Patronatsrecht.[1]

5.2 Die evangelische Kirche

5.2.1 Die Besitzverhältnisse

Die Kraichgauer Ritter hatten sich schon sehr früh dem evangelischen Bekenntnis zugewandt und waren ihm zunächst fast ohne Ausnahme treugeblieben.[2] Während die reformierte Konfession unter dem Niederadel nie eine Rolle gespielt hatte, gewann der Katholizismus im 17. Jahrhundert wieder etwas an Bedeutung. Zum einen besetzten die pfälzischen Kurfürsten nach 1685 heimgefallene Lehen bevorzugt durch katholischen Neuadel, zum andern konvertierten einige adlige Familien im 17. Jahrhundert zum Katholizismus.[3] Auch Schatthausen war kurze Zeit von der Rekatholisierung betroffen gewesen. Dorothea Ursula von Weitershausen, die als älteste Tochter die Herrschaft lange Zeit führte, war am Ende ihres Lebens zum Katholizismus übergetreten. In der unklaren Besitzsituation hatte dies indes keine tieferen Spuren hinterlassen. Mit Wollrad von Brüggen war die Herrschaft seit 1677 ohnehin wieder im Besitz eines lutherischen Vogtsjunkers.

Die kirchlichen Liegenschaften waren im Laufe der Zeit durch Schenkungen zwar vermehrt, gleichzeitig aber auch zu verschiedenen Zwecken aufgesplittert worden.[4] So bestanden neben dem Widdumgut im engeren Sinne ein Kirchengut und ein Pfarrgut. Das Widdum war schon lange dem ortkirchlichen Nutzen entfremdet worden, seine Erträge, von denen das Faselvieh gehalten werden mußte, flossen lange Jahre ins Kloster Hirschhorn, später an die Grundherrschaft.[5] Kernbestand der Kirchenkassen, des *heiligen*, war das sogenannte *kirchengütlein*. Schon im verwendeten Diminutiv ist ausgedrückt, daß es nur geringen Umfang hatte.

Die Bewirtschaftung der rund elf Morgen oblag dem Kirchenpfleger, die Erträge gingen nach Abzug der Entlohnung und von weiteren zwei Pfund Heller, die an die Schule gezahlt werden mußten, in die Kirchenkasse. Von 63 Morgen Äckern bezog die Kirchenkasse Zinsen, zum Teil "flür-

---

[1] Zur Entwicklung des Kirchenpatronatsrecht im Großherzogtum Baden siehe ausführlich Gönner/Sester, besonders S.100 - 118 und S.148 -150.
[2] Press bezeichnete dieses starre Festhalten als eine "Maxime" reichsritterschaftlichen Verhaltens. Press (1976), S.110, auch Press (1974), S.45.
[3] Schaab (1966), S.167f., Vierordt II, S.316.
[4] Der in der Kreisbeschreibung angegebenen Zahl von 80 Morgen Widdumgut liegt wohl der gesamte Bestand kirchlicher Grundstücke zugrunde. KB Heidelberg-Mannheim II, S.884.
[5] Frh.A.Sch. A 1014.

lich", womit die Abgaben also je nach Anbau in Sommer- oder Winterfrucht zu entrichten waren. Zum andern Teil wurden "jährliche" Zinsen erhoben, die dann in Form fixer Abgaben an Frucht, Wachs, Öl oder Geld anfielen. Pro anno dürften diese Erträge, einschließlich der Zinsen auf ausgeliehene Kapitalien, bei etwa 25 Gulden gelegen haben.[1] 1747 verfügte die Kirchenkasse über ein stattliches Kapital von 668 Gulden. Diese mußten indes vollständig für die Finanzierung des Kirchenneubaus aufgewendet werden.[2] 1789 standen für die neue Kirche noch immer 1100 Gulden an Schulden aus. Dies macht die Klage Pfarrer Hermanns verständlich, der 1801 konstatierte, daß der Heilige *der Ärmste ist, den es nur geben kann*.[3]

5.2.2   Die Pfarrer

Die schlechte Wirtschaftslage machte es nach dem 30jährigen Krieg fast unmöglich, Pfarrer für Schatthausen zu finden. Man war deshalb dazu übergegangen, zusammen mit den Nachbarorten einen Geistlichen einzustellen, um eine bessere Besoldung zu erreichen. In den sechziger Jahren scheint der Schatthäuser Pfarrherr Michael Steck noch die Gemeinde Nußloch betreut zu haben. 1672 sprach der Pfarrer von Angelloch und Mauer, Heinrich Kröner, in Schatthausen vor, um zur Besserung seiner Besoldung auch die vakante Pfarrei dort zu übernehmen. Zusammen mit den bettendorfischen Lehen Mauer und Angelloch wurden die Pfarrstellen bis 1702 besetzt. Unter der Herrschaft Brüggen wurde dann eine Pfarrei installiert, die neben Schatthausen auch den naheliegenden Hohenhardter Hof und Baiertal umfaßte. Die Besetzung der evangelisch-lutherischen Pfarrstellen lag faktisch schon in Händen der Ortsherrschaft, nachdem der Kirchensatz von den Hirschhorn an die Herren von Kaltental und Schertel von Burtenbach gefallen war. Wollrad von Brüggen ließ einen Geistlichen in Speyer examinieren, später präsentierte Abraham Gerner von Lilienstein einen Pfarrer von Wimpfen aus. Auch der 1674 berufene Pfarrer Michael Rhodius wurde erst 1682 durch die Herren von Kaltental zu Aldingen formell konfirmiert.[4]

Wie die Fluktuation in der Bevölkerung, so war auch die auf den Pfarrstellen vor 1700 sehr hoch. Zwischen 1667 und 1674 wirkten alleine sechs Geistliche in Schatthausen, im Zeitraum bis 1702 waren es in 35 Jahren neun. Dagegen stabilisierten sich parallel zur Herrschaft Brüggen auch die kirchlichen Verhältnisse. Von 1702 bis 1801 betreuten lediglich drei Pfarrer die Gemeinde. Die Herkunft der lutherischen Geistlichen

---

[1]   Frh.A.Sch. B 19a, A 1110.
[2]   Frh.A.Sch. A 1085, A 1110.
[3]   Frh.A.Sch. A 1101.
[4]   Frh.A.Sch. A 1099.

war höchst unterschiedlich, was auf gute Kontakte zwischen den lutherischen Adligen hinweist. So zog 1672 Heinrich Kröner ins Schatthäuser Pfarrhaus ein, der vorher beim Fürsten von Hohenlohe-Schillingsfürst wirkte, bis dieser zum Katholizismus konvertierte. Er ersetzte Josef Scheuermann, der von einem der Grafen von Hatzfeld in ein niederrheinisches Dorf bestellt wurde. 1699 kam ein Theologe aus Hessen-Darmstadt, 1701 einer aus dem württembergischen Ingelfingen, 1702 Johann Burkard Engel, der zuvor im rheinhessischen Niederwiesen gewirkt hatte. Er blieb bis zu seinem Tode 1747 im Ort, auf ihn folgte der aus Württemberg stammende Magister Johann Heinrich Gsell.[1]

Das Recht, der Gemeinde einen neuen Pfarrer zu präsentieren, lag mit dem ius episcopale beim Ortsherrn. Aber selbst als das Konsistorium auf Weisung der kurfürstlichen Regierung 1758 das Recht an sich gezogen hatte, ließ man der Herrschaft 1773 noch die Präsentation. Zur feierlichen Einsetzung kam die Gemeinde in der Kirche zusammen, befreundete Adlige waren zugegen, aber auch evangelisch-lutherische Pfarrer der Nachbarschaft, von denen die formelle Einsetzung in die *spiritualia* vorgenommen wurde. Der neue Pfarrer hatte zunächst seine Treue zur Augsburger Konfession zu geloben, zumindest für 1712 läßt sich auch noch ein Treuespruch auf den Revers von 1557 belegen, mit dem in Schatthausen die Reformation eingeführt worden war. Darauf gab zunächst der Schultheiß von Baiertal in Vertretung seiner Gemeinde dem neuen Pfarrherrn Handtreue, danach der Anwalt und die Gerichtsleute von Schatthausen sowie der Heiligenpfleger und der Schulmeister.[2]

Bei der Bestellung ihrer Pfarrer hatte sich die Gemeinde wiederholt Gehör verschafft. 1668 forderte sie, dem Verweser Carolus Gabrieli eine feste Anstellung zu geben. 1767 verweigerte sich die Gemeinde, die abgelesenen Predigten des zum notorischen Trinker gewordenen Johann Heinrich Gsell weiter anzuhören und ging demonstrativ auswärts in die Kirche. Da die Vogtsherrschaft den Pfarrer dennoch stützte, legten Gemeindevertreter erneut Gravamina gegen die Amtsführung Gsells vor, was wohl für die endgültige Entlassung mitentscheidend war.[3] Noch nachdrücklicher wehrte sich die Gemeinde schließlich gegen die Besetzung der Stelle mit Pfarrer Hermann durch Karl von Zyllnhardt. Der wendete sich seinerzeit an die Landeskommission, um Hilfe zu erbitten gegen die *massiven Eingriffe* der Gemeinde in die Pfarrerwahl![4]

Die Besoldung des Pfarrers scheint in Schatthausen in der Regel kein Problem dargestellt zu haben, seit die Güter wieder in guten Stand ver-

---

[1] Namenslisten der evangelischen Pfarrer in Schatthausen bei Neu I, S. 240 und Pfisterer, S.128.
[2] Frh.A.Sch. A 1033, A 1099.
[3] Frh.A.Sch. A 1099.
[4] Frh.A.Sch. A 1101. Vgl. auch Kap. 3.3.3.

RELIGION

setzt worden waren. Allerdings, wurde zur Unterstützung eines alternden Pfarrers ein Vikar eingestellt, so reduzierten sich die Einnahmen für jeden der beiden Geistlichen empfindlich. Dies war in den vierziger Jahren des 18. Jahrhunderts der Fall. Trotz der schmäleren Einkünfte konnte sich der nach dem Tode seines Vorgängers vom Vikar zum Pfarrer beförderte Johann Gsell 1747 entscheiden, seine geringeren Vikarsbezüge freiwillig einige Jahre beizubehalten, um mit den erzielten Überschüssen die neuerstellte Kirche mitzufinanzieren.[1]

Dem evangelischen Pfarrer standen das Pfarrhaus mit Scheuer, Stallung, Hofreite und Gärten in einer Größe von zwei Morgen 20 Ruthen zu. Allerdings war das Pfarrhaus, über dessen Unterhaltspflicht die Dezimatoren uneins waren, zumeist in einem sehr schlechten Zustand. Wiewohl es nach dem Krieg neu erstellt worden war, mußte es 1767 wieder abgebrochen und neu gebaut werden und war 1830 schon wieder unbewohnbar.[2] Zu den Grundstücken innerhalb des Ortes kamen rund 30 Morgen Wiesen und Äcker. Der überproportional hohe Wiesenanteil von 31 Prozent weist darauf hin, daß der Pfarrer mit seinem Knecht einen höheren Viehbestand halten konnte als ein durchschnittlicher Bauer. Diese Konstellation ergibt sich auch daraus, daß der Pfarrer seinen Getreidehaushalt zum guten Teil aus dem großen Zehnten bezog, aus dem ihm je 16 Malter Korn, Hafer und Spelz zustanden. Darüber hinaus verfügte er über einen eigenen Distrikt in der Nähe des Hohenhardter Hofes, von dem er den großen und den kleinen Zehnten selbst erhob.[3]

Zinsen von 37 Morgen Äckern fielen an die Pfarrei. Ihr Wert ist indes weitaus geringer als die Kirchenzinsen und die Zinsen der Vogtsherrschaft. Die dort "flürlich" anfallende Abgaben erbrachten einige Malter Frucht, deren Wert dem allgemeinen Preisniveau angepaßt war. Die Pfarrei erhielt dagegen - neben einigen Geflügelabgaben - lediglich die in ihrem Wert fixierten, unbedeutend gewordenen Hellerzinsen; ihre Summe belief sich auf kaum mehr als vier Gulden.[4] Neben diesen festen Einnahmen konnte der Geistliche seine Ausgaben aus den Accidentien decken, die ihm bei Taufen in Höhe von 20 Kreuzer, bei Hochzeiten und Beerdigungen in Höhe eines Gulden zu zahlen waren. Verzichtete das Brautpaar auf die Predigt, verringerte sich die Gebühr um die Hälfte.[5] Indes mußte der Pfarrer mit seinen Einkünften nicht nur die Dienstpflichten erledigen, sondern auch einen respektablen Haushalt führen. 1742 saßen ein Knecht und eine Magd sowie ein offenbar als Dienstbub ins Haus genommener Neffe an seinem Tisch. Sein Hofbesitz verlangte überdies

[1] Frh.A.Sch. A 1099.
[2] Frh.A.Sch. A 1084, A 1097, A 1099, A 1205.
[3] Zum Zehnt auch Kap. 4.4.1.
[4] Frh.A.Sch. A 1106, A 1110. Zur Wertigkeit auch GLA 135/107.
[5] Frh.A.Sch. A 1101.

den Einsatz von Tagelöhnern. Dennoch war die Vermögenslage so gut, daß die Witwe Johann Burkard Engels, der 46 Jahre in Schatthausen gewirkt hatte, sogleich nach dem Tode ihres Mannes das Schönauer Hofgut für 2550 Gulden erwerben konnte.[1] Wenn 1815 Pfarrer Hermann sich widerrechtlich den Kartoffelzehnten aneignete, so geschah dies sicher nicht aus Not. Hermann war sich vielmehr sicher, einer Benachteiligung ausgesetzt zu sein.[2] Der Pfarrer war mit sämtlichen bürgerlichen Berechtigungen ausgestattet: Er bekam Brennholz aus dem Gemeindewald und durfte sein Vieh in die Bucheckern treiben. Der normale Viehtrieb war ihm sogar pfrundfrei zugestanden. Sein Pfarrhof war von kurpfälzischen Abgaben befreit. Besaß er jedoch bürgerliche Güter, wie etwa 1742 Pfarrer Burkard Engel, so wurden diese in der Schatzungsliste veranschlagt.

Dem Pfarrer oblag es, das religiöse Leben seiner Gemeinde zu überwachen. In enger Absprache mit der Vogtsherrschaft wurden die Strafen zu Beginn des 18. Jahrhunderts im Anschluß an die jährlichen Ruggerichte verkündet. Dem Ortsgeistlichen verschaffte schon alleine diese straffe Observanz Ansehen. Hinzu kam, daß er der einzige am Ort war, der über Bildung verfügte, selbst die Schulmeister waren - zumindest in der Anfangszeit der Brüggenschen Herrschaft - meist eher aus Verlegenheit an ihr Amt gekommen. Die Kontakte, die ihn mit der Vogtsherrschaft verbanden, stärkten die soziale Stellung des Pfarrherrn. Auf der anderen Seite haben die massiven Einsprüche, die von der Gemeinde gegen Johann Gsell erhoben wurde, gezeigt, daß der Pfarrer keine unantastbare Person war.[3]

Die zahlreichen Einträge in den Gerichtsprotokollen, die Klagen gegen den Pfarrer oder seinen Haushalt zum Gegenstand haben, machen dies noch deutlicher. Aufgrund seiner umfangreichen Wirtschaft konnte es der Pfarrer nicht vermeiden, als Flurgenosse auch in Interessenkollisionen mit Bauern zu kommen und in Händel hineingezogen zu werden. Konfessionsunterschiede scheinen auf den ersten Blick keine Rolle gespielt zu haben, auch wenn 1711 und 1733 der Pfarrer mit dem katholischen Anwalt aneinandergeriet und es zu verbalen Entgleisungen beider Würdenträger kam. 1712 beleidigte ebenfalls ein Katholik die Frau des Pfarrers, aber 1731 war es ein Mitglied der protestantischen Gemeinde, das dem Gericht anzeigte, daß ausgerechnet die Mägde des Ortsgeistlichen die Sonntagsruhe nicht eingehalten hätten. An einer *flegelhaften auseinandersetzung* mit dem Kuhhirten kam der Pfarrherr ebensowenig vorbei, wie er feststellen mußte, daß ihn drei Männer, die ihm bei Holzarbeiten hal-

---

[1] Frh.A.Sch. A 1031.
[2] Frh.A.Sch. A 1184.
[3] Zur allgemeinen rechtlichen und wirtschaftlichen Stellung von Pfarrern in der Gemeinde vgl. Künstle, S.35ff.

fen, dreist bestahlen. Auch auf seine Weiden hatte es ein Gemeindemitglied abgesehen und gar ein tiefes Ehezerwürfnis mußte der Pfarrer 1718, wenn auch unabsichtlich, verantworten. All dies soll nur zeigen, daß der Pfarrer wie jeder andere Bürger vor das Gericht zitiert wurde, daß er selbst sich nicht scheute, auch Banalitäten ans Licht zu bringen; daß er eben neben seiner geistlichen Berufung wie jeder andere um sein wirtschaftliches Wohlergehen besorgt war, besonders in den ersten Notjahren nach 1700. Die tiefe Einbindung ins wirtschaftliche Leben mündete 1748 in einen Antrag des Gerichtsmannes Eppler, der von der Vogtsherrschaft gutgeheißen wurde: Fortan mußte auch der Pfarrer seinen Teil zu den Futterlieferungen an durchziehende Truppenteile beitragen.[1] Die Gemeinde scheute also auch nicht vor zusätzlichen materiellen Belastungen ihres Geistlichen zurück.

5.3   Die anderen Konfessionen

5.3.1   Die Katholiken

Die katholische Gemeinde war erst ausgangs des 17. Jahrhunderts durch Zuwanderung entstanden. Besonders Franken, aber auch Franzosen bildeten die zunächst kleine Gruppe katholischer Bauern am Ort. Sie unterstanden mit ihrer Aufnahme in die Bürgerschaft dem vogtsherrschaftlichen Recht und damit auch deren Kirchenhoheit, was anfangs offensichtlich akzeptiert wurde. Die Kirchenbücher verzeichnen seit 1669 Taufen und Hochzeiten der Katholiken, die vom protestantischen Pfarrer ausgeführt worden sind. Erst als die rekatholisierte Kurpfalz 1697 die katholische Pfarrei Spechbach einrichtete, die später nach Zuzenhausen übersiedelte, änderte sich das Bild.[2]

Der erste katholische Priester, Peter Dörenbach, hatte sich noch sehr passiv verhalten, vielleicht durch seine Krankheit gehindert, die ihn schon 1702 zur Resignation zwang. Sein streitbarer Nachfolger Jakob Melchior Mayer suchte jedoch schon alsbald seine Glaubensbrüder in den protestantischen Herrschaften auf, die es natürlich ihrerseits nach ihrem eigenen Seelsorger verlangte.[3] Ein erstes Mal erhob sich Einwand gegen die Praxis, die actus über Katholiken vom lutherischen Pfarrer ausüben zu lassen, als der katholische Anwaltssohn Christian Stroh die katholische Einwanderin aus Franken, Anna Barbara Gampert, ehelichte. Allerdings schienen die Strohs in dieser Frage ihrem Ortsherrn nicht wi-

[1]   Zu den Fällen siehe die Ruggerichtsprotokolle von 1711, 1712, 1714, 1718, 1726, 1731, 1732, 1733, 1746, 1751 in Frh.A.Sch. A 1067 - A 1071.
[2]   Hierzu Glock, S.125ff.
[3]   Siehe ausführlich Kap. 2.2.

derstreben zu wollen, die Sache verlief im Sande.[1] Im Gegensatz zu ihnen setzten sich andere Familien über das Verbot der Herrschaft hinweg und suchten den katholischen Geistlichen auf. So eskalierte auch der Streit zwischen den Schatthäuser Katholiken und der Vogtsherrschaft, bis sich 1711 August Philipp von Brüggen zu einem Vergleich bereitfand.[2] Fortan durften die Katholiken ihren katholischen Pfarrer auswärts aufsuchen, um sich die Sakramente spenden zu lassen. Bald darauf war der Vogtsherr sogar noch zu einem weiteren Zugeständnis zu bewegen: Da es manchmal unmöglich sei, Neugeborene oder Tote außerhalb des Ortes zu schaffen, durften Tauffeiern nach Anmeldung in Privathäusern gehalten und Tote auf dem Schatthäuser Gottesacker beerdigt werden.[3] Mit diesem Modus vivendi haben sich die Katholiken abgefunden, sie besuchten das ganze Jahrhundert hindurch die Messe zunächst in Zuzenhausen, später in Mauer, wohin man 1779 eingepfarrt wurde.

In den Streitigkeiten der 20er Jahre um die Prozessionen durch den Ort hielten sich die Katholiken zurück; allerdings erging in diesen Jahren erstmals die Bitte um einen katholischen Lehrer am Ort, ein Wunsch, der von August Philipp von Brüggen energisch abgelehnt wurde; erst 1767 gelang es Kurpfalz, eine katholische Schule in Schatthausen einzurichten. Ihre Rolle als zweitgrößte konfessionelle Gruppe am Ort, die sich des Rückhalts der kurpfälzischen Behörden sicher sein konnte, verschaffte den Katholiken ein mehr und mehr gesteigertes Selbstbewußtsein, das 1787 zum ersten Mal in die Bitte um ein eigenes Gotteshaus mündete. Eng damit zusammen hing natürlich die Besoldung eines eigenen Pfarrers, weswegen schon Vorschläge für die Teilung des Zehnten unterbreitet wurden. Schon allein diese Ideen mußten provozierend wirken auf die traditionellen Rechte in der protestantischen Herrschaft, die sich schon nach außen gegen die Ansprüche der Pfalz verteidigen mußte. Als die katholische Fraktion rund um den pfälzischen Zentschöffen Jakob Schäfer begann, auch Ansprüche auf die Schatthäuser Kirche zu erheben, eskalierte der Streit. Es zeigt sich, wie begrenzt der bäuerliche Horizont gewesen ist. Die Katholiken waren sich der historischen Entwicklung keineswegs bewußt, es erschien ihnen unvorstellbar, noch zwei Generationen zuvor eine deutliche Minderheit im Ort dargestellt zu haben, deren Rechtsstellung überdies umstritten war. In der umfangreichen Korrespondenz deduzierten die Antragsteller ihr Recht an der Schatthäuser Kirche nämlich ausführlich damit, daß ihnen die Kirche 1747 nach dem Abriß entzogen worden sei. Man war sich sicher, daß erst die Herrschaft Brüggen evangelische Pfarrer berufen hätte und proklamierte gar aufgrund des

[1] Frh.A.Sch. A 1037.
[2] Vgl. Kap. 2.2.
[3] Verordnung von 1711, verkündet beim Ruggericht am 18.11.1711, Frh.A.Sch. A 1067.

Wormser Synodale von 1496 den katholischen Ursprung des Gotteshauses. Die Kenntnis des Wormser Synodale erhärtet den Verdacht, daß die vehement vorgetragenen Forderungen zu einem nicht geringen Teil auch von den pfälzischen Behörden lanciert waren. Trotz der offenkundig völlig abwegigen Argumentation war der Streit um die Kirche Ausgangspunkt einer rapiden Veschlechterung der Beziehungen zwischen Herrschaft und Gemeinde und war letztlich für die Übergabe der Herrschaft durch die Geschwister von Brüggen an Karl von Zyllnhardt mitverantwortlich.[1]

1792/1793 wurden die Ansprüche der Katholiken vom Oberamt Heidelberg offenbar ergebnislos untersucht, 1795 gewährte Karl von Zyllnhardt seinen katholischen Untertanen einen Raum für Gottesdienste und unterstützte ihre Bitten an die Geistliche Administration, einen Pfarrer nach Schatthausen zu setzen. Am 15. September formulierte Zyllnhardt sogar eine Bittschrift an den Kurfürsten. Trotz dieser Unterstützung entschlossen sich die Katholiken 1801 zu einer Klage am Hofgericht gegen die lutherische Gemeinde und die Ortsvogteiherrschaft. Sie wurde 1804 abgewiesen.[2] Vielleicht war die schlechte geistliche Versorgung mitverantwortlich für das weiterhin nur geringe Anwachsen des katholischen Bevölkerungsteils. Denn erst 1861 wurde in Schatthausen eine Filialkapelle für die Katholiken erstellt.

5.3.2 Die Reformierten

Die Zahl der Anhänger des reformierten Bekenntnisses nahm im 18. Jahrhundert mehr und mehr ab. Von den sieben reformierten Familien von 1718 waren 1742 nur noch vier übrig, 1746 trat eine weitere sechsköpfige Familie die Auswanderung nach Ungarn an.[3] Erst um die Jahrhundertmitte lassen sich zwei neueingewanderte Familien reformierten Bekenntnisses nachweisen. Die abnehmende Zahl der Reformierten führte dazu, daß die Gemeinde seit 1808 nicht mehr durch einen Gerichtsmann vertreten war. Schon zuvor war es schwer gewesen, geeignete Bürger aus der reformierten Gemeinde für das Gericht zu finden. Daher ist es symptomatisch, daß zwei reformierte Zuwandererfamilien, die Geißlers und die Sandritters, schon bald zu Gerichtsleuten aufstiegen.[4]

Die Schatthäuser Angehörigen des reformierten Bekenntnisses zählten zur Pfarrei Bammental. Dort hatte sich die Pfalz über das Kollaturrecht

[1] Frh.A.Sch. A 1114. Vgl. Kap. 3.3.3.
[2] Frh.A.Sch. A 1115.
[3] Frh.A.Sch. A 1039, B 49. Die Konfession der Auswanderer läßt sich nicht in jedem Fall feststellen.
[4] Vgl. Kap. 7.4.1.

der Hirschhorn hinweggesetzt und einen reformierten Pfarrer bestellt. Die Pfarrei blieb bis zur Union von 1821 bestehen.[1]

5.3.3 Die mennonitische Gemeinde

Wiedertäufer aus der Schweiz sind schon seit 1685 in Schatthausen nachweisbar, 1741 belief sich ihre Zahl auf 21 Personen.[2] Der Grund für diesen hohen Anteil liegt im bekannten landwirtschaftlichen Geschick der Mennoniten, das in den Aufbaujahren von besonderer Wichtigkeit war.[3] Sowohl das Schloßhofgut als auch der Ziegelhof der Herrschaft waren durchgehend von mennonitischen Beständern besetzt. Auch der Schönauer Hof wurde in der ersten Hälfte des Jahrhunderts durch einen Mennoniten bewirtschaftet.[4] Mitte des 18. Jahrhundert wurde Schatthausen zum Sitz einer Mennonitengemeinde für die umliegenden Ortschaften. Es zeigt die hohe Wertschätzung, der sich die Wiedertäufer erfreuten, daß August Philipp von Brüggen dies ohne Widerspruch zuließ. Allerdings führte er für die Ausübung ihrer gottesdienstlichen Feiern 1738 eine Recognitionsgebühr ein. Für ihre Versammlungen an Sonn- und Feiertagen, die sie gewöhnlich auf dem Ziegelhof hielten, hatte die Gemeinschaft einen Dukaten zu zahlen. Auch gewährte man ihnen Begräbnisplätze im Ort, dafür hatten sie pro Sterbfall zehn Kreuzer zu entrichten.[5] Gottesdienste feierte die Gemeinde auch im benachbarten Mauer. Wie weit die Duldung der mennonitischen Religionsausübung ging, ist nicht bekannt, das religiöse Leben der Täufer erfolgte in aller Stille, bis man zu Beginn des 19. Jahrhunderts das Zentrum nach Meckesheim verlegte. Im pfälzischen Gebiet durften Mennoniten ausschließlich von lutherischen Pfarrern beerdigt werden. Auch in Schatthausen, wo man ja lange genug um die Rechtsstellung des Pfarrers gegenüber den Katholiken gerungen hatte, wird eine weitergehende Zulassung kaum erfolgt sein.[6] Denn in Sachen Wieder-

---

[1] KB Heidelberg-Mannheim II, S.400. Zur Union besonders Erbacher (mit Auswahlbiographie), allgemein Vierordt II, S.425ff.
[2] Frh.A.Sch. A 1040.
[3] Hierzu siehe Correll, S.110ff., Hard, passim. Dazu auch Kap. 4.
[4] Zu den Täufern allgemein besonders Goertz (mit weiterer Literatur), speziell zu den Wiedertäufern vor allem die noch immer gültige Monographie von Correll. Die Mennonitischen Geschichtsblätter schufen in den vergangenen Jahren eine durchaus günstige Forschungssituation zur Lage der Mennoniten im Südwesten. Siehe darin besonders die Beiträge von Heinold Fast zur Titulierung der oberdeutschen Täufer als "Mennoniten" und von Helmut Funck zum pfälzischen Duldungsgesetz.
[5] Frh.A.Sch. A 1043, auch U 220.
[6] Mennonitisches Lexikon I, S.155, III, S.65, IV, S.50.

täufer vergaßen die Ortsherren ihre ansonsten hohe Sensibilität, wenn es galt *präjudizierliche ansprüche* von Kurpfalz zurückzuweisen. Wegen der Konfession ihrer Hofpächter wollten sie keinen neuen Streit mit der Territorialmacht heraufbeschwören, weswegen sie Mennoniten von Anfang an daraufhinwiesen, daß sie jegliche von Kurpfalz geforderte Recognitionsabgaben unbedingt zu leisten hätten. Im Umgang mit den Bauern scheint es keine Barrieren gegeben zu haben. Die Gemeinde erhob von den als Beisassen angenommenen Wiedertäufern das übliche Beitraggeld.[1] Bei Verträgen und Huldigungen hatten die Wiedertäufer Handtreue zu geben, was von allen vorbehaltlos als *so gut wie ein ayd* anerkannt wurde.[2] Am Ende der Ruggerichte durften die Wiedertäufer ebenso wie die anderen Bauern auftreten und ihre Klagen anbringen. Zuweilen wurde dabei nicht einmal ein besonderer Vermerk gemacht, so daß sie zusammen mit den Bürgern in den Listen geführt wurden. Allerdings konnten sich die Täufer in ihren Funktionen als Pächter großer Hofgüter, die sie in der Regel nur wenige Jahre bewirtschafteten, nicht allzu stark in die kleinbäuerlich strukturierte Genossenschaft integrieren. Der einzige Streit zwischen Gemeinde und Mennoniten rührte denn auch von dieser wirtschaftlichen Sonderstellung her. 1724 wehrte sich nämlich die Gemeinde erfolgreich, als August Philipp von Brüggen erwog, den Beständern die gemeindlichen Nutzungsrechte einzuräumen. Er hatte ihnen damit einen Ausgleich für die geplante Veranlagung in der kurpfälzischen Schatzung verschaffen wollen.[3]

5.3.4   Exkurs: Juden

Jüdische Bewohner gab es in der Vogtsherrschaft Schatthausen nicht, erst im 19. Jahrhundert wurden einige jüdische Bürger in die Gemeinde aufgenommen. Dennoch tauchen Hinweise auf Juden im Schatthausen des 18. Jahrhunderts regelmäßig in den Quellen auf. Sie werden aufgeführt als *Jud N.N.* oder *ein Jud aus Meckesheim*, fast ohne Ausnahmen handelt es sich bei den erwähnten Juden um Viehhändler und Kreditgeber.[4]
Die Leistungen der letzteren nahmen nicht nur die Bauern in Anspruch, auch der Adel hat sich bei Juden verschulden müssen.[5] Gerade in den zwanziger Jahren des 18. Jahrhunderts, als die landwirtschaftli-

[1]   Frh.A.Sch. A 988, Pachtverträge.
[2]   Frh.A.Sch. A 1033, A 1037.
[3]   Frh.A.Sch. A 1162.
[4]   Der Handel war auch im 18. Jahrhundert noch immer die wichtigste Einnahmequelle der jüdischen Bevölkerung, vgl. Arnold (1967), S.57ff. Zum Thema "Juden in der Pfalz" siehe Arnold (1988 und 1967) sowie Rosenthal und Kopp (1968), besonders S.259ff.
[5]   Etwa Frh.A.Sch. U 128.

chen Erträge nach der ersten Genesung von den Kriegsverwüstungen wieder zurückgegangen waren, scheint die bäuerliche Wirtschaft sehr nachhaltig jüdische Kredite nachgefragt zu haben. Die Listen der Auswanderer zeigen, daß es sich dabei selten um höhere Außenstände handelte. Auch bei den jährlichen Gerichtstagen sprachen jüdische Geschäftsleute meist wegen geringerer Schuldenstände vor, die sie indessen relativ häufig auf diesem Wege einzutreiben hatten. Von einer Überschuldung etwa durch Wucherzinsen gibt es dabei keinerlei Spuren, die Bauernschaft dürfte viel eher von den kurzfristigen Überbrückungskrediten profitiert haben. Diese an sich wichtige Funktion drückt sich jedoch nicht in der von der Schatthäuser Vogtsherrschaft publizierten Klassifikation von Schulden aus. Jüdische Viehhändler wurden darin in der letzten Klasse veranschlagt, so daß ihnen bei einer Überschuldung der Totalausfall ihrer Gelder drohte.[1]

Aus den zehn Jahren zwischen 1722 und 1732 findet sich eine ganze Reihe von Anzeigen gegen Juden. Besonders auffallend sind die Klagen, die Schuldner über ihre Gläubiger erhoben. Ihnen wurde etwa vorgeworfen, beim Eintreiben der Schulden die Sonntagsruhe verletzt zu haben, die besonders für *kaufhandel* galt, oder unter Mißachtung der Wegeordnung Schäden auf Feldern angerichtet zu haben. So mußten wiederholt jüdische Geschäftsleute, die ihre Aussenstände eintreiben wollten, dreifach belastet wieder von dannen reiten: Sie waren um einige Kreuzer bestraft, zu einer Entschädigungszahlung verurteilt und mit dem für auswärtige Bürger üblichen Urteilgeld beschwert worden.[2] Die Häufung solcher ansonsten seltener Rugklagen legt den Verdacht nahe, daß Schuldner im Bewußtsein ihrer Abhängigkeit sehr gerne den jüdischen Gläubigern dieserart Ärger bereiteten.

Betrügereien im Handel machten schnell ihre Runde. Ein jüdischer Viehhändler hatte 1743 zwei Schatthäuser Bauern angezeigt, die bei ihm ein Pferd kaufen wollten und es beim Probenreiten *hinkend gemacht* hätten. Nach umfangreichen Zeugenbefragungen stellte sich jedoch heraus, daß das Pferd schon zuvor krank war. Der Jude weigerte sich sowohl, die Strafe zu zahlen, als auch die Turmstrafe zu verbüßen, und konnte sich letztlich sogar seinen Häschern durch Flucht entziehen. Auch 1732 war ein Jude einer Unterschlagung überführt worden.[3] Ein Jude und ein Wiedertäufer waren schließlich die Partner eines spekulativen Geschäfts, das 1765 zur Anzeige gebracht wurde und wegen des modern anmutenden Terminkontrakts von Interesse ist.[4] Der Jude Seligmann hatte im

---
[1] Frh.A.Sch. B 49.
[2] So etwa wiederholt 1722, 1725, 1726, 1727, 1730 und 1732. Vgl. Ruggerichtsprotokolle der entprechenden Jahre, Frh.A.Sch. A 1068 und A 1069.
[3] Ruggerichtsprotokolle von 1732 und 1743, Frh.A.Sch. A 1069, A 1070.
[4] Ruggerichtsprotokoll von 1765, Frh.A.Sch. A 1072.

Februar vom Pächter des Schönauer Hofgutes Korn und Spelz gekauft: Liefertermin sollte nach der Ernte 1764 sein, bezahlt wurde bereits im voraus. Dafür wurde ein Malterpreis für Korn von drei Gulden, das Malter Spelz zu zwei Gulden gerechnet. Da Seligmann bereits im Februar bezahlt hatte, vereinbarten die Geschäftspartner noch die Lieferung von einem Simmer Spelz als Zins. Bei einer guten Ernte mit entsprechend hohem Preisdruck hätte der Jude Verluste hinnehmen müssen; es zeigte sich jedoch, daß die Erträge eher schlecht waren und dadurch die Malterpreise stark anzogen. Das Korn wurde nach der Ernte zu fünf Gulden, der Spelz zu drei Gulden acht Kreuzer das Malter gerechnet. Unter diesen Umständen zog es der Bauer vor, einseitig von seinem Vertrag zurückzutreten. Der Jude verklagte ihn daraufhin bei der Schatthäuser Ortsherrschaft wegen rund 20 Gulden Schulden, wodurch der Handel ans Licht kam. Otto Heinrich von Brüggen befahl dem Bauern die Zahlung der Schuld und lud ihm überdies einen zehnprozentigen Säumniszins auf.[1] Wie so oft, kam jedoch auch der Jude nicht ungestraft davon, weil er während der Verhandlung einer Unwahrheit überführt wurde. Diese Fälle erregten schon aufgrund der zahlreichen geladenen Zeugen auch außerhalb der Herrschaft großes Aufsehen und förderten dadurch die ohnehin latente Vorsicht jüdischen Händlern gegenüber.

5.4   Kirchliches Leben

Das Läuten der Kirchenglocken gliederte den Schatthäuser Alltag: Der Mesner hatte im Winter um sechs Uhr, im Sommer aber bereits um vier morgens das erste Mal das Glockenzeichen zu geben und täglich mußte er im Schloß anfragen, wann er des Abends zum letzten Mal läuten solle. Danach ruhte das dörfliche Leben.[2] Mit den Glocken hieß die Herrschaft auch teilnehmen an ihrem Leid: Mehrere Wochen lang wurde alltäglich eine Stunde geläutet, als 1712 Christina Barbara von Brüggen verstorben war, und gleichfalls 1749 beim Tode des Vogtsjunkers August Philipp.[3] Politik wurde mit den Glocken ebenfalls gemacht: Befehle der Kurpfalz, Läutezeichen betreffend, wurden in der ersten Jahrhunderthälfte brüsk zurückgewiesen. 1716 fand man sich allerdings zu einem Kirchengebet für den erkrankten Kurfürsten bereit.[4] Die Verquickung zwischen Herrschaft und Kirche wurde schließlich 1747 sinnfällig, als während der Bauzeit der neuen Kirche ein Raum im Schloß zum Gottes-

[1]   Die überdurchschnittliche Höhe des Zinssatzes richtete sich offenbar nach den Geschäftsprinzipien, die der Jude zugrundegelegt hatte.
[2]   Frh.A.Sch. B 1, S.340., A 1149.
[3]   Frh.A.Sch. A 167.
[4]   Ruggerichtsprotokoll von 1716, Frh.A.Sch. A 1068.

dienst bereitgestellt wurde, und sich dort zum Einzug in das neue Gotteshaus die Prozession formierte.[1] Auf diese Art behielt trotz konfessioneller Vielfalt die lutherische Kirche ihre Bedeutung für die Herrschaft.

Daß die Kirche einen besonderen Platz im dörflichen Zusammenleben einnahm, dafür sorgten auch die vom Herrn festgesetzten Kirchenstrafen, die alljährlich beim Ruggericht über diejenigen ausgesprochen wurden, die Gottesdienste versäumt oder die Sonntagsruhe nicht eingehalten hatten.[2] Letzteres traf dann Angehörige aller Konfessionen. In den ersten Jahren der Herrschaft Brüggen wurde das Fernbleiben von verordneten Gottesdiensten sofort mit einer Strafe belegt, sogar die Exkommunikation drohte August Philipp von Brüggen einem müßigen Kirchgänger an.[3] Später läßt sich die scharfe Observanz nicht mehr beobachten. Wenn es 1767 heißt, daß die Gemeinde aus Opposition zu ihrem Pfarrer nach auswärts in die Kirche ging, dann spricht dies deutlich dafür, daß die Überwachung offenbar schon durchlässig geworden war.

Sieht man von gelegentlichen Verstimmungen ab, so gestaltete sich das Zusammenleben der vier verschiedenen Konfessionen am Ort durchaus harmonisch. Die Anfeindungen, mit denen die Katholiken ihr Gotteshaus gegen die protestantische Herrschaft durchsetzen wollten, zielten stärker gegen die Herrschaft als gegen die lutherische Gemeinde. Darauf verweisen etwa die Drohworte der katholischen *rebellen*, die ihrer Herrschaft vorwarfen, sie wolle *die katholiken unterdrücken*.[4] Von einer Unterdrückung der Katholiken durch die Vogtsherrschaft kann bestimmt nicht gesprochen werden, dennoch dürften subtile Benachteiligungen vorgekommen sein. Paul Grimm berichtete von *verfolgungen*, die er durch Otto Heinrich von Brüggen erleiden mußte, weil die Heidelberger Dominikaner seit der Jahrhundertmitte ihm ihren Zehntanteil ohne Versteigerung verpachteten. Zuvor hatte fast durchgehend die Vogtsherrschaft das Achtel ersteigert, was wohl nicht nur die Abwicklung erleichtert hatte, sondern mit der gestiegenen Produktivität auch ein profitables Geschäft war.[5] Auch die Rechtfertigung Wilhelmine von Brüggens, man habe sich um beide Konfessionen stets gleich bemüht, läßt sich nicht ganz aufrecht erhalten. Es ist nur natürlich, daß die Herrschaft mehr auf das Wohlergehen ihrer eigenen Konfessionsverwandten achtete. Stiftungen wurden stets in unterschiedlicher Höhe gemacht und entsprachen dabei keineswegs den unterschiedlichen Größenrelationen. Das reziproke Te-

---

[1] Frh.A.Sch. A 1088.
[2] 1732 und 1772 wurde die Sonntagsruhe förmlich beim Ruggericht verordnet, Frh.A.Sch. A 1069 und A 1073.
[3] Ruggerichtsprotokolle von 1704, 1712, 1714, Frh.A.Sch. A 1067.
[4] Bericht der Wilhelmine von Brüggen um 1794, Frh.A.Sch. A 1114. Siehe auch Kap. 3.3.3.
[5] GLA 66/10634.

RELIGION

stament von 1792 sah etwa ein Legat von 800 Gulden für die evangelisch-lutherische Kirche vor, dagegen nur 100 Gulden für die katholische Gemeinde. Ebenso erhielt die evangelische Schule 150 Gulden, die katholische 30.[1]
Vielleicht hat sich das Gefühl einer Benachteiligung vermehrt seit der Zeit gestellt, als ein lutherischer Anwalt die Gemeinde vertrat. Der katholische Ortsvorsteher hatte früher, gerade in den Auseinandersetzungen zwischen dem katholischen Pfarrer von Zuzenhausen und August Philipp von Brüggen, sehr stark die katholische Seite repräsentiert, immerhin hatte er mit seiner Aussage vor den pfälzischen Beamten auf dem Dilsberg seinen Vogtsherrn schwer belastet.[2] Aber auch sonst hielt er nicht hinter dem Berg. 1729 hatten sich bei der Beerdigung eines kleinen lutherischen Kindes alle Konfessionen in der Kirche zur Begräbnisfeier versammelt. Der Chor der lutherischen Jugend mühte sich dabei vergeblich, das Grablied *Nun lieg ich armes Würmelein* richtig zu singen. Worauf der katholische Anwalt während des Gottesdienstes vorschlug, vielleicht doch besser ein Vater Unser zu beten. Die Lutheraner mußten sich dadurch verletzt fühlen.[3]

Schon seit ungefähr 1712 war es den Katholiken in Ausnahmefällen erlaubt, den Friedhof in Schatthausen zu benutzen, besonders bei Beerdigungen von Kindern wurde davon Gebrauch gemacht. Nicht selbstverständlich war indes das Glockengeläut bei den Einsegnungen. Noch um 1800 mußten die Katholiken stets vorher formell anfragen, ob bei einer Beerdigung die Kirchenglocke geläutet werden dürfe, auch hatten die nicht-lutherischen Konfessionen ein Läutegeld zu zahlen.[4] Das im Prinzip funktionierende Zusammenleben der Konfessionen drückt sich in zahlreichen Ehen aus. 1741 waren 13 von 45 Ehen im Ort Mischehen, immerhin fast 29 Prozent. Daß darunter nur eine Ehe zwischen einem Katholiken und einer Reformierten war, dürfte auf die geringe Zahl der reformierten Gläubigen zurückzuführen sein. Die beiden anderen Konstellationen hielten sich an Häufigkeit die Waage. Die Kinder aus Mischehen folgten stets der Konfession des Vaters.[5]

[1] Frh.A.Sch. A 172, GLA 229/92173.
[2] Frh.A.Sch. A 1112.
[3] Frh.A.Sch. A 1149. Die *confusion* des Chores und die Kritik des Anwalts war Auslöser für den "Fall Stecker", der zu einer ernsten Auseinandersetzung zwischen Pfalz und Vogtsherrschaft führte (Vgl. Kapitel 2.2). Aus diesem Grund liegen detaillierte Zeugenverhöre vor.
[4] So etwa mehrfach in Frh.A.Sch. A 1048.
[5] Frh.A.Sch. A 1040.

5.5 Das Schulwesen

Damit die Jugend zu aller Gottesfurcht und Tugend angeführt werden möge, hatte Wollrad von Brüggen 1683 einen Schulmeister eingesetzt. Zu dieser Zeit wurde das Amt in Personalunion vom Mesner und Schloßschützen ausgeübt. 1700 wurde zwar der Dienst des Schloßschützen wieder von der Schule losgelöst; allerdings blieb der Schulunterricht weitere neun Jahre lang in Händen eines Schatthäuser Bauern. Erst ab 1709 sind von der Herrschaft regelmäßig mehr oder weniger gut ausgebildete Lehrer in den Ort geholt worden. Es konnte sich dabei genauso um einen Kandidaten der Theologie handeln, wie um einen Barbier, der sich in der Aushilfe als Pädagoge bewährt hatte. Im Gegensatz zur Pfarrei war das Schulmeisteramt nie ausreichend finanziert. Die Klagen der Lehrer, daß man sich *wie ein Bettler auffihren muß*, sind latent vorhanden.[1] Der Lehrer hatte freie Wohnung - zunächst im Pfarrhaus, später im errichteten Schulgebäude - und die personale wie die reale Freiheit von allen herrschaftlichen Lasten.[2] Erst 1736 wurde ihm eine Barentlohnung gewährt, die sich aus dem jährlichen Zins eines Kapitalstocks von 316 Gulden und fünf Kreuzern errechnete. Damit kamen etwa 15 Gulden zusammen, in den fünfziger Jahren wurden sie auf 25 Gulden erhöht. Als Schulgeld erhielt er von jedem Schüler pro Quartal vier Kreuzer. Dies reichte freilich bei weitem nicht aus, besonders dann nicht, wenn ein pensionierter Lehrer auf einen Teil des Kapitals Anspruch erhob. 1753 deduzierte Johann Christoph Schnepper in einem über vier Seiten langen Bittschreiben die Notwendigkeit eines Stückchens Brot gar aus der Bibel, schließlich sei die Armut unerträglich. *Ich glaube, daß Euer hochwohlgeboren von diesem allem nicht wissen, sonst hätte sie schon Sorge getragen*, fand Schnepper kritische Worte.[3] Eine Besserung seiner Einkünfte brachten den Lehrern die zusätzlichen Tätigkeiten als Mesner und Organist. Dafür erhielten die Schulmeister verschiedene Zehntanteile, darunter den Zehnten des Widdumgutes. Es standen ihnen ein Teil der Kirchengefälle in Höhe von vier Kreuzern zu, für das Klingelbeuteltragen wurde ein Gulden aus dem Almosen verrechnet. Für Mesnerdienste bei Hochzeiten, Taufen und Beerdigungen wurden jeweils zehn bzw. 15 Kreuzer an den Lehrer ausbezahlt.[4] Als schriftkundiger Mann war er

---

[1] So Johann Christoph Schnepper 1755. Frh.A.Sch. A 1149.
[2] Dabei scheint sich die personale Freiheit nicht immer auch auf die Frondienste erstreckt zu haben. In manchen Fronregistern finden sich Einträge, wonach die Lehrer dazu verpflichtet waren, etwa Zeitungen aus Wiesloch zu holen (Frh.A.Sch. B 39 - 41). Eventuell ist freier, bürgerlicher Besitz dafür der Grund.
[3] Frh.A.Sch. A 1149.
[4] Frh.A.Sch. A 1149.

darüber hinaus bei der Protokollierung von Kaufkontrakten stets präsent, wofür er Schreibgebühren erheben konnte. Streng verboten war es ihm allerdings, in Prozessen für die Einwohnerschaft zu arbeiten.[1] Bei Amtsantritt hatte sich der Lehrer zu einer verantwortungsvollen pädagogischen Arbeit zu verpflichten. Er sollte im Lesen, Schreiben, Rechnen und Singen unterrichten. Einige Zeit leitete der Lehrer auch einen Chor aus jungen Leuten, der bei den Gottesdiensten sang. Karl von Zyllnhardt ergänzte die Dienstanweisung um 1800 mit dem Zusatz, der Lehrer habe *nach dem gegenwärtigen Stand der Erziehungswissenschaft und nach der speziellen Anweisung des Herrn Pfarrers* zu verfahren. Mit solch hehren Idealen waren die Vorstellungen der Adligen von ihrer Schule stets verbrämt. Besonders pathetisch sprach Wilhelmine 1779 anläßlich einer Stiftung für die Schule vom hohen Wert der schulischen Bildung für die sittliche Vollendung. Die schulische Realität sah freilich anders aus.[2]

Die Schule war im bäuerlichen Leben des 18. Jahrhunderts ohne jedes Ansehen. Obwohl sich in den Gerichtsprotokollen stets Ermahnungen finden, Kinder doch in die Schule zu schicken, damit sie nicht *alß das unvernunftige Viehe aufwachsen*, sind häufige Fehlzeiten selbstverständlich.[3] Folgt man der pädagogischen Erfahrung Christoph Schneppers - der gelernte Barbier hatte sich im Württembergischen und später zehn Jahre lang in Sulzfeld als Lehrer bewährt - so war die Jugend nirgendwo *so roh und ungezogen* als in Schatthausen. Selbst der auf das Schulwesen so viel Einfluß nehmende Karl von Zyllnhardt mußte seinen Lehrer resigniert ermahnen, auch bei drei oder vier Schülern sich nur nicht vertreten zu lassen oder den Unterricht gar abzusagen, schließlich sei er *immer der mühe wert*. Ausbleibende Kinder hatte der Lehrer ohne Rücksicht auf die Eltern zu vermerken und die Liste zur Ahndung an den Vogtsherrn einzureichen, der beim folgenden Ruggericht die Strafen festsetzte. Die Verantwortung für die Ausbildung der Kinder fiel auf die Mütter: Sie mußten die Strafe für das Fehlen ihres Kindes in der Schule tragen, in der Regel vier Kreuzer.

Ihre eigenen Kinder mochten die Vogtsherren nie in die Obhut der Dorfschulmeister geben. August Philipp von Brüggen verpflichtete für den Privatunterricht den Vikar, der zu jener Zeit den Schatthäuser Pfarrer unterstützte, Karl von Zyllnhardt hatte einen persönlichen Erzieher für seinen Sohn angestellt.

---

[1] Frh.A.Sch. A 1151.
[2] Dies gilt ganz allgemein für das im Werden begriffene Schulsystem. Vgl. neuerdings Hasenfuss, S.167-173, der aus baden-durlach`schen Visitationsprotokollen zitiert oder Schmitz, S.44-46 (dort auch weitere Literatur), auch Schlick, S. 455.
[3] Zitat in Frh.A.Sch. A 1067, Ruggerichtsprotokoll von 1704.

RELIGION

Die Schule fand von Ostern bis Martini jeweils von zwölf Uhr bis ein Uhr mittags statt. Schulpflichtig waren alle Kinder ab acht Jahren.[1] Echter Unterricht war nur während der Winterschule möglich, die von acht bis elf Uhr am Vormittag und von zwölf bis drei Uhr am Nachmittag gehalten wurde. Für die Winterschule mußten die Kinder der Witwen das Brennholz mitbringen, wofür ihnen die Schulgebühr um einen Kreuzer gesenkt wurde. Schon ihre schlechten Finanzverhältnisse rückten die Lehrerfamilie in eine Sonderrolle im Dorf.[2] Die Schatthäuser Lehrer fügen sich dadurch lückenlos in die Charakterisierung ein, wie sie der Emmendinger Oberamtmann Schlosser in einer Denkschrift niedergelegt hat, in der er die Lehrer als *oft dem Trunke ergeben und als Förderer einer unsinnigen Prozeßlust* kennzeichnet.[3] Lehrer haben in Schatthausen immer wieder durch auffallende charakterliche oder familiäre Verhältnisse, aber auch durch exzentrisches Streiten als Sonderlinge gegolten. Der Schulmeister Herborn wurde 1731 24 Stunden in den Turm gesteckt, weil er das Holz eines Nachbaren geklaut hatte.[4] Von seinem Nachfolger heißt es in einem ausführlichen Protokoll: *Zank, hader und beschwerde über geringes Einkommen herrschte schon lange im Hause des lehrers*. Deshalb mußte der Schulmeister abgemahnt werden.[5] Kurze Zeit später melden sich Gläubiger aus Heidelberg, wo der Sohn des Schatthäuser Lehrers *lustig dahin gelebt* habe und sich für Branntwein, Tabakdosen und Haarpuder hoch verschuldet hatte. Der Schulmeister Samuel Sperling erlaubte sich gar *intrigen und boshafte reden* gegen Kurpfalz, weswegen eine Untersuchungskommission eingesetzt wurde, die ihn schließlich entließ.[6] Für die Entgleisungen Käfers um das Jahr 1800 war mitverantwortlich, daß er, wie es häufig Brauch war, die Witwe seines verstorbenen Vorgängers heiraten mußte. Obgleich die Herrschaft dagegen Bedenken äußerte, drang die Gemeinde auf diese Fürsorge für die minderjährigen Kinder - wohl auch aus der Befürchtung heraus, daß der Witwenhaushalt der übrigen Bauernschaft zur Last fallen könnte.[7] Dieser Schullehrer Käfer unterrichtete zwar *mit viel Einsicht in die neue Methode*, wie Zyllnhardt anerkannte, dennoch wollte er ihn wegen seines häufigen Sitzens im Wirtshaus aus dem Ort entfernen. Die durchaus kluge Rechtfertigung des Lehrers *für die kindischen probleme* mündet in das Grundübel seiner

[1] Ruggerichtsprotokoll von 1782, Frh.A.Sch. A 1074.
[2] Bölling (S.69) spricht noch für das 19. Jahrhundert von "entwürdigenden" Verhältnissen für die materiell schlecht gestellten Lehrer.
[3] GLA 314/278.
[4] Ruggerichtsprotokoll von 1731, Frh.A.Sch. A 1069.
[5] Frh.A.Sch. A 1149.
[6] Frh.A.Sch. A 1151.
[7] Frh.A.Sch. A 1151.

Zwangsehe: Während seine Frau ihm die Milch verweigere, trinke sie selbst Kaffee zum Frühstück... Trotz dieser durchaus typischen Verhältnisse konnte der Lehrer in bäuerlichen Kreisen eine gewisse Autorität bewahren. Gerade im Fall Käfers wurde dies deutlich. Viele Bauern versuchten nämlich dessen Wirtshauseskapaden zu decken, wie die Vogtsherrschaft mutmaßte. Mit dem Übergang an Baden erfuhr das Schulwesen dann durch das 13. Organisationsedikt vom 13. Mai 1803 eine Straffung. Der Schulbesuch wurde für Jungen zwischen sieben und 14 und Mädchen zwischen sieben und 13 Jahren verbindlich gemacht. 1834 erfolgte die Verordnung über die Einrichtung von Volksschulen. Drei Jahre später wurde für den Schatthäuser Lehrer erstmals ein Salär von 175 Gulden fixiert. Hinzu kamen Pfründe aus dem Schulgut, Sondereinnahmen, die er als Mesner und Organist beziehen konnte, und seine Beteiligung an den Gemeindeumlagen. Damit besaß der Schulmeister erstmals eine ausreichende wirtschaftliche Basis. Bis sich die Dorfschule eine entsprechende Stellung im Ort gesichert hatte, bedurfte es freilich noch einiger Zeit.[1]

[1] Frh.A.Sch. A 1151. Zur allgemeinen Schulsituation im Baden des 19. Jahrhunderts: Stiefel II, S. 1943. Hasenfuss, besonders S.193-201.

6. Adel und adliges Leben

6.1 Die Familie von Brüggen

Als Wollrad von Brüggen 1677 die Herrschaft Schatthausen erhielt, hatte er weder Verbindungen zur Kurpfalz noch zum Ritterkanton Kraichgau. Seine Familie stammte aus der Gegend des Niederrheins, Wollrads Vater, Adam von Brüggen, war um 1600 wohl in Erkelenz geboren worden. Zwischen 1618 und 1630 zog er für Kaiser Ferdinand II. im hessisch-darmstädtischen Heer ins Feld, 1625 stand er als Leutnant unter dem waldeckschen Grafen Wolrad IV. Wenig später gelang ihm ein seltener Karrieresprung, als er zum Amtmann des größten waldeckschen Verwaltungsbezirks Eisenberg bestellt wurde.[1] Allerdings tat sich der Soldat auf diesem Posten schwer, seine Rechnungen fanden wiederholt Beanstandungen, weswegen er 1641 vom Dienst zurücktrat. Die militärische Tätigkeit für Graf Wolrad scheint er dagegen nie aufgegeben zu haben. Schon bei seiner Bestellung 1635 wurde er als *des Grafen Leutnant* bezeichnet, und 1641 erging an ihn der Befehl zum Aufbau einer Landwehr. 1653 wird er als Kapitän bezeichnet, zu dieser Zeit hatte er wohl eine Meierei gepachtet.[2]

Seine drei Söhne schickte Adam ausnahmslos auf Universitäten. Wollrad, dem er den Leitnamen der Waldecker Grafenfamilie gegeben hatte, studierte in Gießen und Helmstedt Rechtswissenschaften und wurde wohl 1661 zum Doktor promoviert.[3] Kurz darauf trat er in Dienste Sachsen-Lauenburgs, für das er in Rechtssachen hauptsächlich in Speyer tätig wurde. In den sechziger Jahren wird er mehrfach als "Advokat" geführt, in den siebziger Jahren häufen sich schriftliche Belege von einer diplomatischen Tätigkeit, die ihn als Geheimrat des Herzogs an die verschiedensten Fürstenhöfe führte.[4] Seit 1663 gehörte der Jurist zur festen Vertre-

---

[1] Der Bezirk firmiert auch unter dem Namen Korbach, wo bis 1450 der Amtssitz angesiedelt war.
[2] Steinmetz 1955 S. 93, 1958 S.48-52, 1975 S. 7 und S. 10.
[3] In dem Matrikeln der Universität Helmstedt (Hillebrand) findet sich: 148. Semester 1660 *Wolradt von Brüggen Corbaci Walleccensis*.
[4] Das Reichskammergericht war für die sächsisch-lauenburgische Territorialpolitik von hoher Bedeutung, entsprechend gut war die diplomatische Vertretung organisiert. Die Speyrer Juristen unterstanden direkt der Zentralregierung. Dazu Reden, besonders S.63.

tung des Herzogtums am Reichskammergericht und zählte damit zu der seit Mitte des 17. Jahrhunderts zunehmenden Zahl dort beschäftigter Adliger.[1] Ein anderer Angehöriger dieser Gruppe war Adam Gerner von Lilienstein, dessen einziges Kind, Christina Barbara, der Jurist 1662 in Speyer heiratete. 1663 wurde eine erste Tochter dieser Ehe in der Predigerkirche getauft, 1666 ein Sohn, der schon früh verstarb.[2] 1680 folgte ein weiterer Sohn, 1682 eine zweite Tochter.[3]
Wollrad von Brüggens Tätigkeit am Reichskammergericht war mit einer starken Stellung verbunden. In einer Zeit, in der das Reichsgericht auch eine zunehmend höhere Bedeutung für Reichsritter gewann[4], war damit in diesen Kreisen ein gewisser Bekanntheitsgrad verbunden, der ihm auch in den angrenzenden Kraichgau Kontakte einbrachte. Seine juristische Kompetenz gewann nach dem Tode des Schwiegervaters für dessen kinderlosen Bruder Abraham Gerner von Lilienstein an Bedeutung: Der übertrug ihm schon 1670 Verantwortung an der Herrschaft Schatthausen.[5] Kein Zweifel besteht, daß für den Advokaten das Stadtleben auch nach der förmlichen Übertragung der Herrenrechte an Schatthausen Priorität besaß, seine Aufenthalte im ohnehin baufälligen Schloß blieben kurz. So entsteht das durchaus typische Bild eines wohlhabenden Kleinadligen, der über ein Stadthaus verfügt, dort am gesellschaftlichen Leben teilnimmt und daneben als Besitzer eines Dorfes Herrschaftsrechte geltend machen kann und landwirtschaftliche Einkünfte hat.[6] Indes blieb es Wollrad von Brüggen nicht vergönnt, seinen so schnell erworbenen Besitz längere Zeit zu genießen. Er verstarb 1684 mitten in seinen Amtsgeschäften, noch kurz zuvor hatte er Berichte an den lauenburgischen Vizekanzler als seinen Dienstherrn geschickt.[7]

[1] Die Anstellungsfolge beschreibt Wollrad persönlich: Zunächst *in rahtdiensten, aydt und Pflichten* des Hauses Sachsen-Lauenburg, zwei Jahre später zusätzlich *in kaiserl. Kammergericht Schutz und Schirm* (GLA 229/92229). Zur vermehrten Anstellung von Adligen am Reichskammergericht siehe Duchhardt, S. 322, die Bedeutung des obersten Gerichts für Sachsen-Laubenburg bei Reden, S.63.
[2] Groh, S. 110, Frh.A.Sch. A 162.
[3] Siehe Abb. 6.1.
[4] Duchhardt, S.320.
[5] Zur Vorgeschichte dieser Übertragung siehe Kap. 1.2.
[6] Vgl. Kollmer, S. 41.
[7] Das Landesarchiv Schleswig-Holstein verfügt über ein Konvolut von rund 20 Briefen, die Wollrad von Brüggen zwischen den Jahren 1681 bis 1683 über den Stand der lauenburgischen Prozeßsachen verfaßt hat. (Abt. 210 Nr. 1359 gem. Findbuch der lauenburgischen Regierung zu Ratzeburg.) Die Auskunft erteilte freundlicherweise Herr Archivdirektor Wolfgang Prange vom Landesarchiv Schleswig-Holstein.

Für den gerade vier Jahre alten Sohn August Philipp übernahm die Witwe Christina Barbara die Administration des von Brüggenschen Besitzes. Sie hatte 1680 nach dem Tod ihres Onkels Abraham auch dessen Dorf Wollenberg geerbt[1], wo ihr neben einer auf 17489 Gulden geschätzten Herrschaft die traditionell schlechten Beziehungen zwischen Bürgerschaft und Dorfherrschaft in den Schoß fielen. Schon 1676 hatte die Gemeinde von Abraham Gerner die Herausgabe verschiedener Obligationen gefordert und versucht, Abgabenvergünstigungen durchzusetzen. Mit der Absetzung des Wollenberger Schultheißen 1677 sorgte Abraham dann für neuen Konfliktstoff, der bis zur Jahrhundertwende anschwoll. Auch später unter ihrem Ortsherrn Schertel von Burtenbach blieben die rührigen Untertanen in Opposition zu ihrer Herrschaft und führten die Auseinandersetzungen bis weit ins neue Jahrhundert hinein fort.[2] Die unruhige Bauernschaft in Wollenberg gab wohl mit den Ausschlag zu der familienpolitisch wichtigen Entscheidung Christina Barbaras: den Verkauf Wollenbergs an den Oberamtmann von Amorbach, den Ritter von Ostheim.[3] Da das Speyrer Haus nach diesem Verkauf als Heiratsgut an Maria Margaretha ging, hatte sich die Basis der Familie von Brüggen um die Jahrhundertwende auf das unter den französischen Dauerfehden in der Pfalz schwer leidende Schatthausen verengt.[4] In einer Generation hatte sich die Besitzstruktur der Familie damit ganz gewandelt, womit der Sohn des Juristen Wollrad von Brüggen völlig andere Perspektiven besaß: Als Landadliger hatte er seine Lebensinhalte nun vollständig in seiner kleinen Herrschaft zu suchen.[5] Bevor die Familiengeschichte weiter verfolgt wird, soll ein Porträt dieses Sohnes eingeschoben werden - ein Fallbeispiel für adliges Landleben in der Zeit des Barock.[6]

[1] Das Dorf war an sie und Eva Maria Gerner von Lilienstein vererbt worden (GLA 115 799). Diese unverheiratete Tochter Adam Gerners starb bald danach.
[2] GLA 229/115798, 229/115799, 229/115800, 229/115801, 229/115818.
[3] Frh.A.Sch. A 1252, GLA 229/115810. Die Familie von Ostheim, (auch Ostein), stellte mehrere Generationen die Oberamtleute für Amorbach. Zu ihnen etwa Oswald/Störmer, S.301 und S.338. Von Ostheim strebte in dieser Zeit offenbar die Rezeption in einem Ritterkanton an, vgl. Schulz S.268, gab aber Wollenberg schon bald an Schertel von Burtenbach weiter. Zu ihnen vor allem Kollmer (mehrfach), Schulz S.270, Hellstern S.209, Alberti II, S.685.
[4] Frh.A.Sch. A 167. Zur Entwicklung des Vermögens siehe auch Kap. 6.2.1.
[5] Frh.A.Sch A 167. Zur Besitzgeschichte und dem von Brüggenschen Vermögen siehe ausführlich Kap. 5.
[6] Die Porträtierung ließ sich dabei besonders von den in Gert Kollmers Studie angesprochenen Problemfeldern leiten. Zu Aspekten adligen Lebensgefühls in der Zeit des Barock vgl. überdies den Aufsatz von Riedenauer, zu adligem Lebensgefühl und Bewußtsein auch die entsprechenden Kapitel bei Heinz Reif (1979).

ADEL

Abb. 6.1:   Die Familie von Brüggen in Schatthausen

Wollrad von Brüggen (+1684)
∞ Christina Barbara Gerner von Lilienstein (+1712)

Maria	Friedrich	August	Maria
Margaretha	Adam	Philipp	Ferdinanda
(1663-1711)	(1666 -?)	(1680-1749)	(1682-1700)
∞	ledig	∞	ledig

Wilhelm Heinrich
von Benserath

1. Elisabeth Catharina
   von Wintzingerode
   (+1712)
2. Magdalena Juliana
   von Leutrum
   (+1759)

1.1. Sophia Benigna Christina
    (1709 - 1710)
1.2. Johann Christian Ludwig
    (1711 - 1784)
    ∞
    1. Charlotte von Göler
    2. Anna Maria ?
    (bürgerlich)
1.3. Carl Franziskus
    (1712)

2.1. Friderica Juliana
    (1715)
2.2. Friderica Charlotta
    (1716 - 1783)
2.3. Catharina Augusta
    (1717 - 1718)
2.4. Friedrich Anton
    (1718)
2.5. Magdalena Juliana
    (1719 - 1720)
2.6. Sophia Juliana
    (1721 - 1801)
    ∞ Ph.J. von Roman
2.7. Friedrich
    (1722 - 1723)
2.8. Wilhelmina
    (1724 - 1805)
2.9. Christina Friderica
    (1727 - 1733)
2.10. Sophia Eva
    (1730 -1732)
2.11. Friedrich G. Adam
    (1732 - 1752)
2.12. Carl Christoph
    (1733 - 1806)
2.13. Eleonora Friderica
    (1737 - 1758)
2.14. Otto Heinrich
    (1737 - 1794)
2.15. Maria Catharina
    (1739 - 1763)

6.1.1 Ein barocker Freiherr: August Philipp von Brüggen

August Philipp von Brüggen war nach einer langen Zeit kriegerischer Auseinandersetzungen der erste Besitzer Schatthausens, der sich wieder kontinuierlich um seinen Ort kümmerte. Unter ihm fand das Schloß zu seiner repräsentativen Pracht zurück, wurde die Grundherrschaft abgerundet und all jene traditionellen hoheitlichen Herrschaftsinstrumente wurden wieder installiert, die über das unruhige 17. Jahrhundert ihre Bedeutung eingebüßt hatten. Unter seiner Ägide blühte - mehr oder weniger von ihm forciert - die völlig zerrüttete Wirtschaft wieder auf. Und schließlich war er es, der die ersten massiven Attacken der Kurpfalz auf die Autonomie des Allods Schatthausen auszustehen hatte.[1]

August Erich Philipp von Brüggen, wie sein voller Taufname lautete, wurde 1680 in Speyer geboren, er war nach dem frühen Tode eines Bruders der einzige Sohn der Familie. Als er gerade vier Jahre alt geworden war, starb sein Vater, im Alter von neun Jahren mußte der Halbwaise mit seiner Mutter die Heimatstadt verlassen, die von den Franzosen besetzt, geplündert und zerstört wurde. Auch ein Teil des väterlichen Besitzes ging wohl dabei verloren. Wahrscheinlich zog sich die Familie in der Notzeit nach Wollenberg zurück, das etwas entfernt lag von den Kriegsschauplätzen. Als in Wollenberg das Verhältnis mit den Bauern auf dem Tiefpunkt angelangt war und der Ort veräußert werden mußte, zog man sich offenbar wieder nach Speyer zurück, wo ein Hausplatz aus dem Gernerschen Erbe Wohnung bot. Schatthausen fungierte nur vorübergehend als Residenz, und erst um 1702 zogen Mutter und Sohn dorthin, wo die Restauration des von den Kriegen schwer in Mitleidenschaft gezogenen Schlosses große Anstrengungen erforderlich machte.

Über August Philipps Ausbildung lassen sich nur Mutmaßungen anstellen. Sein späteres, recht geschicktes Vorgehen in Rechtsfragen setzte durchaus profunde Rechtskenntnisse voraus. Doch scheint er diese nicht an einer Universität, sondern vielleicht eher in der Praxis erlangt zu haben, etwa im Dienst bei einem befreundeten adligen Haus.[2] Vielfältige

---

[1] Das vorliegende Unterkapitel stützt sich auf eine Fülle einzelner Daten, die zum Teil in anderem Kontext bereits verarbeitet wurden. Da die Belegstellen in den Akten überdies häufig nur als Nebenaspekte auftauchen, wurde darauf verzichtet, in allen Fällen die präzise Fundstelle anzugeben. Zentrale Quellen zu August Philipp von Brüggen sind Frh.A.Sch. A 162, A 163, A 164 und A 168.

[2] In keinem der für das Ende des 17. Jahrhunderts greifbaren Matrikelbücher, vor allen Dingen nicht an den Universitäten, die sein Vater besuchte und auf die er später seine Söhne schickte, ist August Philipp von Brüggen verzeichnet. Allerdings liegen gedruckte Matrikelbücher für die in Frage kommende Zeit von etlichen Hochschulen nicht vor.

Verbindungen weisen nach Mauer, wo man mit dem reichen und angesehenen Geschlecht der Bettendorf recht intensiven Austausch pflegte. Längere Studien- und Dienstaufenthalte sind aber spätestens 1703 abgeschlossen, denn seit dieser Zeit ist August Philipp recht regelmäßig in Schatthausen anzutreffen, wo er mehr und mehr Herrschaftsgeschäfte anstelle seiner Mutter wahrnimmt.

In seinen Jugendjahren zeigte August Philipp unbeherrschtes Temperament. Mit selbstverliebter Selbstüberschätzung ging er durchs Leben, lebte ausschweifend und zügellos. 1702 schlug er dem damaligen hochbetagten Anwalt seinen spanischen Rohrstock über den Rücken, mit dem katholischen Pfarrer lieferte er sich wiederholt Handgemenge; seinen Müller hat er gar so verprügelt, daß dessen Arm *schwarz und blau* wurde, einen weiteren Bauern stieß er mit der Flinte zu Boden. Die Tochter ausgerechnet des ärmsten Schatthäuser Bauern schwängerte er, und statt die ihr dafür drohende Strafe von einigen Gulden zu begleichen, ließ er es zu, daß das Mädchen in Dilsberg ins Verlies gesteckt wurde. Seine Freizeitbeschäftigung, die Jagd, war ihm so bedeutend, daß er sich auch vom Landrecht nicht daran hindern ließ: Mit einigen adligen Freunden jagte er in Schatthausen Rotwild und verstieß damit gegen das pfälzische Priveleg der hohen Jagd.[1]

Foto: Pfeifer

August Philipp von Brüggen

[1] Zu den Verfehlungen vor allem: Frh.A.Sch. A 1037, A 1112, GLA 229/922234.

1708 heiratete der Adlige Elisabeth Catharina von Wintzingerode.[1] Diese Tochter aus einem thüringischen Geschlecht war mit ihrer Mutter einige Jahre zuvor nach Wiesloch gekommen, von wo aus die beiden Frauen freundschaftlichen Kontakte nach Schatthausen pflegten. Besonders vorteilhaft war die Ehe in finanzieller Hinsicht nicht: Bereits 1710 mußte August Philipp mit einem genau explizierten Reiseaufwand von 130 Gulden nach Thüringen reisen, um die Zahlung des Heiratsguts anzumahnen. 1000 Gulden waren vereinbart worden, die Hälfte des üblichen Satzes einer adligen Mitgift. Und auch dieser Betrag war nur in Form einer Obligation mit Jahreszins gegeben worden, was durchaus nicht unüblich war.[2] Doch blieben die Zinsen schon bald aus. 1715 richtete August Philipp eine völlig überhöhte Forderung nach Thüringen, die der Baron Georg Ernst von Wintzingerode nur zu 850 Gulden zugestand - ohne sie indes zu bezahlen. 1739 wurde ein Vergleich getroffen und nicht gehalten, kurz darauf versprach man, August Philipp von Brüggen verschiedene Gefälle einzuräumen. In seinem Todesjahr 1749 war das Heiratsgut endlich auf 247 Gulden getilgt.[3] Die schwache Zahlungsmoral der Familie seiner Gattin mag den Adligen auch dazu verleitet haben, die Brautkleidung, die sie beim Heidelberger Kaufmann Daniel Zollicoffer erworben hatte, unbezahlt zu lassen. August Philipp ließ es sogar auf eine Verhandlung vor dem Hofgericht ankommen. Als er von diesem zur Zahlung verurteilt worden war, mußte das Geld 1713 von Dilsberg aus zwangsweise eingezogen werden.

Die Beamten dort, die sich mit all diesen Verstößen beschäftigen mußten, hatten in dieser Zeit kein allzu positives Bild vom neuen Schatthäuser Dorfherrn entwerfen können. Die Zent sei schon immer ein *Ort der Illegitimität* gewesen, behauptete sogar 1704 ein Landschreiber, der August Philipps Verfehlungen zum Anlaß eines grundsätzlichen Berichtes nahm.[4] Für den unsteten Adligen waren seine Probleme mit dem Territorialstaat indes kein Hindernis, ein Arrangement vorzubereiten, das weitreichende Konsequenzen gehabt hätte: 1710 bot der 30jährige Adlige Kurpfalz die Lehensauftragung an. Als Grund gab er zwar die ständigen Streitereien wegen der pfälzischen Ansprüche um die Pfarrakte an.[5] Deutlich aber wird in den mehrfach geänderten Entwurfsschriften, daß seine eigenen persönlichen Vorteile eine zumindest gleichbedeutende Rolle bei dem Projekt spielten. Denn die Auftragung als Kunkellehen und

---

[1] Frh.A.Sch. A 163. Elisabeth Catharina entstammte dem im 17. Jahrhundert entstandenen Zweig Adelsborn. Zu der Familie von Wintzingerode siehe Kneschke IX, S.584.
[2] Hierzu Kollmer, S.184ff.
[3] Frh.A.Sch. A 163.
[4] GLA 229/922234.
[5] Frh.A.Sch. A 1038. Zu den Querelen mit Kurpfalz ausführlich Kap. 2.2.

die Zulassung eines katholischen Priesters solle unter den vier Bedingungen erfolgen, daß
1. die alten Gerechtsamen confirmiert werden,
2. ihm die hohe Jagd gewährt wird,
3. er sich nur der Regierung und dem Hofgericht zu unterstellen habe,
4. er den Charakter eines Rates erhielte.
Auffallend ist schon allein die Gewichtung der Punkte. Für das Recht, Hirsche und Rehe zu jagen, wollte August Philipp die Gleichberechtigung der Konfessionen zulassen und sein allodiales Eigentum dem Staat antragen, mit dem er seit Jahren im Dauerstreit lag. Wie hinterlistig er seinen Vorteil suchte, zeigt auch, daß er auf seine noch *anhaltende Kinderlosigkeit* verwies, womit er den Lehensauftrag besonders schmackhaft machen wollte. Dabei verschwieg er, daß seine Frau, hochschwanger, vor der Geburt eines Kindes stand. Aus den Papieren spricht ein gelangweilter Adliger, finanziell nicht saturiert, in seiner Tätigkeit unausgelastet, mit zumindest eingeschränktem adligen Selbstbewußtsein - und es gilt auch hier: den Nachkommen eines neuen Dorfherren mangelt es an Bindung zum ererbten Besitz.[1] Daß er den Antrag in einer Zeit entwarf, in der seine Mutter noch durchaus vital an der Vogtsherrschaft mitwirkte, ohne in dem Schreiben jedoch irgendwie benannt zu werden, wirft ein weiteres bezeichnendes Licht auf sein egoistisches Vorgehen. Der Petent hatte das Schreiben an Monsieur Wiesenhuderen, einen kurfürstlichen Rat, mit der Bitte adressiert, die Sache *behutsam* einzurichten.[2] Sollte er binnen Halbjahresfrist keine Antwort erhalten, so *will ich mich zu nichts verbinden*. Vielleicht hat von Brüggen das Schreiben gar nicht versandt, doch genügt es zu wissen, daß er sich - auf mehreren Seiten - darüber detailliert Gedanken gemacht hat. Das Projekt verlief jedenfalls im Sande und August Philipp blieb sein Leben lang ein entschiedener Bekämpfer der pfälzischen Attacken, insbesondere in Religionssachen.

Diesem Bild eines sprunghaft und eigensinnig handelnden jungen Adligen tritt in späteren Jahren das eines weit klüger agierenden und vorausschauenden Vogtsherrn gegenüber. Vielleicht beschleunigte das Jahr 1712 den charakterlichen Wandel: Schon Ende des Jahres 1711 waren die Schatthäuser Bauern wiederholt um ihre Fürbitte für die schwer erkrankte Christina Barbara von Brüggen angehalten worden, wohl Anfang des Jahres 1712 verstarb sie hochbetagt. Im Juni desselben Jahres überlebte die Frau August Philipps nicht die Geburt ihres zweiten Sohnes, dieser selbst folgte ihr wenige Wochen später ins Grab. Womöglich hatte sich August Philipp der Wirkung dieser Ereignisse nicht entziehen kön-

---

[1] Vgl. die Veräußerung Schatthausens durch die Bettendorf vor 1600. Sie erfolgte in der dritten Generation.

[2] Wiesenhuderen führte zur etwa gleichen Zeit die Untersuchungen über die Schatthäuser Kirchensachen (GLA 229/922234).

nen. Er, Vater eines Sohnes und nunmehr alleiniger Herr von Schatthausen, begann in diesen Jahren, sukzessive die Herrschaftsordnung zu straffen. Schon 1712 war es ihm gelungen, den Kirchensatz und damit beträchtliche Zehntanteile zu erwerben. In der Folge tauschte er nach außerhalb fallende Zinstitel um, so daß er der mit Abstand wichtigste Berechtigte am Ort wurde. Mittels mehrerer Renovationen verschaffte er sich Überblick über den Besitz in Schatthausen und seine Zinseinkünfte. Die Ruggerichte erhielten ihre strenge Ordnung, Fronregister und Zinsbücher wurden angelegt, die Kauf- und Verkaufgeschäfte notiert. Um seine Gerechtsame zu sichern, begann er auch, sich für die Geschichte seiner Herrschaft zu interessieren, er trug alle relevanten Urkunden in ein eigens gefertigtes Kopialbuch ein. Mit der Gesundung der Wirtschaft, unterstützt durch die Milderung der Zehntlast für neugerodete Äcker, stiegen seine Erträge aus Gebühren, Abgaben und dem Zehnten an. Und natürlich entwickelte sich auch seine eigene Landwirtschaft zu einer festen Einkommensgröße. Die positiven Akzente einer strafferen Herrschaftsordnung hatten freilich für die Bauern ihre Schattenseiten. Mit der Einführung der Handlöhne und der Nachsteuer errichtete August Philipp in der Folgezeit schwer drückende und das Wirtschaftsgebaren hemmende Abgaben. Und die Protokolle aus den Ruggerichten ließen eine penible und strenge Gerichtsordnung erkennen; es gehörte zum Wesen der Ruggerichte, daß jeder Frevel angezeigt werden mußte, daß die notorisch gewordene Unterlassung gar schwer geahndet werden konnte. Unter August Philipp gewann dieses Verfahren noch an Schärfe, weil nun fast jeder Ankläger mit einer Strafe rechnen hatte. Denn auch dieser vermochte in einer Auseinandersetzung leicht *grober Reden* überführt zu werden.

Am 6. Juni 1714 verehelichte sich August Philipp in zweiter Ehe mit Magdalene Juliana von Leutrum, der Tochter des württembergischen Forstmeisters am Stromberg, Friedrich Christoph Leutrum von Ertingen. Schon in finanzieller Hinsicht war diese Verbindung ein Erfolg, gehörten die Leutrum doch zu den "wohlhabendsten" Adelsfamilien im schwäbischen Raum.[1] August Philipp wurde die Mitgift in der nun auch standesgemäßen Höhe von 2000 Gulden pünktlich ausbezahlt, darüber hinaus brachte seine junge Frau Schmuck und Perlen in die Ehe ein. War August Philipp 1710 - zumindest gegenüber Kurpfalz - noch gram gewesen ob seiner Kinderlosigkeit, so konnte er auch diese Sorgen bald vergessen: Von seiner zweiten Frau wurden ihm 15 Kinder geboren, von denen allerdings sieben schon im Kindesalter starben.[2]

In wirtschaftlicher Hinsicht hat sich August Philipp fraglos um die Genesung der Ortes von den schweren Kriegsverwüstungen verdient ge-

---

[1] Hierzu Kollmer, S.47f., S.51, S.83 und an anderen Stellen, zum Geschlecht auch Alberti I, S.452, Schulz, S.266.
[2] Die Familienverhältnisse im wesentlichen in Frh.A.Sch. A 162, A 164.

macht. Er hat das Hofgut wieder in Stand gesetzt und die ortstypischen Möglichkeiten zur Gänze zu nutzen verstanden. Während seine mennonitischen Pächter das Hofgut nach den besten Anbauprinzipien führten, den Viehbestand sukzessive zu mehren verstanden, nutzte er selbst auch agrarisches Nebengewerbe, wenn auch nur in der möglichen bescheidenen Weise: Ein Webstuhl im Schloß diente zur Weiterverarbeitung von Flachs und Hanf, das er sich von den Bauern liefern ließ, im Fischteich tummelten sich Karpfen, die er zum Teil auf den Markt brachte. Für die Herrschaft bedeutete das 1733 festgefügte Teilpachtsystem die Sicherstellung des Eigenbedarfs und eine gesunde Marktquote, deren Höhe vom Ernteertrag abhing.[1] Seine Einkünfte steckte August Philipp fast ausnahmslos bald wieder in den Wirtschaftskreislauf, zur Finanzierung seiner Anschaffungen schreckte er sogar vor dem Verkauf einiger Perlen seiner Frau nicht zurück. Ersparnisse lagen bei seinem Tode daher nicht vor. Dafür hat er das Schloß als einen schmucken Barockbau wiedererstehen lassen, für den er mit eigener Hand Pläne zeichnete. Er hat das Interieur verfeinert, Porträts anfertigen lassen, spanische Wände als Raumteiler angeschafft. Persönlich leistete er sich eine goldene *sackuhr*

Foto: Pfeifer

Magdalena Juliana von Brüggen

[1] Siehe Kap. 4.

und einen Kompaß, sein zum Teil ererbtes Waffenarsenal ergänzte er mit Peitschen, Büchsen und Degen; und von einem Vogelbauer mit fünf Vögeln ließ er sich im Alter harmlose Abwechslung schenken.[1] August Philipps Vater hatte mit seiner Tätigkeit im Reichskammergericht eine starke Stellung inne, die mit hohem Ansehen und einem großen Bekanntheitsgrad verbunden war. Demgegenüber war die Familie von Brüggen im Kraichgau völlig fremd, als sie sich in Schatthausen niederließ. Besieht man sich die adligen Freunde seines Sohnes, so handelte es sich dabei vor allem um Mitglieder der Familie von Benserath, also seines Schwagers, und um benachbarte Vogtsjunker. Als Paten bei seinen Kindern fungierten sehr häufig die Bettendorfschen Nachbarn in Mauer und die Verwandten oder Bekannten seiner Frauen. Aber auch viele Offiziere, zuweilen von passierenden Truppenverbänden, fanden sich von Zeit zu Zeit auf dem Schatthäuser Schloß zu Feiern ein.[2]

69jährig starb August Philipp von Brüggen nach siebentägiger Brustkrankheit am 12. April 1749. Vier Wochen lang hatten daraufhin die Glocken der gerade neu erstellten Kirche zu läuten - dreimal täglich, insgesamt eine Stunde lang.[3] Es wirft ein letztes Mal Licht auf den Eigensinn des Adligen, daß er trotz seines durchaus hohen Alters kein ordnungsgemäßes Testament hinterlassen hat, wiewohl gerade seine aus zwei Ehen stammende Nachkommenschaft dies besonders gefordert hätte. Aber außer einigen undatierten, wahrscheinlich schon um 1712 gefertigten Brouillons, in denen seine zweite Ehe mit keinem Wort erwähnt ist, gab es nur eine einzige, sofort wirksame Verfügung: Ein Kapital in der vergleichsweise bescheidenen Höhe von 50 Gulden sollte separiert und die jährlich daraus fließenden zwei Gulden und 30 Kreuzer an Zinsen dem Almosenfonds zugeführt werden.[4]

6.1.2 Trotz 18 Kindern: Das Ende der Familie

Der Sohn aus Augusts erster Ehe war ganz offensichtlich Leidtragender der Wiederverheiratung. Ihm hatte August Philipp eine gute und kostspielige Ausbildung gegeben: Nach dem Besuch des Gymnasiums in

---

[1] Sein persönlicher Besitz in Frh.A.Sch. A 168.
[2] Die Gästelisten konnten unter anderen Einzelangaben aus den oft Dutzenden von Paten geschlossen werden, die für jede einzelne der ja sehr zahlreichen Kinder August Philipps benannt wurden und die zu den Tauffeiern nach Schatthausen kamen. (Als Quelle dienen dazu die Kirchenbücher-Einträge, die bei Feiern der Adelsfamilie meist in einer sonst ungewohnten Präzision und Sorgfalt erstellt wurden.) Zur hohen Bedeutung von "Gesellschaft" für den Adel des Barock, vgl. Riedenauer S. 185ff.
[3] Frh.A.Sch. A 167.
[4] Frh.A.Sch. A 169.

Speyer studierte er im Sommer 1729 in Heidelberg, ein Semester später war er in der juristischen Fakultät der Universität Straßburg immatrikuliert.[1] Er trat dann in kaiserlichen Dienst, wobei ihm ganz offensichtlich sein Patenonkel, der kaiserliche General Philipp Ludwig von Bettendorf aus dem benachbarten Mauer die Wege bahnte.[2] Die Ausbildung Johann Christian Ludwigs verschlang mindestens 2000 Gulden *sumptus studiorum et militiae*[3]. Christian Ludwig war der einzige in der Familie, der mit Erfolg in eine Ämterlaufbahn trat. Er hat es bis zum kaiserlichen Hauptmann gebracht, dann jedoch knickte die Karriere: Nach dem Tode seiner ersten Frau, eine Göler von Ravensburg, dürfte ihm die Verbindung mit einer Bürgerlichen das weitere Erreichen militärischer Ränge erschwert haben, zumal er nicht über große Vermögensbestände verfügte. Auch fehlte ihm nach dem Tode des Generals von Bettendorf ein wichtiger Fürsprecher.

Er hätte wohl gerne Schatthausen als seine Herrschaft übernommen, sein Vater hatte ihm auch in einigen nicht beglaubigten und undatierten Schreiben weitgehende Zusagen gemacht. Aber da August Philipp eben kein ordnungsgemäßes Testament hinterlassen hatte, mußte er um seine Rechte kämpfen. Als er 1749, durch den Tod August Philipps von Brüggen zurückgerufen, in Schatthausen eintraf, stießen seine Ansprüche schnell auf den Widerstand seiner Stiefmutter und deren Kinder. Die hatten bereits eine Erbteilung vollzogen, ohne ihn überhaupt zu berücksichtigen. Ein kurpfälzischer Oberappellationsgerichtsrat mußte einen Vergleich herbeiführen, nach dem Christian Ludwig einen respektablen Teil erhielt und an den jährlichen Erträgen der Herrschaft beteiligt wurde. Die Konflikte schienen ausgeräumt, als sich die Stiefmutter sogar dazu bereit erklärte, ihrem Stiefsohn die Studiengelder, die er eigentlich zurückzuzahlen hätte, *aus blutsfreundschaftlicher liebe* zu schenken.

Doch war die Liebe bald vergessen und *unfrieden* trat an ihre Stelle. Weil er wegen seines Dienstes nicht ständig in Schatthausen anwesend sein konnte, erklärte man sich nämlich bereit, dem *Capitaine* alljährlich 100 Reichstaler aus den Erträgen der Herrschaft zufliessen zu lassen. Alsbald quittierte der jedoch den Soldatendienst, zog ins Dorf und begann die Vogtsherrschaft *selbstherrlich* zu führen. Die Distanz zwischen Stiefmutter und Stiefsohn schlug dann völlig in Feindschaft um, da Chri-

[1] Sein Speyrer Zeugnis in Frh.A.Sch. A 174. Immatrikulationsnachweise bei Toepke IV, 22.4.1729, Knod II, S. 361.
[2] Frh.A.Sch. A 164. Dienste im Heer, insbesondere im kaiserlichen, waren für den Adel stets bevorzugte Tätigkeitsbereiche, die oft weniger Einkünfte als Reputation verschafften. Zu "Adel und Heerwesen" siehe explizit Rainer Wohlfeil im Sammelband von Rössler, über die ökonomischen Folgen besonders Kollmer, S.104ff.
[3] Frh.A.Sch. A 169.

stian Ludwig sich weiter zu seiner exzentrischen Bürgerlichen bekannte, die *ihn und unser ganzes hauß so sehr beschimpfft*, wie Magdalene Juliana klagte. Christian Ludwig plante in diesen Monaten sogar die Herrschaft zu teilen, sich selbst das Haus des Anwalts zu kaufen, und von dort aus seinen Anteil zu verwalten. Die Witwe, die vor allem fürchtete, daß Christian Ludwig Nachkommen mit seiner Geliebten erzielen könnte und damit die Besitzrechte völlig verworren würden, mühte sich monatelang auch unter Einschaltung des Dilsberger Amtmanns, Baron von Buchwitz. Schließlich gelang der Vergleich: Am 8. April 1756 beurkundete Christian Ludwig, auf alle Erbanteile und künftigen Ansprüche verzichten zu wollen. Er ließ sich mit 7000 Gulden abfinden und verließ mit seiner *Anna Maria* Schatthausen. 1784 starb er im schwäbischen Lamersheim, wo sich herausstellte, daß das gesamte Kapital verbraucht war, die Summe der Passiva den Wert des Inventars noch um fast 300 Gulden überstieg.[1]

Von den Kindern, die August Philipp mit Magdalene Juliana hatte, trat auch Friedrich Gustav Adam in Militärdienst. Bei ihm ist eine Protektion durch Carl Emanuel Leutrum von Ertingen zu vermuten, den sardischen Generalfeldmarschall.[2] Er stand als Adjutant im Baron Leutrumschen Infanterieregiment, doch schon mit knapp 20 Jahren mußte er in Italien als Soldat das Leben lassen.[3] Carl Christoph wiederum soll in pfälzischen Dienst getreten sein, wie es in einer kurzen Notiz 1751 heißt. Allerdings läßt sich diese Aussage weder präzisieren noch überhaupt aus pfälzischen Quellen verifizieren. Immerhin hätte eine solche Anstellung bei den gespannten Beziehungen zwischen Schatthausen und Kurpfalz für neue Varianten sorgen können, mithin war sie auch erst nach dem Tode August Philipps möglich geworden, als sich seine Witwe mehr an die Dilsberger Amtleute anlehnte. Sollte Carl Christoph tatsächlich in Diensten der Pfalz getreten sein, so dürfte seines Bleibens dort nicht allzu lang gewesen sein. Schon seine schwere Krankheit spricht gegen ein längeres Engagement: Aus vielen späteren Aussagen setzt sich das Bild einer Geisteskrankheit zusammen, die Carl Christoph wohl schon früh zu eigenständigem Handeln unfähig machte.

---

[1] Frh.A.Sch. A 169, A 171, A 975. Daß Christian Ludwig bei seinem Tode mittellos ist, bestätigt Kollmers Erkenntnisse (S. 195): Selbst hohe Einkünfte reichten oft nicht aus, die standesgemäßen Verpflichtungen zu finanzieren, geschweige denn Rücklagen zu bilden. Gleichwohl muß Christian Ludwig zumindest in der zweiten Lebenshälfte auch ein Verschwender gewesen sein. (Zum Thema "adlige Verschwender" auch Kollmer, S.198ff.)
[2] Zu ihm Kollmer, S. 127.
[3] Frh.A.Sch. A 162, A. 167.

Otto Heinrich ist der einzige Sohn aus der zweiten Ehe, der ein Studium absolvierte.[1] Er widmete sich in Jena der Rechtswissenschaft. Auf ihn hatten sich die Hoffnungen gerichtet, er sollte nach den frühen Todesfällen die Herrschaft weiterführen und die Familie von Brüggen standesgemäß fortpflanzen. Doch auch er scheint kränklich gewesen zu sein. Schon in jungen Jahren begab er sich zu Kuraufenthalten nach Wildbad, machte gar Schulden bei seinen Geschwistern, um sich dort die medizinische Versorgung leisten zu können. Kuraufenthalte an namhaften Badeorten waren durchaus standestypische Beschäftigungen, aber Otto Heinrichs Kränklichkeit ist durch ein Schreiben Wilhelmines überdies deutlich belegt. Die Kränklichkeit soll mit ein Grund dafür gewesen sein, daß sich Otto Heinrich nie verheiratete.[2]

Auch von den Töchtern verehelichte sich nur eine einzige, Sophia Juliana. Mit ihrer Ehe kam sogar Glanz auf die kleine Herrschaft. Ihr Gatte, Philipp Joachim von Roman, stand am Anfang einer eindrucksvollen Karriere. Seine Familie war 1685, nach der Aufhebung des Edikts von Nantes, aus Frankreich geflohen, wo sie - im Languedoc und der Provence begütert - zu den ältesten und angesehensten Adelsgeschlechtern gezählt hatte. Pierre de Roman wurde im Brandenburgischen Offizier des aus Flüchtlingen gebildeten Regiments des Marquis de Varenne, er starb 1719 als Hauptmann in königlich-preussischem Dienst. Sein Sohn Philipp Joachim war Kadett in der väterlichen Kompanie gewesen, bevor er als Page zum Prinzen Friedrich Wilhelm von Preußen kam. Als sich die preussische Prinzessin Marie Henriette mit dem württembergischen Erbprinzen Friedrich Ludwig vermählte, wechselte der junge Roman mit ihr nach Württemberg. Später kehrte er in den Militärdienst zurück und wurde von Stufe zu Stufe bis zum Generalleutnant befördert und zum Kommmandanten der Festung Hohentwiel ernannt.[3] Die besonderen Kontakte zum württembergischen Fürstenhaus führten dazu, daß die Herzogin selbst Pate stand bei der Taufe des Romanschen Nachwuchs` und daß sich eine ganze Reihe klangvoller Namen in Schatthausen einfand.[4] Ausgesprochen wohlhabend war die Familie, die 1742 als Freiherren von Roman im Reich anerkannt wurde, zu dieser Zeit nicht. Besonders der junge Page dürfte zur Zeit seiner Heirat keine Ansprüche gestellt haben, denn er mußte sich mit einem bescheidenen Heiratsgut von 1500 Gulden zufrieden geben, 500 Gulden wurden bar ausbezahlt, für die restlichen 1000 Gulden erhielt er eine jährliche Rente von 50 Gulden, die mit der Schäfereipacht hypothekarisch gesichert war. Das bescheidene Heiratsgut

[1] Ein Immatrikulationsnachweis findet sich bei Köhler für das Sommersemester 1760, Nr.185.
[2] Frh.A.Sch. A 239.
[3] Frh.A.Sch. A 165. Zur Familie von Roman allgemein Kneschke VII, S.565.
[4] Kirchenbücher Schatthausen.

besserte die junge Familie mit einem Kredit auf, den sie sich in Höhe von 500 Gulden von Baron von Benserath geben ließ. Nach dem Tode August Philipps übernahm dann das junge Ehepaar 1500 Gulden aus dessen Schulden, die wahrscheinlich zur Fortführung des Prozesses um den Ort Schernau aufgenommen worden waren. Denn dafür ließ sich von Roman die Option auf den erfolgreichen Ausgang dieses Gerichtsverfahrens einräumen.

Schernau war Streitpunkt seit 1594. Als Eberhard von Weitershausen um 1590 10 000 Goldgulden an Konrad von Grumbach verliehen hatte, war ihm der Ort bei Würzburg als Pfand zugesagt worden.[1] Nach der Zahlungsunfähigkeit Grumbachs war Eberhard von Weitershausen auch in den *antichretischen Besitz* Schernaus eingesetzt worden, das heißt, es wurde ihm als eine Art Nutzungspfand überlassen. Aufgrund anderer auf dem Dorf ruhender Belastungen wurde er jedoch alsbald rechtswidrig wieder davon verdrängt. Die Wiedereinsetzung per Gericht gelang ihm nicht, Schernau steht in der Weitershausischen Familiengeschichte für stetes vergebliches Bemühen. Auch Wollrad von Brüggen und die Gerner von Lilienstein hatten sich fruchtlos angestrengt, die ererbten Außenstände wieder einzubringen. August Philipp von Brüggen und sein Schwager von Benserath kümmerten sich seit 1704 um das anhängige, doch immer wieder verschleppte Verfahren. Sie arrangierten sich zunächst mit der Familie von Neipperg, die als Erben des Weitershausen-Sohnes Heinrich ebenfalls Rechte an Schernau geltend machen konnten.[2] Bernhard von Neipperg erklärte in aller Form, daß er sich am Prozeß nicht beteiligen wolle. 1715 wurde in Wetzlar Klage eingereicht. Die Prozeßaussichten waren bald schon erfolgversprechend, darauf verweist von Romans Interesse, der immerhin eine Schuld von 1500 Gulden gegen die noch nicht gesicherten Rechte auf Schernau übernahm.[3]

Diese Übertragung eines zweiten Brüggenschen Besitztitels erinnert an die etwas leichtfertige Vergabe Wollenbergs am Ausgang des 17. Jahrhunderts. Auch damals hatte sich die Familie um eine breitere grundherrschaftliche Basis gebracht, als der Ort zur Gänze als Mitgift an eine Schwester vergeben wurde. Auch diesmal war eine respektable Herrschaft - wenn auch aus einer aktuellen Schuldensituation heraus - als überdurchschnittlich hohes Heiratsgut an eine Tochter vergeben worden. Ein Verkauf der intakten Herrschaft hätte die Vermögenssituation der Familie auf einen Schlag verbessern können.[4] Das Vorgehen zeigt, wie schwer es für die Familie war, ein standesgemäßes Heiratsgut aufzubrin-

---

[1] Siehe auch Kap. 1.2.
[2] Zu den Familienverhältnissen siehe Tafel 1.3.
3) Frh.A.Sch. A 1210.
[4] Frh.A.Sch. A 493, A 1031, A 1210.

gen.[1] Dies macht es auch verständlich, daß eine weitere Ehe einer Tochter finanzielle Probleme gestellt hätte. Gerade als zwei Töchter in den fünfziger Jahren das heiratsfähige Alter erreicht hatten, war die pekuniäre Situation durch die Streitigkeiten mit Christian Ludwig besonders ungünstig.[2] Nicht zuletzt deswegen blieben Charlotta und Wilhelmine ledig. Da die Familie überdies keine engen Kontakte vorzuweisen hatte, blieb ihr auch die Unterbringung der Töchter in Stiften versagt.[3] Daß sich von 16 Kindern August Philipps nur ein einziges verheiratete, und nicht einer der vier Söhne die von Brüggensche Linie fortsetzen konnte, ist ein erstaunliches, wenngleich in adligen Genealogien nicht seltenes Phänomen. Auch im benachbarten Mauer starb der Zweig der von Bettendorf trotz acht Kinder[4] in der Mitte des 18. Jahrhunderts aus.

Nach dem Tode der Mutter 1759 übernahmen daher die vier unverheirateten Geschwister gemeinsam die Vogtsherrschaft.[5] Während Otto Heinrich am häufigsten Geschäftsgänge verfaßte, engagierte sich Charlotta stark in internen Kirchenangelegenheiten. Wilhelmine trat erst nach dem Tode ihrer Geschwister in den Vordergrund, während Carl Christoph durchgehend eine passive Rolle spielte, was auf den Ernst seiner Geisteskrankheit hinweist.[6] Was standesgemäßes Leben angeht, so setzte sich unter den vier Geschwistern Bescheidenheit durch. Nach der gänzlichen Ausgliederung des landwirtschaftlichen Betriebes wurden selbst die ehedem in eigenen Ställen gehaltenen Pferde in die Obhut des Pächters übergeben, der sie gegen Entgelt auszuleihen hatte, wollte die Herrschaft ausreiten oder per Kutsche ihr Schloß verlassen. Auch der Umfang des Personals wurde offenbar stark vermindert. In den neunziger Jahren hatte Wilhelmine neben einer Köchin nur noch eine Dienerin bei

---

[1] Zum Thema "standesgemäßes Heiratsgut" siehe auch Kapitel 6.2.2. Vergleichszahlen bei Kollmer, S.184f.

[2] Magdalena Juliana klagte, daß sie *bey diesjähriger schlechter Ernte ohnehin genug zu tun habe, Ehrlich fort zu kommen.* (Frh.A.Sch. A 169) Freilich sind die Hinweise auf die schlechte wirtschaftliche Lage viel zu zahlreich, um sie immer ernst nehmen zu können. Jedoch haben nach dem Tode August Philipp von Brüggens nicht zuletzt die Streitigkeiten mit dessen Sohn für Liquiditätsprobleme gesorgt. Vgl. unten Kap. 5.3.

[3] Das neugegründete Kraichgauer Damenstift nahm nur Töchter aus Familien auf, die dem Kanton incorporiert waren, vgl. die bei Schwarz abgedruckten Statuten, besonders S.9.

[4] Dazu Unterlagen u.a. in Frh.A.Sch. A 95/96.

[5] Anstelle des studienhalber abwesenden Otto Heinrich und seiner noch unmündigen Geschwister führte 1760 eine kurze Zeit der Vogtsherr von Reichartshausen die Geschäfte in Schatthausen.

[6] Häufig lassen sich die Autoren nur aus dem Charakter der Handschriften erschließen. Zu den unterschiedlichen Geschäftsträgern siehe etwa Frh.A.Sch. A 404, 959, 1099.

sich. Unter August Philipp war es üblich gewesen, daß Angehörige der herrschaftlichen Familie regelmäßig Patenschaften über Kinder ihrer Untertanen übernahmen. Dies war 1751 letztmals der Fall, August Philipps Kinder führten diese Tradition nicht fort.[1]

1783 war Charlotta gestorben, 1794 Otto Heinrich, *die Stütze unseres Alters*, wie Wilhelmine klagte. In der Tat hatte Otto Heinrich einen unersetzlichen Rückhalt für Wilhelmine und ihren geisteskranken Bruder bedeutet. Wie schwer der Verlust sie traf, zeigt die Tatsache, daß sich Wilhelmine schon bald entschied, sich von der Herrschaft zu trennen, deren Verwaltung über ihre Kräfte gehe. Die drei Geschwister hatten sich 1792 auf ein "reziprokes Testament" geeinigt. Derjenige, der zuerst sterben würde, vermachte seinen Anteil an seine Geschwister, abzüglich einer kleinen Summe, die als persönliches Legat an die Kirchen oder an Hausarme gingen. Da Wilhelmine als Erbin und Vormund ihres kranken Bruders über drei Viertel von Schatthausen verfügen konnte, vererbte sie diese Anteile an ihren Großneffen, Karl von Zyllnhardt. Ihrer verheirateten Schwester von Roman gestand sie formell Schernau zu, was jene

Abb. 6.2: Die Verflechtung zwischen den Familie
von Brüggen und von Zyllnhardt

Sophia Juliana von Brüggen
∞ Philipp Joachim von Roman

| Augusta Wilhelmina | Eleonora Philippina ∞ Karl Friedrich von Zyllnhardt | Philipp Louis | Eleonora Heinrica | Ernst Heinrich | Sophia Juliana |

Karl Philipp
von Zyllnhardt[2]

[1] Kirchenbücher Schatthausen.
[2] Karl von Zyllnhardt hat als Präsident der badischen Gesetzgebungskommission einige Bekanntheit erlangt. Er wird in der Literatur stets als Karl von Zyllnhardt bezeichnet, weswegen fortan auch hier nur dieser Kurzname verwendet wird.

ohnehin schon in Besitz genommen hatte. Dies führte zu erheblichen Unstimmigkeiten. Denn Sophia Juliana von Roman konterte auf die Art, daß sie ihren eigenen Enkel Karl nun von ihrem Erbe ausnahm, um stattdessen ihre anderen Kinder zu begünstigen. Die Verwaltung Schatthausens war unter diesen Umständen schwieriger geworden, mußten doch etwa für die Anfertigung neuer Pachtverträge oder die Anstellung neuer Lehrer jeweils das Placet von auswärts eingeholt werden.[1] Gerade die Mißstimmung zum nun neuen Herrn von Schatthausen, Karl von Zyllnhardt, mußte diese Schwierigkeiten noch mehren. Dies sah wohl auch Wilhelmine ein, die den Erben Karl von Zyllnhardt denn doch noch, *um ihr gewissen von haß zu befreien*, zu Transferzahlungen an seine Tanten verpflichtete.[2] Um ihren Namen am Leben zu erhalten, verpflichtete sie den jungen Zyllnhardt und alle dessen Nachkommen zum Namenszusatz von Brüggen.

Wilhelmine blieb bis zu ihrem Tode im Schloß wohnen. Für ihren geisteskranken Bruder, der sie überlebte, hatte sie vorgesorgt, ihm Pflegepersonal und einen Vormund zur Seite gestellt. Mit seinem Tode 1806 fand die Ära von Brüggen auf Schatthausen ein Ende. Ein unstandesgemäßes Ende, denn Bürger aus vielen Orten kamen zum großen Ausverkauf der beweglichen Brüggenschen Habe in Schatthausen zusammen. Für insgesamt 295 Gulden wechselten Strümpfe und Leibchen vom Schloß in bürgerliche Wohnstuben.[3]

6.2 Das von Brüggensche Vermögen

6.2.1 Die Entwicklung der Vermögensbestände

Die ersten Spuren auf der Suche nach den Besitzverhältnissen der Familie von Brüggen finden sich in einem Hinweis auf Kapitalforderungen, die Wollrad von Brüggen zusammen mit einer Schwester und drei weiteren Erben 1669 einzutreiben versuchte. Diese Kapitalforderungen gingen indes nicht auf Wollrads Vater sondern auf dessen Schwiegervater zurück.[4] Kapitalverleihungen waren im späteren Verlauf der von Brüggenschen Geschichte lange Zeit gänzlich unüblich, so daß für diese Zeit vorsichtig von einer nicht ganz ungünstigen finanziellen Situation gesprochen werden kann. Aus der Tatsache, daß Wollrad ein mögliches väterliches Erbe mit sechs Geschwister zu teilen hatte, darf allerdings getrost angenommen werden, daß ein möglicher Barbestand nicht sehr umfang-

---

[1] Frh.A.Sch. A 1015, A 1047, A 1151.
[2] Frh.A.Sch. A 172, A 173, A 239.
[3] Zu den vollständigen Vermögensverhältnissen vgl. Kap. 5.3.2.
[4] Steinmetz 1958, S.49.

reich war. Ämtereinnahmen reichten selten aus, um über die mit ihnen verbundenen Verpflichtungen hinaus, Vermögen anhäufen zu können[1]; und die Meiereien, aus denen Wollrads Vater Adam von Brüggen später sein Einkommen bezog, dürften im Dreißigjährigen Krieg auch in ihrer Ertragskraft eingeschränkt gewesen sein. Durch seine regelmäßigen Einkünfte als Jurist am Reichskammergericht und dank seiner Ehe mit einer überaus gutsituierten Alleinerbin, konnte Wollrad bis ins Jahr 1677 in Speyer ein Haus bei der Predigerkirche erwerben[2], eine umfassende Bibliothek einrichten - und weiteres Kapital in Höhe von über 3000 Gulden in eine Kraichgauer Herrschaft investieren.

Mindestens 2600 Gulden hat Wollrad von Brüggen aus seiner Tasche für die Abfindung der auf Schatthausen kreditierten Gelder an Johann Ludwig von Bettendorf und die Herren von Schönberg gezahlt. Vielleicht hat er auch die Darlehensschulden für Joachim Ludwig Willer beglichen, deren Höhe unbekannt ist; in einem Schreiben heißt es, daß nach dem Tode Adam Gerners dessen Tochtermann diese Summe samt der Zinsen bezahlt hätte. Für den Erwerb des ehemaligen Schönberger Hofgutes entrichtete von Brüggen 1681 nochmals 500 Gulden. Schließlich dürfte er noch für die Linderung der ärgsten Kriegsfolgen Geld bereitgestellt haben, wie auch deutlich wird, daß er für seine Rechtsgeschäfte immer wieder kleine Zahlungen zu leisten hatte, die er kaum mit den Gerner-Brüdern abgerechnet haben dürfte. Mit Sicherheit hat Wollrad also 3100 Gulden in Schatthausen investiert, sehr wahrscheinlich ist, daß der Betrag noch um einiges höher ausgefallen ist. Er selbst bezifferte die gesamten Aufwendungen für die Entschuldung und den Loskauf des Gutes - inclusive der von seinem Schwiegervater und dessen Bruder entrichteten Gelder - auf 12000 Gulden.[3] Dem entgegen stand ein Verkehrswert, über dessen Höhe sich Wollrad von Brüggen 1666 von Speyer aus erkundigte. Der Kapitalwert des Schatthäuser Herrschaft: ihre Baulichkeiten, ihre Äcker, Gärten, Wiesen und Wälder samt den Gefällen, wurde damals auf 27 499 Gulden geschätzt.[4] Wer das Verzeichnis erstellte, ist nicht bekannt. Jedenfalls dürfte der Verfasser den Soll-Stand aufgeschlüsselt, die Kriegsschäden tunlichst ausgeklammert haben; auch die unterschiedlichen Bodenwerte überging er, da er die Äcker in drei Fluren in *guts und böß* einheitlich auf 36 Gulden tarierte. Ein halbes Jahrhundert zuvor hatte Schatthausen noch für 25000 Gulden den Besitzer gewechselt und damals waren die Besitzverhältnisse noch eindeutig gewesen. Freilich war für

---

[1] Vgl. etwa Kollmer S. 99ff.
[2] Frh.A.Sch. A 1035. Das Quartier rund um die Predigerkirche war traditionell stark von *doctores* des Reichskammergerichts bewohnt. Dazu: Hartwich (1982), S.39.
[3] GLA 125/3144.
[4] Frh.A.Sch. A 1134.

Wollrad das finanzielle Interesse an Schatthausen trotz der geschönten Bilanz groß. Sein Eigenkapitalanteil von etwa 15 Prozent verhieß nach erfolgter Peuplierung und intensiver Rodung der Wirtschaftsflächen eine überaus profitable Rendite. Den Vorzug eines solchen, vom Dienstherrn unabhängigen Einkommmens wird Wollrad von Brüggen gerade zu einer Zeit erkannt haben, in der er um seine Gehaltszahlungen kämpfen mußte. Ihm zustehende Gelder versuchten noch seine Nachfahren aus Ratzeburg einzuklagen.[1] Wollrad war offenbar bemüht, seine Immobilienarmut zu bekämpfen, wofür ihm seine Ehe überaus reiche Chancen bot. Denn die Familie seiner Gattin gehörte fraglos zu den wohlhabenden, worauf schon die imposante europäische Kavalierstour hinweist, die Abraham Gerner schriftstellerisch festgehalten hat.[2] Aber auch der Integrationswille, den die beiden in Speyer und seiner Umgebung zeigen, war nicht billig. Die Gerner-Brüder verfügten offenbar über einen Hausplatz in der Heerdstraße und zwei Gärten, womöglich in den nahe dabei liegenden Markus-Gärten der südlichen Vorstadt.[3] Dazu hatten sie sich 1652 Wollenberg gekauft, dessen Wert in diesem Jahr auf über 17000 Gulden geschätzt worden war.[4] Die Höhe des tatsächlichen Kaufpreises ist unbekannt; er mag, wie durchaus üblich, darunter gelegen haben.

1677 schon hatte Wollrad die Herrschaft Schatthausen formell übertragen bekommen. Später konnte er noch über die ritterschaftliche Herrschaft Wollenberg verfügen. Die von Brüggensche Wohnung in der Nähe des Reichskammergerichts war offenbar aufgegeben worden, vielleicht auch beim Sturm auf Speyer der Familie verlustig gegangen.[5] Der nach dem Tode Wollrads alleine von Christina Barbara verwaltete Familienbesitz hatte um 1690 demnach einen beträchtlichen Umfang, der indes nicht eine Generation erhalten werden konnte. Schon die hohen Schätzwerte erwiesen sich als Makulatur. Eine Rechnung des Verwalters aus Wollenberg macht dies für die Jahre 1695 und 1696 deutlich, als er nach Auflistung sämtlicher Ausgaben und Einnahmen einen Malus von 22 Gulden bei seiner Herrschaft in Speyer einfordert.[6] Sollten auch diverse hoheitliche Abgaben wie etwa die Frongelder unter Umgehung des Verwalters direkt an die Herrschaft bezahlt worden sein, so dürften sie, beim schwachen Bevölkerungsstand dieser Jahre, den Verlust kaum mehr als wettge-

[1] Frh.A.Sch. A 167.
[2] Heinz Reif (1979), S.154, berichtet über die damit verbundenen hohen Kosten. Die Reisenotizen in Frh.A.Sch. A 263.
[3] Hartwich (1982), S. 39ff.
[4] Frh.A.Sch. A 1252.
[5] Zum weitgehenden Umbau der Besitzstrukturen in der Speyrer Innenstadt siehe Hartwich (1965), S. 71.
[6] Frh.A.Sch. A 1252.

macht haben. Diese weit hinter dem Anschlag zurückbleibende Wertigkeit wird evident durch den Verkauf Wollenbergs an den Amtmann von Ostheim. Gerade 10 000 Gulden konnten dabei erlöst werden, 7000 unter dem Anschlag von 1652.

Die Herrschaft Wollenberg war eigentlich als Heiratsgut für die beiden Töchter Maria Margaretha und Maria Ferdinanda vorgesehen gewesen, die erstere hatte sogar nach ihrer Hochzeit 1694 mit Wilhelm von Benserath kurze Zeit über eine Hälfte des Dorfes verfügt.[1] Nach dem Verkauf teilte Christina Barbara die 10 000 erlösten Gulden unter ihren beiden Töchtern auf, zahlte die Summen indes nicht sofort in voller Höhe aus. So hatte sie ihrer verheirateten Tochter nur eine Summe von 4050 Gulden ausbezahlt, das Kapital an die ledige Maria Ferdinanda fiel ohnehin nach deren Tod wieder an die Mutter zurück.[2] Mit einem Gutteil dieses Geldes erwarb sie den Hohenhardter Hof, verstand es somit, den verlustigen Grundbesitz wieder etwas auszugleichen. Gut und gerne 1500 Gulden hatte sie verliehen zum gebräuchlichen Zinssatz von fünf Prozent. Mit dem Rest des Geldes, so entschuldigte sie sich später, habe sie verschiedene Prozesse um alte Gerechtsame der Familie weitergeführt. Da die Erträge aus Schatthausen und Hohenhardt bescheiden blieben und für Besserungen aufgewendet werden mußten, schmolz ihr Kapital in dieser Zeit auch durch ihre eigenen Lebensbedürfnisse.

1705 hatte sie eine erste Erbregelung vorgenommen. Ihr einziger Sohn August Philipp erhielt Schatthausen samt dem Hohenhardter Hof, ihrer Tochter wies sie den Hausplatz in Speyer an, den diese zusammen mit ihrem Gatten mit einem Neubau in der Zwischenzeit schon überbaut hatte.[3] Auch 500 Gulden Kapital bei der Stadt Speyer gingen an die Tochter. Indem sie dem jungen Ehepaar weitere Kapitalien verschrieb, konnte sie ihre Restschuld auf die versprochenen 5000 Gulden Heiratsgut tilgen. Trotz dieser großzügigen Übergabe an die Familie der Tochter blieb Wilhelm von Benserath unzufrieden. Christina Barbara mußte ihrem Schwiegersohn 1705 in ihrem Testament förmlich das Versprechen abnehmen, er möge allezeit auf Ansprüche am Hohenhardter Hof verzichten, bei dessen Ankauf er offenbar vermittelnd tätig gewesen war.[4] Und in mehreren Nachträgen rechnete sie ihm vor, daß sie bereits zuviel an Maria Margaretha und ihren Gatten ausgezahlt habe. Doch es nützte nichts. 1711 nach dem Tode seiner Frau, gelang es Wilhelm, sich den Hohenhardter Hof zu sichern. Schulden Christina Barbaras in Höhe von 750 Gulden mögen bei den nach ihrem Tode entstandenen *irrungen* eben-

---

[1] Mitglieder der Familie von Benserath standen im 18. Jahrhundert mehrfach im Dienste des Speyrer Fürstbischofs, siehe Krebs (1948), S.69.
[2] Frh.A.Sch. A 167.
[3] Frh.A.Sch. A 167. Auch bei Hartwich (1965), S.60.
[4] Frh.A.Sch. A 167.

so eine Rolle gespielt haben, wie die wohl nach Ansicht Benseraths noch immer nicht zur Gänze bezahlte Mitgift. Vielleicht war auch August Philipp froh, für die Abgabe des Hohenhardter Hofes in einer Zeit schwerer wirtschaftlicher Not 525 Gulden erlösen zu können. Damit konnte er den auf ihn entfallenen Teil der mütterlichen Schuld tragen. Viel mehr scheint an Kapital nicht da gewesen zu sein, als Christina Barbara 1712 verstarb, August Philipp von Brüggen damit die Herrschaft alleine übernahm.[1]

Der rapide Schwund an zählbaren Aktiva kann nicht allein nach betriebswirtschaftlichen Gesichtspunkten bewertet werden. Es gab immaterielle Aktiva, die sich Christina Barbara hatte erwerben können, besonders durch das großzügige Heiratsgut, das eine große Rolle bei der Diffusion des Besitzes spielte. Immerhin war die Familie von Brüggen durch das Konnubium mit der Familie von Benserath eine erste und in der Folgezeit auch sehr verläßliche Verbindung eingegangen. Und auch der andere relevante Ausgabenposten, die Prozeßkosten, trugen greifbare Früchte: Ging man im Falle Bibergaus 1705 noch leer aus, so gelang ein halbes Jahrhundert später die Einsetzung in die Herrschaft Schernau.[2] Die Familie von Benserath hat bei diesen Prozessen durch engagierte Mitarbeit und der Bereitstellung größerer Summen entscheidende Weichen für das glückliche Ende dieser Prozesse gestellt.

Hatte sich die Erbteilung von 1712 ausschließlich auf Liegenschaftsvermögen und Schuldlasten beschränkt, so standen beim Tode von August Philipp nur Barschaft und Mobiliarvermögen zur Verteilung unter neun Erben an. Die Herrschaft Schatthausen war als Stammgut in sich abgeschlossen, allein der immer noch anhängende Prozeß um Schernau vermochte eine Option auf Besitzerweiterung zu bergen. En gros charakterisiert sich der Besitz August Philipps, der aus dem 1749 gefertigten Nachlaßverzeichnis hervorgeht, durch die große Palette von vorhandenen Luxusgütern und einen Schuldenstand, der das lediglich aus Barschaft bestehende Kapitalvermögen übersteigt. Das Defizit zwischen Barvermögen und Schulden konnte gelindert werden durch eine recht stattliche Rücklage an Getreide, dessen Wert auf gut 1000 Gulden geschätzt werden kann. Da die Aufstellung vom April stammt, die neue Ernte also schon in Blickweite war, dürfte ein Gutteil davon monetisiert worden sein, was die Erbteilung erleichterte. Silbergeschirr mit einem Wert von 282 Gulden bildete den anderen großen Posten der Wertanlagen. Daß eine Reihe hoher kurpfälzischer Beamter zum Erwerb der Gewehre Schlange stand, mag ein wenig für ihren Wert sprechen, der bei rund 100 Gulden lag.

---

[1] Frh.A.Sch. A 167 und 168.
[2] Der Ort Bibergau ist wie Schernau in die Grumbachschen Schulden verstrickt. Eberhard von Weitershausen hatte daher schon früh Ansprüche auf den Ort erhoben (Frh.A.Sch. A 493). Zu den Rechtsverhältnissen in Bibergau auch Historischer Atlas - Kitzingen, besonders S. 100 und S. 110.

Was die übrige Hinterlassenschaft ausmacht, so zeigt sie typische Eigenschaften eines adligen Haushalts, spricht aber auch von gediegenem Wohlstand: Nicht jede adlige Familie konnte sich eine Kutsche leisten, die freilich nötig war, wollte man mit der großen Familie in die Stadt oder zu den bekannten Adligen in den Nachbarorten, erst recht für weitere Fahrten, die man regelmäßig zur Familie der Gattin unternahm. Die seitenlangen Aufzählungen von Hemden, Beinkleidern und Manschetten August Philipps demonstrieren den hohe Wert, den ein Adliger auf sein Äußeres legt.[1] Was die Luxusgüter angeht, so läßt sich nicht mit Sicherheit sagen, wann sie in den Besitz der Familie übergegangen sind. Es scheint sehr wahrscheinlich, daß der Bestand an Büchern aus dem Besitz des promovierten Juristen Wollrad von Brüggen herrührt sowie von dessen ebenfalls am Reichskammergericht bestallten Schwiergervater: 12 Folio-, 20 Quart- und 91 Oktavbände bei 59 nicht nach dem Format sortierten weiteren Büchern übersteigen bei weitem den Umfang einer durchschnittlichen adligen Bibliothek.[2] Auch von den Waffen, Musketen, Kugelbüchsen und Flinten könnte ein Teil Erbe des altgedienten Waldeckschen Soldaten Adam von Brüggen sein. Aber alles weist darauf hin, daß August Philipp von Brüggen kein sparsamer Mensch war, sich damit von seinen Standesgenossen nicht abhob. Die neun Erbnehmer erhielten gerade 47 Gulden und einige Kreuzer an Barvermögen, dazu wurden ihnen Naturalien zugelost. Einige davon versuchten die Kinder gleich wieder zu veräußern, um wenigstens etwas Geld in der Hand zu haben: Die Schwestern Eleonora und Elisabetha verkauften etwa Möbelstücke und liehen die erlösten 15 Gulden ihrem Bruder Otto Heinrich für eine Kur in Wildbad.

Ganz anders verlief die Entwicklung der Vermögensstruktur in der zweiten Hälfte des 18. Jahrhunderts, die einen steilen Aufwärtstrend der Gewinne bescherte.[3] Hieß es beim Tode August Philipps noch *an activis nichts*, so schlugen 1805 9642 Gulden ausgeliehenes Kapital zu Buche. Die Darlehen waren ganz unterschiedlichen Schuldnern gewährt worden. Den größten Posten nahmen 4000 Gulden ein, die bereits 1795 an die schwäbischen Kreisstände geflossen waren. 1300 Gulden hatte ein Apotheker in Wiesloch entliehen, 1000 Gulden ein Hofrat namens Zeller. Mit verschiedenen Vorschüssen über eine Gesamtsumme von 1104 Gulden 30 Kreuzer rangierten auch "Schultheiß und Gericht von Schatthausen" ganz

---

[1] Vgl. Danner, S.85 und Kollmer, S.55.
[2] Als Mittelwert für den Bestand adliger Bibliotheken gibt Kollmer (S. 54) 35 Bücher an.
[3] Ein ganz entsprechendes Ergebnis bei Kollmer, S.122.

vorne unter den Großschuldnern. Der Rest sind kleinere Beträge, aber auch Wechsel.[1]

Im Hausbuch sind 1561 Gulden vermerkt, die an 24 Bauern im Ort entliehen sind, 168 Gulden davon waren mittlerweile "uneinbringlich" geworden. Die drei Geschwister hatten dazu noch aus ihrem eigenen Vermögen mehrere hundert Gulden verleihen können. Hinzu kam ein Barbestand von über 4000 Gulden, der Wert an Silber belief sich auf 107 Gulden, von Pretiosen ist ansonsten nicht die Rede, was darauf zurückzuführen ist, daß Wilhelmine ihren Schmuck und ihre Kleider bereits 1799 ausdrücklich den Töchtern ihrer Schwester sowie ihrer Haushälterin vermacht hatte. Der Gesamtwert der Hinterlassenschaft Carl Christophs belief sich auf fast 18000 Gulden.

Dieser imposante Anstieg an Kapitalvermögen dürfte verschiedene Gründe haben. Eine sehr wesentliche Erklärung liegt auf der Ertragsseite, hatte doch die intensivere Bewirtschaftung in der Schatthäuser Landwirtschaft zu gestiegenen Erträgen aus den eigenen Hofgütern und zu einem erheblichen Anwachsen der Zehnteinkünfte geführt. Der Anstieg der Getreidepreise sorgte weiter dafür, daß damit einhergehend der finanzielle Erlös mehr und mehr anwuchs. Doch sind steigende Erträge nur ein Aspekt. Zum Ergebnis trägt auch die Verwendungsseite bei, weswegen ihr zum Schluß nochmals breiterer Raum eingeräumt wird.

6.2.2 Das Ausgabeverhalten

Die Verwendungsseite des Schatthäuser Adelshaushalts gliedert sich im wesentlichen in die notwendigen Leistungen für die Erhaltung der Baulichkeiten, in "investive" Ausgaben zur Sicherung und Stärkung adliger Reputation und in umfangreiche konsumtive Ausgaben, die eng mit dem adligen Lebensstil zusammenhängen. Im einzelnen lassen sich die Ausgabenarten indes oft nicht auseinanderhalten.

Außerordentlich hoch erscheinen die Aufwendungen für die Restauration des Schlosses. August Philipp wollte in der Errichtung einer standesgemäßen Residenz bis zuletzt nicht sparsam sein: Erst 1745 zollte er dem eigenen finanziellen Polster Tribut, *weilen die Zeiten dermalen so beschaffen, daß ich mein bauwesen auf dies Jahr einzustellen gedenke.*[2] Viele der Bauarbeiten am Schloß waren durch die Verwüstungen einfach notwendig geworden. Man kann diese Phase der notwendigen Renovationsarbeiten bis ins Jahr 1712 ansetzen. Bereits 1665 hatte das Schloßgebäude einen neuen Dachstuhl erhalten, dazu wurden kleinere bauliche Veränderungen vorgenommen. Offenbar hatte man diese dringlichen

---

[1] Frh.A.Sch. A 173, GLA 229/92174.
[2] Frh.A.Sch. A 1135.

Dinge so billig wie möglich durchführen lassen. 1712 nämlich, in den Jahren zuvor war das Schloß ja kaum bewohnt worden, mußte das gesamte dritte Stockwerk abgetragen und neu aufgeschlagen werden. Neben diesen Instandsetzungarbeiten machte die betriebene Optimierung der Landwirtschaft Investitionen erforderlich: 1711 wurde eine neue Scheuer angebaut, später mußten wiederholt Schweineställe angebaut, mehr Speicherplatz für Getreide geschaffen und weitere größere Scheuern erstellt werden. Auch für die Hofbauern wurden neue Gebäude außerhalb des inneren Schloßbezirks errichtet.

Aber ein großer Teil der Bauarbeiten am Schloß nach 1712 zeugt allein vom Repräsentationsbedürfnis des Adels: Schon 1713 begannen die Planungen für eine Erweiterung der bestehenden Schloßgebäude mit einem Flügelbau. 1718 bis 1721 wurde der gesamte bis an den äußeren Wassergraben reichende Schloßhof erweitert. Diese Umgestaltung ließ eine völlig neue Eingangspartie entstehen, für die sich August Philipp etwas besonderes hatte einfallen lassen. Das Schloßtor sollte mit einem hohen Gebäude überbaut werden, für das er selbst 1733 die Zeichnungen anfertigte. Es sollte über seinem hölzernen Fachwerk einen zwiebelturmartigen Aufsatz aus Kupfer erhalten, darauf ein vergoldeter und versilberter Knopf, auf dem man eine Fahne anbringen konnte. Später reduzierte er den Auftrag und ließ den Knopf aus Weißblech fertigen, dennoch reichten die veranschlagten 150 Gulden nicht aus.

Die Quellen lassen eine genaue Berechnung der Gesamtkosten leider nicht zu. Teilweise sind die Ausgaben nur verschränkt angegeben, teilweise gar nicht. Manchmal werden die Handwerkerlöhne nur pro Stunde mitgeteilt, vielfach müßten auch nicht unerhebliche Naturalleistungen einberechnet werden, mit denen die Arbeiter vergütet wurden. Es kann sich also nur um Mindestangaben handeln, die im folgenden geschildert werden: 1711 bezahlte von Brüggen für eine neue Scheuer 426 Gulden, ein Jahr später für die Arbeiten am oberen Stockwerk 357 Gulden 30 Kreuzer. Für den Bau des Torhauses 1733 einschließlich neuer Ketten für die Zugbrücke können 1733 rund 257 Gulden veranschlagt werden. Aus dem Jahr 1744 ist eine Veranschlagung über neue Stallungen und Bauarbeiten an der Schloßmauer mit einer Gesamtsumme von 882 Gulden überliefert.

Neben den echten investiven Leistungen nahmen die Instandhaltungskosten für das Schloß großen Raum ein. Nun sind sie in der ersten Jahrhunderthälfte nicht immer zu unterscheiden von kriegsbedingten Ausgaben für den Wiederaufbau oder die Erweiterung des Schlosses, sollten daher als außerordentliche Ausgaben betrachtet werden. Es gab jedoch typische Instandsetzungsarbeiten, etwa die Reinigung der Schloßgräben, zu dem wiederholt ein Spezialist hinzugezogen wurde, der mit einer großen Zahl von Tagelöhnern die Arbeit verrichtete. 1739 etwa wurden in drei Monaten 286,75 Arbeitstage von neun Tagelöhnern gearbeitet, bei einem Tagessatz von 20 Kreuzern ein Aufwand von über 95 Gulden. Arbeiten an den beiden Wassergräben waren auch schon 1670 durchgeführt worden, Rechnungen liegen ferner von 1726 und noch wiederholt aus den dreißiger Jahren vor.[1] Für andere Tätigkeiten scheinen Frondienste genutzt worden sein, worauf der in den Fronbüchern häufig zu findende Vermerk *geschafft im Schloß* hindeutet.[2] Im benachbarten Mauer fielen in den vierziger und fünfziger Jahren Baukosten nie unter 700 Gulden an;[3] in Schatthausen waren die Aufwendungen so hoch nicht. Einschließlich der kaum aufgelisteten Tagelöhnerarbeiten und kleinerer Handwerkerleistungen dürfen aber um die Jahrhundertmitte vorsichtig 200 Gulden für Bauarbeiten veranschlagt werden. Um 1710 lag die Summe erheblich höher.

Eine feste jährliche Ausgabengröße bildete natürlich das Hauspersonal. Es bestand 1742 aus einem Jäger, einer Köchin, einer Kindsmagd, einer Haus- und einer Viehmagd sowie dem Schloßdiener. Auch war eine unverheiratete Frau mit ihrem minderjährigen Kind im Schloß wohnhaft, die wohl auch kleinere Arbeiten übernommen hatte. Die geringe Zahl der männlichen Diener fällt auf. Zwar war die Landwirtschaft völlig ausgegliedert worden, doch blieben immerhin noch rund 30 Morgen im Eigenbau und schließlich bedurfte auch die Verwaltung der Ernteerträge auf den Scheunen der ständigen Handarbeit. August Philipp nutzte dafür lieber die Anstellung im Tagelohn oder forderte Frontage, legte schließlich bei den verwalterischen Aufgaben selbst Hand an.[4] In der Regel wurden männliche Hausbedienstete oder Knechte mit 20 Gulden höher bezahlt als Frauen, die nur zehn Gulden erhielten. Da der Jäger jedoch auch natural und besonders über das Schußgeld entlohnt wurde, standen auch ihm als Grundlohn nur zehn Gulden zu. Ähnliches gilt für den Schloßschützen, der eine Art Taglohn erhielt, dazu aber auch für seine Dienste als Gerichtsdiener an den Ruggeldern beteiligt war. Aus der Tasche des Schloßherrn flossen ihm rund 42 Gulden im Jahre zu. Insgesamt ergibt dies dann 92,5 Gulden an jährlichen Barlöhnen, zu denen noch die aufwendig ausgestaltete Naturalentlohnung hinzutrat. Zumindest der Schloßschütz, der ja als Amtsperson im Dorf aufzutreten hatte, war livriert. Ihm stand alle zwei Jahre ein *libery rock* zu. Ähnliches mag aber auch für den herrschaftlichen Jäger gegolten haben, der als Waldschütz auch eine hoheitliche Aufgabe wahrnahm. Gewöhnlich hatte die Herrschaft aber schon aus Standeserwägungen ihre Dienerschaft gut eingekleidet. Wenn

---

[1] Frh.A.Sch. A 963.
[2] Landwirtschaftliche Arbeiten wurden in der Regel in den Fronbüchern durch Nennung des genauen Einsatzes, etwa *gegrast* oder *gehackt* gekennzeichnet (Frh.A.Sch. B 39, 40, 41).
[3] Rechnungsbücher Mauer R 1ff.
[4] Die Angaben zum Hauspersonal wurden gesammelt aus Frh.A.Sch. A 286, A 287, A 288, A 1040.

es auch keine Nachrichten aus Schatthausen darüber gibt, so demonstrieren die recht hohen Zahlen, die im Nachbarort Mauer unter dieser Rubrik erscheinen, doch die gelegentliche Belastung, die dadurch entstand.[1]

Ein weiterer Ausgabenposten, der bedeutende Höhe erreichen konnte, war die "Erziehung und Ausbildung" adliger Kinder. August Philipp von Brüggen hatte in den dreißiger Jahren den Dorflehrer, später den Kaplan als Informator für den eigenen Nachwuchs angestellt. Der Vikar erhielt als Entlohnung für diese Tätigkeit Naturalien im Wert von 150 Gulden im Jahr.[2] Für seinen erstgeborenen Sohn, der das Gymnasium in Speyer besuchte, dann studierte und schließlich die Offizierslaufbahn einschlug, beliefen sich die Ausbildungskosten auf 2000 Gulden.[3] Otto Heinrich war für sein Studium später auf einen Vorschuß seiner verheirateten Schwester in Höhe von 500 Gulden angewiesen, wofür er ihr noch in seinem Testament ein Dankeswort widmete und eine entsprechende Gegengabe anwies.[4]

Kollmer hat darauf verwiesen, daß von der Höhe der Brautaustattung nicht unbedingt auf den Wohlstand der Familie geschlossen werden kann, wollten sich die Adligen in dieser Frage doch von der besten Seite zeigen und scheuten hierfür oft auch Schulden nicht.[5] Wenn dies gilt, kann umso eher der Umkehrschluß angetreten werden: Reicht es schon nicht für eine Minimalausstattung, dann kann es mit dem Wohlstand nicht allzu weit her gewesen sein. Die Konditionen, die für Sophie Julianes Ehe mit dem württembergischen Offizier von Roman ausgehandelt wurden, sprechen nun eine solche Sprache, schließlich blieb ihre Mitgift mit 1500 Gulden unter der Norm von 2000 Gulden und weit unter der von Kollmer ermittelten durchschnittlichen Höhe von 2700 Gulden. 500 Gulden wurden in bar gezahlt, weitere 1000 Gulden in Form einer Obligation, eine Praxis, die wiederum üblich war. Die jährlich fünf Prozent Zins sollten mit den Einkünften aus der Schäferei gesichert werden. Es ist unter diesen Umständen nicht mehr verwunderlich, daß sich nur eine Tochter verheiratete. Die Ausstattung einer weiteren Hochzeit hätte eine

---

[1] Für Montur und Livree sind in den Maurer Rechnungsbüchern zwischen 1746 und 1763 fast durchweg über 300 Gulden im Jahr angegeben. Die dort residierende, wie oben gesehen mit enormen Finanzmitteln gesegnete Familie von Bettendorf mag besonders verwöhnt gewesen sein. Allerdings stammen die Zahlen aus den Jahren, als der geisteskranke Christoph Ludwig als letzter seines Geschlechts alleine im Schloß lebte, versorgt von einem sicher nicht exklusiv wirtschaftenden kurpfälzischen Vormund.
[2] Frh.A.Sch. A 1099.
[3] Frh.A.Sch. A 169.
[4] Frh.A.Sch. A 172.
[5] Kollmer, S.184f.

starke Schuldenaufnahme oder die Veräußerung von Luxusgegenständen erfordert oder aber die Zahlung einer Mitgift in respektabler Höhe verhindert - was für einen standesbewußten Adligen kaum hinnehmbar war. Hinzu kam, daß ein Heiratswilliger angesichts der großen Kinderzahl kaum ein respektables Erbgut erwarten konnte.

In der zweiten Hälfte des Jahrhunderts machte sich Sparsamkeit breit. Vielleicht fehlte auch schlicht die Gelegenheit zum Geldausgeben. Die großen Baumaßnahmen am Schloß wie auch an den Beständerhäusern waren in der ersten Hälfte des Jahrhunderts abgeschlossen worden. Die Landwirtschaft war saniert, mit der vollständigen Vergabe in Teilpacht hatte man jegliche Produktionskosten umgewälzt. Parallel dazu war aber auch der standesgemäße Konsum fast gänzlich zum Erliegen gekommen. Die vier alternden Geschwister scheinen ihr Personal stark eingeschränkt zu haben. Der Jäger wurde schon in der Jahrhundertmitte aus dem Schloßgesinde herausgenommen, behielt zwar sein Salär, hatte sich aber fortan selbst zu versorgen.[1] Als echte Dienerin war in den neunziger Jahren nur noch Friederika Schleich beschäftigt, die offenbar aufopferungsvoll für die letzten Schloßherren sorgte - ohne sich dafür ein respektables Stück vom Erbe zu verdienen.[2] Größere Ausgaben bezogen sich in dieser Zeit weit eher auf das Wohl der Gemeinde: Der Ankauf von Getreide in einer Notzeit zählt hierzu, aber auch die Legate, die von den Geschwistern eingerichtet wurden: 1410 Gulden wurden insgesamt testamentarisch an die Schulen, die Kirchenvorsteher, die evangelische und die katholische Kirche selbst, schließlich auch an die Hausarmen vergeben.[3]

Aus der Struktur der Ausgaben wird denn auch die Entwicklung des Vermögens deutlich. In die erste Jahrhunderthälfte, als sich die Einnahmen erst langsam zu stabilisieren begannen, fallen die enormen Ausgabenposten. Die Trendwende dürfte um das Jahr 1740 anzusiedeln sein: Für diese Zeit lassen sich jährliche Ausgaben für Ausbildung, Schloßbau und Personal auf rund 900 Gulden schätzen. Nicht berücksichtigt sind dabei die laufenden konsumtiven Ausgaben, die sich aus den Angaben für die zwanziger Jahren mit mindestens 500 Gulden ansetzen lassen.[4] Diesen Ausgaben standen Bruttoeinkünfte von über 2000 Gulden gegenüber, die sich jedoch durch Berücksichtigung anfallender Kostengrößen erheb-

---

[1] Frh.A.Sch. A 286.
[2] Friederika Schleich erhielt von insgesamt aufgeführten 3400 Gulden des Erbes gerade 100 Gulden, neben einigen Pretiosen und Kleidern.
[3] GLA 229/92171.
[4] Kollmer (S.118) gibt ein Rescript an, das Essen für fünf Personen mit 800 Gulden anschlägt.

lich reduziert haben dürften.[1] Überdies verhinderten um die Jahrhundertmitte Zahlungsrückstände aus der Erbmasse August Philipps und das Abstandsgeld für Christian Ludwig den Bilanzausgleich. Seit 1760 sanken dann aber, schon aufgrund der sinkenden Zahl von Schloßbewohnern, die Ausgaben stark, während die Landwirtschaft immer mehr abwarf. Seit dieser Zeit mußten sich die wachsenden Positivsalden kräftig im Vermögen niederschlagen.

6.3 Die Zyllnhardt in Schatthausen

Als Karl von Zyllnhardt Schatthausen erbte, war er gerade 15 Jahre alt, sein Vater übernahm daher zunächst die Herrschaft. Mit ihm trat ein Mann in die Schatthäuser Vogtsherrschaft, der hochgebildet und geachtet war, lange Jahre im Fürstendienst gestanden hatte, bevor er sich aus fast kapriziöser Eitelkeit heraus wieder auf das Land zurückzog, um gleichwohl bald wieder in den Staatsdienst zurückzukehren. Zyllnhardt hatte schon bald einen Amtmann mit den Geschäften in Schatthausen beauftragt. In doppeltem Sinn trat damit eine Modernisierung der Herrschaft ein: Zum einen wegen der weggefallenen Präsenz des Adels - wobei die Brüggenschen Geschwister allerdings noch bis 1806 im Schloß lebten. Vor allem aber wegen des völlig anderen Profils, das der neue Schloßherr besaß.

6.3.1 Die Blüte vor dem Aussterben

Der Stammsitz der Familie von Zyllnhardt geht auf eine Burg im sogenannten Zyllnhardt-Wald südöstlich von Göppingen zurück, ein erster Ritter dieses Namens wurde 1399 erwähnt.[2] Im Laufe des Mittelalters und der frühen Neuzeit breitete sich das Geschlecht aus und siedelte sich in zum Teil unabhängigen Zweigen in Nordwürttemberg und Nordbaden sowie in Oberbayern und in der Pfalz an. Im 18. Jahrhundert hatte die Familie bereits den Höhepunkt ihrer Entwicklung überschritten, erlebte aber mit dem Dilsberger Festungskommandanten Johann Friedrich noch einen überraschenden Aufschwung.

Dieser hatte 1742 Anna Juliana Friderica von Bettendorf geheiratet und damit Eingang gefunden in eine der reichsten Familien des Kraich-

---

[1] Die in Kapitel 4.5 (Tabelle 4.11) ermittelten Werte lassen u.a. die nur schwer kalkulierbaren Kosten für den Einzug des Zehnten und die auf dem Zehnten ruhende Baulast unberücksichtigt.
[2] Zur Familie der Zyllnhardt, siehe Gaier und Illig. Im folgenden wird die für den Maurer Zweig der Familie übliche Schreibung "Zyllnhardt" Verwendung finden. Im Gegensatz dazu verwendet Gaier einheitlich die Form "Zillenhart".

gaus.[1] Die Bettendorf verfügten rund um Wiesloch über großen Grundbesitz und ausladende Herrschaftsrechte, etwa in den Orten Gauangelloch, Altwiesloch, Nußloch und Mauer. Als der unter Prinz Eugen von Savoyen einflußreiche General Philipp Ludwig von Bettendorf 1733 in San Sebastiano bei Neapel starb, flossen nicht weniger als 62 000 Gulden an die Erben in der Heimat. Seine ebenfalls aus dem wohlhabendem Hause Rakknitz stammende Gattin Charlotta Eleonora konnte nach Abzug verschiedener Legate noch über 50 000 Gulden davon verfügen.[2] In Rechnungsbüchern der vierziger Jahre wurden alleine an entliehenen Kapitalien der Familie von Bettendorf zu Mauer meist über 40 000 Gulden verbucht.[3]

Dieses große Vermögen gelangte mit dem Tode Charlotta Eleonoras von Bettendorf zunächst in die Hände ihres geisteskranken und daher unter Vormundschaft stehenden Sohnes Christoph Ludwig.[4] Als der 1763 starb, meldete sich schon bald eine große Zahl von Interessenten an dem Allodial- und Lehensnachlaß: allen voran die noch lebenden Kinder

Abb. 6.3: Die nächsten Erbberechtigten des Bettendorf-Vermögens

```
                Johann Philipp von Bettendorf (1619 - 1674)
  ┌──────────┬──────────┬──────────┬──────────┬──────────┐
Anna       Philipp    Johann     Anna       Carl       Carl
Elisabeth  Ludwig     Friedrich  Juliana    Friedrich  Ludwig

∞          ∞                                           ∞
J.Ph.von   Charlotte                                   Benigna v.
Zyllnhard  v. Racknitz                                 Stetten

   │          │          ┌──────────┬──────────┬──────────┐
eigener    Christoph   Philipp    Eleonore   Anna       Charlotta
Zweig      Ludwig      Adam       Maria      Juliana    Christine
                       ∞          ∞          ∞          ∞
                       Eva        Johann     Johann     Rudolf
                       Maria v.   Chr.v.     Fr.v.      von
                       Berlichingen Stetten  Zyllnhard  Hundshagen
```

[1] Vgl. die Stammtafeln Abb. 6.4.
[2] Frh.A.Sch A 133.
[3] Frh.A.Sch. Rechnungsbücher Mauer, R1ff.
[4] Frh.A.Sch. A 133.

Carl Ludwigs, von denen nur die mit Johann Friedrich von Zyllnhardt verheiratete Anna Juliana Nachkommen besaß.[1] Aber auch die Kinder Anna Elisabeths von Bettendorf zogen bald vor die Gerichte. Kurioserweise handelte es sich bei ihnen um Mitglieder des Hauptzweiges der Zyllnhardt, die in Rhodt und Widdern ansässig waren.[2] Rudolf Theodor von Hundshagen wurde vom Kurfürsten zunächst in das Lehen Mauer eingesetzt, anstelle seiner Frau, deren Schwestern und anstelle des noch unmündigen Karls von Zyllnhardt.[3] Ausgerechnet diesem Hundshagen alias Sekretarius Heckenmüller zu Dilsberg hätte eigentlich nichts zustehen sollen, wäre es allein nach der Generalswitwe gegangen. Denn als Charlotta Christine 1744 den Bürgerlichen geehelicht und der standesbewußten Familie damit *eine nicht geringe blame* zugefügt hatte, war ihr in einem Testamentsnachtrag alle *ferner gunst und besondere gewogenheit* entzogen worden: Ausdrücklich wurde sie

Abb. 6.4: Die Zyllnhardt in Mauer/Schatthausen

Joh. Fried. von Zyllnhard ∞ Anna Juliana von Bettendorf

Karl Friedrich (1744 - 1816)
∞
Eleonora Philippina von Roman (1744-1782)

August Rudolf (1747 - 1828)

Karl Philipp (1779-1828)
∞ 1. Luise von Lichtenberg (1783 - 1823)
∞ 2. Karoline von Porbeck (-1856)

August Ludwig (1781-82)

Friedrich Heinrich (1782)

1.1 Karolina Augusta Eleonore
∞ Karl Göler von Ravensburg

[1] Vgl. Stammtafel Abb. 6.3.
[2] Die Nachkommen wurden im Stammbaum nur angedeutet, dazu genauer: Gaier, Kapitel VII und Kapitel IX.
[3] Frh.A.Sch. U 221.

vom väterlichen Erbe ausgenommen.[1] Daß der junge Zyllnhardt sich nach zehn Jahren als alleiniger Lehensnehmer in Mauer zu etablieren verstand, war nicht nur eine Folge der Kinderlosigkeit seiner Kontrahenten; es war auch das Resultat eines zähen Ringens. Schließlich verstand er es, sich mit seinen Geschlechtsgenossen in Rhodt und Widdern zu vergleichen, deren Anteil an Mauer ihm zugerechnet wurde, wie er auch die Familie von Hundshagen aus dem Feld schlagen konnte.[2] 1773 wurde Karl Friedrich mit Mauer belehnt.[3] Freilich wurde das Allodialvermögen in viele Richtungen verteilt.

6.3.2 Staatsdienst oder Grundherrschaft

Karl Friedrich von Zyllnhardt war 1744 auf dem Dilsberg geboren worden und hatte nach dem üblichen Pagendienst die Militärlaufbahn eingeschlagen. Zunächst in Hessen-Darmstädtischen Diensten, wechselte er 1769 zum pfälzischen Dragoner-Regiment in Heidelberg, dann zum Regiment "Prinz Max" nach Neuburg und München. Als er 1787 bei einer anstehenden Beförderung unberücksichtigt blieb, zog er sich enttäuscht auf sein Gut Mauer zurück.[4]

1773 hatte Karl Friedrich das Lehen Mauer alleine verliehen bekommen, nach etlichen Prozessen sich gegen die Miterben durchgesetzt. Als er 1778 die Tochter des württembergischen Generals von Roman, Eleonora Philippina, heiratete, konnte er sich Hoffnung auf die Ausweitung seines Besitzes in der Meckesheimer Cent machen; zählte seine Gattin doch bei der Kinderlosigkeit der von Brüggenschen Geschwister zu den potentiellen Erben des Mauer benachbarten Gutes Schatthausen. Seine Frau starb indes wie zwei aus dieser Verbindung stammende Söhne schon zu Beginn der achtziger Jahre.

---

[1] Heckenmüller war erst wenige Wochen vor der Hochzeit in den Adelsstand erhoben worden, nämlich am 30. März 1744, die Hochzeit war im Sommer desselben Jahres. Frh.A.Sch. U 212, A 133.
[2] Das Material zu den Prozessen um das Erbe des letzten Mitglieds des Maurer Zweigs der Familie von Bettendorff ist umfangreich, besonders Frh.A.Sch. A 98-A 121.
[3] Frh.A.Sch. U 226.
[4] Zu Karl Friedrich von Zyllenhardt siehe: "Zum Gedächtnis des verewigten königlich baier. Geheimenraths und Vorstands der königlichen General-Forst-Administration Herrn Carl Freiherrn v. Zyllnhardt..." Aus der Zeitschrift für das Forst- und Jagdwesen besonders abgedruckt, München 1816. (Frh.A.Sch. A 222). Keiper (1907 und 1913), Heß (S.432 - 434). Nur Ergänzungen aus dem archivalischen Material wurden vermerkt.

Der schnelle Abschied aus dem Militärdienst zeugt von Stolz und Selbstgewißheit, wohingegen sich seine Gefühlstiefe im Bau eines Waldschlößchens ausdrückt: Das ließ es just nach seinem Rückzug auf seine Ländereien erstellen und gab ihm den erbaulichen Namen "Sorgenfrei". Freilich war der Rückzug ins Ländliche ein Trend der Zeit, eine Mode unter dem Adel des ausgehenden 18. Jahrhunderts. Dieser Rückzug ging einher mit der Wiederentdeckung des Landbaus und seiner Verwissenschaftlichung. Als Avantgardist galt kein geringerer als der preussische König, der 1767 angeblich eigenhändig einen Acker pflügte, was bildlich festgehalten eine enorme Breitenwirkung entfaltete.[1] Auch Karl von Zyllnhardt begann sich in der Abgeschiedenheit seines Landgutes mit Fragen der Landwirtschaft zu befassen, wozu ihn Freunde an der Heidelberger Universität animierten. Mit erstaunlicher Verve verschaffte sich der Autodidakt schon bald einen Namen in der Tierheilkunde und der Obstbaumzucht. Lange Exzerpte und Darlegungen eigener Gedanken liegen bündelweise im Schatthäuser Archiv, manches davon erschien im Druck der kurpfälzischen ökonomischen Gesellschaft.[2] Er scheute sich nicht, in den umliegenden Dörfern als Tierarzt aufzutreten, was wohl sein Prestige in der Bauernschaft förderte. Die Geschwister im Schatthäuser Schloß mußten über die Nähe ihres angeheirateten Neffen hocherfreut gewesen sein. So verwundert nicht, daß er sich als Ersatz für den eigenen fehlenden Nachwuchs in jeder Beziehung anbot: auch in der des späteren Erben.

Zwar trat Karl Friedrich von Zyllnhardt 1789 als Oberst und Chef des Kriegs-Departements wieder in hessisch-darmstädtische Dienste. Doch war seine Neigung zur wissenschaftlichen Arbeit so groß, daß er bereits nach einem Jahr wieder nach Mauer zurückkehrte. Seine weitere theoretische Beschäftigung mit der Landwirtschaft richtete seinen Blick nun auch auf die im Entstehen begriffene Forstwissenschaft. Persönliche Kontakte zu Gatterer und Medicus verstärkten sein Interesse, das er in der weiteren Praxis anwenden konnte, als ihn der neue Herzog von Zweibrücken, sein früherer Regimentsinhaber Prinz Max 1795 zum Landesoberjägermeister bestellte[3]. Und Max blieb weiterhin Pate des Adligen. Als Kurfürst berief er den mittlerweile fast Sechzigjährigen 1803 zum Landjäger- und Oberforstmeister im Fürstentum Würzburg. 1806, als das Fürstentum von Bayern vorübergehend abgetreten werden mußte, ernannte König Max Joseph Zyllnhardt zum Chef des zentralen Forst-Bureaus. Mit zahlreichen Veröffentlichungen einerseits, Stiftungen und einem reichen

---

[1] Vgl. Franz (1974) Nr. 125.
[2] Frh.A.Sch. A 256. Zur physikalisch-ökonomischen Gesellschaft siehe Weidmann S. 266., Hess, passim, Poller, passim.
[3] Zu Christoph Wilhelm Jakob Gatterer und Friedrich Kasimir Medicus etwa Heß, S.234, weitere Literatur weist Drüll nach.

Vermächtnis andererseits förderte der im Alter mehr und mehr mit den Geisteswissenschaften sich Beschäftigende die wissenschaftliche Fortbildung des Forstpersonals. Er starb am 23. Januar 1816 in München. Stark hatte sich Zyllnhardt um die Ausbildung seines einzigen verbliebenen Sohnes bemüht, Karl Philipp August Otto Ludwig. Als er einen Lehrer für ihn suchte, ließ er sich vom auserwählten Kandidaten zunächst sein humanistisch ausgerichtetes Lehrprogramm in einem detaillierten Exposé vorlegen.[1] Schließlich war der Vater mit dem Erzieher so zufrieden, daß er seinen Arbeitsvertrag später als *Hofmeister* erweiterte und ihm auftrug, den jungen Karl an die Universität wie auch auf seinen Reisen zu begleiten, wofür er nicht nur freie Kost und Logis, sondern ein stattliches Jahressalär von 300 Gulden bezog und ihm aus *Dankbarkeit* bis an seine Lebensende 200 Gulden bewilligt wurden.[2] Der so erzogene Sohn Karl war 1779 geboren worden, studierte ab 1796 in Heidelberg, später in Göttingen Rechtswissenschaften.[3] Als Praktikant wirkte er am Reichskammergericht in Wetzlar, ehe er 1801 als Akzessist beim Hofgericht in Mannheim eintrat. Zwei Jahre später wurde er vom neuen badischen Staat als Assessor übernommen. 1804 heiratete der junge Zyllnhardt Luise Karoline Amalie Christiane von Lichtenberg, die ihm 1807 seine einzige Tochter Karolina Augusta gebar. Im selben Jahr wurde er als Legationsrat ins badische Ministerium für auswärtige Angelegenheiten geholt, doch wechselte er schon bald wieder ans Mannheimer Hofgericht, wo er zum Vizehofrichter und schließlich zum Präsidenten des Hofgerichts befördert wurde. Die vom großen ererbten Vermögen unterstützte Karriere stand für Zyllnhardt im Mittelpunkt seines Strebens. Die Verwaltung seiner Dörfer ging nebenbei, selten waren seine Bitten um wenige Tage Urlaub, um auf *die Güter* reisen zu können. Dagegen kämpfte er passioniert um seine Dienstbezüge, als er das Gefühl hatte, schlechter besoldet zu werden als ein Kollege.

Trotz seiner beruflichen Laufbahn war Zyllnhardt nicht ganz in der neuen Staatsordnung aufgegangen. Kontakte zu seinen unruhigen Standesgenossen am Neckar rissen nicht ab, und 1816 war er dabei, als sich der Adel der unteren Pfalz in mehreren Noten für eine Verfassung stark machte. Auf diese Agitation reagierte die Ministerialkonferenz schnell. Schon wenige Tage nach Bekanntwerden der Protestnote wurde Zyllnhardt aus dem Staatsdienst entlassen.[4] Ohne weiteres, wie es seine spä-

[1] Frh.A.Sch. A 297.
[2] Frh.A.Sch. A 298.
[3] Frh.A.Sch. A 247, GLA 76/9002-9005. Zu ihm siehe: Badische Biographien II, S.548, Weiler, NNekrD 6 (1928), S.516-524. Der Sohn wurde stets nur Karl genannt, was auch im folgenden so gehandhabt werden soll.
[4] GLA 76/9002-9003. V. Weech, Geschichte der badischen Verfassung S.41, von Stetten, S.241ff.

teren Biographen wissen wollen, nahm der Jurist dies jedoch nicht hin.[1] Hielt er sich zuerst an einem Formfehler auf - die in der Entlassungsnotiz versehentlich angegebene Protestnote hatte er nun tatsächlich nicht mit unterschrieben, - so bestritt er wenig später die Rechtmäßigkeit der Dienstaufkündigung. Schließlich seien Entlassungen bislang nur aus *unfleiß, unsittlichen betragens oder fortgesetzten ungehorsams* geschehen, was doch in seinem Falle nicht vorläge. Schließlich gelang es dem Petenten, für den sich alle Mitarbeiter des Mannheimer Hofgerichts verwandten, die Aufkündigung des Dienstverhältnisses und damit die Sicherstellung seiner Bezüge wenigstens etwas hinauszuziehen. Auch nach dem zwangsweisen Ende seiner Beamtenlaufbahn wollte Zyllnhardt nicht auf seine Dörfer ziehen. Er trat in die Dienste Hessen-Homburgs, wo er an der Spitze der Verwaltung wirkte. Als in Baden die Verfassung verabschiedet wurde, kehrte er zurück. Als Abgeordneter saß er in der ersten Kammer der Landtage 1819, 1822 und 1825. Großherzog Ludwig ernannte ihn 1819 zum Kurator der Universität Heidelberg, um zwei Jahre später zu beschließen, *unseren Staatsrat und Kanzler von Zyllnhardt nicht mehr länger den Geschäften unseres Oberhofgerichts zu entziehen.*[2] So war er denn wieder in Amt und Würden und erhielt bald sogar die Berufung an die Spitze der badischen Justiz: 1822 wurde Karl von Zyllnhardt Präsident des Justizministeriums und der Gesetzeskommission.

Zyllnhardt hatte sich als Heidelberger Universitätskanzler einige Zeit zur Erziehung seiner Tochter auf sein Maurer Schlößchen "Sorgenfrei" zurückgezogen. Aber ansonsten blieben seine Verbindungen mit den Kraichgauer Orten schwach. Viel lieber lebte er im Zyllnhardtschen Stadthaus in Heidelberg, dem heutigen Kurpfälzischen Museum, wo die Familie des Hofrichters 1815 auch Johann Wolfgang von Goethe empfing. So trat unter der Ära Zyllnhardt ein fundamentaler Bedeutungswandel ein: Die Herrschaft Schatthausen, in der Wilhelmine von Brüggen mit der Schenkung an den *lieben petit neveu* auch ihren Namen verewigen wollte, verschwand aus dem realen Besitzbewußtsein. Das äußerte sich schon darin, daß der junge Karl nicht einen einzigen Versuch unternahm, die ungeschickte Besitzersplitterung in Schatthausen zu bereinigen. Immerhin machte der Mitspracheanspruch der Familie von Roman schon bei kleinen Problemen stets Rückfragen nötig. Mag sein, daß wegen der unerfreulichen Begleitumstände des Erbes die Kontakte zwischen den Roman und dem jungen Begünstigten nicht rosig waren; aber als Karl von Göler 1828 den Ort erhielt, war es eine seiner ersten Handlungen, den

---

[1] Siehe das obenstehende Verzeichnis der Biographien.
[2] GLA 76/9004. Auch Mangold, S.45ff. und von Stetten, S.241ff.

verweist auf unterschiedliche Präferenzen: Die primären Interessen der Zyllnhardts lagen eben nicht bei ihren Herrschaften. Ihr Engagement war zunächst auf ihre politischen Karrieren ausgerichtet. Eine mysteriöse Anzeige in einem Frankfurter Staatsanzeiger weist in dieselbe Richtung. August von Zyllnhardt, der Onkel des jungen Karl, von dem kaum Nachrichten vorliegen, der sich irgendwann auch nach Mauer zurückgezogen hatte, plazierte dort eine Verkaufsanzeige über das Maurer Lehengut und die zwei zum Schloß Schatthausen gehörigen Erbbestandgüter in Ochsenbach und Bammental. Ob der Bruder oder der Neffe von den Verkaufsabsichten wußten, ist höchst unsicher, aber immerhin bot August abgestufte Erwerbsmöglichkeiten: Entweder die Hälfte oder das ganze Gut könne erstanden werde, was ohne Zustimmung des Bruders nicht möglich war.[1]

Schatthausen hatte unter Karl von Zyllnhardt ohnehin nur mehr geringe Bedeutung gespielt. Nur aus dem Jahr 1815 ist sicher belegt, daß der Adlige das Pfingstfest im Schatthäuser Schloß verbrachte. Dieses, nur zuweilen vom Amtmann bewohnt, zu dem er seinen früheren Erzieher Rayd bestellt hatte[2], scheint in diesen Jahren in baulicher Hinsicht gelitten zu haben. Wenn er auf dem Lande zugegen war, dann lebte er zumeist im Waldschlösschen zu Mauer. Die Wirtschaftskraft Schatthausens hatte sich unter Zyllnhardt weiter verbessert. Die Aufteilung des Hofgutes und die Meliorationen, die sein Vater Karl Friedrich initiiert hatte, etwa der angesiedelte Hopfenanbau und die intensivierte Obstbaumzucht, taten den finanziellen Einkünften der Familie von Zyllnhardt gut. Das neue Pachtsystem warf kalkulierbare Gelder ab, die Auflösung des Brachfeldes ließ auch die Zehnteinkünfte mehr und mehr ansteigen. Hinzu kamen die ersten Ablösungsgesetze, an denen Zyllnhardt in der Gesetzeskommission selbst mitarbeitete. Er konnte von den im Vergleich zu den Abgaben zigfachen Ablösungskapitalien profitieren.[3]

Und dennoch spielte dies kaum mehr eine bedeutende Rolle. Der Karrierejurist verdiente schon 1807 als Justizrat 1000 Gulden in bar zuzüglich einer Naturalentlohnung im Wert von etwa 477 Gulden. Als Hofrichter erhielt Zyllnhardt 1815 sogar 2423 Gulden in bar, mit der Naturalentlohnung also nahezu 3000 Gulden.[4] Der Jahresertrag aus Schatthausen, der ja durch die Anstellung eines Amtmannes noch etwas geschmälert wurde, dürfte kaum höher gelegen haben. Selbst in den Jahren 1816 bis 1819, als Zyllnhardt aus dem Staatsdienst entlassen worden war, hat er sich durch sein hessisches Engagement wieder feste Bezüge verschafft. Als Kurator der Universität Heidelberg standen ihm rund

[1] Frh.A.Sch. A 255.
[2] Frh.A.Sch. A 298.
[3] Vgl. Kap. 3.4 sowie 4.2.
[4] Die Bezüge in GLA 76/9002-9004.

verschafft. Als Kurator der Universität Heidelberg standen ihm rund 2000 Gulden zu und als Präsident der Gesetzgebungskommission wurden ihm seit 1822 alljährlich nicht weniger als 4000 Gulden gutgeschrieben.[1]

6.4 Karl von Göler - Der Rückzug aufs Gut

Karl von Göler war am 6. Mai 1801 in Sulzfeld geboren worden. Nach Rechtsstudien wurde er 1824 vom badischen Staat als Praktikant angestellt, im März 1826 kam er als Assessor ans Oberamt Offenburg. Im selben Jahr heiratete er Karolina von Zyllnhardt, die schon 1828 die Doppelgrundherrschaft Mauer-Schatthausen erbte.[2] Mit dem Erbe verbunden war die Auflage, künftig den eigenen Namen mit dem Namen der Familie von Brüggen zu verbinden, denn so hatte es Wilhelmine in ihrem Testament bestimmt. Das Staatsministerium hatte diese Regelung ausdrücklich bestätigt.[3] Doch sollte sich zeigen, daß das Verfahren nicht praktikabel war, ohnehin schon etwas fragwürdig geworden war, da sich die Besitzer Schatthausens auf zwei Grundherrschaften stützen konnten, wobei Schatthausen die kleinere und ertragsschwächere war. Ab und an tauchte der formelle Name von Göler-von Brüggen auf, um jedoch ebenso schnell wieder zu verschwinden. Ihrem Geschlecht durch die Verschenkung ein nominelles Weiterleben zu sichern, war Wilhelmine nur bedingt geglückt.

1827 wurde Karl von Göler nach Mannheim versetzt, blieb aber weiterhin Assessor, wie auch noch 1830, als er die Übernahme in den ständigen Staatsdienst beantragte, weil er das fünfte Dienstjahr absolviert habe. Die Bitte wurde ihm erfüllt und im November 1830 wurde er als *unwiderruflich angestellt* erklärt. Doch schon wenige Monate später war er es selbst, der widerrief: *Verschiedene Verhältnisse*, so erklärt er, machten es *wünschenswert*, daß er seinen Aufenthalt künftig großenteils auf seinen Gütern nehme. Mag sein, daß es der gerade von den Roman erworbene letzte Besitztitel über Schatthausen attraktiver macht, zum reinen Grundbesitzer zu werden. Doch erstaunlich ist, was er seinem Brief noch beifügte. *Sollte ich vielleicht künftig so glücklich sein, meinem Vaterland wirklich und nützlichere dienste leisten zu können, als bisher, so*

---

[1] Mit zwei gleich guten Ertragsquellen ist Karl von Zyllnhardt ein Musterfall für einen Adligen, der sich an die neue Staatlichkeit geschickt angepaßt hat. Pedlow hat solcherart Flexibilität für den kurhessischen Adel großflächig untersucht: Durch Vergrößerung des Grundbesitzes und gute Ausbildung, um in der Konkurrenz mit Bürgerlichen bestehen zu können, hat der Adel dort den Übertritt in die neue Staatlichkeit erfolgreich geschafft, resümiert Pedlow (in: Reden-Dohna/Melville, besonders S.272 und 279f.)
[2] Frh.A.Sch. A 1, GLA 76/2868. Auch Roys, S.40.
[3] GLA 233/32723.

zu stehen. Daraus spricht eine deutliche Unzufriedenheit über die Anstellung. Ob Göler über sein zähes Fortkommen so ergrimmt war, schließlich war er noch im fünften Jahr nur Assessor, oder ob er der ganzen Bürokratie abhold geworden war? Nach fünfjährigem Rückzug auf seine Güter wurde Karl von Göler 1835 Mitglied der ersten badischen Kammer, schon 1836 fungierte er als ihr Sekretär, ein Amt, das er bis 1854 fast ununterbrochen wahrnahm; nach 1859 wurde er wiederholt zu einem der Vizepräsidenten der Kammer gewählt.[1] Karl von Göler war in seiner politischen Tätigkeit somit eng verbunden mit der Abwehrpolitik, die von den Grundherren in der ersten Kammer gegenüber der Ausgestaltung der Ablösungsgesetze und der neuen Gemeindeverfassung betrieben wurde. Andererseits war er über die juristischen Modalitäten der Ablösungsgesetze bestens unterrichtet. Dies macht es wiederum kaum verständlich, daß sich der Adlige von seiner Gemeinde wiederholt in Prozesse hineinziehen ließ, aus denen er als Verlierer hervorging.[2]

Schon seit Karl von Zyllnhardt wurde - etwa in Urlaubsgesuchen - der Satz immer häufiger, daß man sich *auf seine Güter* zurückziehe. Die Brüggen hatten noch immer von ihrer Herrschaft, ihrer Vogtsherrschaft oder ihrem Dorf gesprochen. Obgleich sich die faktisch wirksamen Rechte nur langsam verändert hatten, zeigt sich deutlich, was vom alten Herrschaftsprinzip übrig geblieben war: Die eigene Grundherrschaft und die Einnahmen aus den eigenen landwirtschaftlichen Betrieben dominierten im Bewußtsein der adligen Herrn. Karl von Göler zog sich nach Aufgabe seiner juristischen Karriere nun also auch auf seine Güter zurück, zunächst ins Schlößchen Sorgenfrei, weil Schatthausen nach den Jahren der wenig intensiven Nutzung einer umfassenden Restaurierung bedurfte. Als das Schloß wieder *bewohnbar* war, siedelte er nach Schatthausen um, aber schon nach sieben Jahren zog es ihn wieder nahe Heidelberg, um sich - wie es hieß - der Ausbildung seiner Kinder zu widmen. Im Revolutionsjahr 1848 kehrte er nach Schatthausen zurück. Mit seiner Frau Karolina hatte er vier Kinder, sie begründeten die Linie der Göler zu Schatthausen, die noch heute besteht.[3]

Unter Karl von Göler wurden zum ersten Mal exakte Rechnungsbücher geführt. Aus diesen ergeben sich zwischen 1840 und 1848 durchschnittlich 3282 Gulden, die aus Schatthausen an die Gölersche Hauptkasse in Mauer gebucht wurden.[4] Dabei handelte es sich um echte

[1] Zu den Funktionen: Roys, S.40 und Bauer/Gißler, passim.
[2] Vgl. die Kap. 3.4 und 4.6.
[3] Zur Genealogie der großen Göler-Familie vgl. die Stammbäume im Anhang der Familiengeschichte von R. und D. Göler.
[4] Demel (in Reden-Dohna/Melville, S.255) errechnete für Bayern durchschnittlich nur 500 Gulden, die Adlige aus ihrer Grundherrschaft jährlich erlösen konnten.

ADEL

Nettoerlöse, in denen alle direkten, in Schatthausen entstandenen Kostengrößen schon abgezogen waren.[1] Über die Verwaltung seines Grundbesitzes hinaus mühte sich Karl von Göler durch eine umfangreiche Besitzpolitik, sein Hofgut abzurunden. Schon bald nach Übernahme der Herrschaft investierte er regelmäßig in neue Grundstücke.[2] So vollzog sich schon seit den zwanziger Jahren der Umbau der "Vogtsherrschaft" zum reinen agrarischen Betrieb. Dieser Umbau ist ohne die Ablösung der restlichen feudalen Lasten nicht denkbar. Zum einen, weil sich dadurch die Einkommensquelle auf die Landwirtschaft verengte und sich eine Intensivierung derselben anbot. Zum andern, weil die Ablösungsgelder die Besitzarrondierung leicht finanzierbar machten.[3] Begünstigt wurden die Bodenankäufe durch eine erhöhte Bodenmobilität, suchten doch zahlreiche Amerikaauswanderer in der ersten Hälfte des 19. Jahrhunderts Käufer für ihre Liegenschaften.[4] Allerdings hatten die Vogtsherrn schon immer Ausreisewilligen in dieser Beziehung unter die Arme gegriffen, sah man doch die in der Regel bedürftigen Dorfbewohner gerne wegziehen.[5] Die Aufkäufe um 1840 sind daher nicht ausschließlich im Zusammenhang mit vergrößerter Liquidität zu sehen. In anderer Hinsicht waren die Ablösungskapitalien für Karl von Göler viel bedeutsamer, hatte er sich doch bei seinem Antritt in Schatthausen enorm verschuldet: Kapital in Höhe von 25000 Gulden, zu 4.5 Prozent verzinst, stellte ihm die Badische Allgemeine Versorgungsanstalt damals für den Erwerb des letzten Viertels an Schatthausen zur Verfügung.[6] Diese für die Besitzabrundung aufgewendeten Gelder entsprechen nun sehr genau der Summe, die Karl von Göler aus der Ablösung der Grundlasten bezog: Zwischen 1828 und 1848 flossen ihm etwa 23000 Gulden persönlich zu.[7] Die letzte Rate über 11000 Gulden, die 1853 an die Versorgungsanstalt ging, dürfte allein aus der Zehntablösung finanziert worden sein. Die Abrundung des adligen Hofgutes Schatthausen ist auf diese Weise fest mit der Ablösung der Grundherrschaft verquickt.[8]

[1] Rechnungsbücher Schatthausen 1832-1848.
[2] Frh.A.Sch. A 979, 980, 982, 983, 985. 986.
[3] Zum ersten Mal hat Winkel auf das Forschungsdesiderat hingewiesen: Während die Konsequenz der Ablösung für die Vermögenslage der Bauern häufig Gegenstand von Abhandlungen war, ist kaum untersucht worden, wohin das Kapital aus den Händen der Berechtigten floß. Vgl. Winkel (1971), S.85f., auch Winkel (1968).
[4] So auch die Beobachtung bei Winkel (1971), S. 91.
[5] Vgl. zur Auswanderung Kap. 7.4.2.2.
[6] Frh.A.Sch. A 278.
[7] Siehe Tabelle 4.14.
[8] Vgl. Kap. 7.4.2.

7. Bauern und bäuerliches Leben

7.1 Die Bauern

7.1.1 Die demographische Entwicklung

Vor dem 30jährigen Krieg lebten in Schatthausen über 150 Menschen auf rund 40 Bauernstellen. Der Krieg hatte den Ort dann so stark in Mitleidenschaft gezogen, daß in den fünfziger Jahren des 17. Jahrhunderts zeitweise nur noch vier Hofstellen besetzt waren. Sehr schnell fanden sich jedoch wieder Bauern ein, vielleicht hatten sie nur vorübergehend in den umliegenden Wäldern und den Rheinniederungen Zuflucht gesucht.[1] Bei der Huldigung an Wollrad von Brüggen im Jahre 1670 waren 13 männliche Bürger zugegen.[2] Die pfälzisch-französischen Auseinandersetzungen verhinderten jedoch eine weitere kontinuierliche Peuplierung des Ortes. Viele Bauern nutzten in dieser Zeit die gebotene Möglichkeit, einige Jahre lang zins-, zehnt- und schatzungsfrei oder zumindest unter ermäßigten Abgabebedingungen Landwirtschaft zu treiben.[3] Nach Ablauf dieser "Freijahre" zogen sie weiter, um anderswo diese Vergünstigung in Anspruch zu nehmen. Dies galt ganz besonders für die Pachtung größerer Hofgüter, auf denen sich die Urbarmachung besonders bezahlt machen konnte. Häufig wurden die Arbeitskräfte auch von anderen Herrschaften oder Bekannten abgeworben, wie man es in Schatthausen von dem plötzlich verschwundenen Hofbauern Josef Müller vermutete.[4]

Die Jahre zwischen 1670 und 1700 waren dadurch von einer hohen Fluktuation und einem vollständigen Umbau der Gesellschaft gekennzeichnet. Nur drei der 1670 bei der Huldigung anwesenden Familien waren auch 1712 noch am Ort.[5] Ihre Herkunft ergibt sich aus einer Bürgerbefragung von 1706. Adam Litterer war der Sohn eines Soldaten, er wurde 1638 im Felde geboren und zu Offenburg getauft. Erst 1662 ließ er sich in Schatthausen nieder. Benedict Martin bezeichnete sich

---

[1] Vgl. Hartwich (in Pfalzatlas III).
[2] Aussagen zur Größe des Dorfes und zur Zahl der Einwohner müssen aus vielen einzelnen Angaben zusammengetragen werden, darunter sind wesentlich: Frh.A.Sch. B 1, A 1033, A 1040, A 1200.
[3] Franz (1943), S.57. Zu den Schatzungsermäßigungen vgl. Sellin S.176f.
[4] Frh.A.Sch. A 988. Dazu auch Hartwich (in Pfalzatlas III), S. 1425.
[5] Frh.A.Sch. A 1033.

zwar als schon *von jugend an* in Schatthausen, war aber 1626 in Aschaffenburg geboren worden und also erst durch die Kriegswirren in die Herrschaft verschlagen worden. Georg Stroh hatte sich schließlich 1664 als Schmied im Ort niedergelassen. Damit bestand die Schatthäuser Bevölkerung um 1712 ausschließlich aus Zuwandererfamilien.[1] Zur selben Zeit begann sich die Dorfgemeinschaft zu stabilisieren. Mit Ausnahme derer, die verarmt die Auswanderung ins Ausland antreten mußten, blieben fast alle diese Familien im Ort ansässig. Die Herkunftsorte der zugewanderten Familien lassen sich nicht vollständig ermitteln. Eine große Gruppe stammte aus dem fränkischen Raum, mit ihr kamen erstmals Katholiken in größerer Zahl in den Ort. Konflikte konnten nicht ausbleiben. 1706 rief eine Schatthäuser Bäuerin, *der teuffel habe die Franckhen herein ins dorf geführt.*[2] Neben diesen Franken waren es reformierte Schweizer, die in größerer Zahl nach Schatthausen kamen. Vielfach wanderten sie schon vor 1712 wieder ab.[3] Vereinzelt tauchen Zuwanderer aus Hohensachsen, den benachbarten Kraichgauer Dörfern, dem Vogtland, aus Österreich und Nordfrankreich in den Quellen auf.[4] Es handelte sich also um heterogene, nicht gleichgerichtete Wanderungsströme.

Den Bevölkerungsbewegungen und den Kriegseinwirkungen entsprechend verlief auch die Geburtenstatistik zwischen 1670 und 1700. In den siebziger Jahren wurden im Jahr gerade 2,7 Kinder geboren, dann stieg der Wert zwischen 1680 und 1681 auf 6,6 an, um in den neunziger Jahren wieder auf 3,5 zurückzugehen. In der ersten Dekade des 18. Jahrhunderts, als sich die Herrschaft im Ort niederließ und die Verhältnisse ruhiger wurden, stieg die Geburtenrate dann auf 9,9 Kinder im Jahr. Dieser hohe Wert erklärt sich offensichtlich durch die in den Kriegsjahren zurückgestellten Ehewünsche. So wurden in den neunziger Jahren nur sieben Paare getraut, zwischen 1700 und 1708 dagegen 24.[5] Danach trat die Stabilisierung ein. Zwischen 1718 und 1784 wuchs die Bevölkerung Schatthausens langsam und kontinuierlich von 213 auf 270 Personen, was

---

[1] Frh.A.Sch. A 1033, B 13. Ein ähnliches Ergebnis bringt auch die Auswertung der Bevölkerungsentwicklung Haßlochs, siehe Franz (1943), S.56f.
[2] Frh.A.Sch. A 1067, Ruggerichtsprotokoll von 1706.
[3] So ist keine der vor 1700 in den Kirchenbüchern aufgeführten Ehen 1712 noch nachweisbar. Vgl. Diefenbacher, S.6 und S.215.
[4] Kirchenbücher Schatthausen sowie Frh.A.Sch. B 43.
[5] Kirchenbücher, Frh.A.Sch. B 43. Als demographische Arbeiten der Imhof-Schule für südwestdeutsche Gemeinden vgl. die Ergebnisse Bechbergers über das von Schatthausen nicht weit entfernte, zum Bistum Speyer zählende St. Leon und Krauß über Schönau im Odenwald. Unter anderem Blickwinkel auch Zschunke über Oppenheim sowie Rettingers Beitrag im Sammelband von Gerlich.

einem jährlichen Anstieg von 1,3 Personen gleichkam. Die hohe Kindersterblichkeit verhinderte ein höheres Wachstum. Aber auch die Auswanderung, die in zwei Wellen in den zwanziger und dann in den vierziger Jahren zu beobachten ist, sorgte für Stabilität.[1] Zwischen 1716 und 1772 erhöhte sich die Zahl der Bürger nur von 36 auf 40, wobei es es sich bei den Neubürgern in der ersten Jahrhunderthälfte fast ausschließlich um Söhne oder Schwiegersöhne bereits in der Herrschaft lebender Bauern handelte, so daß die Bevölkerung abgeschlossen blieb; seit 1770 ist dann ein stärkerer Zuzug Fremder zu beobachten. Zwei bis drei Neubürger wurden in dieser Zeit alljährlich aufgenommen, womit die Zahl der Bürger bis zur Jahrhundertwende auf 62 stieg.[2] Vor allem die Zuwanderung war damit für das kräftige Bevölkerungswachstum verantwortlich, das sich zwischen 1784 und 1834 auf 123 Prozent belief.[3] Die Durchmi-

Dgr.7.1: *Die Bevölkerung Schatthausens (1718 bis 1838)*

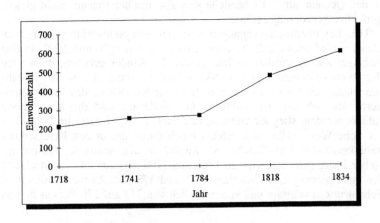

[1] Zur Auswanderung siehe Kap. 7.4.2.2.
[2] Die Bürgeraufnahmen in den Ruggerichtsprotokollen, Frh.A.Sch. A 1067ff.
[3] Die Bevölkerungszahlen wurden den expliziten namentlichen Zusammenstellungen entnommen, die in Schatthausen angelegt worden sind und mit den Bürgerlisten der Ruggerichte verglichen und verifiziert werden konnten. Vor diesem Hintergrund ist die Zahl von 164 Einwohnern, die der Schatthäuser Anwalt 1727 nach Heidelberg meldete (GLA 145/364, auch Schaab (1966), S.159), mit Skepsis zu betrachten. Dies gilt auch, wenn berücksichtigt wird, daß um 1725 mehrere Familien auswanderten und einen Rückgang des Bevölkerungswachstums bewirkten.

schung der Bevölkerung nach jahrzehntelanger, relativer Konstanz schlug sich 1819 in einer Besitzliste nieder: Schon ein Drittel der Zinspflichtigen gehörte zu Familien, die nach 1780 nach Schatthausen gekommen waren.[1]

7.1.2 Das Personalrecht in der Herrschaft

Unter der Schatthäuser Bevölkerung befand sich ein während des 17. und 18. Jahrhunderts nicht exakt zu erhebender Anteil pfälzischer Leibeigener. Erst aus dem Jahre 1796 gibt es ein Verzeichnis, das 69 der 326 Schatthäuser Bewohner als pfälzische Leibeigene ausweist, über die Proportionen Aufschluß.[2] Die pfälzische Leibesherrschaft in Schatthausen bestand schon im Mittelalter.[3] Wie der geringe Satz von nur 21 Prozent Leibeigener unter der Schatthäuser Bevölkerung anzeigt, war die quantitative Bedeutung des Leibrechts durch den Bevölkerungsumbau nach den Kriegen des 17. Jahrhunderts stark zurückgegangen. Die fast völlig fehlende Schriftlichkeit über das Leibrecht in Schatthausen weist auch auf eine nur geringe qualitative Bedeutung hin.[4] Leibeigenschaftliche Verpflichtungen wurden immer dann virulent, wenn sich ein Betroffener von ihr trennen wollte oder mußte, das war im wesentlichen beim Wegzug aus den pfälzischen Landen. Er hatte dann förmlich bei Kurpfalz die Entlassung zu beantragen, die bei Zahlung der Manumissionstaxen und der Nachsteuer auch problemlos gewährt wurde.[5] Auf die Inanspruchnahme weiterer typischer Rechte wie etwa dem Bestfall findet sich kein Hinweis.[6]

Die Schatthäuser Bevölkerung gliederte sich im 18. Jahrhundert in Bürger, Beisassen und eine Gruppe von Knechten und Mägden. Die Bürger waren, zusammen mit ihren Familien, die zahlenmäßig stärkste und wichtigste Gruppe. Alle Männer konnten sich in den Bürgerstand aufnehmen lassen, wenn sie *ein ordnungsgemäßiges Vermögen beybringen und*

---

[1] Frh.A.Sch. A 1027, Ablösung der Zinsen, im Vergleich mit den Bürgerlisten der Ruggerichtsprotokolle, Frh.A.Sch. A 1074 - 1075.
[2] Frh.A.Sch. A 1133.
[3] Vgl. Brinkmann I, nr.66, wo von *eigen lude* zu Schatthausen gesprochen wird, auch Lenz (1989), S.33.
[4] Allgemein gilt die Leibeigenschaft im Südwesten der frühen Neuzeit als wenig belastend für die Untertanschaft. Sie wird etwa als "funktionslos", weil "verdinglicht" und "erstarrt" beschrieben. Zuletzt bestätigte Andermann (1990), S.303, Troßbachs Einschätzung der südwestdeutschen Leibeigenschaft als "Bagatelle", siehe auch C.Zimmermann (1983), S. 27.
[5] Frh.A.Sch. A 1039.
[6] Diese Reduktion der Leibsherrschaft in den Zentdistrikten auf die bloße Manumission hat auch Schaab (1963), S.241 konstatiert.

besitzen.[1] In der Regel stellten Söhne nach ihrer Hochzeit, wenn sie einen eigenen Haushalt gegründet hatten, den Antrag auf das Bürgerrecht. Er wurde dann im Ruggericht beraten. Der Neubürger hatte zusammen mit seiner Frau das Bürgergeld zu entrichten; für einen Schatthäuser Sohn oder eine Tochter betrug es zwei, für einen Auswärtigen, der in die Gemeinde einheiratete, vier Gulden.[2] Überdies wurden Jungbürgern kleinere Arbeiten zugeteilt. Schon seit 1716 mußten sie bei ihrer Aufnahme eine gewisse Zahl von Obstbäumen auf der Gemarkung setzen, 1772 wurde ihnen die Ausbesserung eines Teils der Chaussee anvertraut.[3] Auch die kaum ins Gewicht fallende Beethkorn-Abgabe an die Pfalz, sie belief sich auf insgesamt etwa 65 Kreuzer im Jahr, wurde gewöhnlich unter *den jüngsten Bürgern* eingesammelt.[4]

Wesentlich war für einen Bürger sein Anrecht auf die Allmendnutzung. Er konnte auf den Allmendwiesen Futter für sein Vieh holen, seine Zugtiere auf die Allmendweide schicken und erhielt vom wilden Obst alljährlich seinen Anteil. Diese Vergünstigungen traten jedoch hinter dem Anrecht auf die Waldnutzung noch zurück. Nicht nur Brennholz, auch im bestimmten Umfang Bauholz konnte der Bürger beziehen, er erhielt Reisigbündel und Rinde und konnte seine Schweine zur Fütterung in die Bucheckern treiben. Der bei den Holzzuteilungen herrschende rituelle Ernst, der selbst die Bestrafung einfacher Scherze verlangte, und die ums Holz sich häufig entwickelnden Rangeleien zeugen ebenso von der zentralen Bedeutung des Brennholzbezugs wie ein Fall aus dem Jahre 1729. Zwei Bürger, denen das Bürgerrecht verlustig gegangen war, kümmerten sich damals zuallererst um die Regelung der weiteren Brennholzberechtigung.[5] Den Rechten stand ein Katalog von Bürgerpflichten gegenüber. Hierzu gehörte insbesondere die Verpflichtung zu Gemeindefrondiensten für die Ausbesserung der Wege, öffentlichen Plätze und Einrichtungen. Obligatorisch war die Übernahme des Gemeinsbürgermeisteramtes auf ein Jahr, wovon nur ausnahmsweise abgesehen wurde. Auch die Dorfhut wurde reihum an die Bürger vergeben, einige Jahre lang auch die Nachtwachen.[6]

---

[1]   Ruggerichtsprotokoll von 1765, Frh.A.Sch. A 1072.
[2]   Ruggerichtsprotokoll von 1738, Frh.A.Sch. A 1069.
[3]   Ruggerichtsprotokoll von 1716, 1768, 1776, Frh.A.Sch. A 1067ff.
[4]   Frh.A.Sch. A 1131.
[5]   Besonders festgehalten im Ruggerichtsprotokoll von 1729 (Frh.A.Sch. A 1068). Zur Bedeutung des Waldes liegen zwei neuere Untersuchungen für die Pfalz vor, die umfassende, auch sozial- und mentalitätsgeschichtliche Aspekte berücksichtigende Studie von Allmann (1989), und die zum Teil über den Untersuchungsraum Bargen hinaus Gültigkeit besitzende Darstellung Leibleins (1992).
[6]   Zu den Gemeindediensten siehe Kap. 7.2.

Das Bürgerrecht konnte freiwillig zurückgegeben oder aberkannt werden. Ersteres lag in der Regel vor, wenn ein Bürger seine Haushaltung altersbedingt einschränkte und seinen Kindern übertrug. Er wurde dann ganz oder zur Hälfte von den Fronleistungen freigestellt. Auch Wegziehende gaben in der Regel das Recht zurück. Nicht jedoch Caspar Denninger, der selbst nach seinem Wegzug noch Bürger blieb. Ihm mußte gerichtlich anbefohlen werden, zur Regelung seiner finanziellen Verhältnisse zurückzukehren und das Bürgerrecht aufzugeben.[1] Die Vogtsherrschaft betrachtete sich zwar als letzte Instanz in allen das Bürgerrecht betreffenden Fällen, faktisch wurde aber der Anwalt mit seinen Gerichtsmännern mit den Untersuchungen beauftragt. So waren 1777 gerichtliche Anhörungen nötig, um zu entscheiden, ob zwei Witwen nach den Todesfällen ihrer Gatten die Haushaltungen würden aufrechterhalten können, so daß sie die Nießungen behalten konnten. 1728 erkannte das Gericht mit sofortiger Wirkung Lorenz Gastwolf das Bürgerrecht ab, nachdem er in seinem Amt als Nachtwächter einen Diebstahl verübt hatte, ebenso wurde ein Bürger des Ortes verwiesen, da er seinen wenigen Erwerb *liederlich vertut.*[2]

Gegenüber der großen Zahl der Bürger spielten die Beisassen nur eine untergeordnete Rolle. Es waren kaum einmal mehr als ein halbes Dutzend Personen, die Beisass- oder Beitragsgelder leisteten. Meistens bildeten nur die im Ort ansässigen Pächter der großen Güter die Gruppe der Beisassen. Zwei Gründe verwehrten ihnen den Eintritt in den Bürgerstand: Zum einen waren sie als Temporalbeständer nur vorübergehend im Ort, zum andern handelte es sich bei ihnen fast durchgehend um Wiedertäufer. Eine zweite typische Gruppe der Beisassen waren Söhne von Bauern, die ihre eigene Haushaltung noch nicht in vollem Umfang führten. Eine dritte Gruppe stellten Witwen oder Witwer dar, die ihren Betrieb einschränken mußten, so daß sie das Bürgerrecht verloren.

Alle Beisassen hatten jährlich eine dem Umfang ihres bewirtschafteten Betriebes entsprechende Geldsumme zu leisten. So zahlten 1720 die beiden Pächter des Schloßhofgutes 40 bzw. 43 Kreuzer monatlich, zwei Witwen jeweils nur fünf Kreuzer. Die Gegenleistung bestand alleine in einer Art Duldung und Zulassung zur Gemeinde, einschließlich des Klagerechts vor dem dörflichen Gericht. In den Gerichtsprotokollen drückt sich die formale Gleichstellung der Beisassen mit den Bürgern häufig darin aus, daß sie ohne Kenntlichmachung ihres eingeschränkten Rechtes in den Listen auftauchen. In der Rechtsprechung waren die Beisassen somit den Bürgern gleichgestellt, während ihnen die gemeinlichen Nutzungen nicht direkt zugestanden wurden. Die beiden Pächter des Schloßhof-

[1] Ruggerichtsprotokoll von 1730, Frh.A.Sch. A 1069.
[2] Ruggerichtsprotokoll von 1727, 1728, Frh.A.Sch. A 1068.

gutes kamen auf einem Umweg dennoch in den Genuß der bürgerlichen Privilegien. Denn der Vogtsherr, dem ja die doppelte Notierung genossenschaftlicher Umlagen zustand, vergab stets einen der beiden Krautgärten an sein Hofgesinde, also die mennonitischen Beisassen. Ebenso dürfte er mit Holz und Wellen verfahren haben. 1776 taucht ein einziges Mal der Begriff Hintersasse in Schatthausen auf.[1] Damit belegte man eine Gruppe auswärtiger, lediger junger Leute, die sich bei Schatthäuser Bauern niedergelassen hatten, diesen wohl zunächst zur Hand gingen, dann jedoch eigene kleinere Haushaltungen aufbauten. Sie waren bereits längere Zeit ansässig gewesen, bis das Gericht ihnen die weitere Duldung nur für den Fall gewährte, daß sie sich an den Gemeindeumlagen beteiligten. Der in den Folgejahren sichtbar werdende Anstieg an Bürgern mag auch mit dieser strafferen Einbürgerungspolitik zusammenhängen.[2]

Unterhalb der Beisassen ist das Dienstpersonal angesiedelt. 1741 arbeiteten 13 Knechte und Mägde fest angestellt auf den Hofreiten der Gemeinde, weitere sieben waren im Schloß und vom Beständer des Schönauer Hofgutes beschäftigt. Diese Gruppe bestand zu einem kleineren Teil aus ständigem Dienstpersonal, hierzu zählte vor allem das Schloßgesinde. Unter den Bauern der Gemeinde war es dagegen üblich, daß ein Sohn, der den väterlichen Hof noch nicht übernehmen konnte, sich eine Zeitlang bei einem anderen Bauern als Knecht verdingte. Wenn die Knechte und Mägde auch keine eigenständigen Rechte besaßen, so achtete die Gemeinde jedoch sehr sorgfältig über ihre Arbeitsbedingungen.[3] Ein Knecht war durchaus in der Lage, sich eine solche Barschaft anzusparen, daß ihm der Erwerb von Grundeigentum und die Gründung einer eigenen Haushaltung gelingen konnte. So verdingte sich der aus der Schweiz eingewanderte Michael Mann zunächst als Müllersknecht, ehe er 1723 als Bürger angenommen wurde.[4]

7.2 Das Zusammenleben der Bauern

7.2.1 Die Bauern als Genossenschaft

Wollrad Hetzel war an einem Herbsttag des Jahres 1739 zusammen mit seiner Frau beim Birnendiebstahl im Feld ertappt worden. Derlei Felddiebstähle wurden gewöhnlich mit einigen Kreuzern Strafe geahn-

---

[1] Ruggerichtsprotokoll vom 3.1. 1776, Frh.A.Sch. A 73.
[2] Vgl. Kap. 7.1.
[3] Vgl. Kap. 7.2.
[4] Michael Manns "Aufstieg" vom Knecht zum armen Bürger ergibt sich aus einer Reihe von Einzeldaten, etwa in Frh.A.Sch. A 1067, A 1162, Kirchenbücher Schatthausen.

det.[1] Nicht so im Falle Hetzel, bei dem das Gericht mit anderthalb Gulden Strafe bis an die obere Grenze des erlaubten Strafmasses ging. Der Grund: Der vom Ehepaar Hetzel auserkorene Birnbaum stand auf dem Gebiet des benachbarten, zum Bistum Speyer gehörenden Oberhof. Vom Nachbarort war Hetzel bereits bestraft und auf Entschädigung verklagt worden. Die Schatthäuser Gerichtsmänner befanden nun über den *Schimpf und Spott*, den Hetzel mit seinem Diebstahl über den Ort gebracht hatte.

In der Zweitverhandlung vor dem Schatthäuser Dorfgericht drückt sich aus, daß Zugehörigkeit zur Gemeinde mehr war, als es die reglementierte Bürger- und Beisassenpflichten zunächst aussagen. Es verband sich mit ihr eine Art dörflicher Identität, die über die Erscheinung bloßen lokalen Patriotismus` hinausging. Wer Schande über die Gemeinde brachte, deren Reputation aufs Spiel setzte, mußte sich vor dem Gemeinwesen verantworten.[2] Dies traf auch die Schatthäuser, die 1708 in einem Neckargemünder Wirtshaus in aller Öffentlichkeit ihren Anwalt beschimpften. Dasselbe galt aber umgekehrt für jene Bauern der Umgebung, die bei Geschäften im Ort herablassend *lose reden* über die Gemeinde Schatthausen führten. Etwa jener jüdische Geschäftsmann Seligmann, der die Schatthäuser Gemeinde wegen ihrer Armut verspottete.[3] In solchen Fällen erwiesen sich die Schatthäuser Bürger als sehr sensibel.

Dieses Gefühl der Gemeindezugehörigkeit scheint seinen Ursprung in der hohen Bedeutung des traditionell-genossenschaftlichen Wirtschaftens zu haben. Das Dreifeldersystem basierte auf Kollektivität, Individualität störte die Ordnung.[4] Die komplexen Zusammenhänge waren so eng, daß Zuwiderhandeln schädigende Folgen hatte. Die Gemengelage in den Schatthäuser Fluren, die strikte Dreifelderbebauung, die nicht unwesentliche Gemeinnutzung von Wäldern und Weideflächen, dies alles machte besondere Vorkehrungen für das Zusammenleben nötig. Das Wirtschaftsleben in Schatthausen war daher von überaus großer Homogenität geprägt. Vieles dieser Grundübereinstimmung war Tradition, etwa der bäuerliche Kalender. Er setzte mit Georgi, Martini oder Lichtmeß Daten, die gleicherweise Eckpunkte für die Wirtschaftsweise darstellten wie sie rechtliche Konsequenz besassen. Anderes bedurfte der genossenschaftlichen Regelung. Die Terminierung der Ernte mußte zentral festgelegt

---

[1] So etwa 1709 mit einem halben Pfund Heller. Ruggerichtsprotokoll von 1709, Frh.A.Sch. A 1067.
[2] Über die "tiefe Gebundenheit des bäuerlichen Lebens" etwa Huttenlocher, S.76. Wehrenberg (S. 68) bezeichnet die kollektive Arbeit für die Gemeinde als "lebensnotwendig".
[3] Ruggerichtsprotokoll von 1708 und 1728, Frh.A.Sch. A 1067/1068.
[4] Vgl. dazu ausführlicher Kap. 4.2.2.

werden, da es vielen Bauern unmöglich war, ohne Überfahren fremder Äcker zu ihrem eigenen Besitz zu kommen. Daher wurde ein Erntetermin verabredet und dem Anwalt fiel es zu, wo nötig, Wege in die Felder zu schneiden. Wie stark die Produktionsweisen verquickt waren, zeigte sich in diesem Punkt gegen Ende des Jahrhunderts, als die zunehmende Besömmerung der Brache das Befahren der Flur immer komplizierter machte. Wer nach Kirchweih noch nicht alle Feldfrüchte geerntet hatte, lief Gefahr, daß sie dem Weidevieh zum Fraße dienten: Denn *nach Kirchweih ist die Weide frei.*[1]

Die Strafen für Bauern, die gegen die Flurordnung verstoßen hatten, machen deutlich, daß die individuelle Einsicht in das Wirtschaftsprinzip nicht immer ausreichte. Sie zeigen aber auch, daß es vom positiv formulierten Gemeinschaftsprinzip der Dreifelderordnung über die Kontrolle der Normen bis hin zur Überwachung der individuellen Haushaltsführung nur jeweils kleine Schritte waren. Die Begründungen für verhängte Strafen enthüllen den weitergehenden Anspruch: 1730 wurde Friedrich Schütz öffentlich als *übler Haußhalter* gescholten, als er wiederholt einen Acker gegen die Ordnung hatte brach liegen lassen.[2] In diesem Terminus wurde nicht nur Schütz' nachlässige Feldbestellung, die damit zusammenhängende Verminderung der Bodenqualität und Schädigung der Zehntherrn gerügt. Das Dorfgericht beanspruchte darin, die gesamte Haushaltsführung zum Objekt der Kontrolle zu machen. Faktisch wurde dieser Anspruch mehrfach umgesetzt. Witwen hatten sich einer scharfen Beobachtung zu unterziehen, damit eine regelgerechte Fortführung ihres Betriebes nach dem Tode des Bauern sichergestellt war.[3] 1770 wurde eine Erbgemeinschaft ermahnt, ein ererbtes Haus herzurichten - bei Strafe der Enteignung.[4] Doch neben diesen Sonderfällen konnte schon die Bequemlichkeit eines einzelnen Bauern Anlaß zu drakonischen Maßnahmen geben. So griff das Gericht 1784 zum Mittel der Enteignung, da Johann Georg Epplers Hof stark überschuldet war. Er könne *nicht mehr länger geduldet werden*, beschieden die Gerichtsmänner. Epplers Liegenschaften wurden versteigert, die Erlöse unter die Geschwister und minderjährigen Kinder des Schuldners verteilt. Die Enteignung geschah damit primär aus Fürsorge gegenüber den Angehörigen Epplers weniger auf Druck der Gläubiger.[5]

---

[1] Die Weide- und Flurordnungen ergeben sich aus den Verordnungen, wie sie jährlich zu den Ruggerichten ergingen. (Frh.A.Sch. A 1067ff.) Auszüge auch bei Kollnig (1968), S.299ff.
[2] Siehe auch Kap. 4.2.2.
[3] So etwa die Mahnung im Ruggericht 1777, Frh.A.Sch. A 1073.
[4] Ruggerichtsprotokoll von 1770, Frh.A.Sch. A 1073.
[5] Ruggerichtsprotokoll von 1784, Frh.A.Sch. A 1074.

Fürsorge führte auch zu detaillierten Eingriffen in den kommunalen Arbeitsmarkt. 1780 wurden Löhne für Hanfbrecher festgelegt und darüber hinaus noch deren Arbeitsbedingungen geregelt. Sie wurden Tagelöhnern gleichgestellt, hatten von zwölf Uhr bis vier Uhr mittags zu arbeiten, wobei die Verpflichtung entfiel, *nachtkost* zu geben. Die Regelung wurde nicht nur als Bezugsmaßstab für künftige Arbeitsverhältnisse getroffen, sie wurde zusätzlich mit einer Strafe für Zuwiderhandlung rechtsverbindlich gemacht.[1] Die Fürsorge ging sogar so weit, daß eine Frau, die *ohne vorsatz* eine Magd verletzt hatte, zur Zahlung von sechs Gulden verpflichtet wurde: Sie hatte für einfache Medikamente ebenso aufzukommen wie für Kost- und Brotgeld, das die Magd wegen ihrer Krankheit sich nicht selbst verdienen konnte.[2] Um das eingesessene Gewerbe zu schützen, scheute das Gericht auch nicht davor zurück, ein Berufsausübungsverbot zu erlassen. 1797 hatte ein in Schatthausen einquartierter Soldat eines in der Nähe liegenden Kommandos damit begonnen, Schneiderarbeiten für die Bürgerschaft zu übernehmen. Seine Arbeit war offenbar so gerne angenommen worden, daß der Schatthäuser Schneider Jakob Glasbrenner einen drastischen Rückgang seines ohnehin kärglichen Umsatzes zu spüren bekam. Glasbrenner zog vor Gericht, wo man dem Soldaten mit sofortiger Wirkung das Arbeiten untersagte.[3]
Auch für die armen Gemeindemitglieder sorgte die Gemeinschaft der Bauern. Zwar waren Unterstützungsleistungen aus der Gemeindekasse eher unbedeutend. Aber die Almosenkasse war eng mit den öffentlichen Finanzen verzahnt.[4] Es gab Strafgelder, die grundsätzlich in die Almosenkasse zu entrichten waren; und obligatorisch war es, bei Kaufgeschäften einen entsprechenden Umsatzanteil in die Armenkasse zu bezahlen.[5]

Die große Fürsorge für ihre Mitglieder schloß die Gemeinde nach außen ab. Natürlich durfte nur der sich im Ort niederlassen, der regelgerecht als Beisasse oder Bürger zugelassen war.[6] Aber selbst die Herberge war beschränkt. Die Wirte waren gehalten, jeden Übernachten-

---

[1] Ruggerichtsprotokoll von 1780, Frh.A.Sch. A 1074.
[2] Ruggerichtsprotokoll von 1761, Frh.A.Sch. A 1072.
[3] Ruggerichtsprotokolle von 1797, Frh.A.Sch. A 1075.
[4] Zum Almosenwesen siehe unten Kap. 7.4.2. Fouquet hat in seinen Untersuchungen über die Gemeindefinanzen von Dannstadt die Bedeutung der Armenfürsorge für gemeindliches Denken in Frage gestellt (Fouquet 1988, S.278). Da er die Haushaltspläne der Gemeinde in den Mittelpunkt seiner Arbeit stellt, greift die Aussage wohl zu kurz. Denn das Almosen wird eben nur zum geringsten Teil über den öffentlichen Haushalt finanziert und verwaltet. Die Armenversorgung als kommunale Aufgabe auch bei Sachße/Tennstedt, S.107.
[5] Diese Fälle werden in den Ruggerichtsprotokollen ausdrücklich vermerkt (Frh.A.Sch. A 1067ff.). Zu den Almosengebühren bei Kaufgeschäften vgl. vor allem Frh.A.Sch. B 49 - B 51.
[6] Siehe Kap. 7.1.2.

den zu melden und ihm nicht über Gebühr lange ein Dach über dem Kopf zu gewähren. Landstreicher und verdächtige Personen durften gar nicht aufgenommen werden.[1] Arme Vagabunden, die durch den Ort zogen, wurden zwar in aller Regel aus der Gemeindekasse mit kleinen Beträgen unterstützt. Aber es konnte auch vorkommen, daß der Gemeindebürgermeister den Befehl erteilte, die Bettler umgehend mit einem Wagen weit weg zu fahren.[2] Darin drückte sich die Furcht aus, durch die Bettler mit weiteren Beschwernissen belastet zu werden.[3]

Zum genossenschaftlichen Prinzip gehörte aber auch gemeinsames Feiern nach gemeinsamem Arbeiten. Dorffrondienste wurden grundsätzlich auf Kosten der Gemeindekasse mit einem geselligen Zusammentreffen im Haus des Anwalts beschlossen. Einen Umtrunk auf Kosten der Gemeindekasse gab es am Aschermittwoch, neben Kirchweih der "jour fixe" schlechthin des geselligen bäuerlichen Lebens.[4] Zusammensitzend ließen sich Probleme besprechen, Tauschgeschäfte vorberaten. Nicht immer blieb es bei der sachlichen Diskussion. Nicht zuletzt der Alkohol sorgte dafür, daß Raufereien und Beleidigungen wiederkehrender Bestandteil des gesellschaftlichen Aschermittwochs in Schatthausen waren.[5]

7.2.2 Die Genossenschaft als Gemeinde

Im Zuge seines Territorialausbaus band Kurpfalz die Gemeinden im 18. Jahrhundert mehr und mehr in seine Verwaltung ein.[6] Die zuständigen Behörden des Amtes Dilsberg schritten in diesen Bestrebungen be-

---

[1] Frh.A.Sch. B 14, A 1191, Ruggerichtsprotokoll von 1722, Frh.A.Sch. A 1068.
[2] So auch bei Sachße/Tennstedt, S.110. Zum Schicksal und zur Zusammensetzung vagierender Unterschichten allgemein vgl. die Arbeit von Küther.
[3] Frh.A.Sch. A 1132, A 1133.
[4] Wehrenberg führt ein Aschermittwoch-Treffen auf (S.187f.), bei dem ein Gratismahl an die Bürger ausgegeben wurde. Er wertete dies als Entschädigung für die zu leistenden Gemeinfrondienste, was dann ein Hinweis darauf wäre, daß die Gemeinde schon sehr früh zur juristischen Person geworden ist. In volkskundlichen Abhandlungen werden die Feiern am Aschermittwoch in protestantischen Gebieten als bewußte Opposition zum katholischen Fast- und Abstinenztag, vor allem in der Zeit der Reformation, gewertet. Von Gratiszehrungen für Frauen am Aschermittwoch berichtet Knapp II (1919), unter "Nachweise und Ergänzungen".
[5] Ruggerichtsprotokolle im 18. Jahrhundert (Frh.A.Sch. A 1067ff) sowie Gemeinderechnungen (Frh.A.Sch. A 1131ff.).
[6] Diese Eingliederung ist nicht alleine als repressive Einengung gemeindlicher Selbstverwaltung zu sehen, sie schuf auch neue kommunale Verantwortung und damit Freiräume. Vgl. dazu Schaab (1992), S.218 und S.219, Fouquet (1988), S.255f., Mörz (1991), S.240.

sonders entschieden voran, konnten die gemeindlichen Organisationen doch damit leicht gegen ihre auf Autonomie pochenden Herrschaften instrumentalisiert werden.[1] Eine der wesentlichsten Aufgaben wurde für die Kommune ihre Rolle als unterste Finanzbehörde, die für die Abwicklung der Schatzung und den Einzug der vielfältigen weiteren Steuern und Umlagen verantwortlich war. Kurpfalz wies die Gemeinde schon aus diesem Grunde 1766 zu einer ausführlichen Rechnungsführung an. Die Gemeinderechnungen in Schatthausen wurden im Gefolge dieser Anordnungen mehr und mehr ausgefeilt.[2] Sie gliedern sich in einen "Gerichtsteil" des Gemeindehaushalts, der die Zahlungen an Kurpfalz aufführt. Dieser Teil umschloß 1739 fast 84 Prozent des gesamten Budgets, 1768 noch 79, 1801 63 Prozent. Der "Gemeinsteil", in den die echten kommunalen Verwaltungsausgaben eingetragen wurden, stieg dementsprechend an: In absoluten Zahlen gemesssen von 24 Gulden 1712, über 106 Gulden 1739 auf 304 Gulden im Jahre 1801. Dieses imposante Größenwachstum drückt allerdings mehr die zunehmende Erfassungsgenauigkeit aus als ein reales Anwachsen kommunaler Leistungen.

Der "Gerichtsteil", benannt nach den Gerichtsmännern, denen der Einzug der Gelder oblag, wurde streng separat geführt. Überschüsse, die beim zugrundegelegten Umlageverfahren unvermeidbar waren, wurden in der Regel intern auf die nächste Schatzungsausschreibung verrechnet. Auch die Einzugskosten für den Anwalt und das Gericht wurden im "Gerichtsteil" abgerechnet, der damit ohne Saldo blieb. Nicht alle an Kurpfalz fließenden Gelder waren im Haushalt jedoch aufgeführt: Die Akzise, die indirekte Besteuerung, wie sie etwa Fleisch und Papier traf, wurde extern vom Akziser, meist dem Anwalt, eingesammelt und weitergeleitet. Der "Gemeinsteil", also der Gemeindehaushalt im engeren Sinne, finanzierte sich aus den Aufnahmegeldern der Neubürger und den Beiträgen der Beisassen einerseits, den Erträgen der gemeindeeigenen Güter andererseits. Während von den Bürgern meist nur wenige Gulden erlöst werden konnten, hatten Allmendäcker und der gemeindeeigene Wald das Gros der Einnahmen zu tragen. Holz und Rindeverkäufe waren zwischen 1712 und 1730 meist der weitaus größte Einnahmeposten, dem ein maßgeblicher Anteil an der Konsolidierung der Bilanz zukam. 1720 deckten die Erträge aus dem Gemeindewald etwas über 50 Prozent der Ausgaben. Zu dieser Zeit trugen die gemeindeeigenen Äcker nur wenig

---

[1] Vgl. Kap. 2.
[2] Die Rechnungsunterlagen aus Schatthausen sind bis in die dreißiger Jahre des 18. Jahrhunderts hinein einigermaßen komplett erhalten. Von den einschließlich der Belege ausführlich ausgearbeiteten Haushaltsbilanzen der späteren Zeit liegen nur die Jahre 1739, 1768 und 1801 vor. (Frh.A.Sch. A 1131-1133). Gemeinderechnungen wurden erst neuerdings Gegenstand der Forschung, ein Überblick bei Fouquet (1988).

Früchte. Dies mag an den Folgen der Wüstungen gelegen haben, wurde aber sicher noch verstärkt durch die Praxis, die Felder durch Frondienste zu bebauen, die wenig beliebt waren und kaum zu guter Arbeit motivierten. Denn als die Gemeinde begann, ihre eigenen Äcker an feste Pächter zu verleihen, dominierten deren Bestandsgelder bald die Einnahmeseite. 77 Gulden und damit 60 Prozent der gesamten Einnahmen wurden 1768 allein durch die Pachterträge aufgebracht.

Zu Beginn des Jahrhunderts scheinen die Bürgermeister Erträge bewußt nur in Höhe der Jahresausgaben erwirtschaftet zu haben, nur unwesentliche Überschüsse fielen in dieser Zeit an. Als sich die Gemeinde während des Österreichischen Erbfolgekrieges jedoch erheblich verschuldete, mußte langfristiger geplant werden, um Zins und Tilgung zu tragen. Im Verlaufe der Koalitionskriege geriet das Gefüge dann vollkommen auseinander, als die Gemeinde rund 4000 Gulden aufzubringen hatte.[1] In diesem Jahr mußten auch wieder verstärkt Holzverkäufe getätigt werden, um die Einnahmen zu erhöhen.

Die Ausgaben der Gemeindekasse bestanden aus einer Fülle unterschiedlichster Kleinstbeträge.[2] Spesen für die Amtsträger bildeten den größten Posten. Für ihre Wege zum Amt Dilsberg, zur Oberamtsverwaltung nach Heidelberg oder gar in Sachen Schatzung zur Regierung nach Mannheim, wurden Anwälte, Gerichtsleute und Boten einschließlich ihres *verzehrs* entschädigt. *Verzehr* ist denn auch das häufigste Wort in den Ausgabenlisten. Der Naturalwirtschaft verhaftet, bezahlte die Gemeinde ihre Amtsinhaber nicht nach den geleisteten Geschäften, sondern schlicht nach dabei Verzehrtem. Ob es die Zusammenkunft zur Einstellung eines neuen Kuhhirten ist, ein Gemarkungsumgang, das "Auszehnden" der geernteten Rüben: Es war immer der Verzehr des betreffenden Amtsträgers, der verrechnet wurde. Wenn es die Gemeindefinanzen zuliessen,[3] wurde der gesamten Gemeinde anläßlich der Ruggerichte Fleisch und Braten gereicht, am Aschermittwoch nahm sie traditionell einen gemeinsamen Umtrunk ein - zwei jener Tage, denen eine große Bedeutung im

---

[1] Frh.A.Sch. A 1116, A 1133. Vgl. auch Stocker (1864), S.10.
[2] Die Gemeinderechnungen erlauben sehr tiefe und genaue Einblicke in das Gemeindeleben. Viele dort deutlich werdende Aspekte wurden jeweils an den betreffen Stellen dieser Studie dargestellt. Alleine aus den Rechnungen Gemeindestrukturen darstellen zu wollen, verbietet sich indes - wohl nicht nur im Falle Schatthausen, wo die hohe Zahl fehlender Jahrgänge erschwerend hinzukommt. Entscheidender ist, daß viele Funktionen in den Rechnungsprotokollen nicht oder nur unzureichend dargestellt werden. Etwa das Armenwesen (vgl. unten), aber auch die Bestellung und Besoldung des Kuhhirten, der Nachtwächter oder des Polizeidieners, die sämtlich ihre Besoldung direkt bei ihren Mitbürgern einzogen.
[3] Bei großen Schulden wurde auf diese Ausgaben verzichtet, Frh.A.Sch. A 1075.

BAUERN

Zusammenleben zukam. Gemeinsames Feiern nach gemeinsamem Arbeiten gab die Möglichkeit zum Ausgleich von Mißverständnissen, zur Regelung von technischen Notwendigkeiten, freilich auch zur Fortführung von Zank und Hader. Kollektives Bewußtsein der Bevölkerung fand darin seinen Ausdruck. Auf eine besondere Art wurde der "Gemeinsteil" von der Steuerverwaltung und der wachsenden pfälzischen Oberhoheit belastet. Verehrungen an die Amtsverweser, *daß er möchte an unserem Dorf eingedenkt sein*, wenn er wieder die Schatzung zu erstellen habe, gehörten schon seit Beginn des Jahrhunderts zu den größten Posten unter den Gemeindeausgaben. 1767 wurden über 18 Gulden für Neujahrspräsente an kurpfälzische Beamte bezahlt, immerhin annähernd zehn Prozent der gesamten Gemeindeausgaben. Zum Vergleich: Der traditionelle Neujahrskuchen für die eigene Vogtsherrschaft war schon für 30 Kreuzer zu erstehen.

Ein bislang noch wenig beachtetes Moment für das Selbstverständnis der Gemeinde sind die Beteiligungen der Kommune an Kollekten. Aus der Gemeindekasse wurden je nach Einschätzung von Anwalt und Bürgermeister den Kollektanten wenige Kreuzer oder mehrere Gulden gewährt. Selten wurden die Anlässe der Sammlungen notiert, es waren zum Teil Hilfeleistungen bei Notfällen, größere, meist kirchliche Bauprojekte aber auch freiwillige Unterstützungen für konfessionelle und politische Zwecke. Ein türkischer Fürst, der 1769 geldsammelnd durch den Ort zog, quittierte vier Gulden, die ihm aus der Gemeindekasse zugestanden worden waren. In den fünfziger Jahren hatte die lutherische Gemein-

Tab. 7.2: Der "Gemeinsteil" der Gemeinderechnung (1783)

Einnahmen		Ausgaben	
Pachteinnahmen	112,5	Almosen und Kollekten	15,3
Holzverkauf	99,5	Bau und Reparatur	8,0
Bürgergeld	11,0	Besoldungen	17,0
Beisassengeld	1,5	Diäten	40,0
Einnahmen vom wilden Obst	0,2	Seidenplantage	18,0
Haus- und Scheuerzins	0,1	Chausseeunterhaltung	50,0
Umlage für Maulwurffang	7,0	Unterhalt der Feuergeräte	2,6
		Faselviehkosten	4,6
		Grundzinsen	0,2
		Schreibkosten	6,5
		Neujahrspräsente	18,5
		Sonstiges	18,0
	231,8		198,7

de Schatthausen ihrerseits mit pfälzischer Genehmigung Kollekten für ihren Kirchenneubau abgehalten.[1]

Genossenschaftlich regelte die Gemeinde ihre Aufgaben. Verantwortung und Dienste wurden im Reihumverfahren an jeden Bürger vergeben, womit für eine gewisse Zeit ein jeder die Lasten des Zusammenlebens zu tragen hatte. Mit der Stelle des Gemeinsbürgermeisters wurde sogar ein Amt jährlich vergeben. Freilich zeigte sich, daß es unter der strengen Tutel des Anwalts weniger überantwortete Kompetenz denn Pflichterfüllung bedeutete.[2] Doch immerhin besaß der Gemeinsbürgermeister Leitungsfunktionen bei der Verteilung von Fronarbeit und der Aufteilung der so wichtigen Waldnutzungen und hatte einen Teil des Gemeindehaushaltes buchhalterisch zu bewältigen. Die anderen Aufgaben, an der alle Bürger teilhatten, waren echte Dienste zur Aufrechterhaltung der Ordnung und zur Wahrung der inneren und äußeren Sicherheit. Dazu gehörten die Nachtwache, die Dorfhut und die Feuerbekämpfung. Die Verteilung der Wachdienste auf jeweils zwei Bürger, wie es seit der Jahrhundertwende üblich war, scheint den Vogtsherrn jedoch nicht zufrieden gestellt zu haben, denn 1719 klagte er über die schlechte Bestellung und forderte beim Ruggericht die Gemeinde auf, die Stelle eines Nachtwächters zu schaffen und ihn *behörend zu salarieren*. Die Gemeinde sah sich dadurch genötigt, einen Nachtwächter einzustellen, der nicht nur personale Freiheiten erhielt, sondern auch von der Schatzung freigestellt wurde. Überdies mußte ihn jeder Bürger mit einem Simmer Korn besolden und aus der Gemeindekasse empfing er ein kleines monatliches Salär in Höhe von 16 Kreuzern. Das Verfahren stieß auf Kritik. 1722 lästerte ein Bauer über die Einrichtung des Dienstes im kleinen Schatthausen, wo es doch in den anderen Gemeinden auch keinen festangestellten Nachtwächter gebe. Freilich war der wahre Grund die finanzielle Belastung, die auf die Bauern zukam. Schließlich mußte aufgrund des Repartitionssystems der Schatzungsbetrag des Nachtwächters von den anderen Pflichtigen geleistet werden. Die Unzufriedenheit mit der Regelung zeigte sich auch darin, daß die Amtsinhaber zuweilen beim Einziehen des Soldkorns Schwierigkeiten hatten. Die Kritiker konnten sich bestätigt fühlen, als sich 1728 Hans Georg Gastwolf in Ausübung der Nachtwache eines Diebstahls schuldig machte. Wegen des mißbrauchten Vertrauens wurde Gastwolf nicht nur in den Turm gesteckt, sondern augenblicklich aus der Gemeinde ausgeschlossen. Fortan wurde die Nachtwache wieder von den Bürgern in eigener Regie ausgeübt.[3]

---

[1] Frh.A.Sch. A 1085 sowie Kap. 5.
[2] Vgl. dazu Kap. 3.2.2.
[3] Ruggerichtsprotokoll von 1719, 1720, 1728 und 1731. Frh.A.Sch. A 1067 - 1069.

Auch zur Übernahme der Dorfhut war jeder Bürger verpflichtet. Ursprünglich sollte die Einrichtung einer Dorfhut bewirken, daß stets ein Bauer über den Wohnbereich wachen konnte, während die anderen Bauern auf den Feldern ihrer Arbeit nachgingen. Deshalb war der Dorfhüter stets verpflichtet, im Ort präsent zu sein. Mit anwachsender Bevölkerung und dadurch bedingtem größeren Umtrieb mag die Dorfhut an Bedeutung eingebüßt haben. Sie degenerierte im 18. Jahrhundert zum Botendienst für den Anwalt, weswegen sich der Dorfhüter dreimal täglich im Anwaltshaus melden mußte und stets erreichbar zu sein hatte. Je stärker der Dienst seine Bedeutung verlor, umso mehr schwand auch die Disziplin der Dorfhüter. Die *schlechte Bestellung* des Dienstes gehörte zu einer Standardklage der Anwälte. Zum Teil gab es offene Widerrede der Bauern, die sich nur ungern bereit fanden, während der Tagesarbeit einen Brief in den Nachbarort zu tragen.[1]

Vorsorge für die Gesundheit von Mensch und Tier wurde nur in geringem Umfang getrieben. Traditionell gehörte in den Bereich kommunaler Gesundheitspolitik die Anstellung der Hebamme. Die Gemeinde achtete darauf, daß eine alternde Amme rechtzeitig für die Auswahl und Ausbildung einer jungen sorgte. Jedoch mußte die Wahl von der ganzen Gemeinde bestätigt werden. Während dem Ehegatten einer Hebamme persönliche Freiheiten zugestanden wurden, richtete sich ihre Besoldung nach ihren Diensten. Für die Arbeitsgeräte sorgte wiederum die Gemeinde: Ein Hebammenlesebuch und ein Gebärstuhl fanden sich 1802 im Inventar der Gemeinde.[2] Dort war auch ein Arzneibuch aufgeführt. Wer dies zu nutzen verstand, läßt sich freilich kaum beantworten, wie ohnehin der Bereich der bäuerlichen Humanmedizin im dunkeln liegt. Nur für die Vogtsherrschaft lassen sich Kontakte zu Ärzten und Apothekern in Heidelberg nachweisen, ebenso wie Kuraufenthalte in Wildbad. Von Krankheit unter der Bauernschaft wird dagegen selten berichtet. Es gibt zuweilen Hinweise auf *gebrechliche* Menschen, und solche, die im Alter *elend* werden. Ob und wie sie versorgt wurden, bleibt indes unklar. Ähnlich gerüstet war die Gemeinde für die Behandlung von Krankheiten beim Vieh und für Hilfeleistungen beim Kalben. Zwei Arzneibücher sowie die entsprechenden Instrumente lagen dafür bereit.[3]

Feuergefahr herrschte latent im Ort. Ermahnungen zum vorsichtigen Umgang mit Feuer gehörten daher ebenso zum Kanon der Gebote wie das Verbot für Kinder und Gesinde, bei Nacht mit Fackeln im Dorf herum zu gehen. 1718 wurde das Verbot ausgeweitet, daß *jedermann* sich

[1] Ruggerichtsprotokoll von 1729, 1735, 1745, Frh.A.Sch. A 1068 -1070. Hinweise auf die schlechte Bestellung finden sich passim.
[2] Ruggerichtsprotokolle von 1744, 1746, 1757 (Frh.A.Sch. A 1070/1071), Frh.A.Sch. A 1133.
[3] Frh.A.Sch. A 1133.

dessen enthalten solle. Allerdings schien man sich kaum daran gehalten zu haben, 1725 entstand ein Brand, als einige Marktleute bei Nacht nach Heidelberg aufbrachen und dabei Fackeln mit sich führten. Im Laufe des Jahrhunderts schaffte die Gemeinde dann 50 lederne Feuereimer an, um eine bessere Brandbekämpfung zu gewährleisten.[1] Diese gemeindlichen Aufgaben in Sachen Fürsorge und Sicherheit wurden ergänzt durch die Vorsorge für die öffentlichen Einrichtungen, wie den Backofen, für Plätze, Wege und Brücken. Die Auswahl und Einstellung des Kuhhirten wurde ebenso vom Gericht vorgenommen wie die Organisation etwa der Wiesenwässerung. Und aus der Gemeindekasse zahlte der Anwalt die Maulwurffanggelder als Beitrag zur Schädlingsbekämpfung.

Von einer umfangreicheren Bautätigkeit der Gemeinde kann im 18. Jahrhundert nicht gesprochen werden.[2] Die Instandsetzung des Hirtenhauses, der Bau eines Schuppens und der umstrittene und langwierige Bau eines Rohrbrunnens waren die einzigen markanten Fälle.[3] Ende des Jahrhunderts verpflichtete Kurpfalz dann die Gemeinde zur Mitwirkung beim Chausseebau, wozu nicht nur Frondienste, sondern auch finanzielle Mittel beigesteuert werden mußten.[4] Stärker geprägt war die Bautätigkeit in Schatthausen von kirchlicher Seite: Ende des 17. Jahrhunderts mußte ein Pfarrhaus instand gesetzt, 1773 neu gebaut werden. Auch die Kirche und Räumlichkeiten für Schule und Schulmeister wurden neu errichtet.[5] Mit Frondiensten konnten größere Baumaßnahmen nicht durchgeführt werden. Für den rund 221 Gulden teuren Schuppenbau wurde eine ganze Reihe von auswärtigen Handwerkern herangezogen, auch beim Schloßbau zeigte sich, daß kaum einheimisches Gewerbe und erst recht keine Bauern zu größeren Bauarbeiten beitrugen, nur die wichtigsten Reparaturarbeiten wurden in eigener Regie erledigt.[6] Im Falle der Gemeindeaufgaben dürfte neben der mangelnden Kompetenz auch geringes Interesse der Bauernschaft ursächlich gewesen sein: Denn Gemeindefrondienste waren verhaßt wie kaum etwas anderes. Die Disziplin bei der Ableistung war daher noch geringer als bei der Dorfhut, entsprechend schlecht dürften die Arbeitsergebnisse gewesen sein.[7] Mit fadenscheinigen Gründen drückten sich Bauern vor kollektivem Arbeiten. Wie ernst die Ableh-

[1] Ruggerichtsprotokolle von 1718, 1725, Frh.A.Sch. A 1067, 1068 sowie Frh.A.Sch. A 1133.
[2] Die kommunale Bautätigkeit in der frühen Neuzeit ist nahezu unerforscht, dazu Fouquet (1988), S.280.
[3] Frh.A.Sch. A 949, A 950.
[4] Frh.A.Sch. A 959, A 1133.
[5] Vgl. dazu Kap. 6.
[6] Frh.A.Sch. A 1135.
[7] Zur Qualität von Frondiensten vgl. etwa das von Ludwig (S.87) ausgemachte Motto: "Was ich heut' nicht tu, verricht' ein andrer morgen".

nung ist, hat Wilhelmine von Brüggen niedergeschrieben: In der *Angst vor Frohnen* sah sie einen Teil der Opposition der neunziger Jahre begründet, nachdem sie den Bau eines Rohrbrunnens angeordnet hatte.[1] Die Bürgerpflichten wurden also durchgehend von den Schatthäuser Bauern sehr ungern angenommen. Damit hat nun das eingangs gezeichnete Bild des kollektiven Lebensprinzips erste Risse erhalten. Wenn der einzelne keinen direkten Nutzen seines Einsatzes verspürte, so war er wenig geneigt, ihn zu leisten. Noch stärker wurde die Ablehnung, wenn man einen anderen begünstigt sah. *Neid und Mißgunst*, wie Wilhelmine formulierte, gehörten so zur Realität des bäuerlichen Lebens, weil auch große soziale und materielle Unterschiede zur Realität in der kleinen Gesellschaft gehörten.

7.3   Wirtschaftliche Ungleichheit

Die von August Philipp von Brüggen festgesetzte Abgabenordnung für Spatzenköpfe, in Schatthausen eintreffende kurpfälzische Fronforderungen, aber auch Listen zur Umlage von Kriegskontributionen, teilten die Schatthäuser Bauernschaft jeweils in drei Gruppen: Die spannfähigen Großbauern, die Ochsen oder Pferde besitzen, die Landwirte, in deren Ställen eine oder mehrere Kühe stehen, und die allenfalls Kleinvieh haltenden Handfröner. Diese klassische Schichtung war im Laufe des 18. Jahrhunderts mit einer zunehmenden Bodenmobilität aus dem Lot geraten und hatte sich überdies mit der Intensivierung der Viehhaltung überlebt. Daß die simple Dreiteilung ihrem Wesen nach zu Ungerechtigkeiten führte, verspürte auch die Bevölkerung. Um 1800 beantragten einige Bauern die *Repartition der Kriegsfrondienste auf die Morgenzahl, nicht auf den Viehbestand*. Nur wenige stimmten dagegen: Natürlich die Kleinstbauern, die bislang freigestellt waren; aber auch die sehr reichen Landwirte, die durch eine am Bodenbesitz orientierte Dienstverteilung noch stärker zu den Frondiensten herangezogen worden wären.[2]

Eine der ökonomischen Potenz näherkommende Differenzierung der Bevölkerung ergibt sich aus dem Umfang der bäuerlichen Betriebe. Da

---

[1] Frh.A.Sch. A 1114.
[2] Frh.A.Sch. A 961. Der herrschaftliche Verwalter verzichtete trotz des Abstimmungsergebnisses auf die Neufestsetzung. Um aber keine Unruhe aufkommen zu lassen, wollte er sich dafür einsetzen, daß die Begütertsten stärker zur Fron herangezogen und auch die bis dato freigestellten Hofpächter belangt würden. Die Forderung nach "Repartition der Kriegsfronen auf die Morgenzahl" wurde auch in anderen Gemeinden laut und bedürfte einer gesonderten Untersuchung. Er dürfte strukturell den Konflikten entsprechen, die in Gemeinden mit starkem Gemeinbesitz um die Aufteilung der Allmenden zwischen bäuerlichen Schichten entstanden. (Vgl. etwa C.Zimmermann (1989), S.105f.)

die Schatzung gleicherweise Vermögens- wie Ertragssteuer war, bieten die Register eine Fülle von Informationen, um die Betriebsgrößen und Einnahmestrukturen zu ermitteln. Unter der Rubrik *eigenthümblich güter* wurden die nach Ertrag und Nutzen errechneten Werte für Äcker, Wiesen, aber auch Häuser eingetragen. Auf Erb- und Temporalbestände wurde ein als *Überbesserung* bezeichneter Fixbetrag verschatzt, der sich nach dem Ertrag der Pachtgüter richtete. Als *profession* war schließlich das Gewerbe erfaßt, wobei sich die Kapitalisierung nicht auf die Gewerbeart bezog, sondern sich am Gewinn orientierte. So konnte die Schatzung zweier Leinenweber nach dem Umfang differieren, in dem das Gewerbe ausgeübt wurde. Unter das Leibgeding oder die Kopfschatzung fielen schließlich all jene Untertanen, die nur über geringen Besitz verfügten. Da sich ihre Einnahmen nicht feststellen liessen, wurden sie pauschaliert zur Schatzung veranschlagt. Grundlage war die Vermutung, daß ein jeder ein Minimum an Einkommen habe, das der Besteuerung zu unterziehen sei. Die Summe der Einzelanschläge ergab das Schatzungskapital, nach dem die pfälzischen Behörden die zu erhebenden Steuern auf die Gemeinden verteilten. Den Anwälten und Bürgermeistern war dann wiederum die Umlage der Steuersumme auf den einzelnen Pflichtigen überlassen.[1]

Von der Schatzung befreite Güter des Pfarrers und der Kirche wurden im Anhang der Steuerlisten aufgeführt, wo auch das Zustandekommen der Überbesserungswerte für die Hofpächter und die Pächter des Widdums erläutert war.[2] Mit Vorsicht sind die statistischen Angaben zum Besitz der Gemeinde zu lesen; sie scheinen - vermutlich wegen der fehlenden Relevanz - unkontrolliert fortgeschrieben worden zu sein.[3] Da in den Registern die Güter nur kapitalisiert aufgeführt sind, können sie zu einer Rekonstruktion der Besitzstände freilich nicht beitragen. Es ist nötig, dazu die Generalschatzungsrenovation zu berücksichtigen. Mit dieser Renovation wurden durch einen verordneten Schatzungskommissar und einige, mit der Örtlichkeit vertraute Bauern die individuellen Vermögens- und Ertragsverhältnisse aufgeschlüsselt. Für Schatthausen liegt ein solches Verzeichnis aus dem Jahre 1741 vor.[4] Es zeigt sich, daß zwischen dieser Renovation und der ein Jahr später angelegten endgültigen Schat-

---

[1] Zu Schatzungsrecht und Schatzungserhebung siehe die ausführliche Darstellung von Reimer S. 56ff. und in einer älteren Fassung Blasse S.5ff.
[2] Technische Probleme, wie sie Fouquet (1988), S.270f., anführt, lassen sich aus den für Schatthausen vorliegenden Schatzungslisten damit nicht feststellen. Allerdings fehlt in den späteren Listen der Hinweis auf die Sonderbesteuerung des Anwalts, dessen Schatzungskapital als Amtsträger um 50, später 100 Gulden gemindert wird.
[3] Vgl. Kap. 4.1.2.
[4] Stadtarchiv Wiesloch, Abteilung Schatthausen, B 66a.

zungsliste Unterschiede in der Art bestehen, daß fast sämtliche Veranlagungen in ihrem Wert gedrückt werden konnten. Dies weist auf erfolgreiche Nachverhandlungen und eine funktionierende Fortschreibung hin.[1] Schatzungsregister verschiedener Jahre können nur bedingt miteinander verglichen werden. Dem stehen vor allem sich verändernde Basiswerte entgegen, nach denen Äcker und Wiesen geschätzt werden. Dagegen kann für einen bestimmten Zeitpunkt ein Register sehr wohl relative Unterschiede in den Besitzständen verdeutlichen, wenn die fixen Veranschlagungen, wie etwa die Überbesserungswerte für Teilpächter und die Kopfschatzung für Tagelöhner und Gewerbetreibende, durch zusätzliche Informationen ausgeglichen und die steuerfreien Güter ermittelt werden können.

7.3.1 Die landwirtschaftlichen Besitzstände

In der 1742 erstellten Schatzungsliste waren neben dem Allmendbesitz der Gemeinde 48 Personen veranschlagt, unter ihnen ein Bürger aus Maisbach mit Besitz in Schatthausen. Von diesen 47 Schatthäuser Bauern verfügten nur fünf über keinerlei Grundbesitz: Zwei von diesen trieben ein Gewerbe, drei weitere verdingten sich ausschließlich als Tagelöhner. Läßt man von den anderen 42 Personen die Pächter von herrschaftlichen Gütern weg, die nur in geringem Umfang bürgerliche, schatzbare Äcker besassen, so läßt sich die mittlere Größe eines bäuerlichen Gutes in Schatthausen berechnen. 1742 verteilten sich 651,2 Morgen Nutzland auf 38 Personen. Dies entspricht einer durchschnittlichen Größe von 17,1 Morgen.[2] Bei der geringen Grundgesamtheit spielen Zufälligkeiten jedoch eine erhebliche Rolle: So hatte Johann Jakob Hetzel seinen überaus großen Besitz kurz vor Fertigstellung der Schatzungslisten unter seine Söhne aufgeteilt. Rechnet man diese Teilung ab, so steigt die Betriebsgröße sogleich um über einen Morgen an. Wie beschränkt die Aussagekraft von arithmetischen Mittelwerten ist, macht auch die untenstehende Grafik deutlich: Denn überaus ungleich ist der Boden unter die Bauernschaft im Bezugsjahr 1741 verteilt.[3]

---

[1] Dazu Reimer S.112ff.
[2] Stadtarchiv Wiesloch, Abt. Schatthausen, Lagerbuch von 1741, B 66a.
[3] Die Hofgrößen wurden dabei sinnvoll auf ein Vielfaches von fünf Morgen gerundet. Die Kleinstbesitzstände einschließlich der Tagelöhner praktisch ohne Grundbesitz finden sich in der Rubrik "kleiner als drei Morgen". Das Widdumgut, das gewöhnlich an vier Bauern verpachtet wurde, wurde nicht berücksichtigt. Immerhin konnten die Pächter ihre Besitzstände dadurch weiter aufstocken: Zwei von ihnen sind Besitzer von 30 Morgen großen Höfen, einem weiteren gehört das 25 Morgen große Gut. Lediglich der vierte besitzt nur 6.3 Morgen.

Angaben zu den Hofstätten sind relativ selten. Aus den Schatzungslisten und späteren Fronordnungen ergibt sich, daß die Zweiteilung von bestehenden Häusern weit verbreitet war.[1] Legt man ihre durch die Zinslast definierte Anzahl zugrunde, so gab es in der ersten Hälfte des Jahrhunderts drei solcher Hofteilungen aber auch drei Fusionen. Während nicht jeder der Bauern über eine eigene Wohnstatt verfügen konnte, besaßen 1741 vier Bauern gleich mehrere Häuser, die sie weitervermietet hatten. Erst ausgangs des Jahrhunderts verlangte der Bevölkerungsanstieg neue Hofstätten in größerem Umfang, doch liegt nur über einen Neubau eine dezidierte Nachricht vor. Es steht zu vermuten, daß bis 1800 Neubauten in aller Regel auf den bestehenden Hofreiten erstellt wurden und somit zu einer Verdichtung des bebauten Raumes beigetragen hatten. Nach 1800 wies Karl von Zyllnhardt die im Dorf gelegenen Sommergärten zu sechs Baugrundstücken aus.[2] Die Häuser dürften zu Beginn des 18. Jahrhunderts in einer einfachen Bauweise erstellt worden sein, von einer Unterkellerung ist nur ein einziges Mal die Rede. Dieses außergewöhnlich große *Kellerhaus* gehörte zumindest bis 1742 dem Anwalt, der in dem ansehnlichen Gebäude eine Wirtschaft führte und dort den jährlichen Ruggerichten Raum bot.[3]

Dgr. 7.3: Die Größe der Bauernhöfe

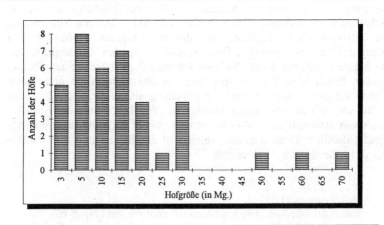

[1] Frh.A.Sch. A 962, Stadtarchiv Wiesloch, Abt. Schatthausen, B 66a.
[2] Frh.A.Sch. A 1016.
[3] Auswertung der Renovationen zwischen 1718 und 1740 (Frh.A.Sch. B 18 bis B 26).

Die Ackerflächen waren durchgehend in sehr kleinen Stücken über die gesamte Markung verstreut. Wollrad Hetzel, der mit insgesamt 15 Morgen über einen durchschnittlichen Landbesitz verfügte, besaß nicht weniger als 42, circa ein Viertel Morgen große Parzellenstückchen, zwei Wiesen von wenig mehr als ein Viertel Morgen und zwei, insgesamt 22 Ruthen große Gärten. Diese Stückelung hat sicher die schlechteren Erträge der bäuerlichen Hofstätten zu verantworten: Rechnerisch lassen sich aus den Zehnterträgen Werte von 5,5 Malter pro Morgen für Schatthausen insgesamt, 6,25 für das Schloßgut berechnen.[1] Die durchschnittlichen Jahresernten der Höfe fielen entsprechend den bewirtschafteten Flächen sehr unterschiedlich aus:[2] Die Ungleichheit ging soweit, daß die drei größten Bauern zusammen ebenso viel erwirtschafteten wie die fünf ihnen folgenden; die sieben Höfe mit rund zehn Morgen ernteten gemeinsam nicht soviel wie der dörfliche Großgrundbesitzer Christian Stroh.

Um Aussagen über das Auskommen der bäuerlichen Familie zu machen, dürfen jedoch nicht nur die Roherträge berücksichtigt werden. Allein der Zehnt und die Rücklagen für die nächste Saat reduzierten die geernteten Früchte schon um rund 22 Prozent.[3] Überdies fielen Kulturkosten an, die je nach Größe des Hofes unterschiedlich strukturiert waren. Während ein größerer Landwirt für die Entlohnung von Knechten und Mägden, für die Fütterung der Zugtiere und Reparatur von Gerätschaften zu sorgen hatte, mußte ein kleinerer Bauer etwa das Pflügen seines Feldes als Auftragsarbeit vergeben und konnte sich dabei leicht verschulden.[4] Diese Kulturkosten sind in der Grafik mit durchgehend elf Prozent eher gering veranschlagt.[5] Zu solchen Aufwendungen kamen die Abgaben hinzu: Ein Teil der Erträge mußte, schon alleine um die Schatzungsgelder und die Hellerzinsen aufzubringen, in den Verkauf gehen. Bei

---

[1] Freilich können diese zwischen 1735 und 1745 ermittelten Ergebnisse nur als grobe Annäherung dienen, denn der Umfang des effektiv gebauten Zehntareals dürfte jährlich unterschiedlich gewesen sein. Auch die Erträge der Gerste lassen sich aus den Zehntregistern nur undeutlich zurechnen. Könnte man die beiden Werte für Schloß und Bauerngüter rechnerisch trennen, hätte dies allerdings den Effekt, daß die Erträge der Bauerngüter noch geringer ausfielen.

[2] Vgl. Tab. 7.4. Es wurde ein Dreijahreszyklus mit Sommerfrucht, Winterfrucht und Brache zugrunde gelegt, die errechneten Erträge wurden auf ein Jahr bezogen. Unterschiedliche Bodengütewerte konnten dabei nicht berücksichtigt werden.

[3] Vgl. Kap. 4.3.2.

[4] So schuldete Michael Funk dem Müller 1731 zwei Gulden und drei Simmer Korn als Entlohnung für das Zackern seiner Felder. (Ruggerichtsprotokoll von 1731, Frh.A.Sch. A 1069.)

[5] Zur Schätzung und Errechnung von Anbaukosten siehe Boelcke (1964), S.265ff. und 271ff., Schremmer (1963), S.66ff., Beck, S.158f., Schloegl, S.160.

Dgr. 7.4: Die Durchschnittserträge der Bauernhöfe

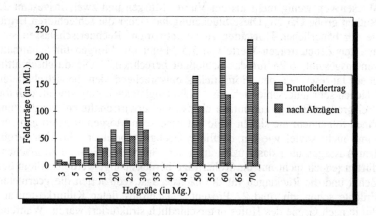

einer durchschnittlichen Familiengröße von 4,5 Personen, wie sie sich für Schatthausen errechnen läßt, waren rund 16 Malter Getreide im Jahr als Grundbedarf unbedingt nötig. Dieser konnte von 25 Höfen bei einer durchschnittlichen Ernte gut gedeckt werden.[1] Berücksichtigt man die Kulturkosten, den Zehnt und die Abgaben, so rückt die 16-Malter-Linie als Einkommensminimum nach oben: Um den Unterhalt zu sichern, mußten mehr als 20 Malter Getreide erwirtschaftet werden; auch Höfe mit rund zehn Morgen Ackerland gelangten so in einen kritischen Bereich, besonders, weil die linear aufgetragenen Ertragszahlen die Realität beschönigen. Während reichere Bauern die besseren Äcker aufkauften, mußten sich die ärmeren mit ertragsschwachen oder zinsbelasteten Parzellen zufrieden geben.[2] Folglich dürften auch die Besitzer von durch-

[1] Zugrundegelegt wurden 2,8 Doppelzentner pro Kopf. Vgl. Henning (1969), S. 188, Schlögl, S.186, Beck, S.159. Zur Familiengröße Frh.A.Sch. A 1040.
[2] Dies wird deutlich aus dem Lagerbuch von 1741, in dem die Ackerqualitäten in vier Stufen unterteilt aufgeführt sind. (Stadtarchiv Wiesloch, B 66a). Typisch sind auch die Nöte eines Bauern, der einen Acker verkaufen wollte, um seine Schuldenlast zu reduzieren, jedoch Mühe hatte, einen Käufer für das abgabenbelastete Feldstückchen zu finden (Frh.A.Sch. A 1164).

schnittlich zehn Morgen Land selbst in guten Jahren kaum ausreichend Auskommen gefunden haben.[1] Diese Vermutung wird durch die Schatzungslisten gestützt, in denen drei Besitzer von Zehn-Morgen-Höfen aufgeführt sind, die *auf den Kopf verschatzt* waren, weil sie sich auch im Tagelohn verdingten: Ihre eigenen landwirtschaftlichen Erträge reichten für den Unterhalt offensichtlich nicht aus.[2] Ein gutes Auskommen erzielten demgegenüber die elf Bauern, die über 15 und 20 Morgen große Höfe verfügten. Acht Bauern erzielten alljährlich sogar respektable Überschüsse, drei davon in so außerordentlicher Höhe, daß die Rücklagen reichlich Potential zum Ankauf weiterer oder besserer Äcker geboten haben dürften.

Bis zum Jahr 1800 haben sich die durchschnittliche Hofgröße und ihre strukturelle Verteilung kaum verändert.[3] Immer noch gab es um die Jahrhundertwende drei sehr große Höfe, doch lagen sie nunmehr lediglich in einer Größenordnung zwischen 40 und 50 Morgen, womit sich ihre Dominanz etwas gemindert hatte. Der "solide Mittelstand" mit Nutzflächen zwischen 15 und 30 Morgen war von 42 auf 34 Prozent zurückgegangen. 60 Prozent der Bürger besaßen Höfe in der kritischen Größe bis zu zehn Morgen, 1742 waren es 50 Prozent gewesen. Diese Erhöhung wird allerdings durch die intensivierte Viehwirtschaft und die damit einhergehende bessere Düngung etwas relativiert, weil sich daraus eine günstigere Ertragslage ergeben hatte. Scheidet man daher die Bauern aus, die eine tendenziell ausreichende Nutzlandfläche in einer Größe zwischen sechs und zehn Morgen besassen, so verbleiben 14 Bürger, die unabdingbar auf nicht selbständige Arbeit angewiesen waren. 1742 lag diese Zahl der "Habenichtse" bei fünf. Das Bevölkerungswachstum konnte damit nur zum Teil durch die intensivierte Landwirtschaft aufgefangen werden, vielmehr bildete sich eine strukturelle Verarmung heraus, die zu Beginn des 19. Jahrhunderts zur zweiten Auswanderungswelle aus Schatthausen, diesmal mit dem Ziel Nordamerika, führte.

---

[1] Eine generelle Übersicht über das Verhältnis von Anbauflächen, Fruchtarten und Familienbedürfnissen bietet Henning (1969), S.188ff.
[2] Zwar betrug die Kopfschatzung in der Regel fix 50 Gulden. Doch wurden in der Praxis oft geringere Summen veranschlagt, wie auch Reimer (S. 84) festgestellt hat. So sind im Register von 1742 etwa 10 und 33 Gulden aufgeführt (Frh.A.Sch. A 1162). Im 1741 gefertigten "Lagerbuch" wurde sogar noch genauer expliziert. Auf diese Einträge beziehen sich die gemachten Aussagen. (Stadtarchiv Wiesloch, Abt. Schatthausen B 66a).
[3] Die Angaben wurden ermittelt aus Frh.A.Sch. A 1027 und A 1116.

7.3.2 Gewerbe und unselbständige Arbeit

Die Personen, die fünf Morgen und weniger besaßen, konnten ihren bäuerlichen Betrieb nur als eine Art "Nebenerwerb" führen. Dabei handelte es sich um die Gewerbetreibenden, die den geringen Umfang an Ackerland zur Abrundung ihrer Einkommen nutzten.[1] Es zählten auch zu ihnen die Tagelöhner, die sich nach und nach einen kleinen Landbesitz erwirtschaften konnten. Unter den sieben Personen mit rund fünf Morgen Besitz fand sich auch ein Sohn, der noch auf die Zuweisung des väterlichen Erbes warten mußte und sich während dieser Zeit im Tagelohn verdingte. Grundsätzlich waren alle Gewerbetreibenden auf einen landwirtschaftlichen Zuerwerb angewiesen, dies galt auch für die herrschaftlichen Gewerke. Sowohl der Mühle als auch der Ziegelei und Schäferei standen zum Teil beträchtliche Ländereien zur Verfügung. Freilich sorgten die lediglich für weiteres Prosperieren der ohnehin einträglichen Betriebe, die ja Monopolrechte auf der Gemarkung besaßen. Für die landwirtschaftsnahen bürgerlichen Gewerbe bildete eigener Grundbesitz dagegen einen notwendigen Beitrag zur Subsistenz. Gewerbetreibende ohne Landbesitz darbten am Existenzminimum.

Unter den Gewerbetreibenden vermochte sich der Schmied eine starke Position zu sichern.[2] Um 1670 hatte Meister Georg Stroh die Stelle des Hufschmieds im Ort inne. Er wurde später zum Anwalt bestellt, sein Sohn führte das Amt weiter und verstand es, die Familie zur reichsten im Ort zu machen.[3] Nach dessen Rücktritt wurde wiederum ein Schmied Anwalt: Jacob Orthgieß, der seinerseits in den Folgejahren einen beträchtlichen Vermögenszuwachs erzielen konnte. Dies mag Zufall sein. Aber zweifelsohne erbrachte der Schmied die wichtigsten Handwerkerleistungen für die Landwirtschaft: Er besorgte nicht nur das Beschlagen des Viehs, sondern schärfte auch Messer, stellte Nägel und Töpfe her und sorgte für die Instandhaltung von Pflügen. Da Schmiede oft auch mit Waffen vertraut waren, dürften sie auch für die Herrschaft von Bedeutung gewesen sein. Immerhin drückt sich dieses umfangreiche Tätigkeitsfeld darin aus, daß die kurpfälzischen Schatzungskommissare den

---

[1] Die enge Verflechtung von Landhandwerk und Landwirtschaft ist allgemein gültig. Viele ländliche Gewerbeberufe waren überdies in einer wirtschaftliche "prekären" Lage. Vgl. Lenger, besonders S.20, Kaufhold, besonders S.63. Die marxistische Geschichtsschreibung sah ländliches Handwerk gar als "festen Bestandteil" der Landarmut an, dazu etwa Schulz, S.16f. Zum Gewerbe im unteren Neckarraum siehe Schaab (1963), S.249.

[2] Zur Ausbildung und Struktur der ländlichen Gewerbeberufen allgemein siehe neuerdings das Lexikon von Reith sowie Reininghaus und Skalweit.

[3] Siehe unten, Kapitel 7.5.2.2. Zur herausgehobenen Stellung des Schmieds in der dörflichen Gesellschaft auch van Dülmen II, S.28f.

Schatthäuser Schmiedemeister mit 70 Gulden in der Rubrik *profession* zur höchsten Kopfschatzung veranschlagten. Sie lag damit für Jacob Orthgieß auch um 20 Gulden höher als für Jacob Brummer, der eine zweite Schmiede im Ort führte, daneben mit 16,2 Morgen Äckern und Wiesen aber auch eine relativ große Landwirtschaft. Als weiteres in der Landwirtschaft sehr bedeutsames Handwerk galt der Beruf des Wagners. Seine Stellung blieb indes weit hinter der des Schmieds zurück. Der Wagner Andreas Manzer hatte große Mühe sich zu ernähren, 1758 wird er als *elender mann* geführt. Einige Jahre gab es auch einen Zimmermann in Schatthausen, der ein ähnliches Schicksal hatte, während ein als Schreiner geführter Bürger im Lagerbuch gar ohne jedes Vermögen veranlagt ist. Dem Schneider Herborn wurde in der Schatzungserhebung von 1724 attestiert, daß er von seinem Gewerbe nicht leben könne, er sich deshalb noch als Lehrer habe anstellen lassen und darüber hinaus Arbeiten suchen mußte. Damit erlitt er ein für seine Zunft sehr typisches Schicksal.[1] Ganz schlecht gestellt war auch der Schuhmacher, ein aus Ungarn zurückgekehrter Auswanderer, der über keinerlei Felder verfügte.[2] Eine der zumeist zwei Wirtschaften wurde meistens von den Anwälten betrieben. Während diese dann dem Amtsinhaber willkommene Zusatzeinnahmen brachte, fristete der zweite Wirt ein kärgliches Dasein. Johann Jakob Becker besaß 1741 neben dem Schankbetrieb nur noch fünf Morgen Äcker und Wiesen. Dies bescherte ihm offenbar kein hinreichendes Einkommen, da Becker auch im Tagelohn arbeiteteund sich 1744 als Zehntträger anstellen ließ.[3]

Neben dem dörflichen Handwerk gab es eine Reihe von Leinenwebern, die Auftragsarbeiten verrichteten.[4] 1742 wurden die drei Leinenweber am Ort noch mit einer einheitlichen Kopfschatzung von 50 Gulden veranschlagt.[5] Ihr Güterstand belief sich auf wenige Morgen. Erstaunlicherweise haben alle drei Weber 16 Jahre später ihren Güterstand mehren, zum Teil sogar verdoppeln können. Wenngleich nicht ausgeschlossen werden kann, daß diese Besitzstände durch Heirat erworben wurden, so läßt sich doch die deutliche Verbesserung in der Vermögensstruktur der Leinenweber konstatieren. Die Forschung stellt Heimarbeiter wie Weber und Spinner ihrem Ansehen nach unter die Handwerkerschaft, häufig werden sie sogar "nur bedingt zur politischen Gemeinde" gezählt.[6] Dies gilt für das Schatthausen des 18. Jahrhunderts nicht. Auch wenn sich die Wahl nicht als glücklich erweisen sollte, so

[1] Frh.A.Sch. A 1162, A 1149. Vgl. van Dülmen, S.41.
[2] Bürgerannahme Ludwig Wehns im Ruggericht 1736, Frh.A.Sch. A 1069.
[3] Frh.A.Sch. A 1041.
[4] Zur Geschichte des pfälzischen Wollgewerbes siehe Ziehner.
[5] Frh.A.Sch. A 1162.
[6] Etwa van Dülmen II, S.28f.

wurde 1735 mit Michael Funck ein Leinenweber zum Anwalt bestellt. 1742 lebte Funck noch primär von der Weberei. Er konnte allerdings, wohl im Zusammenhang mit seiner Tätigkeit als Gerichtsmann und Anwalt, um die Jahrhundertmitte ein Viertel des Widdumgutes pachten, worauf er das Handwerk soweit einschränkte, daß er sich 1758 *mehrentlich* von eigenen Gütern ernähren konnte. In der Schatzungsliste drückte sich dies durch eine Verminderung der *professions*-Schatzung auf 30 Gulden aus. Auch aus einer anderen Weberfamilie, den Sandritters, ging ein Gerichtsmann hervor.

Neben diesen Personen, die ihren Unterhalt aus einer Hauptquelle bestritten, gab es die Gruppe der Tagelöhner, die 1742 in Schatthausen sieben Personen umfaßte. Ihre Namen finden sich in den Beschäftigungslisten, die der Schlossherr zuweilen erstellt. Sie arbeiteten bei der Reinigung der Schloßgräben mit, übernahmen kleinere Arbeiten bei Bauarbeiten im Schloß und waren natürlich in den intensiven landwirtschaftlichen Arbeitsphasen auf den herrschaftlichen Feldern zu finden.[1]

Besondere Attraktivität hatten diese Tätigkeiten freilich nicht, denn der adlige Herr konnte die Tagelöhner unter dem geltenden Satz entlohnen. Die anderen Arbeitgeber für die Gruppe der Tagelöhner waren die größeren Bauern. Einige von diesen betrieben ihre Landwirtschaft mithilfe von fest angestellten Knechten und Mägden. Fehlte es an eigenen Kindern, war es üblich, einen *dienstbub* von einem Nachbarn anzustellen.[2] Obgleich die Bevölkerungszählungen sehr genau aufführen, wieviele Personen welchen Geschlechts und Alters unter einem Dach wohnten, läßt sich die Frage nach der Größe der Ackerfläche, die von einer Arbeitskraft bestellt werden konnte, nicht konkret beantworten. Es scheint durchaus möglich gewesen zu sein, 30 Morgen mit einer einzigen Vollkraft zu bewirtschaften, aber dies forderte die Hinzuziehung von Tagelöhnern in den intensiven Bewirtschaftungszeiten. So war ein Knecht für die über 30 Morgen des Pfarrguts verantwortlich, auf dem Schloßhofgut arbeiteten lediglich die zwei Beständer mit einem Buben. Selbst wenn veranschlagt wird, daß deren sieben Söhne allesamt als Erwachsene mitarbeiteten, ergeben sich pro Kopf über 25 Morgen zu beackerndes Land. Auch unter den bürgerlichen Gütern gab es Extreme: Stephan Eppler hatte für 39 Morgen höchstens die Mithilfe eines 17jährigen Sohnes, während Mathias Schuh für nur 15 Morgen noch einen Buben anstellte. Auch in der Wirtschaft des reichsten Bauern in der ersten Hälfte des 18. Jahrhunderts, Christian Stroh, errechnen sich pro Kopf 26 Morgen zu bearbeitendes Feld. Aus dem Dilemma, den Mindestbesatz nicht eindeutig definieren zu können, erhellt sich andererseits

---

[1] Frh.A.Sch. A 963, A 1041, B 42.
[2] Frh.A.Sch. A 1040.

ein ganz wesentliches Element des genossenschaftlichen Lebens, nämlich die Verflechtung von selbständiger und unselbständiger Arbeit im Ort. Die unterdurchschnittlich begüterten und auf zusätzliche Einahmen angewiesenen Bauern stellten ein vortreffliches Potential an Arbeitskräften dar: Es war ebenso schnell verfügbar wie fach- und ortskundig. Vergleicht man die wirtschaftlichen Grundlagen dieser Tagelöhner, so zeigt sich auch hier eine starke Zersplitterung. Es gab den Bauern, der zur Sicherung einer ausreichenden Existenz nur in kleinerem Umfang auf Lohnarbeit angewiesen war. Dann gab es diejenigen, die nur vorübergehend ihre Arbeitskraft ausleihen mußten, weil sie ein hinreichendes Erbteil erwarten konnten. Das galt im Jahre 1741 nicht nur für August Philipp Stroh, sondern auch für die vier Kinder von Andreas Mannsmann, unter denen zu dieser Zeit ein Teil des väterlichen Besitzes aufgeteilt wurde. Und schließlich rangierten am Ende der Skala die echten "Habenichtse", die völlig auf Fremdarbeit angewiesen waren und für die überdies der Armenfonds sorgen mußte.[1]

7.4   Soziale Ungleichheit

Ich bien so gut alß thu. Bei Handgreiflichkeiten während der Schatthäuser Kirchweih 1722 fiel dieser Satz eines verärgerten Bauern. Sein Anspruch, so gut zu sein wie der Nächste, war selbst in der kleinen Gesellschaft Illusion.[2] Die Darstellung der wirtschaftlichen Situation hat gezeigt, wie groß die Unterschiede von einer Hofstelle zur nächsten sein konnten. Über diese harten ökonomischen Fakten konnte der kleine Bauer, der so gut sein wollte wie der nächste, nicht hinwegsehen. Mehrfach war er abhängig von seinem reichen Nachbarn, der ihm wichtige Fuhrdienste leistete, mit seinem Pferde- oder Ochsengespann die Felder pflügte und eggte, der ihn und seine Kinder in Tagelohn nahm, gegebenfalls auch Geld oder Frucht vorstrecken konnte. Überlagert wurde diese rein ökonomisch bedingte Zweiteilung der Gesellschaft noch durch politisch-administrative Mandate, mittels derer Bauern gar über Bauern Herrschaft ausüben konnten.[3]

Einfluß- und Durchsetzungschancen waren damit ungleich verteilt, "die" Untertanschaft war in Wirklichkeit eine recht heterogene Gruppe

---

[1] Siehe Kap. 7.4.2.2.
[2] "Soziale Ungleichheit" und die Diskussion um den Begriff hat Wehler (1989), S.125ff., übersichtlich abgehandelt. Dort findet sich auch eine allgemeine Analyse sozialer Strukturbedingungen. Als gutes Fallbeispiel und exakte methodische Aufbereitung dienen Bátori/Weyrauchs Studien zur Bürgerschaft Kitzingens, für den pfälzischen Raum hat zuletzt Fouquet (1988), S.269, eine Stratifikation versucht.
[3] Siehe Kap. 3.2 und 3.4.

von Bauern. Um das amorphe Gefüge zu durchdringen, sollen die Mitglieder der Gesellschaft im folgenden nach Kriterien untersucht werden, die günstigenfalls eine Stratifikation erkennen lassen. Dabei werden methodisch die Überlegungen auf die Extreme reduziert: In einem ersten Schritt sollen Charakteristika einer bäuerlichen "Elite" erarbeitet, sodann soll der Versuch gemacht werden, das dörfliche "Elend" abzugrenzen.[1] Diese Methode bedeutet dabei nicht, den "soliden Mittelstand" zu vernachlässigen. Denn der Zugang zur "Elite" und die Wege ins "Elend" führen über die Mittelschicht. Insofern schafft die Darstellung der faßlichen Extrempunkte kein Präjudiz für eine vereinfachte Stratifikation. Sie stellt allein eine methodische Simplifizierung dar, um der Heterogenität der Mikrogesellschaft Herr zu werden - und sie beleuchtet nebenbei ein Stückweit soziale Mobilität.

Als Kriterien zur Abgrenzung einer Elite wurden Besitz, politische Macht und "prägende Kraft" gewählt. Während die beiden ersten Attribute aus statistischen Quellen relativ einfach zu erheben sind, tritt das dritte nur zutage, wenn eine Gesellschaft über einen längeren Zeitraum hinweg beobachtet werden kann.[2] Das andere Ende der Skala ist schon eindimensional ausreichend abgesteckt: Bäuerliches "Elend" ist Resultat von Armut und Verschuldung.

7.4.1 Die Elite

7.4.1.1 Reichtum

Über das Merkmal "Reichtum" oder "Wohlhabenheit" läßt sich eine herausragende Gruppe am einfachsten "in ersten Umrissen" erschließen.[3] Als Quellen dienen die Schatzungsregister, die aus den Jahren 1671, 1742, 1758 und 1768, wenn auch in unterschiedlicher Qualität, vorliegen; die Fortschreibung des Indikators erlaubt eine im Jahre 1796 zur Verteilung der Kriegsfronen erstellte Liste, die recht genaue Angaben über die Besitzstände der Bauern macht.[4] Die simple Liste von 1671, in der die Veranlagten auf 25 Gulden oder ein Vielfaches davon geschätzt werden, ist deshalb von Interesse, weil mit Adam Litterer und Georg Stroh auch die zwei Familien darin Erwähnung finden, die als einzige von 1671 an kontinuierlich in Schatthausen nachzuweisen sind.

[1] Elite versteht sich dabei ganz allgemein und urteilsfrei als eine Gruppe von Personen, die innerhalb einer Gesellschaft Spitzenpositionen einnimmt.
[2] Zur Wahl dieser Attribute vgl. Wehler (1989), S.125ff., Bátori/Weyrauch, S.30. Zur methodischen Fassung von bäuerlichen Schichten in der Pfalz vgl. auch Fouquet (1988).
[3] Fouquet (1988), S.270.
[4] Frh.A.Sch. A 1116, A 1162 - A 1164.

Die Litterers sind schon 1671, dann wieder in der Jahrhundertmitte und schließlich auch noch 1796 in der Spitzengruppe zu finden. Ähnliche Konstanz ist bei der Familie Grimm festzustellen. Sie sind die Nachfahren des 1706 als herrschaftlicher Schäfer angenommenen Ausmärckers Michael Grimm. Der verstand es recht schnell, umfangreichen Landbesitz anzukaufen, der sich bis auf 70 Morgen erstreckte, womit Grimm zusammen mit Stroh der reichste Bauer im Ort wurde. Er verteilte den Landbesitz unter zwei Söhne, einem dritten überließ er die Schäferei. Der 1741 und 1758 aufgeführte Burkard Grimm ist der älteste Sohn des ersten herrschaftlichen Schäfers. Eine stets solide Vermögenslage hat auch die Familie Mannsmann.

Die Familie Christian Strohs war seit 1700 eine der reichsten Familien am Ort. Selbst nach der Erbteilung unter sieben Kindern hielten sich die Strohs noch 1758 mit zwei Personen unter den besitzstärksten Bauern, 1768 stand wieder ein Mitglied ganz an der Spitze. Erst Ende des Jahrhunderts zählten die Strohs nur noch zum breiten Mittelfeld, als drei Familienangehörige über Höfe verfügten, die mit Größen zwischen 13 und 15 Morgen aber immer noch respektable Ausmaße hatten. Das Realteilungsprinzip hatte seine Folgen gezeitigt. Die oft beschriebene, aber umstrittene "soziale, ausgleichende Rolle" dieser Erbgewohnheit darf dennoch für das Beispiel Schatthausen nicht überbewertet werden.[1] Dies zeigt die Konstanz der Namen, ganz deutlich zwischen den Jahren 1741 und 1758. Mit Eppler, Stroh und Hetzel starben in den vierziger Jahren drei der reichsten Bauern. Wenn auch mehrfach um die Hälfte des veranschlagten Kapitals reduziert, finden sich die Namen schon 1758 wieder an der Spitze der Grundbesitzer. Dies zeigt, daß ein reicher Bauer alle Möglichkeiten nutzte, schon vor seinem Ableben seinen Nachkommen günstige Voraussetzungen zu schaffen - sei es durch ein Konnubium mit einem anderen reichen Bürger, sei es durch rechtzeitige Ankäufe weiterer Liegenschaften. Sei es auch, daß günstige Ablösungsmodalitäten festgelegt wurden. So kaufte ein Sohn Christian Strohs schon zu Lebzeiten des Vaters dessen Güter und zahlte dafür an seine Geschwister eine jährliche Pension. Durch diesen sanften Übergang in die nächste Generation wurde nicht nur der Handlohn gespart, sondern auch die Liquidation des großen Hofes zu ungünstigen Preisen vermieden. Diese wäre nötig gewesen, um einen nach auswärts ziehenden Sohn auszubezahlen.[2]

Konfessionszugehörigkeit spielte für die wirtschaftliche Stellung keine diversifizierende Rolle. Allerdings überrascht der hohe Anteil von Katholiken unter den reichsten Bauern, er lag höher als es der Proporz in der Bevölkerung vermuten ließe. Für andere Ortschaften am unteren

---

[1] Zur Diskussion etwa Hippel (1977), S.64, Fußnote 25, Strobel, S.88.
[2] Frh.A.Sch. B 50. Der Handlohn wäre nach vollzogenem Erbe angefallen, wenn die Brüder untereinander Güterstücke hätten tauschen wollen.

Tab. 7.5: *Die reichsten Bauern in Schatthausen*[1]

1671	Pracht, Hans Georg	400 fl.	Anwalt	
	Bleyenstein, Hans	400 fl.		
	Litterer, Adam	350 fl.		
	Müller, Georg	300 fl.		
1741	Stroh, Christian	453 fl.	Anwalt	kath.
	Eppler, Stefan	380 fl.	Gerichtsmann	luth.
	Mannsmann, Michael	234 fl.		kath.
	Grimm, Burkard	200 fl.		kath.
	Litterer, Hans Georg	198 fl.	Gerichtsmann	luth.
	Schmitt, Paul	180 fl.		kath.
1758	Orthgieß, Johann J.	220 fl.	Anwalt	luth.
	Grimm, Burkard	185 fl.		kath.
	Stroh, Lampert	175 fl.		kath.
	Eppler, Burkard	170 fl.		luth.
	Pfarrerswitwe Engel	170 fl.		luth.
	Hetzel, Johann	165 fl.	Gerichtsmann	luth.
	Stroh, Christian jun.	160 fl.		kath.
1768	Stroh, Christian jun.	240 fl.		kath.
	Orthgieß, Johann J.	221 fl.	Anwalt	luth.
	Eppler, Burkard	213 fl.	Gerichtsmann	luth.
	Hetzel, Christian	205 fl.		luth.
	Grimm, Paul	200 fl.		kath.
1796	Grimm, Heinrich	50 Mg.		kath.
	Mannsmann, Adam	44 Mg.		kath.
	Schuchart, Josef	39 Mg.	Anwalt	luth.
	Schäfer, Lorenz	27 Mg.	Gerichtsmann	kath.
	Litterer, Adam	23 Mg.		luth.
	Schäfer, Jacob	22 Mg.	Zentschöffe	kath.

Neckar hat Schaab eher eine schwache wirtschaftliche Stellung der Katholiken ausgemacht.[2] Daß nie ein Angehöriger des reformierten Bekenntnisses unter den wohlhabenden Bauern auftaucht, ist hauptsächlich auf deren abnehmende Zahl zurückzuführen. Schon ein erster Blick auf die Tabelle zeigt, daß zumindest der Anwalt durchgehend

---

[1] Die Einordnung erfolgte über das Schatzungskapital bzw. über die Größe der Hofgüter.
[2] Schaab (1966), S. 166f.

eine herausgehobene wirtschaftliche Stellung einnahm. War er einmal nicht der reichste Bauer im Ort, so gehörte er doch stets in die vermögende Klasse, zu der meist auch ein oder zwei Gerichtsmänner zählten. Wie eng waren daher Mandat und Reichtum miteinander verbunden?

7.4.1.2 Politisch-administrative Macht

Als politisch relevante Ämter standen einem Gemeindemitglied theoretisch drei Möglichkeiten offen: Die Stelle des Anwalts, die Stelle im Gericht und die Berufung zum Zentschöffen. Der größte Teil der Bevölkerung war freilich schon allein durch die fehlende Grundbildung von diesen Ämtern ausgeschlossen. Daneben versperrten konfessionelle Barrieren mögliche Karrieren. Als Zentschöffe wählten die Behörden ausschließlich Katholiken, während ein vogtsherrschaftlicher Anwalt in Schatthausen lutherisch zu sein hatte - auch wenn Vater und Sohn Stroh über 40 Jahre lang die Stelle als Katholiken innehatten.[1] Die Plätze im Gericht sollten schließlich im konfessionellen Proporz aufgeteilt werden.

Der Vogtsherr hob das Gericht aus der Genossenschaft heraus, indem er es mit Privilegien ausstattete, die bis zum allgemeinen Gebot ging, die Gerichtsmänner nur mit "Sie" anzureden. Schon allein diese in der kleinen bäuerlichen Welt fremd anmutende und auch oft verletzte Vorschrift mußte die Gerichtsmänner vom gemeinen Mann abheben. Verstärkt wurde die Abschottung des Gerichts noch, da jeder Bauer Gefahr lief, im Umgang mit den Gerichtsverwandten wegen *fehlenden Respects* verklagt zu werden, und sei es auch nur um ein paar Kreuzer. Zu dieser formalen Erhöhung kamen die Funktionen der Gerichtsleute, mit denen sie - wie etwa durch das Recht auf Haussuchung oder die Aberkennung der Bürgerrechte - nicht wenig das Privatleben ihrer Mitbürger erschüttern konnten.

Das Tableau zeigt die Zusammensetzung des Gerichts im 18. Jahrhundert.[2] Frappierend ist zunächst die häufige Wiederholung derselben Namen, was auf einen hohen Abschluß der Gerichtsriege hinweist. Zwei Faktoren sind dafür verantwortlich: Der Kreis der Kandidaten war bereits durch die Voraussetzungen des Lesen- und Schreibenkönnens eingeengt. Hinzu kam, daß sich der Vogtsjunker scheute, eine im Kreis der Bauernschaft integrierte Familie dadurch auszuzeichnen, daß er einen ihrer Angehörigen zum Anwalt beförderte. Er wählte daher stets Männer aus, die sich erst wenige Jahre vorher in Schatthausen niedergelassen hat-

---

[1] Vgl. genauer unter Kap. 2.2.
[2] Siehe Tabelle 7.6. Als Quellengrundlage dienten vor allem die Ruggerichtsprotokolle (Frh.A.Sch. A 1067ff.) und Frh.A.Sch. A 1040, A 1042, A 1045, A 1131.

ten; und wenn möglich, wurde das Amt vererbt. Zwischen 1700 und 1794 stellten nur zwei Familien die vier länger amtierenden Anwälte dieser Zeit. Von Georg Stroh ging 1704 das Anwaltsamt auf seinen Sohn Christian über. 1735 hatte August Philipp von Brüggen den erst 1724 ins Dorf gekommenen Leinenweber Michael Funk zum Anwalt erwählt. Es wirft ein Licht auf die Schwierigkeit, geeignete Männer für die dörflichen Ämter zu finden, daß nach dem erzwungenen Rücktritt Funks wieder Christian Stroh das Anwaltsamt weiterführen mußte, bis er es 1743 altershalber endgültig ablegen konnte. Sein Nachfolger wurde Jakob Orthgieß, der 1729 aus Franken eingewandert war und die Tochter des Gerichtsmannes Leonhard Schütz geheiratet hatte. Er ließ sich 1778 seinen Sohn Johann Adam beiordnen, der nach dem Tod des Vaters das Amt bis zu seinem eigenen Ableben 1794 weiterführte. Dieser personelle Abschluß läßt sich auch bei den Gerichtsleuten feststellen, deren funktionale Sonderstellung dadurch gestärkt wurde. So hatte die Familie Litterer von 1700 bis 1780 das Gerichtsamt durch drei Generationen hindurch inne, zwei weitere Stellen wurden von den Familien Hetzel und Eppler immerhin rund 70 Jahre lang okkupiert. Eine weitere ging von Leonhard Schütz auf dessen Schwiegersohn über, so daß bis 1780 überhaupt nur viermal bei den 13 Neubesetzungen gänzlich neue Familien in die Gerichtsriege eintraten. Dabei ist zu bemerken, daß drei der neuerwählten Familien erst kurze Zeit zuvor als Bürger angenommen worden waren.[1]

Wie stark bestimmte die ökonomische Situation die Wahl dieser Amtsinhaber mit? Anwälte zählten stets zu den wohlhabendsten Bürgern. Dies ist plausibel, schließlich konnte nur ein in relativer Unabhängigkeit stehender Bürger über Autorität verfügen. Die fehlende wirtschaftliche Basis war wohl auch mit ein Grund für den schnellen Fall des Leinenwebers Michael Funk. Als der in die eigene Tasche wirtschaftete, wurde dies von der Gemeinde viel ernster gewertet als die ähnliche Verfehlung des reichen Christian Stroh. Nun ist die Verbindung von Reichtum und öffentlichem Amt jedoch nicht nur eindimensioniert. Zumindest das Anwaltsamt dürfte es dem Inhaber ermöglicht haben, seinen privaten Nutzen zu mehren. Zu Anfang des Jahrhunderts war dies vielleicht noch leichter, als die Ausputzarbeiten der überwucherten Felder, die Wiederaufrichtung von Zinsen und die Freistellung von Abgaben vielfach Entscheidungen verlangten, die der bestens informierte Anwalt für sich anzuwenden wußte. Christian Stroh, der sich wiederholt nicht scheute, öffentliche Gelder oder vogtsherrschaftliche Vergünstigungen alleine

[1] Michael Funk zog 1724 nach Schatthausen, wurde 1735 Gerichtsmann und Ende 1735 Anwalt. Jakob Orthgieß kam 1729 ins Ort, wurde 1738 Gerichtsmann und 1743 Anwalt. Friedrich Geißler heiratete 1755 nach Schatthausen und wurde 1757 Gerichtsmann. (Ruggerichtsprotokolle der entsprechenden Jahre.)

Tab.7.6: Die Schatthäuser Gerichtsmänner und Anwälte[1]

1710	C.Stroh	H.Litterer	Martin	Gastwolf	H.Eppler	Jc.Hetzel
1717	C.Stroh	H.Litterer	Schütz	Gastwolf	H.Eppler	Jc.Hetzel
1730	C.Stroh	H.Litterer	Schütz	Schaidel	H.Eppler	Jc.Hetzel
1733	C.Stroh	H.Litterer	Schütz	Schaidel	S.Eppler	Jc.Hetzel
1735	C.Stroh	H.Litterer	Schütz	Schaidel	S.Eppler	Jc.Hetzel
1737	C.Stroh	H.Litterer	J.Orthgieß	Schaidel	S.Eppler	Jc.Hetzel
1743	H.Grimm	H.Litterer	J.Orthgieß	Schaidel	S.Eppler	Jh.Hetzel
1745	H.Grimm	M.Litterer	J.Orthgieß	Schaidel	S.Eppler	Jh.Hetzel
1749	H.Grimm	M.Litterer	J.Orthgieß	Becker	S.Eppler	Jh.Hetzel
1757	H.Grimm	M.Litterer	J.Orthgieß	Geißler	-	Jh.Hetzel
1768	H.Grimm	M.Litterer	J.Orthgieß	Geißler	-	-
1770	J.Grimm	M.Litterer	J.Orthgieß	Geißler	B.Eppler	-
1776	J.Grimm	-	J.Orthgieß	Geißler	B.Eppler	-
1779	Schäfer	-	J.Orthgieß	Geißler	B.Eppler	-
1780	Schäfer	-	A.Orthgieß	Geißler	Schuchart	-
1792	Schäfer	-	A.Orthgieß	Sandritter	Schuchart	-
1796	P.Stroh	-	Hüffner	Sandritter	Schuchart	-
1800	P.Stroh	A.Litterer	-	Sandritter	Schuchart	-
1802	Mannsmann	A.Litterer	-	Sandritter	Schuchart	-
1804	-	A.Litterer	-	Sandritter	Schuchart	-

für sich zu nutzen, gibt davon beredtes Zeugnis.[2] Doch mußte diese Bereicherung der Amtsträger nicht unbedingt auf kriminellem Wege zustande kommen. Michael Funk profitierte ganz offensichtlich davon, daß ihm in seiner Funktion als Anwalt ein Teil des Widdumgutes in Pacht gegeben wurde. Diesen Bestand konnte er auch nach seinem Rücktritt behalten; nicht zuletzt damit verstand es der Leinenweber, sein Gewerbe zugunsten der Landwirtschaft mehr und mehr einzuschränken. Begünstigend wirkte auch, daß ihm die Gemeinde 1735 wegen der Kriegszeiten

[1] Aufgenommen wurden jeweils die Jahre, in denen Veränderungen eintraten. Gerichtsleute, die das Anwaltsamt innehatten, sind unterstrichen. Da es primär darum geht, die Familienzugehörigkeit der Amtsträger kenntlich zu machen, wurde der Übersichtlichkeit halber darauf verzichtet, die konfessionelle Repräsentation darzustellen. Diese konnte nämlich, wie auch die Übergabe des Amtes vom Vater auf den Sohn, dazu führen, daß sich die Zahl der Gerichtsverwandten in einem Jahr um eins erhöhte, so etwa 1745 und 1780. Dies wurde in der Tabelle ebenso vernachlässigt wie das kurze Zwischenspiel Michael Funks, der von 1735 bis 1737 kurze Zeit als Anwalt fungierte. Hierzu vgl. Kap. 3.2.

[2] Siehe Kap. 3.2.

einen Teil der Gemeindegüter *zu freiem genuß* überlassen hatte.[1] Anwachsender Grundbesitz läßt sich auch bei Jakob Orthgieß beobachten, der in den ersten Jahren als Anwalt seinen Äcker- und Wiesenbesitz derart ausdehnt, daß er schon nach einigen Jahren seine vorher durchaus florierende Schmiedetätigkeit reduzieren kann.[2]

Von einer durchgehenden Wohlhabenheit ist bei den Gerichtsverwandten nicht die Rede. Großen Grundbesitz hatten zu Beginn des Jahrhunderts die Hetzels, Litterers und Epplers. Parallel dazu gab es aber auch sehr gut situierte Bauern, die nicht zum Zuge kamen. Dabei handelte es sich vor allem um katholische Familien. So fanden die wohlhabenden Grimms erst dann Eingang in die Gerichtsriege, als mit Christian Strohs Rücktritt der Platz des Katholiken im Gericht verwaist war. Die katholische Familie Mannsmann, die ebenso durchgehend zu den vermögendsten Familien zählte, stellte erst nach 1800 einmal einen Gerichtsmann, der jedoch schon nach kurzer Zeit wieder zurücktrat. 1808 wurde dann Josef Mannsmann zum Schultheißen gewählt.

Ein Gerichtsmann mußte also nicht unbedingt über großen Besitz verfügen, er konnte sogar zum dörflichen Elend zählen. Das eindrucksvollste Beispiel ist zu Beginn des Jahrhunderts Benedict Martin, der allseits als *ein armes bäuerlein* bezeichnet wurde, Schwierigkeiten hatte, *sich fortzubringen* und sich von einer großen Schuldenlast gedrückt sah. Martin hatte es offensichtlich nicht verstanden, die allgemeine wirtschaftliche Umbruchphase während der Kriege für sich zu nutzen. Auch als seine Tochter ein Kind vom jungen Schloßherrn August Philipp empfing, schlug sich dies nicht in einer Besserung seiner Lebensumstände nieder. Im Gegenteil: Der junge Herr verweigerte der ledigen Mutter sogar die Strafzahlung, so daß er sich später kaum wird zu Alimentzahlungen bereitgefunden haben.[3] Finanzielle Sorgen plagten auch den Wirt Johann Jakob Becker, dessen Außenstände mehrfach vor Gericht eingeklagt wurden. Daß sein Sohn 1750 zum Gerichtsmann bestellt wurde, lag wohl eher daran, daß dieser vorübergehend Soldat in der Landmiliz gewesen war, und sich damit gegenüber dem Bauernstand etwas profiliert hatte.[4] Von Daniel Geißler, der seit 1757 die Reformierten in der Gerichtsriege vertrat, sind zwar keine Schulden überliefert. Jedoch verfügte er nur über eine geringe Ackerfläche, die ihn zu zusätzlichen Lohnarbeiten verpflichtete.[5]

---

[1] Frh.A.Sch. A 1042, Ruggerichtsprotokoll von 1735, Frh.A.Sch. A 1069.
[2] Frh.A.Sch. A 1162, A 1164.
[3] Frh.A.Sch. A 1112.
[4] Ruggerichtsprotokolle von 1740 und 1750, Frh.A.Sch. A 1070, A 1071.
[5] Frh.A.Sch. A 1116.

7.4.1.3 Prägende Personen

Doch bestanden in der Gerichtsriege nicht nur solcherlei wirtschaftlichen Unterschiede. Es gab prägende Personen wie Johann Jakob Hetzel und Gerichtsmänner, von denen trotz langer Amtsperiode nicht mehr als der Name bekannt war. Daniel Geißler zählte zu diesen. Eine gültige Quelle, um einen "prägenden" Personenkreis im Sozialgefüge festzumachen, gibt es nicht. Er tritt viel eher aus einer Vielzahl von Einzelnotizen zutage, wobei die Gerichtsaufzeichnungen sicher eine zentrale Rolle spielen. In ihrer lebendigen Form bis ungefähr 1750 führen sie alljährlich fast alle Bürger der Gemeinde auf. Daraus wird ersichtlich, wer öfter als andere in den Reihen der Kläger auftrat, wer sich besonders kraftvoll verteidigte und wessen Auseinandersetzungen sogar zu Polarisierungen führten. Überdies wurden im Verlaufe der Verhandlungen häufig Aussagen wörtlich protokolliert, die zuweilen sehr genauen Aufschluß über den Sprecher geben.

Zwei dieser prägenden Gestalten wurden schon mehrfach erwähnt: Der Anwalt Christian Stroh und der Gerichtsmann Johann Jakob Hetzel dominierten bis in die vierziger Jahre hinein die dörflichen Belange.[1] Wenn sie in ihrer exzentrischen Art selbst aneinandergerieten, wurde indirekt die ganze Gemeinde in den Konflikt hineingezogen. 1717 sah sich der Vogtsjunker gar genötigt, seine Gemeinde bei der anstehenden Klagsache zwischen den beiden Männern *weder ihm Anwalt zu leid noch ihm Hetzel zu lieb sich vernehmen zu lassen.*[2] Die beiden verstanden es also, sich Unterstützung in der Bevölkerung zu verschaffen. Der Anwalt dürfte schon als Amtsträger Freunde und Feinde in der Genossenschaft gehabt haben, hinzu kam die konfessionelle Spannung, die in der Gemeinde zu dieser Zeit latent vorhanden war, wenn sie auch nur zuweilen zutage trat. Sie mußte im Streit zwischen dem Protestanten Hetzel und dem Katholiken Stroh mitschwingen.[3]

Freilich sind die Erkenntnisse, die aus diesen Fällen gezogen werden können, bescheiden. Sie bestätigen nur, daß wirtschaftliche Potenz und politische "Macht" zusammengenommen zu einer starken Stellung im Ort führen konnten.[4] Allein der Aspekt bleibt festzuhalten, daß es zwischen Anwalt und Gerichtsmann dabei kein Gefälle geben mußte. Ähnlich gelagert ist der Fall jenes *clubs der rebellen*, der die Herrschaft von Brüggen

---

[1] Zur "Durchsetzungskraft" Strohs siehe Kap. 7.5.2.2.
[2] Ruggerichtsprotokoll von 1717, Frh.A.Sch. A 1067.
[3] Zu den beiden exzentrischen Gerichtsleuten vgl. auch Kap. 3.2.
[4] Über den Besitz der erwähnten Bauern vgl. Tab. 7.5. Hetzel besaß zwischen 1730 und 1740 nur unwesentlicher weniger Land als der Anwalt Christian Stroh. Da er 1740 seinen Besitz unter seinen Söhnen teilte, ist er im Tableau von 1741 nicht aufgeführt.

ins Wanken brachte und schließlich auch die vorgezogene Übertragung an Karl von Zyllnhardt herbeiführte. Über seine Zusammensetzung informiert ein Schreiben Wilhelmine von Brüggens in breiter Ausführlichkeit. Der Anführer des Clubs war Lorenz Schäfer, der in seiner Person wiederum politisches Mandat und Wohlhabenheit verband. Daß es ihm gelang, eine multikonfessionelle Gruppe um sich zu scharen, spricht freilich für mehr. Wilhelmine nannte ihn *boshaft und rachsüchtig* und bezeichnete ihn als starken Trinker und Schwärmer.[1] Überdies gab er sich in der politischen Gärung der neunziger Jahre freimütig als Franzosenfreund zu erkennen und ließ sich als *patriot* bezeichnen. Die Ausstrahlung des Zentschöffen Johann Jakob Schäfer dürfte ebenfalls zum größten Teil auf sein Amt zurückzuführen sein, das ihm enge Kontakte mit den pfälzischen Behörden verschaffte: Dadurch hatte Schäfer einen Informationsvorsprung, mit dem er die Ränke gegen die Vogtsherrschaft entscheidend lenken konnte. Johann Stroh und Philipp Hetzel waren demgegenüber in keiner Weise auffallend. Sie waren wirtschaftlich solide, aber nicht außergewöhnlich gut gestellt. Dennoch gelang es ihnen, sich zu Wortführern des Clubs aufzuschwingen, dem *etliche* zu Gebote standen. Womit sich immerhin im Ansatz zeigt, daß wirtschaftliche und politische Macht durch charismatisches Auftreten auch in der kleinräumigen Umgebung in bestimmtem Umfang ersetzt werden konnte.

Als Fazit bleibt festzuhalten: Die bäuerliche Elite schottete sich erfolgreich ab. Ihre wirtschaftliche Dominanz konnte sie zuweilen über mehrere Generationen hinweg aufrechterhalten, politische Ämter wurden häufig vererbt. Verband sich starker wirtschaftlicher Rückhalt mit einem politisch-administrativen Mandat, so verlieh dies dem Inhaber besonders hohe Autorität. Paarte sich mit diesen Merkmalen noch ein Stück Geschick, oder vielleicht besser: Rücksichtslosigkeit, so konnte ein derart gerüsteter Bauer der Gemeinschaft nachhaltig seinen Stempel aufdrücken.

7.4.2 Das Elend

7.4.2.1 Arme, Alte, Kranke

Ein *elender mann*, ein *armes bäuerlein* oder ein *alter bettelmann* findet sich stets in den Listen der Schatthäuser Bevölkerung. In der Schatzung von 1758 sind vier der 45 veranschlagten Schatthäuser mit solcherlei Marginalnotizen versehen. Dabei zeigt sich, daß die so beschriebenen Haushaltungen in ihrem veranlagten Vermögen nicht signifikant von anderen Kleinbauern abweichen müssen. Dies mag zum einen auf Zufälligkeit zurückzuführen sein, die diese Kurzkommentierungen zustande

---

[1] Frh.A.Sch. A 1114.

kommen ließ, womit diese keinen Anspruch auf Vollständigkeit erheben können. Zum andern wird daraus aber deutlich, daß *elend* nicht alleine wirtschaftliche Not bezeichnet. Vielmehr konnte der so Benannte aus verschiedenen Gründen nicht mehr in der Lage sein, seinen Betrieb effizient zu führen. So war Adam Binder *krumm und lahm* und August Schuh *gebrechlich*, beide waren demnach krankheits- oder altersbedingt nicht in der Lage, für ein ordentliches Auskommen zu sorgen. Wiederholt verursachten auch ungünstige oder zerrüttete Familienverhältnisse die Misere. Hans Jakob Schopfs Schuldenlast hing nicht unwesentlich mit einer Erbschaft zusammen, die ihn verpflichtete, seine Schwäger auszubezahlen. Dies allerdings gelang ihm in den harten Jahren um 1720 nicht. Natürlich fiel auch alleinstehenden Witwen die Führung eines ausreichenden landwirtschaftlichen Betriebes schwer.[1] Leicht ins Bodenlose abrutschen konnten auch die von der allgemeinen Wirtschaftslage abhängigen Handwerker. Bei schwächeren Erntejahren litten sie nicht nur direkt unter den geringen Erträgen. Ihre Mitbürger schränkten in solchen Mangeljahren ja auch etwaige Handwerkerleistungen ein. So reduzierte sich das Einkommen von Andreas Manzer als Wagner in den vierziger Jahren mehr und mehr; war er 1742 noch mit 60 Gulden für diesen Beruf verschatzt, so ist es 1758 nur noch die Hälfte. Zwar versuchte er, sich Äcker hinzuzukaufen, doch scheint sein Vermögen für eine ordentliche Basis nicht ausgereicht zu haben, 1758 wurde er als *elender mann* bezeichnet. Der Schuster Wehn konnte mit seinen Umsätzen nicht einmal seine Grundkosten decken, wie seine Schulden bezeugen, die er zum Ankauf von Leder gemacht hatte.[2] Dem 1755 aus Württemberg zugewanderten Schreinermeister Andreas Ayle gelang es kaum, im Ort Fuß zu fassen. 1775 und 1776 mußten sich Angehörige seiner Familie gleich viermal meist wegen Diebstahls vor Gericht verantworten, wobei *in Ansehung ihrer Bedürfnis* zumindest in einem Falle milde geurteilt wurde.[3] Sehr häufig war es allerdings der Schlendrian, der Bauern ins Elend führte. Dies läßt sich an einigen Beispielen sehr deutlich machen. Das markanteste, der Abstieg der Familie Wimmi, soll weiter unten ausführlich dargestellt werden.[4] Aber auch August Wüst gab sich lieber dem Trunke als der Arbeit hin: Schulden in Höhe von 39 Gulden fielen in den *wirtshäusern der umgebung* an, während ihn seine gesamten Verbindlichkeiten in Höhe von 99 Gulden offenbar kaum drückten.[5] Ähnlich lag der Fall bei Caspar Den-

---

[1] Vgl. unten Kap. 7.5.
[2] Frh.A.Sch. A 1039.
[3] Ruggerichtsprotokolle von 1755, 1776, 1777, Frh.A.Sch. A 1071 und 1073. Diese Fälle bestätigen Schultz' (S. 16) Zuordnung der Landhandwerker zur Landarmut. Eine Typologie der Armut bei Mollat, S.211f.
[4] Siehe unten, Kap. 7.5.1.
[5] Frh.A.Sch. B 49.

ninger, der ständig unterwegs war und dabei seinen *wenigen erwerb liederlich vertut*, wie es heißt, so daß seine Kinder betteln mußten.[1]
Mit der Schuldentilgung nahmen es Bauern nicht so genau - sie unterschieden sich hierin nicht vom Adel. Auch wohlhabende Bauern ließen Handwerker und Händler gerne auf ihren Sold warten. Nachdem 1720 der reiche Anwalt Christian Stroh bei einem Wieslocher Schlosser Beschläge für Türen und Fenster in Auftrag gegeben hatte, ließ er den vergleichsweise geringen Rechnungsbetrag von viereinhalb Gulden lange Zeit offenstehen. Der Schlosser mußte, wie alljährlich viele Gläubiger, vor das Ruggericht ziehen, um seine Außenstände einzutreiben.[2] Trotz dieser "Kavaliersdelikte" lassen sich anhand der vorhandenen Schuldregister sehr genau die Wege in die Armut nachzeichnen. Der Vogtsherr ist zumeist der erste Adressat für einen in Schwierigkeiten gekommenen Bauern. Sei es, daß er die Zurückstellung zu zahlender Frongelder oder Zinsen zugestand, sei es auch, daß er ein Darlehen gewährte. Zuweilen waren es auch Angehörige der vogtsherrschaftlichen Familie, die einem Bauern Kredit einräumten. Schließlich sprang der Vogtsjunker auch dann ein, wenn ein überschuldeter Bauer sich von seinen Liegenschaften trennen mußte. So kaufte August Philipp von Brüggen das liegende Vermögen Wollrad Wimmis auf, als jener nach Ungarn zog.[3] In anderen Schuldangelegenheiten griff der Vogtsherr vermittelnd ein: Magdalene Juliana von Brüggen engagierte sich bei den pfälzischen Behörden für die Befreiung eines Ackers von der Schatzungspflicht. Denn nur dadurch konnte der verarmte Johann Adam Schütz das Stück Land an den Kaufinteressenten von Benserath, den Besitzer des Hohenhardter Hofes, veräußern, womit sich Schütz etwas finanziellen Spielraum zu verschaffen gedachte.[4]

Für größere Darlehen zum Einkauf von Getreide wandten sich Bauern aus Schatthausen aber zumeist nach auswärts. Pfälzische Beamte und jüdische Händler waren ihre Hauptgläubiger, aber auch der Pfarrer des Nachbarorts Mauer lieh ihnen öfters Geld. Auch die im Ort ansässigen Großbauern wurden natürlich regelmäßig um finanzielle Unterstützung gebeten. Zur Schuldenabwicklung ließ der Vogtsjunker eine Bestandsaufnahme anfertigen. Dabei wurden die Schulden je nach ihrer Wichtigkeit

---

[1] Ruggerichtsprotokoll von 1727, Frh.A.Sch. A 1068.
[2] Frh.A.Sch. A 1068. Schuldforderungen, die jeweils gesammelt am Anfang oder am Ende des Gerichtstages vorgebracht werden, finden sich in allen Prokollen.
[3] Frh.A.Sch. B 49.
[4] Frh.A.Sch. A 1164.

in fünf Klassen eingeteilt.[1] Besonders die Gläubiger ohne Konfirmation ihrer Ansprüche liefen Gefahr, ihr Geld im Falle einer Überschuldung zu verlieren. Dies waren vor allem kleine Händler, Wirte und Juden. Die Unterstützung kranker und armer Personen wurde zum geringeren Teil direkt aus der Gemeindekasse geleistet. 1720 wurden sowohl einem armen Mann als auch einer *frau mit böser krankheit* vier Kreuzer pro Monat zugestanden. Auch 1730 gab es Geld für arme Leute.[2] Zu den Leistungen der Gemeinde und speziell des Gemeinsbürgermeisters zählte die Versorgung vagierender Personen. Sie durften mit einem Obulus rechnen, manches Mal wurden sie auch mit einem Pferdefuhrwerk weitertransportiert, vermutlich um ihnen keine Herberge gewähren zu müssen und sie von weiteren Betteleien abzuhalten.[3] Auf direkte Hilfeleistungen bestand freilich kein Anrecht. Es mußten besondere Fälle vorliegen, damit Transferleistungen an Hausarme gewährt wurden. Allerdings schuf die Gemeinde auch rechtsverbindliche Grundsätze zu deren Unterstützung. 1722 erließ das Gericht eine solche Verordnung: Danach war es den Bedürftigen erlaubt, nach der Ernte auf den Feldern Ähren zu lesen, wenn die Frucht *völlig hinweg gebracht* war.[4]

Die als Hausarme bezeichneten Bürger, die unter Schulden litten und kaum in der Lage waren, sich fortzubringen, waren auf Hilfeleistungen angewiesen. Die Armenfürsorge war mithin ein zentrales Feld, in dem sich die Genossenschaft zu bewähren hatte. Das eigentliche Instrument für die Armenfürsorge war das Almosen, für das der Kirchen- und Almosenpfleger zuständig war.[5] Die Kasse des Almosens wurde durch die bei Kaufhandlungen obligatorische Spende sowie durch Strafzahlungen gefüllt. Aber auch bei anderen dörflichen Ereignissen scheinen Zahlungen an die Almosenkasse üblich gewesen zu sein, denn Anwalt und Gericht rechtfertigten 1777 ihre Verweigerung der Landesfundigelder damit, daß solche Abgaben - wie sie etwa bei größeren Hochzeitsfeiern als Solidarbeitrag bezahlt wurden - bislang ins dörfliche Almosen geflos-

---

[1] In die erste Klasse gehörten Grund- und Bodenzinse sowie Gefälle an Kirche und Vogtei. Von der Vogtsherrschaft konfirmierte Schulden oder Obligationen wurden in Klasse zwei eingeordnet. Dann folgen Dienstlöhne und das eingebrachte Heiratsgut. In Klasse vier wurden gerichtliche Obligationen, Handwerkerschulden und die Außenstände gerechnet, die zum üblichen Zinssatz entliehen worden waren. Krämer- und Wirtshausschulden sowie Schulden bei Juden aus dem Viehkauf und mit Wucherzinsen belastete Kapitalien zählten zur Klasse fünf.
[2] Frh.A.Sch. A 1131.
[3] Frh.A.Sch. A 1131-1133.
[4] Ruggerichtsprotokoll von 1722, Frh.A.Sch. A 1068.
[5] Vgl. oben Kap. 5.

sen wären.[1] Stiftungen sorgten überdies für die Almosenkasse. August Philipp von Brüggen verfügte bei seinem Tode, jährlich den Zins von 50 Gulden, die er angelegt hatte, dem Almosen hinzuzufügen. Auch der reiche Bauer und langjährige Gerichtsverwandte Johann Jakob Hetzel vermachte zusammen mit seiner Frau einen Betrag von fünf Gulden für die Hausarmen.[2] Das angesammelte Kapital wurde an solide Adressen verliehen. In den sechziger Jahren waren es die reichsten Bauern des Ortes, die jeweils 50 Gulden aus der Armenkasse aufnahmen und die pünktliche Zinszahlung und Tilgung versprachen.[3] Die Zinsen wurden sofort nach der Auszahlung an Arme und Bedürftige weitergegeben, leider liegen über die Empfänger und die Notsituationen keine genaueren Nachrichten vor. Es gibt allerdings eine Empfängerliste aus dem Jahre 1735, als Johann Georg Kaufmann, der Dilsberger Amtsverweser, den Hausarmen zu Schatthausen sieben Gulden vermachte. Diese wurden nach der Bedürftigkeit gestaffelt ausgeteilt, wobei die Summen von 70 bis hinab zu 20 Kreuzern reichten.[4] In einem Mangeljahr ließ die Vogtsherrschaft auch einmal fein gemahlenes Getreide unter die Bedürftigen austeilen.[5]

7.4.2.2 Die Auswanderung

In den zwanziger und vierziger Jahren des 18. Jahrhunderts entschlossen sich wahrscheinlich 16 Schatthäuser Familien den Ort und das Heimatland zu verlassen.[6] Die genaue Zahl läßt sich aus zwei Gründen nicht ermitteln: Es gab Familienoberhäupter, die zwar den Ausreiseantrag gestellt, ihre Vermögen veranschlagt und den Paß erhalten hatten, sich aber dann doch zum Bleiben entschlossen. Überdies kann nicht ausgeschlossen werden, daß Personen auf einem Umweg, der sich im Ortsregister nicht niedergeschlagen hat, die Auswanderung antraten. Von Caspar Denninger und August Wimmi liegen beispielsweise keine Nachrichten vor, wohin sie sich nach ihrem Wegzug aus Schatthausen gewen-

---

[1] GLA 77/4411. Die Landesfundigelder finanzierten den Landesfundus, eine Art Unterstützungskasse.
[2] Frh.A.Sch. A 1171.
[3] Frh.A.Sch. B 50.
[4] Ruggerichtsprotokoll von 1735, Frh.A.Sch. A 1069.
[5] Frh.A.Sch. A 1039, A 1114, B 49.
[6] Die pfälzische Auswanderungsgeschichte war lange Zeit in erster Linie eng regional und genealogisch ausgerichtet (Inventar, S.11-19). Auch die von Hakker für Baden und Kurpfalz erschienenen Arbeiten (1980 und 1983) stellen die Genealogie in den Vordergrund, vermitteln aber durch ihre großräumige Ausrichtung auch strukturelle Erkenntnisse. Eine moderne und zusammenfassende Aufarbeitung der "Geschichte der pfälzischen Auswanderung" bietet die 1989 erschienene Arbeit von Heinz.

det haben. Dabei ist aber auch an junge Männer zu denken, die gleich nach ihrer Heirat, ohne in die Bürgerliste eingetragen zu sein, den Ort verliessen. Unklare Aussagen über die Auswanderung erklären sich auch aus dem beobachtbaren Phänomen der schnellen Rückwanderung.[1] Das vorherrschende Ziel der Schatthäuser Auswanderer war Ungarn, das zwölfmal angegeben wurde.[2] Zwei Bürger wandten sich nach Amerika, einer in Richtung Elsaß. Nach Ungarn wanderten ausschließlich verarmte Bürger aus. Dies ergibt sich aus den Vermögensbeständen, die bei neun Ungarnauswanderern klar zu spezifizieren sind. Mit dem Verkauf ihrer völligen Habe hatten diese ihre Schulden gerade eben begleichen können. Zum Teil stand ihnen sogar August Philipp von Brüggen beiseite, der für eine großzügige Entschuldung sorgte oder zumindest die Abzugsgebühren senkte. Es lag wohl in seinem Interesse, die wirtschaftsschwachen Einwohner ausreisen zu lassen, bevor sie dem Ort anderweitig beschwerlich fielen. Überdies dürfte er die Liegenschaften, die er von Auswanderungswilligen erwarb, sicher nicht zu seinem Ungunsten weiterveräußert haben. Vier der Ungarnauswanderer verliessen Schatthausen mit praktisch völlig leeren Taschen. Hans Stefan Wüst hatte sich sogar sechs Gulden Wegzehrung für seine Kinder erbitten müssen. Drei weitere Personen gingen mit 30, 33 und 50 Gulden weg, und nur zwei Personen waren rund 100 Gulden verblieben. Im Schnitt hatten sie über Ackerland in der Größenordnung von zwei bis fünf Morgen verfügt, alleine Hans Jakob Schopff besaß über zehn Morgen.

Etwas anders liegen die Verhältnisse beim Wiedertäufer Christian Kaufmann, der sich 1749 zur Auswanderung nach Pennsylvanien entschloß.[3] Seine Eltern waren um 1710 nach Schatthausen gekommen und hatten zunächst den Hohenhardter Hof als Zeitpächter bewirtschaftet; später hatten sie sich die Erbpacht des Schönauer Hofgutes ersteigert. Während der Sohn Christian diesen Bestand erhielt, wurde ein weiterer Sohn Heinrich von der Vogtsherrschaft als Pächter des Ziegelhofes angenommen, einige Zeit bewirtschaftete er sogar parallel dazu das Schloßhofgut.[4] Die Angehörigen der Familie Kaufmann erwiesen sich das ganze Jahrhundert hindurch als durchaus geschickte und angesehene Landwirte. Als sich der kränkelnde Christian Kaufmann wohl aus religiö-

---

[1] Frh.A.Sch. B 43, B 49, A 1031.
[2] Zur Ungarnauswanderung siehe zuletzt den von Schwedt herausgegebenen Ausstellungskatag "Kraichgauer Auswanderung in Ungarn" (1990) sowie die Studie von Kiss.
[3] Zur allgemeinen Struktur der Auswanderung nach Nordamerika siehe Scheuerbrandt für den Kraichgau, für die pfälzische Auswanderung vgl. Trautz, Karst sowie den Katalogband "300 Jahre Pfälzer in Amerika".
4) Frh.A.Sch. A 988. 1761 wurde Heinrich Kaufmann wegen schlechten Wirtschaftens auf dem Ziegelhof kritisiert. (Frh.A.Sch. U 220.)

sen Gründen zur Auswanderung entschloß, veräußerte er den Erbbestand des Schönauer Hofgutes einschließlich seiner Habe für 2650 Gulden an die Witwe des Schatthäuser Pfarrers. Da fiel es ihm leicht, seine Schulden in Höhe von 364 Gulden zu bezahlen.[1] Als Abzuggeld hatte Kaufmann 218 Gulden zu entrichten, 1967,5 Gulden nahm er mit sich. Er verließ also nicht als armer Mann den Ort.[2] Der nach Neu-Schottland ziehende Schmied Leonhard Brommer soll sich wiederum, wie das Protokoll vermerkt, *armutshalber* zu seiner Reise entschlossen haben. Indes konnte er noch 1742 über rund 16 Morgen verfügen, so daß er - vorausgesetzt, er litt nicht unter einer enormen Schuldenlast - ebenfalls höhere Erlöse aus dem Verkauf seiner Liegenschaften hatte erzielen können.[3] Bestimmt nicht aus Armut, sondern in realistischer Einschätzung seiner Chancen wanderte Andreas Mannsmann 1744 in das Elsaß aus. Er hatte Gesellenjahre als Schneider hinter sich gebracht und strebte nun, *sich bürger- und meisterlich* niederzulassen.[4]

Nach der ersten Welle der Auswanderung sah sich die Vogtsherrschaft 1726 zu einer Verordnung genötigt, die es von Ungarn zurückkehrenden ehemaligen Schatthäuser Bürgern verbot, sich wieder im Ort niederzulassen. Um wieviele Rückwanderer es sich handelte, ist unklar, zum mindesten waren es zwei. August Philipp von Brüggen fürchtete, daß sie sich übler Nachrede aussetzten, vor allem aber, daß sie als verarmte Bürger dem Ort beschwerlich fallen könnten. Dennoch gewährte er Stefan Wüst und Lorenz Schütz im Spätjahr 1726 den Aufenthalt bis zum Osterfest 1727. Trotz der zunächst befristeten Aufnahme hatten sich die beiden ein Jahr später wieder gut in der Gemeinde eingelebt. Sie durften sich das Holzrecht erkaufen und wenig später wurde einer von ihnen wieder als Bürger angenommen.[5] Von dem zweiten verlor sich die Spur.

Mit den beiden Wellen war die Auswanderung im 18. Jahrhundert abgeschlossen. Vereinzelt gab es allerdings noch Frauen, die sich außerhalb Schatthausens verheirateten und bald nach der Eheschließung auswanderten. Erst in den vierziger Jahren des 19. Jahrhunderts entschieden sich wieder mehrere Bürger, ihre Haushaltungen in Schatthausen aufzugeben und die Heimat zu verlassen. Ihr Ziel war dann vornehmlich Amerika.[6]

---

[1] Es ist kaum plausibel, daß diese Schuldenlast der Auslöser für die Auswanderung war, schließlich verfügte Kaufmann über bürgerliche Äcker, mit deren Verkauf er die Schulden hätte reduzieren können. Sie waren wohl dadurch entstanden, daß er in den ausgehenden dreißiger Jahren sechs Geschwister hatte ausbezahlen müssen.
[2] Frh.A.Sch. A 1031.
[3] Frh.A.Sch. B 43, B 49, A 1031.
[4] Frh.A.Sch. A 1039.
[5] Ruggerichtsprotokolle von 1726, 1727, 1733, Frh.A.Sch. A 1068 und 1069.
[6] Frh.A.Sch. A 1039.

7.5 Familiäre Strukturen

7.5.1 Kinder, Jugend und Frauen

Familiäre Strukturen waren wie alles andere in der ruralen Gesellschaft von den Bedingungen des Wirtschaftens abhängig.[1] Die Familie war vor allem Produktionseinheit, ihre Mitglieder waren entsprechend ihrer physischen Kapazitäten in den Prozeß einbezogen. Die eigene Produktion wurde auch gemeinsam konsumiert - Disparitäten blieben dabei nicht aus und sprengen dann das Bild einer harmonischen Familie. So lebten in Schatthausen 1742 vier minderjährige Kinder nicht bei ihren Eltern, sondern in fremden Haushalten, wo sie kleine Dienste verrichteten. Sie waren als überzählige Esser ihren Eltern beschwerlich gefallen. Daneben gab es aber auch die Großfamilie, in der Kinder im Alter von wenigen Wochen bis zu 19 Jahren mit ihren Eltern unter einem Dach lebten. Dreigenerationenfamilien kamen - in der nur als "Schnappschuß" möglichen Datenaufbereitung von 1741 - nicht vor.

Jedenfalls zeigen die beiden Extreme, daß es die typische Familie, in der Kinder wohlgeordnet bis zur Heirat zusammen aufwuchsen, nicht gab. Wenn Kinder nicht früh schon außer Haus gingen, so wurden sie zumindest zu leichteren Tätigkeiten herangezogen, sie versorgten die Tiere und übernahmen Erntetätigkeiten. Auffallend häufig wurden in Schatthausen Töchter zu Fronarbeiten ins Schloß geschickt, wo sie im Haushalt mitzuhelfen, zu putzen oder Gartenarbeiten zu verrichten hatten, eine Degeneration der alten Fronverpflichtung im Gefolge der wirtschaftlichen Reorganisation.[2] Daß Kindern eine Zeitlang mit großer Selbstverständlichkeit geladene Gewehre anvertraut wurden, zeugt davon, daß der Heranwachsende in den Augen der Eltern als fast gleichberechtigte Arbeitskraft angesehen wurde.[3] Aber auch in rechtlicher Hinsicht gab es wenig Rücksicht auf die Heranwachsenden, die mit der Übernahme von Arbeit auch die Verantwortung dafür trugen. Dies kam vor Gericht zum Ausdruck. Die zahlreichen Turmstrafen, die über Kinder verhängt wurden, waren zumeist Folge von kleinen "Diebstählen", die zustandekamen, weil

---

[1] Seit Otto Brunner (1968) das "Ganze Haus" als ökonomisches Prinzip dargestellt hat, fand auch die ländliche Familie in der Sozialgeschichte ihren festen Platz. Forschungen über familiäre Strukturen stehen bei Historikern ohnehin hoch im Kurs, vgl. etwa für die folgenden Ausführungen Mitterauer (1990), Sieder und in etwas allgemeinerer Sicht Reif (1982).

[2] Über das "Hinweinwachsen" der Kinder in die ländliche Familie siehe etwa Schlumbohm, S.62f. (mit weiterer Literatur), und den Beitrag von Medick in: Mitterauer/Sieder, passim.

[3] Diese Praxis wurde mit Verordnung von 1786 ein Ende gemacht. Ruggerichtsprotokoll von 1786, Frh.A.Sch. A 1074.

Kinder - zuweilen wissentlich, viel öfter indes unwissentlich, wie das Gericht konstatierte - auf dem falschen Acker geerntet hatten, ihre Gänse auf verbotenes Terrain ließen oder einen fremden Birnbaum geschüttelt hatten.[1] Konnte die Befragung nicht erbringen, daß die Eltern ihren Nachwuchs nur unzureichend aufgeklärt hatten, so hatte der Kleine die Strafe zu büßen. Die bestand nun fast durchgehend aus einem halben oder gar ganzen Tag Gefängnis. Denn die Eltern waren bei der fast durchgehenden Armut an Geld zumeist nicht bereit, die fällige Strafe in bar zu entrichten, sondern zogen es vor, die Kinder *einlochen* zu lassen. Nur einmal gab es den Fall, daß die Turmstrafe erlassen wurde, weil die Kinder denn doch zu klein dafür seien. Verfehlungen von Kindern wurden recht oft vor dem Gericht verhandelt, zuweilen sogar in starker Häufung. Dies scheint dann auch darauf hinzuweisen, daß sich solche Klagen besonders dazu eigneten, einem unliebsamen Kläger selbst etwas anzuhängen. Auf Kinder liessen sich auch leicht kleinere eigene Betrügereien ablenken, was besonders in Zehntfällen gerne genutzt wurde, um sich reinzuwaschen.

Typisierend für die geteilte Perspektive der Adligen war die beobachtbare Unbedenklichkeit, mit der vom Schloß aus Dorfkinder angezeigt wurden und ihnen schließlich auch die Karzerstrafe auferlegt wurde: 1720 gab es etwa eine Schloßbeschwerde über Kinder, die Äpfel auf den Allmendstücken brachen und die Zweige dabei *verwüsteten*. Die Kinder landeten für einen halben Tag im Gefängnis. Aber auch noch 1799 wurde es Kindern verboten, Bäume zu beschädigen, andernfalls drohe ihnen *eine turmstraf*.[2] Wenige Jahre zuvor hatte der für diese Verordnung verantwortliche Karl Friedrich von Zyllnhardt besonders detaillierte Anweisungen angefertigt, die er seinem Instruktor für die aufmerksame Erziehung seines eigenen Sohnes übergab.[3]

Für die Darstellung der Besonderheit der *jungen leut*, wie sie genannt werden, eignet sich am besten der "Freizeitbereich".[4] Die Spinnstuben

---

[1] Die Fälle in den Ruggerichtsprotokollen, Frh.A.Sch. A 1067 - A 1075.
[2] Ruggerichtsprotokolle der betreffenden Jahre. Frh.A.Sch. A 1068 und 1075.
[3] Frh.A.Sch. A 297.
[4] Über die Abgrenzung der Lebensphase "Jugend" in der Geschichte siehe Gillis, S.4ff. Es zeigt sich, daß die Abgrenzung kaum über den Arbeitsbereich gelingen kann. Vom Erwachsenen unterscheidet den körperlich zu allen Arbeiten befähigten jungen Mann nur seine Rechtsstellung. Damit aber steht er mit den anderen Nicht-Bürgern auf derselben Stufe. Eine allgemeine Darstellung der Sozialgeschichte der Jugend bietet Mitterauer (1986). Ein rundes Fallbeispiel, allerdings vornehmlich für das 19. Jahrhundert, stellt die Arbeit von Gestrich dar, der "Jugendkultur" in der der württembergischen Gemeinde Ohmenhausen beschreibt.

wie überall, aber auch die Wirtsstube bildete ihr Refugium.[1] Dort trafen sie sich und vertrieben sich die Zeit, von dort provozierten sie aber auch in der kleinen Herrschaft die normierte Welt. Zuweilen zeigte es sich, daß junge Leute individuell nicht zimperlich waren, wenn es galt, ihre Interessen durchzusetzen. 1724 widersetzte sich etwa der Sohn Friedrich Schütz` den berechtigten Zurechtweisungen des Anwalts. Charakteristischer für "Jugend" war freilich deren kollektives Tun. *Junge burschen,* Söhne und Knechte, brachen beispielsweise 1763 ins Brunnenhaus ein, wo sie tumultuierten und Verwüstungen anrichteten. 1766 deckten sich die *jungen leute* gegenseitig, als sie gegen das Verbot des Neujahrsschießens verstoßen hatten. Also wurden sie zusammen gestraft, bis einer die Schuldigen bekanntgebe. In den folgenden Jahren trafen sich jugendliche Gruppen immer wieder nächtens, Spinnstuben waren die dafür ausgewählten Quartiere. Dagegen ging Otto Heinrich 1779 drastisch vor: Er verbot Jugendlichen die Zusammenkünfte, die sie *gänzlich verderben.* Um die Gruppen aufzubrechen, untersagte er, bei Kirchweihfesten oder in Wirtshäusern gemeinschaftliche Zeche zu machen. Und sogar vom Tanzen auf der Baiertaler Kirchweih wollte der Vogtsherr die Jugendlichen abhalten.[2]

Bei der Erwähnung junger Leute war zumeist nur die Rede von Burschen und Knechten. Umso auffallender, daß sich 1718 auch Mädchen so sehr im Wirtshaus verlustierten, daß man sich zu einer Ermahnung genötigt sah. 1730 waren es noch ausschließlich die Gattinnen der Gerichtsmänner, die sich bei den kostenlosen Weinrunden nach den Versteigerungen als trinkfest erwiesen, 1731 war dann allgemein von Frauen die Rede, die sich dem Alkohol hingaben. 1773 wiederum mußten Witwen zu gebührlichem Verhalten angehalten werden.[3] Die Wiederholung des Vorgangs "Frauen in Wirtshäusern" legt zumindest den Verdacht nahe, daß die Frau in der dörflichen Gesellschaft sich nicht per se ausschließen ließ - auch wenn sie sich den folgenden Gerichtsbeschlüssen beugen mußte. Von zwei Ehefrauen, nicht den unbedeutendsten, sind immerhin markante Beispiele ihrer Dominanz im bäuerlichen Haushalt überliefert: So litt die eigentlich untadelige, moderne pädagogische Arbeit Valentin Käfers, der um 1800 Schulmeister in Schatthausen war, un-

---

[1] Zur Spinnstube in Schatthausen siehe die Dorfordnung, gedruckt bei Kollnig (1968), S.301, sowie die Verordnungen bei den Ruggerichten (besonders Frh.A.Sch. A 1073). Allgemein zum Treiben in Spinnstuben Mitterauer (1986), S.164f., sowie ausführlich bei Gestrich, S.93ff.
[2] Ruggerichtsprotokoll von 1779, Frh.A.Sch. A 1073.
[3] Die Literatur zu Frauen in der Geschichte wird zunehmend dichter. Als allgemeinere Darstellung zur Rolle der Frau in der ländlichen Gesellschaft können die entsprechenden Kapitel von Ennen (1984) dienen. Ein Forschungsüberblick bietet Ulrich Engelhardt in Schieder/Sellin IV.

ter seinen Eheproblemen. Und die scharfen Zerwürfnisse zwischen Gemeinde und Vogtsherrschaft sah Vogtsherr Karl von Zyllnhardt 1802 weniger in der Schwäche des Anwalts begründet als in *dessen zänkischer frau*[1] - zwei kleine Beispiele für die Kategorie "Spurensicherung starker Frauen".

Die Familie als Produktionseinheit konnte auf die Frau nicht verzichten. Im Gegenteil: sie leitete zentrale Bereiche des häuslichen und hoflichen Betriebes. Sie führte den Haushalt, erledigte die Arbeiten in den Haus- und den Krautgärten, sie sorgte für die Fütterung des Viehs. Natürlich wurde sie zu den personalintensiven Feldarbeiten, etwa bei der Ernte, mit herangezogen. Ihr oblag die Weiterverarbeitung der geernteten Früchte, das Brotbacken und das Zubereiten der, wenn auch einfachen, Mahlzeiten. In diesen Bereichen trafen Frauen auf Frauen und hatten in der täglichen Mangelwirtschaft ihre Interessen gegeneinander durchzusetzen. Denn die machte sich dort stärker als in der Feldarbeit des Mannes bemerkbar. Das Ruggericht räumte Frauenklagen Platz ein: Meist konnten die Männer die Anliegen ihrer Gattinnen anbringen, zuweilen gab es auch nach der "Mann für Mann"-Befragung Gelegenheit zum persönlichen Auftreten der Klägerinnen. Es ist leicht zu verstehen, daß diese Frauen, die sich in ihren Lebensbereichen zu bewähren hatten, auch zuweilen gegenüber Männern stark aufzutreten vermochten. Die Zieglerin brachte 1718 den Anwalt Christian Stroh mit ihrem Vorwurf der Bestechlichkeit in arge Bedrängnis. Und niemand anders artikulierte drastischer die weitverbreitete Aversion gegen Anwalt Stroh und Gerichtsbürgermeister Hetzel als die Frau von Leonhard Schütz.[2] Abgesehen von den Witwenhaushaltungen, die selten wirtschaftliche Blüte trieben, gingen Frauen jedoch in der Regel in ihrer Familie auf. Von ihnen ist nur die Rede als *Matheiß Schäfers Frau* oder der *Müllerin*.

Die Familien waren mit einer durchschnittlichen Haushaltsgröße von 4,5 Personen zahlenmäßig eher klein, Großfamilien blieben die Ausnahme. Gute und wohl übliche Familienverhältnisse: die Übergabe des Hofes an den Sohn, die Ausstattung der Tochter mit einer hinreichenden Mitgift, die Gewährung einer ausreichenden Altersversorgung für die Eltern, haben kaum Niederschlag in den schriftlichen Quellen gefunden. Bekannt werden die Verhältnisse nur dann, wenn Abnormitäten auftraten. Diese dürfen dann zwar nicht überbewertet werden, aber sie erschüttern doch das Bild vom harmonischen Zusammenleben. Aus der ersten Hälfte des 18. Jahrhunderts liegen zwei drastische Fälle vor, in denen Söhne die Verpflichtungen zum Unterhalt ihrer Eltern nicht einhielten. Die verarmten Mütter mußten vor Gericht ihr Existenzminimum erstreiten. Umge-

---

[1] Frh.A.Sch. A 1151.
[2] Ruggerichtsprotokoll von 1718 und 1730, Frh.A.Sch. A 1067 und A 1069.

kehrt hielt auch ein Vater sein Erbversprechen nicht ein, so daß sein Sohn um eine Beteiligung streiten mußte. Wenn diese Fälle noch als vielleicht regelgerechte Ausnahmen gelten können, so verweisen die zahllosen Familienzwistigkeiten auf System: Die Anzeigepflicht der Ruggerichte machte nämlich auch vor verwandtschaftlichen Verbindungen nicht halt; die Streitigkeiten am häuslichen Herd Caspar Denningers wurden ebenso minutiös vor Gericht nachgestellt wie die unappetitlichen Vorwürfe, die Frau Katzenberger ihrer Stieftochter machte. Die Unfähigkeit oder der Unwille, normgerecht einen Haushalt zu führen oder die Feldbestellung vorzunehmen, ließ sich in der kleinen Welt des Dorfes ohnehin nicht verbergen. Aber die Ruggerichte erhoben die Bewältigung dieser Abweichungen noch zum öffentlichen Anliegen. Ein Dauerzwist entzweite zwei Brüder nicht allein an ihren Ackergrenzen, die verbalen Attacken fanden pönale Entsprechung am Jahresende. Verhängte Geldbußen brachten auch ernste Entfremdungen zwischen Kinder und Eltern zum Ausdruck, wenn offensichtlich nicht oder kaum überprüfbare Anzeigen im Familienkreis gemacht wurden: 1724 wurde Friedrich Schütz von seinem Schwiegersohn verklagt, weil er an einem Sonntag Schuhe geflickt hatte.[1] Wenn auch die ins Almosen zu entrichtenden Strafen recht gering waren, so sind die Folgen solcher innerfamiliärer Denunziation doch nicht zu vernachlässigen.

7.5.2 Zwei Familiengeschichten

Matheiß Schäfers frau oder *Michael Mannsmanns bub* - nur vom Mann ist zumeist namentlich die Rede, sein Geschick bestimmte naturgemäß über das Wohlergehen und die Reputation seiner ganzen Hausgemeinschaft. Die praktisch unumschränkte Teilbarkeit und Übertragbarkeit des Bodens machte im Zuge des Realteilungsprinzips die Zusammensetzung einer Familie jedoch maßgeblich für ihre Entwicklung verantwortlich. Familiärer Besitz konnte sich schnell unter mehreren Söhnen zersplittern, aber auch durch geschickte Familienpolitik konsolidiert und ausgeweitet werden.

Die Mobilität in der Schatthäuser Gesellschaft war hoch. Es gab Männer, die kurzfristig zu den reichsten gehören, etwa Paul Schmitt 1741. Die Nachfahren Hans Jakob Schemenauers, der 1702 als herrschaftlicher Jäger nach Schatthausen gekommen war und zunächst zum Gesinde zählte, verstanden es, kontinuierlich bürgerlichen Besitz zu erwerben und ihn zu vermehren. Reichwerden war aber auch innerhalb einer einzigen Generation möglich. Die Struktur solcher sozialer Mobilität soll an zwei

---

[1] Ruggerichtsprotokoll von 1724, Frh.A.Sch. A 1068. Die anderen Fälle in Frh.A.Sch. A 1067 bis A 1075, passim.

markanten Beispielsfällen verdeutlicht werden. Die Geschichte der beiden Bauern, die nach dem Dreißigjährigen Krieg unter gleichen Bedingungen in die Herrschaft eingewandert waren und deren Familien dort ganz unterschiedliche Entwicklung genommen hatten, sollen zum Abschluß auch ein Stück weit den Schatthäuser Alltag der frühen Neuzeit widerspiegeln.[1]

7.5.2.1 Die Familie Wimmi in Schatthausen

Anton Wimmi war am 1. November 1672 durch Wollrad von Brüggen als Pächter des zu dieser Zeit noch stark verwüsteten Hofgutes angestellt.[2] Damals wurde er als *Anthon Wimme auß Picardie* bezeichnet, folglich gehörte er zu den in Kurpfalz häufig zu findenden Einwanderern aus dem Norden Frankreichs. In der Folgezeit verfügte der Landwirt über beste Kontakte zum Schloßherrn, der als Pate für Antons Sohn Wollrad fungierte und seinen gerade erst geborenen Sohn August Philipp 1680 zum Paten und Namensgeber für den Zweitgeborenen machte.[3] Als Träger der von Brüggenschen Vornamen verkörperten die Wimmi-Söhne damit auch noch in der nächsten Generation besondere Beziehungen zur Herrschaft.

Anton Wimmi hatte seine Pacht nur bis ins Jahr 1682 inne. Dann verkaufte ihm sein Ortsherr im Zuge seiner Bemühungen um die Melioration der verwüsteten Höfe das rund elf Morgen große Pfistersche Hofgut[4] für 150 Gulden, zahlbar in drei Raten zu 50 Gulden. Aber Anton Wimmi tat sich in der Zeit weiterer Kriege äußerst schwer mit seinen gekauften Ländereien. Er konnte weder die Raten abbezahlen, noch die Zinsen für die Rückstände aufbringen. Dennoch sprang ihm die Ortsherrschaft zu dieser Zeit mit weiteren Krediten zur Seite. Als 1704 Anton Wimmi starb, beliefen sich seine Schulden schon auf 290,5 Gulden. Für deren Begleichung einigten sich der Freiherr und die Söhne des Verstorbenen auf eine jährlich zu leistende *pension*, die in Anbetracht der schlechten Zeiten äußerst rücksichtsvoll für die Schuldner ausfiel: Mit sieben Gulden und 30 Kreuzern setzte August Philipp von Brüggen einen Zinssatz an, der um die Hälfte unter dem üblichen Satz von fünf Prozent lag. Doch selbst diese Zahlungsverpflichtung konnte von den Erben Antons nicht eingehalten werden, so daß sie 1711 - um wenigstens 100 Gulden

---

[1] In die vorliegenden Porträtierungen flossen viele Detailinformationen ein, die sich aus der Sichtung des gesamten Aktenbestands ergaben. Die Nennung von Belegstellen muß daher auf die wesentlichen Sachverhalte beschränkt werden.
[2] Die Schreibweise der auch als Wimme und Wehmi geführten Familie richtete sich nach den heute noch lebenden Nachfahren.
[3] Siehe Kirchbücher Schatthausens sowie Frh.A.Sch. A 285.
[4] Der Hof wird auch als Thierbergsches Hofgut bezeichnet.

der Schuldsumme abzuzahlen - Äcker und Wiesen verpfändeten. Dies war noch immer kein endgültiger Ausweg: 1718 sahen sich die beiden Brüder gezwungen, ihr Gut an die Vogtsherrschaft zu veräußern, die den Brüdern Wollrad und August sowie ihrem Schwager Hans Georg Schu dafür einen Hausplatz zum Erbauen neuer Häuser zuwies.[1] Auch bürgerliche Güter erwarben sie sich in geringerem Umfang wieder dazu. Wollrad Wimmi dürfte darüber hinaus von seiner Ehe profitiert haben: Er hatte 1704 die Tochter des Anwalts geheiratet, ein Beweis, daß die Familie zu dieser Zeit noch eine angesehene Stellung eingenommen hatte.

In der wirtschaftlich sehr schwierigen Situation nach den Kriegen zwischen Frankreich und Kurpfalz waren die finanziellen Engpässe der Familie Wimmi nicht unüblich. Allerdings scheinen nach dem Tode des Vaters die beiden Söhne nicht die engagiertesten Landwirte gewesen zu sein, was den fatalen Abstieg nach 1704 förderte. Beide Brüder waren vom Ortsherrn als "Spielleute" zugelassen worden, ihnen - und nur ihnen - war es damit erlaubt, in den Wirtshäusern Musik zu machen. Dieser Beschäftigung gingen die Brüder liebend gerne nach. Daß 1723 einige betrunkene Mönchzeller Bauern in Schatthausen lärmten und fluchten und den *Wolrad Wimmer, der als Spielmann wohlbekannt ist*, foppten, zeigt, wie weit der Ruf der Musikanten schon über den Ort hinaus gedrungen war.

Die Brüder waren oft in den benachbarten Orten unterwegs, ebenso häufig erhielten sie Besuch von Bekannten, denen sie zuweilen über die erlaubte Zeit hinaus Unterkunft gewährten. Auch Reisende scheinen sie beherbergt zu haben, wofür ihnen wohl eine vogteiliche Erlaubnis erteilt worden war. Als Herbergswirte und Spielleute verloren die Brüder mehr und mehr ihr Interesse an der Landwirtschaft. Wollrad Wimmi war dabei so sehr mit dem Kartenspiel in Berührung gekommen, daß ihn 1709 das Dorfgericht zum Maßhalten aufforderte. Die kleinen Ruggerichtsstrafen, die zwischen 1710 und 1720 den beiden Brüdern auferlegt wurden, sind typisch für die Zeit, viele Bürger hatten sich wegen solcher und ähnlicher kleiner Vergehen zu verantworten - bei den Brüdern häuften sie sich jedoch auffallend: 1712 schädigte Wollrad Wimmi in Verletzung der Wegeordnung ein bereits eingesätes Beet, 1716 wurde August Philipp beim verbotenen Eichellesen ertappt, 1717 versäumte er die auf ihn gefallene Dorfhut, 1719 stahl er Holz des Anwalts - der ihm daraufhin die Nase blutig schlug. Im selben Jahr wurden beide Brüder beim verbotenen Holzholen beobachtet.[2] In den zwanziger Jahren zeigt es sich dann, daß die Wimmis nicht in der Lage waren, ihre Schulden in den Griff zu bekommen. Trotz gelegentlicher Veräußerungen von Grundstücken hatte

---

[1] Frh.A.Sch. A 966.
[2] Vgl. Ruggerichtsprotokoll der entsprechenden Jahre, Frh.A.Sch. A 1067.

Wollrad Wimmi 1726 Außenstände in Höhe von 206 Gulden, die er mit seinem Besitz - 14,5 Morgen Land und ein Haus mit Garten - nicht mehr decken konnte. Zu den Gläubigern zählte ein Baiertaler Bürger, der 73 Gulden zu fordern hatte, weitere Gelder hatten ihm ein Schatthäuser Bauer und ein auswärtiger Jude geliehen. Mit Unterstützung durch seinen Vogtsherrn gelang es Wimmi, eine Entschuldung vorzunehmen, so daß er 1726 nach Ungarn auswandern konnte.[1] August Philipp von Brüggen erwarb dabei Wimmis Haus samt Garten und übernahm den Teil der Schuld, der aus den Verkäufen nicht gedeckt werden konnte. Auch August Wimmi griff der Vogtsherr unter die Arme. Er schenkte ihm trotz ausstehender Schulden einen Reichstaler, erließ Korn- und Haferabgaben und erlaubte ihm, sich Weiden zu schneiden, damit er ein geringes Auskommen als Korbmacher finden konnte.[2] Immerhin war die Fürsorge des Herrn für seinen Untertanen trotz Patenschaft nicht ganz selbstverständlich: Schließlich hatten die Wimmi-Brüder mit zu den Streitigkeiten in Religionssachen beigetragen, weil sie 1704 die Beerdigung ihres Vaters von einem katholischen Pfarrer hatten ausführen lassen wollen.[3]

Obgleich auch August Wimmi schon 1718 einen Paß sich hatte austellen lassen, um ebenfalls nach Ungarn zu gehen, blieb er in Schatthausen. 1732 wurde er noch immer als Korbmacher aufgeführt, der jedoch sehr arm war und sich seine Weiden zuweilen auch unerlaubt brechen mußte. Als der frühere Amtmann von Dilsberg, Johann Georg Kaufmann, einen Teil seines Vermögens an die Hausarmen Schatthausens verschenkte, erhielt 1735 August Wimmi mit einem Gulden und zehn Kreuzern die höchste Summe, die an einen einzelnen Bedürftigen ausgezahlt wurde. Kurz darauf zog auch August Wimmi die Konsequenzen aus der Misere: Er getraue sich nicht, so sagte der 55jährige vor den dörflichen Gerichtsmännern, sich weiter im Ort zu ernähren. Daher wolle er sein Bürgerrecht zurückgeben. Das Gericht aber befahl ihm, zuerst seine Schulden zu bezahlen. Wann und wohin August endgültig ausgewandert ist, bleibt unbekannt. 1735 ist jedenfalls der Aufenthalt der Wimmis in Schatthausen beendet, der 1672 vielversprechend begonnen hatte.

7.5.2.2 Die Familie Stroh

Georg Stroh kam als Schmiedemeister 1664 nach Schatthausen. Vielleicht war er persönlich angeworben worden, denn Wollrad von Brüggen hatte schon sehr früh ein gutes Verhältnis zu seiner Familie: 1669 stand

---

[1] Frh.A.Sch. B 43 und B 49.
[2] Zu allen diesen Fällen siehe Ruggerichtsprotokolle der Jahre 1703 - 1736, Frh.A.Sch. A 1067 - A 1069.
[3] Vgl. Kap. 2.2.

er Pate, als ein Sohn Georgs getauft wurde.[1] Unter den zwölf Schatthäuser Bürgern, die 1671 zur Schatzung veranschlagt wurden, findet sich der Schmied noch mit unterdurchschnittlichem Vermögen.[2] Doch scheint sich der Katholik durch seinen Beruf in der dörflichen Gesellschaft schnell profiliert zu haben. 1694 ernannten ihn in einem umstrittenen Akt kurpfälzische Beamte zum neuen Anwalt. Zwar ging Christina Barbara von Brüggen nicht auf die rechtswidrige Kreation ein und ernannte einen anderen. Doch als jener starb, konnte sie Georg Stroh nicht ein zweites Mal übergehen. Sie berief ihn ins Schloß und fand in ihm, wie sie schrieb, einen überaus geeigneten Mann für das Amt.[3] Das Anwaltsamt vererbte Georg Stroh 1704 an seinen Sohn Christian, der wohl nicht zuletzt als Folge dieser Erbteilung von seinem Bruder Ludwig so nachhaltig angefeindet wurde, daß sich die Brüder jahrelang bei den Ruggerichtsterminen gegenseitig wegen Nichtigkeiten belasteten.[4]

Christian verstand es, Kapital aus der wirtschaftlichen Notzeit zu ziehen. 1704 ließ er sich als Pächter auf dem Schloßhofgut anstellen, er scheint jedoch vorzeitig aus dem auf sechs Jahre terminierten Pachtvertrag ausgeschieden zu sein. Vielleicht profitierte er von der in dieser Zeit günstigen Teilpachtabgabe, die jeweils nur ein Drittel der Ernte umschloß, überdies die Erträge von neugerodeten Feldern ganz dem Bauern zukommen ließ. Auch das Schönauer Hofgut hatte er einige Zeit in Pacht genommen.[5] Besonders profitabel dürfte indes sein Anwaltsamt gewesen sein. In dieser Funktion hatte er um 1710 ständig die Rodungen zu observieren. Ihm fiel es zu, Felder an die Berechtigten zuzuweisen, erst recht, als seit 1713 jeweils mehrere Bauern mit den Rodungsarbeiten förmlich betraut werden mußten, unter denen dann später die Äcker geteilt wurden. Es dürfte für den Anwalt leicht gewesen sein, bei solchen Aufgaben seinen eigenen Nutzen zu mehren. Daß Christian Stroh dazu hinreichend skrupellos war, zeigt die Anklage von 1712. Die Gemeinde warf ihm damals unter anderem vor, zehn Morgen wüste Äcker, die August Philipp von Brüggen zum Austeilen unter die Gemeinde vorgesehen hatte, sich selbst und den Gerichtsleuten übergeben zu haben. Wenige Jahre später wurde der Anwalt einer anderen Unterschlagung überführt: Vom Überschuß einer Schatzungsumlage hatte er seiner Frau ein Paar neue Schuhe gekauft. Dabei liegt die Vermutung nahe, daß wiederholte Anzeigen we-

---

[1] Kirchenbücher Schatthausens sowie Frh.A.Sch. A 1037, B 43.
[2] Ihm wurden 150 Gulden verschatzt, der Durchschnitt liegt bei 188 Gulden. Allerdings hatten fünf Personen ein zum Teil weit geringeres Vermögen als es (Frh.A.Sch. A 1162).
[3] Frh.A.Sch. B 1.
[4] Hierzu, und zu den untenstehenden Fällen siehe die Ruggerichtsprotokolle ab 1703, Frh.A.Sch. A 1067ff.
[5] Frh.A.Sch. A 988, GLA 229/62109.

gen Untreue, Bestechlichkeit und Amtsübertretung nur die Spitze eines Eisbergs sind, daß Christian Stroh vielmehr so manches rentable Geschäft erfolgreich im Dunkeln abzuschließen verstand. Bis zu einem gewissen Grade konnte er der Unterstützung durch die Vogtsherrschaft sicher sein. Freilich sollen die Verfehlungen nicht seine unbestreitbaren Erfolge als Anwalt verdunkeln. Gerade der streitbare und selbstsichere Christian Stroh suchte bei Verhandlungen mit den pfälzischen Behörden seine Interessen deutlich zu machen. Auch gegen seine Herrschaft hielt er sich nicht zurück.[1]

Durch Geschick und Fleiß, aber auch mit einer bedenklichen Rechtsauffassung hat Christian Stroh seine Familie zur reichsten im Ort gemacht. 1742 gehörten ihm 72 Morgen Ackerland und Wiesen, zwei Häuser, darunter das größte im Dorf, das Kellerhaus. Zur Bewirtschaftung seiner Güter hatte er einen Knecht und eine Magd angestellt sowie als weiteres Hauspersonal zwei acht und fünfzehn Jahre alte Kinder der Familie Mannsmann in Dienst genommen. Und nicht nur dies: Er hinterließ eine Barschaft von 280 Gulden. Sein Bettwerk wird bei seinem Tode mit 13,2 Gulden veranschlagt, Kleider und Tücher auf 56,5 Gulden, Schreinereiartikel zu sieben Gulden und die Küchenausstattung einschließlich Kupfer- und Zinngeschirr mit 78 Gulden berechnet. Das gesamte Vermögen des Strohschen Haushalts belief sich auf nicht weniger als 3741,5 Gulden.[2] Noch einmal sei an die Schatzung von 1671 erinnert, als Georg Stroh noch im Mittelfeld der Schatthäuser Familien angesiedelt war. Da sich Georg Strohs Erbe auf zwei Söhne und mindestens eine weitere Tochter verteilte, kann Christian Strohs Startkapital nicht allzu beträchtlich gewesen sein. Ihm war es also gelungen, in einer Generation zu Wohlstand zu gelangen.

Das Beispiel Stroh zeigt, wie wichtig der eigene Nachwuchs für die Betriebssicherung war. So war Christian auf die Mithilfe seiner Söhne bei der Bewirtschaftung des großen Hofes angewiesen. Als sich seine Söhne verheirateten und er selbst am *blöden gesicht* litt, fiel ihm der Betrieb immer schwerer, so daß er den Rücktritt vom Anwaltsamt mit der wirtschaftlichen Situation begründete. Nach dem Tode Christians zersplitterte sich wiederum der Besitz unter sieben Kindern. Dennoch gehörte 1758 ein Sohn wieder zu den reicheren Bürgern im Ort, 1768 stand er ganz oben in der Spitzengruppe.[3] Erst danach verloren die Strohs ihre dominierende Rolle, blieben aber weiterhin saturierte Landwirte. Mit Jakob Stroh gehörte schließlich ein Mitglied der Familie zu den Rädelsführern des *clubs der rebellen*.

---

[1] Siehe Kap. 3.3.1.
[2] Frh.A.Sch. A 1039, A 1040.
[3] Siehe Kap. 7.4.1.1.

Zusammenfassung

Die wichtigsten Strukturen: die Herrschaftsordnung, die Wirtschaft und die kirchlichen Verhältnisse sind als Bausteine der vogtsherrschaftlichen Ordnung untersucht worden. Die Personen der Herrschaft traten in ihren Lebensweisen oder in der Ordnung ihres genossenschaftlichen Zusammenlebens ans Licht. Dabei hat die zeitliche Entwicklung der Zustände bislang nur separiert und damit etwas untergeordnet geschehen können. Dieses Defizit soll am Ende ausgeglichen werden; die Aufbereitung der wesentlichen Ergebnisse, die sich aus der Vielzahl einzelner Aspekte enthüllen, sollen in zwei Rubriken geordnet nochmals stärker den Atem der Zeit spüren lassen.

Emanzipation und Verarmung

Der Schatthäuser Anwalt, ansonsten kein Freund von Zauderei, ließ 1703 die pfälzische Amtsbehörde auf dem Dilsberg kleinlaut wissen: *Ich kann doch meine Herrschaft nicht verklagen.* Der Anwalt hatte wie alle Schatthäuser Bauern seinem Herrn gelobt, ihm stets *treu und holt* zu sein. Weder *heimbliche versammlung* noch *agenterey* wollte er wider ihn treiben, und das setzte seinem Widerstand - trotz der Prügel, die er zuvor durch Herrn von Brüggen bezogen hatte - enge Grenzen. 139 Jahre später gab es keine Grenzen mehr. *Fiat voluntas tua, so habe ich sie heute bei bester laune verklagt*, ließ der Schatthäuser Pfarrherr seinen Grundherrn wissen. Der hatte sich zu dieser Zeit schon daran gewöhnt, seine Untertanen, die längst zu Bürgern geworden waren, häufiger vor den Schranken der Gerichte denn auf den Ortsstraßen in Schatthausen zu sehen. Die selbstbewußte, juristisch gut beratene Gemeinde hatte schon vor 1848 die Aufhebung der vogteilichen Lasten fast zur Gänze erstritten.

Diese sich emanzipierende Bauernschaft war im Grund eine diffuse Gruppe. Es gab den Katholiken, der sonntags nach Zuzenhausen zur Messe ging und den Reformierten, der zu seiner Gemeinde nach Bammental wanderte. Zur gleichen Zeit kamen Mennoniten aus der Umgebung auf dem schloßeigenen Ziegelhof zusammen, um mit den dort wirtschaftenden Glaubensbrüdern den sonntäglichen Kultus zu feiern, während sich die herrschaftliche Familie und die lutherische Bauernschaft in die Schatthäuser Kirche begaben. Mischehen zwischen evangelischen, katholischen und reformierten Christen zeugen davon, daß diese Vielfalt durchaus funktionierte, nie waren ernste konfessionelle Auseinandersetzungen zwischen Bauern festzustellen.

Schwerer wog die ungleiche Verteilung des nicht eben schlechten Schatthäuser Ackerlandes. Nicht nur das Schloß, das über 38 Prozent der Nutzfläche Schatthausens verfügte, trug zu Disparitäten bei. Vielmehr mußten drei Bauern im Jahre 1740 mit über 50 Morgen Ackerland zu echten "Großgrundbesitzern" gezählt werden, während ihnen 19 Bauern gegenüber standen, die keine ausreichenden Vollerwerbshöfe besaßen und sich durch Gewerbeleistungen oder im Tagelohn ihren Lebensunterhalt meist hart verdienen mußten. Erschwerend wirkte noch der Umstand, daß der mit 70 Morgen Nutzfläche reichste Bauer einen Gutteil des Besitzes seinem Anwaltsamt zu verdanken hatte, in dem er recht schamlos seine Vorteile nutzte. Der Boden war zwar nur unwesentlich durch Zinsen belastet, durch das Recht auf den *Handlohn* besaß der Vogtsherr jedoch direkten fiskalischen Zugriff auf alle Liegenschaften. Da durch das Realteilungsprinzip die Bodenmobilität recht hoch war, wurden diese Handlöhne neben dem Zehnten als sehr bedrückende Abgabe empfunden. Objektiv war es allerdings die kurpfälzische Schatzung, die am stärksten zur Abschöpfung der Erträge bürgerlicher Äcker beitrug.

Seit etwa 1750 setzte mit der Besömmerung der Brache eine dynamische Entwicklung der Landwirtschaft ein, in deren Gefolge die Viehwirtschaft immer mehr ausgedehnt wurde. Der dadurch stärker anfallende Dung begünstigte wiederum die Getreidewirtschaft, das Standbein schlechthin der örtlichen Wirtschaft im 18. Jahrhundert. Diese Ertragssteigerungen hielten indes nicht Schritt mit dem seit 1780 einsetzenden rapiden Bevölkerungsanstieg. Eine strukturelle Verarmung war die unausbleibliche Folge. Besonders der Zuzug auswärtiger Bürger sorgte dafür, daß sich die Zahl der Tagelöhner zwischen 1740 und 1800 fast verdreifachte. Aus vornehmlich dieser Bevölkerungsschicht setzte sich eine dritte Auswanderungswelle im 19. Jahrhundert zusammen. Mittelfristig aber bildete sich aus der Tagelöhnerschaft um die Mitte des 19. Jahrhunderts das Arbeitskräftepotential für die aufkommende Industrialisierung rund um Wiesloch.

Machtverlust und Anpassung

August Philipp von Brüggen war der letzte "Herr" Schatthausens gewesen. Er, der ein barockes Leben führte, kaum Obacht gab auf ein ausgeglichenes Budget, hatte sich bei seinen Untertanen persönlich Respekt zu verschaffen verstanden - wenn auch nicht stets auf eine feine Art. Dagegen war es dem Enkel eines Waldecker Amtmanns und Sohn eines Sachsen-Lauenburger Diplomaten nicht geglückt, in Fürstendienst zu treten und sich damit Reputation und weitere Einnahmen zu sichern. Für ei-

ZUSAMMENFASSUNG

ne Ratsstelle in der kurpfälzischen Regierung wäre August Philipp 1710 sogar bereit gewesen, sein allodiales Eigentum als Lehen aufzutragen. Auch keines seiner 18 Kinder schaffte eine erfolgversprechende Karriere, überdies verehelichten sich nur ein Sohn und eine Tochter. Während dem Sohn eine Abfindung gezahlt wurde, damit er aus der Herrschaft mit seiner bürgerlichen Liebschaft wegziehe, erhielt die Tochter mit dem nach fast 200jährigem Rechtsstreit in den Familienbesitz gelangten Rittergut Schernau eine respektable Mitgift. Die unverheirateten Kinder übernahmen die Herrschaft Schatthausen.

Der Grundbesitz in Schatthausen und einigen Nachbargemeinden sowie die herrschaftlichen Gewerke mit ihren Bannrechten bescherten schon im 18. Jahrhundert der Adelsherrschaft die größte Einnahmequelle. Daneben besaßen die Zehnteinkünfte noch eine größere Bedeutung, die anderen auch geldlichen Abgaben waren in der Relation eher unbedeutend. Das soll nicht heißen, daß nicht auch sie zur Finanzierung des aufwendigen adligen Lebens gebraucht wurden. Der Schloßbau, das Personal und die Ausbildung mehrerer Kinder schufen hohe fixe Ausgabenposten, die zusammen mit extensivem Lebensstil bis ins Jahr 1749 zu einer Verschuldung der Familie führten. Das Familienvermögen stieg in der zweiten Hälfte des 18. Jahrhunderts enorm an, seit die Landwirtschaft mehr und mehr prosperierte, und sich die von Brüggenschen Geschwister, die gemeinsam die Vogtsherrschaft führten, in Sparsamkeit übten.

Die adlige Familie wurde reicher an Vermögen, ärmer jedoch an "Macht". Auf der Grundlage des Zentvertrags schritt Kurpfalz im Territorialausbau schnell voran. Von der dadurch auch persönlich belasteten Ortsherrschaft forderte dieses Vorgehen stete Wachsamkeit. Allerdings fand sie kein geeignetes Mittel, um den pfälzischen Ansprüchen zu begegnen. Appelle an die kaiserliche Schutzmacht verhallten, zu einem gemeinsamen Vorgehen war der Zentadel aufgrund völliger Interessendivergenz nicht bereit. So verloren die Vogtsjunker in der Meckesheimer Zent mehr und mehr ihre alten Befugnisse. Fast durchgehend protestantischen Bekenntnisses, mußten sie das Wirken katholischer Pfarrer in ihren Orten zulassen, sie mußten zusehen, wie ihnen in den fünfziger Jahren ihr angestammtes ius episcopale entzogen wurde, wie pfälzische Beamte ihre Schulen visitierten und die Präsentation von Pfarrern beanspruchten. Ihre Schloßäcker verloren die Schatzungsfreiheit, ihre Untertanen wurden durch pfälzische Abgaben belastet, und die Oberaufsicht über die Gemeinde maßten sich die Beamten des Amtes Dilsberg ohnehin an. Das Fatale an den massiven Eingriffen des Territorialstaats: Der Konflikt schuf eine zweite Front. Die Gemeinde nutzte die Nähe zum Amt, um aus ihrer Isolation in der kleinen Herrschaft herauszukommen. Die Beamten nahmen sich ihrerseits besonders der katholischen Gruppe in Schatthausen an und provozierten so implizit das entschiedene bäuerliche Aufbegehren um 1790, in dessen Gefolge die Familie Brüggen ihre Ortsherrschaft vorzeitig aus den Händen legte.

Nach einem kurzen Intermezzo, in dem das neue Großherzogtum Baden der *Grundherrlichkeit Schatthausen* vorübergehend erweiterte Rechte zugestand, veränderte sich die politische und rechtliche Konstellation nach 1815 nachhaltig. Die Rechte der Grundherren wurden zwar zunächst wieder gestärkt, nach und nach aber ermöglichte die Ablösungsgesetzgebung die Aufhebung der alten Lasten. Diese verschaffte dem Schatthäuser Adel einerseits eine reiche - wenn auch nicht immer zu seiner Zufriedenheit ausfallende - finanzielle Entschädigung; andererseits bezahlte er mit dem Verlust seines Ansehens im Dorf einen hohen Preis. Denn die Gemeinde scheute vor keinen Konflikte mit ihrem längst nicht mehr im Ort präsenten Herrn zurück und ließ sich auch nicht durch die nun adelsfreundliche Amtsverwaltung beirren. Selbstbewußt stritt sich die Bürgerschaft wiederholt durch mehrere Instanzen und reduzierte bis 1848 ihre Verpflichtungen gegenüber dem Grundherrn auf die Zahlung restlicher Ablösungsraten. Von der herrschaftlichen Stellung war im Jahr der deutschen Revolution nicht viel übrig geblieben. Karl von Göler mußte nicht nur die Aufhebung seiner letzten Gerechtsame durch die Verordnung vom 10. März hinnehmen. Er sah sich auch genötigt, seiner Bürgerschaft für ihre besonnene Zurückhaltung zu danken. Immerhin hatte es rund um die Herrschaft ernste bäuerliche Rebellionen gegeben.

Mit Karl von Zyllnhardt, dem das von Brüggensche Erbe zufiel, und seinem Schwiegersohn Karl von Göler, der 1828 die Herrschaftsrechte ererbte, waren zwei Familien im Besitz des Ortes, die sich der neuen Zeit erfolgreich anzupassen verstanden. Während ersterer als Karrierebeamter staatliche Einkünfte in einer Höhe erzielte, die seine Gutserträge aus Schatthausen überstiegen, konnte Karl von Göler auf enorme Ablösungskapitalien von annähernd 25000 Gulden zurückgreifen. Die erlaubten dem politisch in der ersten badischen Kammer aktiven Grundherrn den Umbau der alten Vogtsherrschaft: Er arrondierte seinen Besitz, intensivierte die Bewirtschaftung der Güter und schaffte damit Agrarbetriebe, die dem Schatthäuser Adel in der neuen Zeit eine solide Einkommensbasis bieten sollten.

ANHANG

ANHANG

Zeittafel

1562
Sturmfedersche Teilung: Schatthausen fällt an die Bettendorff.

1596/1599
Johann Kechler von Schwandorf erwirbt Anteile am Ort.

1599
Eberhard von Weitershausen kauft den Ort. Nach seinem Tode übernehmen die Töchter Dorothea Ursula und Sibilla die Herrschaft.

um 1666
Die Familie Weitershausen stirbt aus. Das Dorf fällt an den Ehegatten Sibillas von Weitershausen, Abraham Gerner von Lilienstein.

1676
Der kinderlose Abraham Gerner vermacht die Herrschaft dem Schwiegersohn seines Bruders Adam, Dr. Wollrad von Brüggen.

1684
Tod Wollrads, seine Frau Christina Barbara von Brüggen und später ihr Sohn August Philipp von Brüggen konsolidieren die Herrschaft.

1749
Tod August Philipps, seine Ehefrau Magdalena Juliana führt die Herrschaft zunächst weiter. Nach dem Verzicht des erstgeborenen Sohnes übernehmen ab 1759 die unverheirateten Kinder August Philipps die Herrschaft: Otto Heinrich (+1794), Wilhelmine (+1805), Charlotta (+1783) und der geistesschwache Carl Christoph (+1806).

1794
Wilhelmine schenkt drei Viertel der Herrschaft ihrem Großneffen Karl von Zyllnhardt, dem Enkel ihrer Schwester Sophia Juliana. Für den noch minderjährigen Erben führt sein Vater Karl Friedrich von Zyllnhardt einige Zeit die Geschäfte.

1828
Nach dem Tode Karls von Zyllnhardt fällt die Herrschaft an seinen Schwiegersohn Karl von Göler.

ANHANG

Quellenanhang

Kurtze Deduction der Cent=Gravaminum [1725][1]

Es ist eine bekante Sache, daß in vormaligen turbulenten Zeiten die samtliche in denen beyden nunmehrigen Centen Craichgauischen Ritter=Cantons begüterte Reichs (!) von Adel sich dahin verglichen und denen adelichen von Hirschhorn als meist begüterten der orten die Cent oder jus judicandi in criminalibus über deren Unterthanen in ihren dorffschaften aufgetragen haben, welches jus hernachmals durch Kauff an Churpfaltz kommen /wobey die frage vorhaltet, ob und auf was art solche unterthanen dieser Centsachen wegen ahn die von Hirschhorn oder hernachmals an Churpfaltz und in Sonderheit Anno 1560 sich verpflichten oder huldigen müssen/. nachdem aber die Churpfältzische beamte in folgenden Zeiten mit extendierung dieser Cent allzuweit gegangen und denen von Adel in ihrer Territorial=jurisdiction vielen Eintrag gethan; so haben selbige deßwegen lange Zeit mit Churpfaltz Process geführt, entlich aber beyde Theile, Churpfalz und die von Adel, zu Verhütung fernerer weitläufigkeiten, diesen Irrungen in güte abzuhelfen beschlossen, und ist hierauf ein sollener Tractat und Vertrag, der Centvertrag genandt, durch der Churpfaltz vornehmste Ministres und Räthe an einem - und denen Interessierten von Adel am anderen Theil in Anno 1560 den 15. May errichtet, darinnen ausgemacht und bestätiget worden, was Churpfaltz und die von Adel der strittig gewesenen Cent= und Civil=Sachen halber, in solchen orten berechtiget seyn sollten; und hat so wohl des damahls compaciscierenten (!) Churfürsten Fridrichs [III.] Durchlaucht bey ihren Fürstlichen Worten und Würden für sich und alle dero Erben versprochen, solchen Vertrag in allen Stücken zu halten und denen Churfürstlichen Amtleuten gefährligkeit hierunter zu gebrauchen, nicht zu gestatten, als auch

---

[1] Abschrift aus Frh.A.Sch A 1036. Alle Schreibfehler wurden übernommen, die Interpunktion normalisiert. Zum erleichterten Verständnis wurden die Zwischenüberschriften durch Unterstreichungen hervorgehoben.

hernachmals Churfürsten Fridrichs IV. Dhlt. in dero Testament 1602 klar verordnet, daß, gleich wie es nicht herkommens, alß auch seine Nachkommen besagtem Adel im Chraichgau keine Landsasserey zuzumuthen hetten, welches ferner hin durch das so genandte Laudum Heilbronnense 1667 ausdrücklich mit diesen Worten bestärket worden: Die vergleiche mit denen Craichgauischen Cent=dörffern sollen gehalten und keineswegs extendiert werden.

Die beyderseitige in solchem Centvertrag, der Unterthanen wegen befestigte Jura aber bestehen darinnen:

Churpfaltz hat

1. die oberste Cent= Schutz= und Schirm= Herrlichkeit über die Unterthanen.
2. Alle Malefiz=Händel und was durch den Nachrichter zu straffen.
3. Die gemeinschaftliche Abstraffung mit denen von Adel in Sachen, so ausser denen Civil= und Bürgerlichen Sachen sich ereignen, nach denen Reichs- und gemeiner Churpfältzischen Landesordnungen.
4. Den Aufbott zum Wolfsjagen, doch nicht auser der Cent.
5. Die Raiß, Musterung, besehung der Wehr, umschlag Eßfleisch, proviantierung, doch ohne Mißbrauch.
6. Die Unterthanen mit allen Reichs=anlagen, so in gemeinen Reichs=Versammlungen, die Unterthanenen darmit zu belegen, erlaubt würde, zu besetzen und zu belegen.
7. Die erste Appellation der Unterthanen in Civil= oder bürgerlichen Sachen an das churpfältz. Forstgericht.

Die von Adel haben

1. Setz= und Entsetzung der Schultheißen und gerichts.
2. Gebott, Verbott und abstraffung der unterthanen in Civil= und bürgerlichen Verbrechen, wie die nahmen haben mögen, mit geldt, Thurm und Plock, von Churpfaltz und denen beamten ohngehindert.
3. Abstraffung der Wald= und Feld=Schäden, nach vorhero ersetzten Schaden, mit 3 Pfund 5 Schülling Hlr.
4. Gemeinschaftliche Abstrafung mit Churpfaltz in Sachen, so ausser denen Criminal=Sachen, item Civil= und bürgerlichen Sachen sich ereignen, nach denen Reichs= und Gemeinden Churpfältzischen Landesordnungen.
5. Deren von Adel gebröd=diener sollen von der Raiß befreyt seyn.

ANHANG

Außer diesem aber waren und seyen dato die Adelliche besitzer dieser dem Canton Craichgau noch würklich immatriculierten Ritter= und Cent=Dörffern, Immediati Imperii Nobiles und Churpfaltz, ausser in Feudis oder bedienungen, weder mit Eyden noch Pflichten zugethan, besassen und haben privativè und alleinig die Jura Episcopalia et Ecclesiastica, die Vogteiliche Jurisdiction, die Frohndienste von ihren Unterthanen, die Jagens=Gerechtigkeiten, worüber dann auch kein Streit von alten noch in folgenden Zeiten gewesen.

Als nun die von Adel bey diesem Cent=Vertrag und dabey gefügten fürstlichen hohen Parolen in größter Sicherheit zu seyn um so mehr gehoffet, als sie sich niemahlen in Sinn kommen lassen, ihrerseits gegen diesen Vertrag zu handlen; so ist hingegen nur allzu viel bekannt und am Lichtentage, was vor contraventiones von der Churpfältzischen Regierung, beamten und bedienten, meistens zeit letzten beyder kriege her, hierinnen geschehen, und was vor ohnverantwortlich proceduren und gewaltthätigkeiten sie nicht nur allein gegen die unterthanen, sondern auch so gar gegen die von Adel selbsten als herrschaften dieser ihrer Cent=dörfer vorgenommen und noch vornehmen; davon dann, unter ohnzehlig vielen anderen, nachfolgende beschwerden hauptsächlich important seynd und zwar,

1. Die von Adel selbsten anlangend

1. Werden selbige von dem Oberamt Heydelberg in ihren an Sie abgehenden und in form eines Billets an die Churpfälzischen Schultheißen gelegten Schreiben gantz abentheuerlich tituliert: Churpfaltz Vogts=Junker.
2. Werden die von denen Vogtsherrschaften gesetzte Schultheißen Anwalt und Gericht auch abusivè tituliert: Churpfaltz=Schultheiße Anwält und Gericht.
3. Ist denen von Adel in ihren wohlhergebrachten und privativè zustehenden Juribus Episcopalibus et Ecclesiasticis sehr grose Torte geschehen, da Churpfaltz 1. die Feyerung der Catholisch feyertägen denen Unterthanen obtrudieret, 2. gewaltthätige Eingriffe (Marginalvermerk zu dieser Stelle: in Taufung) der Unterthanen Kinder copulieren und beerdigen durch dero geistl. thun laßen, 3. denen von denen Vogtsherrschaften alleine dependierten Pfarrherrn immediate befehle in Religions=sachen, auch mit glocken geläut, ausstellung neuer gebether und der gleichen zugeschickt, selbigen onbillige Straffe andictiret, auch Kopf= und Türckensteuer wiederrechtlich abgedrungen.

ANHANG

4. Werden die Vogtsherrschaften von denen durch die Reichs= und Churpfältzische Landesordnungen zu entscheiden vorfallenden Sachen, als da seynd abstrafung um hurerey, frühenbeischlafs und andere viele stücken, excludiert.

5. Werden der adellichen Vogtsherrschaften in deren gefreyeten adellichen Schlössern und Häusern wohnende Hofleute, so weder eigen begütert noch bürger, mithin anderst nicht als knechte und mägde zu considerieren seynd, mit allerhand belästigungen als Überbeßerung, Licenten, Accis, Cent=kosten, Manheimer Schloßbaugelder, Miliz= oder ausschuß=geldern, widertäu-fern=Schutz=gelder und anderem dergestalt und wieder das alte herkommen, observanz und noch vorweniger zeit gehabte Freyheiten gedrücket, daß sie entweder ihre bestände quittieren müßen oder die herrschaft zu dero größten Nachtheil und Ruin den Schaden ihnen zu ersetzen hat.

6. Gleichergestalt verhält sichs auch mit denen beständern der Vogtsherrschaftlichen Frey Adellichen Rechten und Gefällen, da man deren Müller, Schäfer, Ziegler, Wirthe und dergleichen, ratione ihres genusses, mit überbeßerung, Kopfsteuer, Miliz- oder ausschußgeldern der gestalt ohnbefugt und hart belegt, daß sie entweder ihre bestände aufgeben, oder die herschaft ihnen von der jährlichen gülte und Pfacht, zu dero größtem Schaden und Ruin, Nachlaß und Ersetzung thun muß.

7. In Waltordnungen, Waltrügen und Waltstrafen wollen die churpfältzische Jäger gantz neuerlich und gegen den Centvertrag alles an sich ziehen, bau= und brennholtz in denen Vogtsherrschaftlichen und der gemeinde Wäldern anweisen, Stam-geld davon fodern, mit bezahlt und erlaubter geißweide, fanggelder, Zehrung, Stroh einsammlen und der gleichen denen Unterthanen beschwerlich fallen.

8. Nicht weniger auch in denen Vogtsherrschaftlichen jagden, die Kuppeljagd, zum nachttheil der Vogtsherrschaften, gantz ohnbefugt pratendieren und exercieren.

9. Endlich haben die Churpfältzische Regierung, beamte und·fast jeder bediente sich gar unterstanden, die adelliche Vogtsherrschaften selbsten anzugreifen und ihnen 1. ihre gefreyte adelliche Schlösser und Häuser zu violieren, da man, um 2.den licent in vorigen Kriegswesen von ihnen zu erpressen, mit Musquetieren sie überfallen und deren Vieh daraus wegtreiben lassen; und ob zwar deß damahlen regierenden Churfürsten Johann Wilhelm Dhlt. auf dieser adellichen Beschehenes vorstellen die aufbürdung des Licents vor unbillich erkant und abgestellet, so unterstehet man sich darnach itzo aufs neue, 3. ihnen von adel und Vogtsherrschaften den Accis aufzudringen, wie dann im verwichenen Jahr dem Herrn von Rott zu Reichartshausen à 15 fl. vom Oberamt Heydelberg vermeindlich andictiret und von Churpfältzischer Regierung

approbiret werden wollen, um weilen selbiger, ohne Accis zeichen, mahlen und durch seinen eigenen unterthanen und Metzger zu Epfenbach sich ein Rind und paar s.v. (?) Schweine, ohne Accis zu geben, schlachten lassen, wie dan auch der Metzger zu 5 fl. Straf deßwegen condemniret worden auch selbige geben müssen; deßgleichen ist Herrn von Brüggen zu Schatthaußen, als selbiger vor wenig Wochen ein halb fuder Wein von Speyer zu seiner eigenen Hauß=consumtion abholen lassen, durch den Zollbereuther Felber von Heydelberg, der Waagen Pferd und Wein mit aller gewalt in Waltdorf angehalten, und sein Knecht forcieret worden, 3 fl. Accis davon zu geben, und ob zwar ermehlter Zollbereuther offentich zu Nußloch versprochen, den ohnrechtmäßig abgenommen Accis zu restituieren, ist doch solche restitution nicht eher als am 28. Mai anni currentis erfolget; nicht weniger hat man sich auch vor wenigen Wochen an gemaset den H. General Bettendorfischen Müller zu Mauer und des H. von Fechtenburgs Müller zu Mönchzell von Ober-Amts Heydelberg wegen bey straf zu intimieren, ihren eigenen Herrschaften ohne Accis Zeichen nicht zu mahlen.

10. Hat man sich churpfältzischer seiten unterstanden, die adelliche Vogtsherrschaften zum Cent=gericht nach Neckargemünd, allwo denen verpflichtete Schultheißen und Anwälte mit Assessores seynd, zu citieren und zu condemnieren, in gleichen selbige zur Walt-rügge zu citieren und zu strafen, um daß sie in ihren eigenen Waltungen, ohn angezeigt denen Churpfältzischen jägern, bau- und brennholtz für sich und ihre Unterthanen hauen lassen.

11. Auch ist H. von Gemmingen zu Dautenzell und andere mehr, um weil sie sich in Ecclesiasticis et politicis denen ohn befugten zumuthungen nicht unterwerfen wollen, hart bestraft worden.

12. Anstatt, daß auf begebenden fall in Civil=Sachen die erste Appellation der Vogteilichen unterthanen von ihren vogtsherrschaften an Churpfältz. Hofgericht geschehen sollte, ziehen itzo die Churpfältzische Ober= und Unterämter die meiste Sachen an sich und wollen darinnen decidieren.

13. Lassen die churpfältzische Beamte an die Vogteilige Schultheißen, Anwälte und Gericht befehle abgehen, dieses und jenes zu unternehmen, so denen vogtsherrschaftlichen Juribus und deren letzteren ihren der Vogtei geleisteten Eyden und Pflichten schnurstracks entgegen ist.

14. Hat man, aller Protestation ahngeachtet, die Vogteiliche Unterthanen zugleich mit Churpfalz Eigentums unterthanen in Wißloch an Churpfaltz huldigen lassen.

ANHANG

2. Die Vogteiliche Unterthanen betreffend

1. Belegt solche Churpfaltz einer vorhin gantz ohn gewöhnlichen hohen Schatzung gleich dero eigenthums Unterthanen, wordurch dan sie bey ihren ohnedem Landbekannten mageren und dem verheerenden vielen Wildpret exponierten güthern der gestalt enerviert und verdorben werden, daß sie nicht mehr im stand, ihrer Vogteilichen Herrschaft die wenige praestand zu praestieren, ja gar zum bettelstaab und wegziehen, zum größten Nachtheil der Vogtsherrschaften, gebracht werden; worzu sonderheitlich mithilft, daß man ihnen

2. solche anlagen mit auflegt, welche mit denen vom Reich bewilligten Anlagen gar keine connexion haben, als da unter vielen ohnzehlige seynd die vormahlige orleanische gelder, Churpfältzische Fräuleinsteuer, Churpfältzische Reißgelder, Holtzgelder, Accis, Saltzgelder, Heydelberger und Manheimer Schloßbaugelder, Zehlgelder, dänische gelder, gestempelt papier-gelder, Schreibgebühr pp.

3. Über das befördert ihren Ruin die doppelte frohn; dann (!) da im Centvertrag nicht das mindeste wegen der frohndienste, auser dem Wolfsjagen, an Churpfaltz vorbehalten noch ein gewilliget worden, sondern die Unterthanen eintzig und allein mit Zug= Hand= und Fußfrohnen der Vogthey zu gethan verbleiben; so legt ihnen Churpfaltz nunmehro allerhand Frohndienste auf, welches daher kommt, weilen vor einiger Zeit die unterthanen bittlich, wie aller orten bekannt, von Churpfaltz ersucht worden, einige dienste zu thun, solches aber durch die beamte in deren Protocollen eingeführt und in folgenden Zeiten so expliciert worden, als wan sie es schuldig wären; dahero dann itzo alle und jede frohndienste mit solcher Rigeur und Strafe denen Vogthei-Untertanen, gleich denen eigenthümlichen churpfältzischen Unterthanen, abgefordert worden, worunter vornemlich seynd bau= und brennholtz fuhren nach Schwetzingen, die churpfältzische Hofhaltung fuhren, bauholz führen nach Bruchhausen, holtz fuhren zum Schießhauß nach Mannheim, die fuhren auf Dillsperg und vieles der gleichen, samt denen a parten Hand und fußfröhnern, wobei

4. den beschluß machet die aufbürtung gewißer im lande angenommener Leute, die gewiße verrichtungen in Admodiation haben und hernach ihre dienste entweder schlecht versehen oder doch theuer genug sich zahlen lassen.

Alles dieses und vorgemeltes aber kommet haubtsächlich daher, weilen die Churpfältzische beamten die ausgeschriebene und Churpfaltz eigenthums ort allein concernierende befehle auch denen Vogtheyorten zu schicken und, ohngeachtet aller Vorstellungen, widerrechtlich exequieren.

ANHANG

Gleichwie nun aber diese genugsam erwiesene, länger aber ohnerträgliche last zur genüge am tag lieget und nicht nur eine völlige Landsasserey, sondern gar eine Sclaverey und Ruin dieser immediaten Reichs adellichen Herrschaften und ihrer Unterthanen nach sich ziehet; so wäre Churfürstliche Durchlaucht zu Pfaltz unterthänigst zu ersuchen, nach dero weltgeprießener Aequanimita(e)t alles in vorigen Stand und nach außweiß des Centvertrags gnädigst herstellen, das von denen bedienten ohnbillich abgenommene restituieren, die vom Adel bey Ihren Immunitaeten und gerechtigkeiten ohnegehindert verbleiben, und deren unterthanen nichts weiter, als der Centvertrag ausweißt, aufbürden zu lassen; wordurch dann Ihro Churfürstliche Durchlaucht so wohl dero gloreichen Vorfahren Fürstliche hohe Parole handhaben als auch dero Ruhm wegen Handhabung der Gerechtigkeit verewigen werden.

15.5.1725

NB dieses ist dem H. General Major von Bettendorf von mir übergeben worden, umb solches ratione der sämbtl. Centorthen bey ihro churf. dhlt. vorzustellen. vBrüggen

Form des Aydts
so den von Schatthausen vorgehalten [1562][1]

Erstlich solt ihr geloben, und ein leiblichen gelerten Aydt zu Gott, und dem heyligen Evangelio schweren, daß Ihr Eurem Junckher treu und holt wollet sein, bestes Schaffen, frommen und nutzen werben (!), schaden kehren, und nach bestem verstand und müglichkeit wenden, dergleichen dem hauß und schloß Schadthausen, es sey in feuer kriegs oder dergleichen nöthen, zulaufen, und so viel möglich wenden, gebot und verbot so ufgelegt, halten, kein heimbliche versammlung oder agenterey wieder euren Junkher anheben, noch schaffen, angehaben oder practiciert werden, wo ihr auch denen verstendigt oder wissent würde, ohne verhinderung oder auszug anzuzeigen schüldig;

daneben alles und jedes zu hentlen, zu thun und zu lassen, daß getreue und gehorsame underthanen aigenthumbs und Voigtsjunkher, von Recht oder gewohnheit wegen zuthun aignet und gebührt. Alß ich meine Handt treu geben hab, und mir furgelesen worden ist, ich auch wohl verstanden hab, demselben will ich treulich nachkommen.

[1] Frh.A.Sch. A 1033.

Pachtvertrag über das Schloßhofgut aus dem Jahre 1738[1]

Nachdem Durch absterben meines beweßenen Schloß-Hofguths beständers Joseph Zehners eines Mennonisten deßen Temporal-bestand in Entledigung gekommen; so habe ich wieder zu einem Beständer angenommen Heinrich Kauffmann, auch einen Mennonisten und Erbbeständer eines meiner anderen Schloß-Hof-Güter und Ihm solch meiner frey-adellich-güter, so viel deren eigentlich zum Schloß Schatthausen gezogen und behalten worden, in sechs Jährigen Bestand unter folgenden Conditionen übergeben, als

erstlich bekommt er zu seiner Wohnung und Gebrauch das völlige hinter Anteil am Hofhaus sambt darnebigem Stall, ganzen oberen Speicher, ingleichen die zwey neue steinerne Scheuern und darbey die hinterste zwey Stallungen. Wie auch sechs schweinställe, welche Behausung Scheuer und Stallungen er säuberlich halten, auf feuer und licht sorgfältig achtung haben, die fenster, öfen, thüren und thor, ingleichen das Dachwerck mit Schindel- und Ziegelstecken in gutem stand erhalten und nicht muthwillig oder durch Nachlässigkeit daran verderben oder eingehen lassen solle.

zweytens, die übrige Gebäude aber Scheuern und Stallungen behalt die Herrschaft zu Ihrer alleinigen benutzung.

drittens wird ihm zum alleinigen Genuß überlaßen das große Stück Krautgarten beim Maurer pfadt genannt, ferner der Kochgarten hinterm Hofhaus über dem Graben samt allen dabey und hinter den gantzen Hofhaus, Schweinställen und Scheuern liegenden grasplätzen und Rheinen, und muß er die Häge am Kochgarten und übrige seinen Güthern wohll handhaben.

viertens die herrschaft behält sich bevor und zu ihrer alleinigen benutzung den Damm und alle gras Rheine umb das Schloß, des gleichen den gantzen Baum-gartten, wie auch den Krautgarten am Schaafbächlein, und dann die Burgk-Wiese und die untere Mühlwiese; nicht weniger an ackern im fluhr scheerbach das stück unten im Schafgrund biß oben an sein des beständers stück Erbbestand-Gut, im fluhr Ramstatt das Stück ob der Mühle, im Fluhr Eck, das Stück unten am Sterckelberg in gerader furche zwischen der Allment-gaß und dem Widdumacker und übrigem

[1] Frh.A.Sch. A 988.

Schloß-Guth gelegen und endlich alle Jahr zu fünf Morgen dieser äcker und zu obgemelten Wein-Koch-und Krautgärten den erforderlichen Thung.

Fünftens die übrigen Güther [es folgt rund eine Seite lang die Aufzählung mit exakter Lagebeschreibung] werden Ihme Hof-Guths-Beständer eingeraumet, ingleichen [es folgt die Lagebeschreibung der Wiesen]

sechtens, das herrschaftliche Zehenden-Stroh solle zum thung verwendet werden, hingegen eine herrschaftliche Magd mit des Hofguths-Beständers leuthen auf denen herrschaftlichen Feldern zu grußen (graßen) haben.

siebendens, die Feldungen und Erndte muß Er Hof-Gut-Beständer auf seinen alleinigen Kosten bestellen und einthun, ohne den geringsten Beytrag von der Herrschaft.

achtens aus diesen zu genießen habenden Güthern nun muß er Hof-Guth-Beständer der Herrschaft in das Schloß frey lieffern und führen: Die Helfte von allen früchten und was Er sonsten anbauet und genießet im Winterfeld und Das Dritte Theil aller früchten und was er sonsten anbauet und genießet im Sommerfeldt.

Neundens das auf den feldungen etwa pflantzende Herrschaftliche Antheil an Flachs oder Hanf muß er frey von der Breche liefern, hingegen genießet Er die StuppelRüben alleine.

Zehendens, muß Er Hofbeständer der Herrschaft jährlich fünfzig Clafter Brenn=holz zwey bis drey stunden weit fuhrlohn=frey holen und in das Schloß liefern.

Eilftens, alle etwa auf Ihn, seine religion und Standeshalber kommenden ChurPfältzische beschweren muß Er auf sich nehmen und zahlen, wie ingleichen das Beytrag-Geldt als angenommener Beysaß an hiesige Gemeind abtragen.

Zwölfftens, solle Er und die Seinige sich gehorsam und getreu gegen Ihr Herrschaft, wie es ehrlichen und redlichen leuthen eignet und gebühret, aufführen.

Übrigens aber wolle Gott zu dieser Verleyhung und Bestand seine Gnad Glück und Segen geben.

Urkundlich ist über obig abgehandelte puncten dießer Verleyhungs- und Bestand-Brief doppelt ausgefertiget, von mir unterschrieben und gesiegelt und Ein Exemplar an Ihn Hof-Guth-Beständer, das andere aber mir unter seiner Nahmens-Beyschrift zugestellet worden. Geben Schatthausen auf Lichtmeß 1738.

ANHANG

Materialien

Gesamterträge des Hofgutes 1735 - 1794 (in Malter)

Jahr	Gemischt	Spelz	Korn	Hafer	Gerste
1735	264,22	306,02	5,8	229,35	87,89
1736	164,34	420,2	33,3	203,5	29,92
1737	571,34	33,0	29,0	209,0	77,66
1738	71,06	524,04	0,0	235,62	61,27
1739	57,42	305,47	25,0	172,37	48,95
1740	279,07	291,72	20,6	258,17	72,38
1741	231,00	660,99	15,4	294,91	60,28
1742	214,28	593,34	25,7	268,62	14,85
1743	192,5	371,58	18,7	239,58	82,5
1744	385,88	356,29	16,7	182,27	48,62
1745	298,98	164,56	9,2	181,06	36,52
1746	232,32	320,65	47,3	207,24	53,57
1747	71,06	56,1	67,3	216,59	51,15
1748	227,26	155,43	42,0	122,32	23,21
1749	243,32	124,63	37,4	161,7	46,75
1750	220,22	258,61	69,5	194,81	40,48
1751	381,7	134,75	32,6	146,96	43,67
1752	182,82	316,8	68,8	160,49	51,37
1753	168,74	274,45	100,9	118,58	42,35
1754	95,48	150,92	33,1	202,29	31,46
1755	237,05	183,04	85,8	179,63	53,68
1756	155,43	269,5	80,7	169,29	36,3
1757	96,8	351,89	61,2	173,69	39,05
1758	243,65	273,24	65,9	193,93	52,91
1759	213,84	157,96	81,3	209,77	35,42

1760	398,31	315,26	127,8	205,26	28,93
1761	284,79	206,25	41,3	223,08	41,25
1762	207,9	330,33	62,3	241,89	37,18
1763	342,21	77,0	20,4	252,78	34,1
1764	118,58	392,26	35,0	254,65	67,54
1765	55,55	499,73	52,1	164,12	45,54
1766	392,37	114,18	82,5	160,16	58,41
1767	92,18	282,37	22,9	107,47	90,2
1768	0,0	597,19	39,8	95,04	69,74
1769	135,96	347,05	56,5	128,81	46,2
1770	187,11	138,27	26,7	119,46	61,82
1771	88,55	363,44	39,6	182,82	61,05
1772	167,2	184,91	70,7	146,63	78,76
1773	123,53	491,04	78,5	165,33	50,82
1774	8,03	512,27	79,5	308,77	51,15
1775	230,23	310,86	57,2	230,12	88,11
1776	130,68	701,8	51,0	217,03	58,85
1777	185,9	0,0	0,0	251,02	28,05
1778	24,42	34,27	27,4	249,59	196,13
1779	0,0	889,35	37,7	302,17	146,74
1780	25,63	587,73	57,4	231,55	40,59
1781	41,58	742,61	42,9	400,73	41,8
1782	29,37	907,72	18,0	304,26	42,24
1783	0,0	972,73	27,7	335,17	36,96
1784	53,02	747,01	39,4	359,26	20,68
1785	0,0	15,86	67,4	386,65	19,69
1786	0,0	1229,8	68,8	398,2	18,81
1787	0,0	671,66	39,5	409,64	24,97
1788	82,83	583,22	43,4	415,69	27,39
1789	0,0	814,77	31,4	331,1	6,38
1790	26,84	300,52	23,2	412,39	43,12
1791	62,26	735,79	36,5	343,2	33,66
1792	0,0	932,8	24,8	496,87	52,36
1793	48,07	761,64	34,1	462,44	35,75
1794	247,94	306,9	35,0	382,8	13,86

Faktoren zur Verwandlung von Neunlingen in Malter

Jahr	Gemischt	Spelz	Hafer	Gerste/ Wintergerste	Korn
1745	0,943	0,81	0,86	0,64	-
1746	0,942	0,88	0,78	0,6	0,55
1747	0,85	0,85	0,82	0,63	0,665
1748	0,9	1,00	0,82	0,435	0,62
1749	0,63	0,89	0,81	0,65	0,47
1750	0,74	0,86	0,82	0,59	0,33
1751	1,22	1,22	0,92	0,72	0,61
1752	-	1,0	1,1	0,81	0,61
1753	1,11	1,29	0,91	0,69	0,57
1754	0,81	0,98	0,93	0,75	0,5
1755	0,92	0,95	0,81	0,68	0,54
1756	0,92	1,0	1,0	0,65	0,52
1757	1,03	1,17	0,95	0,65	0,57
1758	1,07	1,05	1,08	0,75	0,67
1759	0,93	0,94	1,05	0,6	0,56
1760	0,95	1,23	1,0	0,71	0,65
1761	0,98	1,03	0,93	0,58	0,55
1762	1,03	1,02	1,13	0,615	0,69
1763	0,85	0,89	0,85	0,63	0,615
1764	1,015	1,06	1,07	0,76	0,69
1765	1,35	1,37	0,9	0,62	0,66
1766	1,04	1,09	0,87	0,64/0,85	0,63
1767	0,84	0,87	0,8	0,53/0,87	0,45
1768	1,05	1,07	0,84	0,69/0,86	0,63
1769	1,165	1,09	0,81	0,62/0,8	0,58

1770	0,96	1,01	0,72	0,89/1,24	0,63
1771	0,93	0,85	0,78	0,51/0,8	0,675
1772	0,97	1,02	0,87	0,65/0,66	0,52
1773	0,87	0,89	0,95	0,85	0,53
1774	1,0	-	1,16	-	-
1775	1,03	1,07	1,08	-	0,9
1776	0,93	1,05	1,13	0,71/0,995	0,58
1777	-	1,05	0,94	0,7271	0,613
1778	-	1,11	1,195	0,375/1,125	0,74
1779	-	1,19	1,11	1,37	0,7
1780	-	0,97	1,05	0,615	0,61
1781	1,25	1,09	1,08	-	0,53
1782	1,225	1,36	0,96	1	0,57
1783	1,33	1,38	1,1	1	0,68
1784	1,245	1,27	1,042	0,92	0,763
1785	-	1,31	1,12	0,84	0,785
1786	1,28	1,35	1,04	1,14	0,98
1787	0,94	0,94	0,91	0,88	0,61
1788	0,87	0,98	0,985	0,55	-
1789	0,94	1,02	0,82	0,84	0,67
1790	-	0,61	0,95	0,57/0,98	0,55
1791	-	0,91	1,07	-	-
1792	1,22	1,16	1,12	-	0,6
1793	-	1,18	0,99	-	0,47
1794	0,83	0,88	1,05	-	-

ANHANG

Glossar.

Ausdrücke und Maßzahlen

Allod	Freies und unbelastetes Eigentum.
Anrainer	Grundstücksnachbar.
Ausmärcker	Besitzer eines Flurstücks, der nicht in der zugehörigen Gemeinde wohnte.
Beständer	Pächter. In "Bestand vergeben" ist damit gleichbedeutend mit verpachten. Der Verpächter wurde auch Vorständer genannt. Grundsätzlich war die Vergabe in Erbbestand (Erbpacht) oder als Temporalbestand (Zeitpacht) möglich.
bürgerliche Güter	Grundstücke, die Eigentum von Bauern waren. Dieses Eigentumsrecht wurde auch durch die Zinslast nicht eingeschränkt, die auf einem Teil der bürgerlichen Güter lag.
Dezimator	Bezieher des Zehnten.
einhäbern	mit Hafer besamen.
Etter	Eigentlich der Zaun, der das Dorf von den Ackerfluren abschloß. Im übertragenen Sinn das bebaute Ortsgebiet.
Faselvieh	Zur Zucht dienendes männliches Vieh.
Frucht	Frucht stand für Getreide. Dabei wurde gemäß Körnerform zwischen glatter Frucht unterschieden, wozu Korn, Gerste und der von seiner Schale befreite Spelzkern zählen, sowie "rauher" Frucht, in Schatthausen ausschließlich Hafer. Da letzterer leichter ist als die anderen Getreidearten, wurden bei ihm neun Simri auf ein Malter gerechnet.

Geißelmeier	Ein herrschaftlicher Gutsverwalter, der gegen festes Entgelt arbeitete, also nicht am Ertrag beteiligt war.
Gulden	Münzeinheit. Ein Gulden (abgekürzt fl.) besteht aus sechzig Kreuzern.
Heiliger	Die Kirchenkasse und das Kirchenvermögen wurden als der *heilige* bezeichnet.
Heller	Münzeinheit. Acht Heller ergeben einen Kreuzer, zwei Heller einen Pfennig. Ein Schilling Heller entsprechen zwölf Kreuzern. 28 Heller sind ein Batzen.
Malter	Hohlmaß. Bestand in Schatthausen aus acht Simri, ein Simri waren vier Immel, ein Immel vier Meßlein. Beim leichteren Hafer wurden neun Simri auf ein Malter gerechnet. Das Schatthäuser Malter entsprach 0,836373 badischen Maltern an glatter Frucht und 0,956511 badischen Maltern an rauher Frucht. Siehe auch "Frucht".
Markung	Gemarkung.
Morgen	Raummaß. Der Schatthäuser Morgen bestand aus vier Vierteln, das Viertel zu 40 Ruthen. Eine Maßruthe bestand aus 16 Schuh, ein Schuh aus elf Nürnberger Zoll. Im Jahre 1812 wurde ein Schatthäuser Morgen mit 1,048205 badischen Morgen gerechnet.
Multer	Entlohnung eines Müllers. Die Herrschaft, die im Besitz des Bannrechts war, konnte multerfrei, also unentgeltlich, mahlen lassen.
Neunlinge	Das Getreide wurde bei der Ernte in Garben gebunden, deren Größe gewohnheitsrechtlich genormt war. Da jede zehnte Garbe als Zehnt abgeliefert werden mußte, entwickelte sich die größere Einheit Neunlinge, die aus neun Garben bestand.
Pfrund	Entlohnung eines Hirten.
Reichstaler	Münzeinheit. Ein Reichstaler ist 90 Kreuzer oder 1,5 Gulden wert.
Renovation	Bestandsaufnahme.

ANHANG

Sauvegarde   Sauvegarde oder auch Salvagardia wurde der Schutz genannt, den ein General den Einwohnern eines feindlichen Landes oder Dorfes gewährte. Personen und Güter blieben durch Erteilung eines Schutzbriefes von den Kriegshandlungen verschont. Auch das Wappen, das am Ort angeschlagen wurde, kann als Sauvegarde bezeichnet werden.

Stempelsteuer   Teil der Akzise. Steuer auf Papier, das zur Kenntlichmachung gestempelt wurde.

Widdum   Das Widdum war ein zur Kirche gehörendes Gut.

zackern   pflügen.

Abkürzungen

Anm.	Anmerkung
Dgr.	Diagramm
DRW	Deutsches Rechtswörterbuch
FDA	Freiburger Diözesan-Archiv
fl.	Gulden
Frh.A.Sch.	Freiherrlich Göler von Ravensburg'sches Archiv Schatthausen
GLA	Generallandesarchiv Karlsruhe
GuG	Geschichte und Gesellschaft
Hegau	Zeitschrift für Geschichte, Volkskunde und Naturgeschichte des Gebietes zwischen Rhein, Donau und Bodensee
Historische Stätten	Handbuch der historischen Stätten
HRG	Handwörterbuch zur Rechtsgeschichte
HZ	Historische Zeitschrift
JbffLF	Jahrbuch für fränkische Landesforschung
KB	Amtliche Kreisbeschreibung
Mg.	Morgen
Mlt.	Malter
ND	Nachdruck
NF	Neue Folge
OAB N.N.	Beschreibung des Oberamts N.N.
Reg.Bl.	Regierungsblatt des Großherzogtums Baden
SF	Sommerfeld
VSWG	Vierteljahrschrift für Sozial- und Wirtschaftsgeschichte
WF	Winterfeld
WVjLG	Württembergische Vierteljahrshefte für Landesgeschichte
xr.	Kreuzer
ZAA	Zeitschrift für Agrargeschichte und Agrarsoziologie
ZBLG	Zeitschrift für Bayerische Landesgeschichte
ZfG	Zeitschrift für Geschichtswissenschaft
ZGO	Zeitschrift für die Geschichte des Oberrheins
ZHF	Zeitschrift für Historische Forschung
ZWLG	Zeitschrift für Württembergische Landesgeschichte

BIBLIOGRAPHIE
Quellen und Literatur

Archive und Ämter

Freiherrlich Göler von Ravensburg'sches Archiv Schatthausen
Generallandesarchiv Karlsruhe
Stadtarchiv Wiesloch, Abteilung Schatthausen
Archiv der Evangelischen Landeskirche Baden, Kirchenbücher
Finanzamt Heidelberg, Abteilung Bodenschätzung

Gedruckte Quellen und Literatur

Abel, Wilhelm: Agrarkrisen und Agrarkonjunktur. Eine Geschichte der Land- und Ernährungswirtschaft Mitteleuropas seit dem hohen Mittelalter. Neubearbeitete und erweiterte 3. Auflage. Hamburg/Berlin 1978.
Abel, Wilhelm: Massenarmut und Hungerkrisen im vorindustriellen Deutschland. Göttingen ²1977.
Achilles, Walter: Die Getreidewirtschaft der Kirche zu Hedeper und Bossum, Kreis Wolfenbüttel. Ein Beitrag zur Methodik der Darstellung und des Vergleichs von Ernteerträgen. In: ZAA 8 (1960).
Alberti, Otto von: Württembergisches Adels- und Wappenbuch. 2 Bände (mit fortlaufender Seitenzählung). Band 1 Stuttgart 1899, Band 2 begonnen von O.v.Alberti, fortgesetzt von Friedrich Frh.v.Gaisberg-Schöckingen, Theodor Schön und Adolf Stattmann, Stuttgart 1916.
Allmann, Joachim: Der Wald in der frühen Neuzeit. Eine mentalitäts- und sozialgeschichtliche Untersuchung am Beispiel des Pfälzer Raumes (Schriften zur Wirtschafts- und Sozialgeschichte 36). Zugleich: Berlin, Freie Universität, Dissertation 1988. Berlin 1989.
Alter, Willi: Die Reichsstadt Speyer und das Reichskammergericht, in: Geschichte der Stadt Speyer Band III. Hg. von der Stadt Speyer. Speyer 1989.
Amtliche Kreisbeschreibung. Die Stadt- und die Landkreise Heidelberg und Mannheim. 3 Bände. Hg. von der Staatlichen Archivverwaltung Baden-Württemberg in Verbindung mit den Städten und den Landkreisen Heidelberg und Mannheim. Karlsruhe 1966, 1968, 1970.
Andermann, Kurt: Leibeigenschaft im pfälzischen Oberrheingebiet während des späten Mittelalters und der frühen Neuzeit, in: ZHF 17 (1990).
Andermann, Kurt: Studien zur Geschichte des pfälzischen Niederadels im

späten Mittelalter. Eine vergleichende Untersuchung an ausgewählten Beispielen (Schriftenreihe der Bezirksgruppe Neustadt im Historischen Verein der Pfalz Band 10), Speyer 1982.

Andermann, Kurt: Über die Pflege des Geschichtsbewußtseins beim Adel in Vergangenheit und Gegenwart. Ihr Zweck und ihre Grundlagen dargelegt am Beispiel der Familie von Gemmingen, in: Kraichgau 12/1991.

Andreas, Willy: Der Aufbau des Staates im Zusammenhang der allgemeinen Politik, (Geschichte der badischen Verwaltungorganisation und Verfassung in den Jahren 1802-1818. Leipzig 1913.

Arnold, Hermann: Juden in der Pfalz. Vom Leben pfälzischer Juden. Landau ²1988.

Arnold, Hermann: Von den Juden in der Pfalz. Veröffentlichungen der Pfälzischen Gesellschaft zur Förderung der Wissenschaften, Band 56), Speyer 1967.

Bader, Karl Siegfried: Dorfpatriziate, in: ZGO 101 NF 62 (1953).

Bader, Karl Siegfried: Studien zur Rechtsgeschichte des mittelalterlichen Dorfes. Band 1: Das mittelalterliche Dorf als Friedens- und Rechtsbereich, Weimar 1957. Band 2: Dorfgenossenschaft und Dorfgemeinde, Weimar 1962. Band 3: Rechtsformen und Schichten der Liegenschaftsnutzung im mittelalterlichen Dorf (mit Ergänzungen und Nachträgen zu den Teilen 1 und 2), Wien 1973.

Bader, Karl Siegfried: Zur Lage und Haltung des schwäbischen Adels am Ende des Alten Reiches, in: ZWLG 5 (1941).

Bader, Karl Siegfried: Der deutsche Südwesten in seiner territorialstaatlichen Entwicklung. Stuttgart 1950.

Badische Biographien II, hg. von Friedrich von Weech. Heidelberg 1875.

Bátori, Ingrid und Erdmann Weyrauch: Die bürgerliche Elite der Stadt Kitzingen. Studien zur Sozial- und Wirtschaftsgeschichte einer landesherrlichen Stadt im 16. Jahrhundert. Stuttgart 1982.

Bauer, Ludwig und Bernhard Gißler: Die Mitglieder der Ersten Kammer der Badischen Ständeversammlung vom Jahre 1819 bis mit 1912. Karlsruhe ⁵1913.

Bechberger, Werner: St. Leon und seine Bevölkerung 1707 -1757. Beiträge zur demographischen und sozialen Entwicklung einer dörflichen Gemeinde im Hochstift Speyer, in: ZGO 134 NF 95 (1986).

Beck, Rainer: Naturale Ökonomie. Unterfinning: Bäuerliche Wirtschaft in einem oberbayerischen Dorf des frühen 18. Jahrhunderts, München/Berlin 1986.

Bergdolt, Wilhelm: Badische Allmenden. Eine rechts- und wirtschaftsgeschichtliche Untersuchung über die Allmendverhältnisse der badischen Rheinhardt insbesondere der Dörfer Eggenstein, Liedolsheim und Rußheim. Heidelberg 1926.

Berner, Herbert (Hrsg.): Bodmann. Dorf, Kaiserpfalz, Adel. Band II. Sigmaringen 1985.
Berner, Herbert (Hrsg.): Singen. Dorf und Herrschaft. Singener Stadtgeschichte II. Konstanz 1990.
Beschreibung des Oberamts Backnang. Stuttgart 1871. Reprint 1968.
Beschreibung des Oberamts Besigheim. Stuttgart 1853. Reprint 1962.
Beschreibung des Oberamts Maulbronn. Stuttgart 1870.
Bettendorff, W. Frh. von: Die ehemals reichsunmittelbaren Reichsfreiherren von Bettendorf. o.O. 1940.
Bickel, Otto: Die Freiherren Kechler von Schwandorf, in: Kraichgau 11/1989.
Biskup, Gerhard: Die landesfürstlichen Versuche zum Wiederaufbau der Kurpfalz nach dem 30jährigen Kriege (1648-1674). Ein Beitrag zur Wirtschaftsgeschichte der Pfalz. Frankfurter volkswirtschaftliche Dissertation 1930.
Blaich, Fritz: Die Wirtschaftspolitik des Reichstags im Heiligen Römischen Reich. Ein Beitrag zur Problemgeschichte wirtschaftlichen Gestaltens, (Schriften zum Vergleich von Wirtschaftsordnungen, Heft 16). Stuttgart 1970.
Blase, August Wilhelm: Die Einführung konstitutionell-kommunaler Selbstverwaltung im Großherzogtum Baden, (Abhandlungen zur Mittleren und Neueren Geschichte 82). Berlin 1938.
Blasse, Ludwig: Die direkten und indirekten Steuern der Churpfalz. Rochlitz 1914.
Bleiber, Helmut und Walter Schmidt: Die deutsche Bauernbefreiung im Spannungsfeld zwischen Reform und Revolution während der bürgerlichen Umwälzung 1789-1871, in: ZfG 28 (1980).
Blickle, Peter u.a.: Aufruhr und Empörung. Studien zum bäuerlichen Widerstand im Alten Reich. München 1980.
Blickle, Peter: Deutsche Untertanen. Ein Widerspruch. München 1981.
Blickle, Peter: Landschaften im Alten Reich. Die staatliche Funktion des gemeinen Mannes in Oberdeutschland. München 1973.
Blickle, Peter: Untertanen in der Frühneuzeit. Zur Rekonstruktion der politischen Kultur und der sozialen Wirklichkeit Deutschlands im 17. Jahrhundert, in: VSWG 70 (1983).
Blickle, Peter: Herrschaft und Landschaft im deutschen Südwesten. In: Franz, Günther: Bauernschaft und Bauernstand 1500-1970. Büdinger Vorträge 1971-1972 (Deutsche Führungsschichten in der Neuzeit Band 8). Limburg 1975.
Boelcke, Willi A.: "Die sanftmütige Accise". Zur Bedeutung und Problematik der "indirekten Verbrauchsbesteuerung" in der Finanzwirtschaft der deutschen Territorialstaaten während der frühen Neuzeit, in: Jahrbuch für die Geschichte Mittel- und Ostdeutschlands 21 (1972).

Boelcke, Willi A.: Bäuerlicher Wohlstand in Württemberg Ende des 16. Jahrhunderts, in: Jahrbücher für Nationalökonomie und Statistik 176 (1964).

Boelcke, Willi A.: Die Einkünfte Lausitzer Adelsherrschaften in Mittelalter und Neuzeit, in: Wirtschaft, Geschichte und Wirtschaftsgeschichte, Festschrift zum 65. Geburtstag von Friedrich Lütge 1966, Stuttgart 1966.

Bölling, Rainer: Sozialgeschichte der deutschen Lehrer. Ein Überblick von 1800 bis zur Gegenwart. Göttingen 1983.

Born, Martin: Die Entwicklung der deutschen Agrarlandschaft, (Erträge der Forschung Band 29). Darmstadt 1974.

Bossert, Gustav: Beiträge zur badisch-pfälzischen Reformationsgeschichte, in: ZGO 56 NF 17 (1902), ZGO 57 NF 18 (1903), ZGO 58 NF 19 (1904) und ZGO 59 NF 20 (1905).

Brinkmann, Carl (Bearb.): Badische Weistümer und Dorfordnungen. 1. Abteilung: Pfälzische Weistümer und Dorfordnungen, herausgegeben von der Badischen Historischen Kommission, 1. Heft: Reichartshauser und Meckesheimer Zent. Heidelberg 1917.

Brück, Anton Philipp: Der "zuständige Pfarrer" im rheinisch-pfälzischen Staatskirchenrecht des 18. Jahrhunderts, in: Blätter für pfälzische Kirchengeschichte und religiöse Volkskunde 22 (1955).

Brunner, Otto: Adeliges Landleben und Europäischer Geist. Leben und Werk Wolf Helmhards von Hohberg 1612-1688. Salzburg 1949.

Brunner, Otto: Das "ganze Haus" und die alteuropäische "Ökonomik", in: Brunner, Otto: Neue Wege der Verfassungs- und Sozialgeschichte, Göttingen 1968.

Brunner, Otto: Land und Herrschaft. Grundfragen der territorialen Verfassungsgeschichte Österreichs im Mittelalter. Baden bei Wien 1939, Nachdruck der 5. veränderten Auflage von Wien 1965, Darmstadt 1973.

Bühler, Emil: Grundbesitzverfassung und Zehntherrschaft im rechtsrheinischen Teil des Fürstbistums Speyer, vornehmlich im 18. Jahrhundert, in: ZGO 90 NF 51 (1938).

Buschmann, Arno (Hg.): Kaiser und Reich. Klassische Texte und Dokumente zur Verfassungsgeschichte des Heiligen Römischen Reiches Deutscher Nation vom Beginn des 12. Jahrhunderts bis zum Jahre 1806. München 1984.

Chur-Pfaltzische Religions-Declaration vom 21. Novembris 1705.

Cloß, Hans-Martin: Die nordbadische Agrarlandschaft. Aspekte räumlicher Differenzierung, (Forschungen zur deutschen Landeskunde Band 215). Trier 1980.

Conrads, Norbert: Ritterakademien der frühen Neuzeit. Bildung als Standesprivileg im 16. und 17. Jahrhundert, (Schriftenreihe der Historischen Kommission bei der Bayerischen Akademie der Wissenschaf-

ten Schrift 21), Göttingen 1982.
Conze, Werner (Hg.): Quellen zur Geschichte der deutschen Bauernbefreiung. Göttingen 1957.
Correll, Ernst Heinrich: Das schweizerische Täufermennonitentum. Ein soziologischer Bericht. Tübingen 1925.
Baden-Württembergisches Pfarrerbuch Band 1, Kraichgau-Odenwald, (Veröffentlichungen des Vereins für Kirchengeschichte in der evangelischen Landeskirche in Baden 30 und 37). Teil 1 bearbeitet von Max Adolf Cramer unter Mitwirkung von Heinz Schuchmann, Karlsruhe 1979, Teil 2 bearbeitet von Max-Adolf Cramer, Karlsruhe 1988.
Curtaz, Landolin: Die Autonomie der standesherrlichen Familien Badens in ihrer geschichtlichen Entwicklung und nach geltendem Recht. Heidelberg 1908.
Danner, Wilfried: Die Reichsritterschaft im Ritterkantonsbezirk Hegau in der zweiten Hälfte des 17. und im 18. Jahrhundert. Sozialgeschichtliche Untersuchungen über die Reichsritterschaft im Hegau auf Grund von Familienakten der Freiherren von Reischach (Dissertation Konstanz 1969). In: Hegau 15./16. Jahrgang (1970/71), Heft 27/28.
Das Land Baden-Württemberg. Amtliche Beschreibung nach Kreisen und Gemeinden. Hg. von der Staatlichen Archivverwaltung Baden-Württemberg. Acht Bände. Stuttgart 1974 - 1983.
Der Evangelischen Neue Religions-Beschwerden/welche auf Gutbefinden unterschiedlicher Evangelischer Gesandschaften zum Druck gegeben worden. Regenspurg 1719.
Deutsche Verwaltungsgeschichte I. Vom Spätmittelalter bis zum Ende des Reiches. Hg. von Kurt G.A. Jeserich, Hans Pohl, Georg-Christoph von Unruh. Stuttgart 1983.
Dewein, Hermann: Ein geschichtlicher und informatorischer Überblick zum Strukturwandel der Bevölkerung in der Pfalz, insbesondere in der Südpfalz, im 16., 17. und 18. Jahrhundert. Bad Dürkheim 1985.
Das Dorf am Mittelrhein. Fünftes Alzeyer Kolloquium (Geschichtliche Landeskunde. Veröffentlichungen des Instituts für geschichtliche Landeskunde an der Universität Mainz, Band 30), Stuttgart 1989.
Diefenbacher, Karl e.a. (Hg.): Schweizer Einwanderer in den Kraichgau nach dem Dreißigjährigen Krieg mit ausgewählter Ortsliteratur. Sinsheim 1983.
Dipper, Christof: Die Bauernbefreiung in Deutschland 1790-1850, Stuttgart 1980.
Dreihundert Jahre Pfälzer in Amerika. Im Auftrag des Bezirksverbands Pfalz bearbeitet von Roland Paul u.a., Landau/Pfalz [2]1984.
Drös, Harald: Heidelberger Wappenbuch. Wappen an Gebäuden und Grabmälern auf dem Heidelberger Schloß, in der Altstadt und in

Handschuhsheim. Heidelberg 1991.
Drüll, Dagmar: Heidelberger Gelehrtenlexikon 1652 - 1802. Berlin/Heidelberg 1991.
Drüll, Dagmar: Heidelberger Gelehrtenlexikon 1803 - 1932. Berlin/Heidelberg 1986.
Duchhardt, Heinz: Reichsritterschaft und Reichskammergericht, in: ZHF 5 (1978).
Dülmen, Richard van: Kultur und Alltag in der Frühen Neuzeit. 2 Bände. München 1990 und 1992.
Eberhardt, Wolfgang: Untersuchungen zum Großgrundbesitz im Kraichgau: Die drei landwirtschaftlichen Großbetriebe der Grafen Douglas in Gondelsheim, Kreis Karlsruhe. Heidelberg 1990.
Ehrenfried, Adalbert: Waghäusel. Die Wallfahrt und die Kapuziner. Ulm 1966.
Ellering, Bernhard: Die Allmenden im Grossherzogtum Baden. Eine historische, statistische und wirtschaftliche Studie. Tübingen/Leipzig 1902.
Endres, Rudolf: Die wirtschaftlichen Grundlagen des niederen Adels in der frühen Neuzeit, in: JbffränkLF 36 (1976).
Ennen, Edith: Frauen im Mittelalter. München 1984.
Erbacher, Hermann (Hg.): Vereinigte Evangelische Landeskirche in Baden 1821 - 1971. Dokumente und Aufsätze. Karlsruhe 1971.
Erdmannsdörffer, Bernhard: Deutsche Geschichte vom Westfälischen Frieden bis zum Regierungsantritt Friedrichs des Großen 1648-1740, Band 1. Berlin 1892, Nachdruck Darmstadt 1962.
Fast, Heinold: Wie sind die oberdeutschen Täufer "Mennoniten" geworden, in: Mennonitische Geschichtsblätter 43/44 (1986/87).
Fehrenbach, Elisabeth: Das Erbe der Rheinbundzeit: Macht- und Privilegienschwund des badischen Adels zwischen Restauration und Vormärz, in: Archiv für Sozialgeschichte 23 (1983).
Fenske, Hans: Die deutsche Auswanderung, in: Mitteilungen des Historischen Vereins der Pfalz 76 (1978).
Fineisen, August J.: Die Akzise in der Kurpfalz. Ein Beitrag zur deutschen Finanzgeschichte des 17. und 18. Jahrhunderts. Karlsruhe 1906.
Fleck, Peter: Agrarreformen in Hessen-Darmstadt. Agrarverfassung, Reformdiskussion und Grundlastenablösung (1770-1860). Darmstadt/Marburg 1982.
Fouquet, Gerhard: Das Schloßarchiv Schatthausen, in: Kraichgau 8/1983.
Fouquet, Gerhard: Gemeindefinanzen und Fürstenstaat in der Frühen Neuzeit: Die Haushaltsrechnungen des kurpfälzischen Dorfes Dannstadt (1739-1797), in: ZGO 136 NF 97 (1988).
Franz, Günther (Hg.): Quellen zur Geschichte des deutschen Bauern-

standes im Mittelalter. Darmstadt 1974.
Franz, Günther: Der Dreißigjährige Krieg und das deutsche Volk. Untersuchungen zur Bevölkerungs- und Agrargeschichte. 2. Auflage. Jena 1943.
Franz, Günther (Hg.): Geschichte des Gartenbaues in Deutschland. (= Ders., Deutsche Agargeschichte VI). Stuttgart 1984.
Funck, Helmut: 300 Jahre Duldungsgesetz in der Kurpfalz, in: Mennonitische Geschichtsblätter 21 (1964).
Gaier, Albert: Die Geschichte der Ritter von Zillenhardt in Nordwürttemberg und Nordbaden. O.J. (1973).
Gerß, Fr.: Zeitpachtgüter am Niederrhein, in: Zeitschrift des Bergischen Geschichtsvereins 1879.
Gestrich, Andreas: Traditionelle Jugendkultur und Industrialisierung. Sozialgeschichte der Jugend in einer ländlichen Arbeitergemeinde Württembergs 1800 - 1920. Göttingen 1986.
Gillis, John R.: Geschichte der Jugend. Tradition und Wandel im Verhältnis der Altersgruppen und Generationen in Europa von der zweiten Hälfte des 18. Jahrhunderts bis zur Gegenwart. Aus dem Amerikanischen übertragen und herausgegeben von Ulrich Hermann und Lutz Roth. Weinheim/Basel 1980.
Glaser, Gisbert: Der Sonderkulturanbau zu beiden Seiten des nördlichen Oberrheins zwischen Karlsruhe und Worms. Eine agrargeographische Untersuchung unter besonderer Berücksichtigung des Standortproblems. Heidelberg 1967.
Glock, Joh.Phil: Burg, Stadt und Dorf Zuzenhausen im Elsenzgau. Wolfenweiler 1896.
Göler von Ravensburg, Dieter und Ravan: Die Göler von Ravensburg. Entwicklung und Entstehung eines Geschlechts der Kraichgauer Ritterschaft. Heidelberg 1979.
Gönner, Richard und Josef Sester: Das Kirchenpatronatsrecht im Großherzogtum Baden, Stuttgart 1904, Nachdruck Amsterdam 1962.
Goertz, Hans-Jürgen: Die Täufer. Geschichte und Deutung. München 1980.
Groh, Günther: Das Personal des Reichskammergerichts in Speyer, in: Pfälzische Familien- und Wappenkunde Band II, Heft 7 und 8, Band IV, Heft 3 und 4.
Haaf, Albert: Meine Heimat. Mauer an der Elsenz. Sinsheim 1975 (2. erweiterte Auflage).
Hacker, Werner: Auswanderungen aus Baden und dem Breisgau. Obere und mittlere rechtsseitige Oberrheinlande im 18. Jahrhundert, archivalisch dokumentiert. Stuttgart und Aalen 1980.
Hacker, Werner: Kurpfälzische Auswanderer vom Unteren Neckar. Rechtsrheinische Gebiete der Kurpfalz. Stuttgart 1983.
Häusser, Ludwig: Geschichte der rheinischen Pfalz. 2 Bände 1845,

Nachdruck Heidelberg 1924.

Handbuch der historischen Stätten Deutschlands, Siebenter Band, Bayern. Hg. von Karl Bosl. Stuttgart ²1965.

Hans, Alfred Josef: Die kurpfälzische Religionsdeklaration von 1705. Ihre Entstehung und Bedeutung für das Zusammenleben der drei im Reich tolerierten Konfessionen (Quellen und Abhandlungen zur mittelrheinischen Kirchengeschichte Band 18). Mainz 1973.

Hard, Gerhard: Die Mennoniten und die Agrarrevolution. Die Rolle der Wiedertäufer in der Agrargeschichte des Westrichs, in: Saarbrücker Hefte 18 (1963).

Harnisch, Hartmut: Die Herrschaft Boitzenburg. Untersuchungen zur Entwicklung der sozialökonomischen Struktur ländlicher Gebiete in der Mark Brandenburg vom 14. bis zum 19. Jahrhundert. Weimar 1968.

Hartwich, Wolfgang: Bevölkerungsstrukturen und Wiederbesiedlung Speyers nach der Zerstörung von 1689. Heidelberg 1965.

Hartwich, Wolfgang: Die militärische Besetzung der Pfalz durch Frankreich unter König Ludwig XIV (1688-1697), in: Pfalzatlas III (1984).

Hartwich, Wolfgang: Speyer von 1620 - 1814, in: Geschichte der Stadt Speyer II, Stuttgart 1982.

Hasenfuss, Günter: Die Entwicklung des Schulwesens in Baden-Durlach von den Anfängen bis zur Entstehung des modernen Bildungswesens unter besonderer Berücksichtigung methodisch theoretischer Probleme der Erziehungsgeschichtsschreibung. Frankfurt/Main 1979.

Heinz, Joachim: "Bleibe im Lande und nähre dich redlich!" Zur Geschichte der pfälzischen Auswanderung vom Ende des 17. bis zum Ausgang des 19. Jahrhunderts. Kaiserslautern 1989.

Hellstern, Dieter: Der Ritterkanton Neckar-Schwarzwald 1560 - 1805. Untersuchungen über die Korporationsverfassung, die Funktionen des Ritterkantons und die Mitgliedsfamilien (Veröffentlichungen des Stadtarchivs Tübingen 5). Tübingen 1971.

Henning, Friedrich Wilhelm: Bauernwirtschaft und Bauerneinkommen im Fürstentum Paderborn im 18. Jahrhundert. Berlin 1970.

Henning, Friedrich Wilhelm: Die agrargeschichtliche Forschung in der Bundesrepublik Deutschland von 1949 bis 1986, in: Historia socialis et oeconomica. Festschrift für Wolfgang Zorn zum 65. Geburtstag, hg. von Hermann Kellenbenz, Stuttgart 1987.

Henning, Friedrich Wilhelm: Dienste und Abgaben der Bauern im 18. Jahrhundert. Stuttgart 1969.

Henning, Friedrich Wilhelm: Handbuch der Wirtschafts- und Sozialgeschichte Deutschlands. Band 1. Paderborn 1991.

Henning, Friedrich Wilhelm: Landwirtschaft und ländliche Gesellschaft in Deutschland. Band 2: 1750 - 1986. Paderborn ²1988.

Henning, Friedrich-Wilhelm: Die Besitzgrößenstruktur der mitteleuropäischen Landwirtschaft im 18. Jahrhundert und ihr Einfluß auf die ländlichen Einkommensverhältnisse, in: ZAA 17 (1969).

Hess, Christel: Absolutismus und Aufklärung in der Kurpfalz, in: ZGO 136 NF 97 (1988).

Heß, Richard: Lebensbilder hervorragender Forstmänner. Berlin 1885.

Hillebrand, Werner (Bearb.): Die Matrikel der Universität Helmstedt 1636-1685, (Veröffentlichungen der Historischen Kommission für Niedersachsen und Bremen IX). Hildesheim 1981.

Hippel, Wolfgang von: Bevölkerung und Wirtschaft im Zeitalter des Dreißigjährigen Krieges, in: ZHF 5 (1978).

Hippel, Wolfgang von: Die Bauernbefreiung im Königreich Württemberg. Boppard a.Rh. 1977.

Hirschhorn am Neckar 773-1973. Hg. vom Magistrat der Stadt Hirschhorn, Hirschhorn 1973.

Historischer Atlas von Bayern. Teil Franken. Kitzingen. München 1967.

Hofmann, Hanns Hubert: Adelige Herrschaft und souveräner Staat. Studien über Staat und Gesellschaft in Franken und Bayern im 18. und 19. Jahrhundert (= Studien zur bayerischen Verfassungs- und Sozialgeschichte, Band II). München 1962.

Hofmann, Hanns Hubert: Stand, Aufgaben und Probleme fränkischer Landesgeschichte, in: ZBLG 35 (1972).

Huttenlocher, Friedrich: Zusammenhänge zwischen ländlichen Siedlungsarten und ländlichen Wirtschaftsformen Südwestdeutschlands, in: ZWLG 1/1937.

Illig, Johannes: Geschichte von Göppingen und Umgebung. Neuauflage 1984.

Inventar der Quellen zur Geschichte der Auswanderung 1500 - 1914 in den staatlichen Archiven von Rheinland-Pfalz und dem Saarland. Bearbeitet von Peter Brommer, Karl Heinz Debus und Hans-Walter Herrmann, (Veröffentlichungen der Landesverwaltung Rheinland-Pfalz Band 27. Schriften zur Wanderungsgeschichte der Pfälzer, hg. von der Heimatstelle Pfalz, Kaiserslautern, Folge 35). Koblenz 1976.

Jänichen, Hans: Beiträge zur Wirtschaftsgeschichte des schwäbischen Dorfes (Festschrift zum 60. Geburtstag von Hans Jänichen). Stuttgart 1970.

Kaphahn, Fritz: Der Zusammenbruch der deutschen Kreditwirtschaft und der Dreißigjährige Krieg, in: Deutsche Geschichtsblätter 1912.

Kaufhold, Karl Heinrich: Umfang und Gliederung des deutschen Handwerks um 1800, in: Abel, Wilhelm: Handwerksgeschichte in neuer Sicht. Göttingen 1978.

Kauw, Emil: Das Finanzwesen der Kurpfalz am Ausgang des 16. Jahrhunderts. Mit besonderer Berücksichtigung der Ämter (der soge-

nannten verrechneten Stellen). Köln 1914.
Kehrer, Harold H.: Die Familie von Sickingen und die deutschen Fürsten 1262 - 1523, in: ZGO 127 NF 88 (1979), fortgesetzt ZGO 129 NF 90 (1981).
Keiper, Johann: Karl Freiherr von Zyllenhardt und seine Heimat, in: Mannheimer Geschichtsblätter 8 (1907).
Keiper, Johann: Karl Freiherr von Zyllenhardt, in: Pfälzisches Museum 30 (1913).
Kerner, J.G.: Allgemeines positives Staatsrecht der unmittelbaren freien Ritterschft in Schwaben, Franken und am Rheine nebst einer Einleitung in das Staatsrecht der unmittelbaren freien Ritterschaft überhaupt, 1786/1787.
Kindler von Knobloch, Julius und Othmar von Stotzingen (Bearb.): Oberbadisches Geschlechterbuch. Herausgegeben von der badischen historischen Kommission. Heidelberg 1905.
Kiss, Istvan N.: Die deutsche Auswanderung nach Ungarn in neuer Sicht (Kölner Verträge und Abhandlungen zur Sozial- und Wirtschaftsgeschichte 31). Köln 1976.
Kleinschmidt, W.: Die Einführung der Kartoffel in der Pfalz und die Verbreitung von Kartoffelspeisen in der Westpfalz und in den angrenzenden Gebieten der ehemaligen Rheinprovinz, in: Rheinisch-Westfälische Zeitschrift für Volkskunde 24, 1978.
Klunzinger, Karl: Die Edlen von Neipperg und ihre Wohnsitze Neipperg und Schwaigern. Stuttgart 1840.
Knapp, Theodor: Der schwäbische Adel und die Reichsritterschaft, in: WVjLG NF 31 (1922/24).
Knapp, Theodor: Gesammelte Beiträge zur Rechts- und Wirtschaftsgeschichte vornehmlich des deutschen Bauernstandes. Tübingen 1902.
Knapp, Theodor: Neue Beiträge zur Rechts- und Wirtschaftsgeschichte des württembergischen Bauernstandes. 2 Bände, Tübingen 1919, Nachdruck Aalen 1964.
Kneschke, Ernst Heinrich: Neues allgemeines deutsches Adels-Lexikon. Leipzig 1864.
Knod, Gustav C. (Bearb.): Die alten Matrikel der Universität Strassburg 1621-1793. Straßburg 1897.
Kocka, Jürgen: Sozialgeschichte. Begriff - Entwicklung - Probleme. Göttingen ^{2}1986.
Köhler, Otto (Bearb.): Die Matrikel der Universität Jena, Band III, 1723-1764. Paris 1992.
Kohler, Adolf: Die Bauernbefreiung und Grundentlastung in Baden (Dissertation maschinenschriftlich). Freiburg 1958.
Kollmer, Gert: Die schwäbische Reichsritterschaft zwischen Westfälischem Frieden und Reichsdeputationshauptschluß. Untersuchung zur wirtschaftlichen und sozialen Lage der Reichsritterschaft in den Rit-

terkantonen Neckar-Schwarzwald und Kocher. Stuttgart 1979.
Kollnig, Karl (Bearb.): Die Weistümer der Zent Schriesheim, Badische Weistümer und Dorfordnungen Band II, (Veröffentlichungen der Kommission für geschichtliche Landeskunde A 16). Stuttgart 1968.
Kollnig, Karl: Die Zent Schriesheim. Ein Beitrag zur Geschichte der Zentverfassung in Kurpfalz. Heidelberg 1933.
Kollnig, Karl: Die Zenten in der Kurpfalz, in: ZGO 88 NF 49 (1936).
Kopp, Adolf: Zehntwesen und -ablösung in Baden. Karlsruhe 1899.
Kopp, August: Die Dorfjuden in der Nordpfalz. Dargestellt an der Geschichte der jüdischen Gemeinde Alsenz ab 1655. Meisenheim am Glan 1968.
Kraichgau. Zeitschrift des Heimatvereins Kraichgau.
Krapp, Berthold: Die badische Ämterorganisation vom Reichsdeputationshauptschluß bis zum Ende der Rheinbundzeit. Dissertation Heidelberg 1931.
Krauß, Martin: Die Bevölkerung der Stadt Schönau (Odenwald) im 18. Jahrhundert. Sozial-, mentalitäts- und medizingeschichtliche Aspekte einer historisch-demographischen Lokalstudie, in: ZGO 138 NF 99 (1990).
Krebs, Manfred: Die Dienerbücher des Bistums Speyer 1464-1768, in: ZGO 96 NF 57 (1948).
Krebs, Manfred: Die kurpfälzischen Dienerbücher 1476 - 1685, in: ZGO 94 NF 55 (1942).
Künstle, Franz Xaver: Die deutsche Pfarrei und ihr Recht zu Ausgang des Mittelalters. Auf Grund der Weistümer dargestellt. Stuttgart 1905.
Küther, Carsten: Menschen auf der Straße. Vagierende Unterschichten in Bayern, Franken und Schwaben in der zweiten Hälfte des 18. Jahrhunderts. Göttingen 1983.
Kullen, Siegfried: Der Einfluß der Reichsritterschaft auf die Kulturlandschaft im Mittleren Neckarland (Tübinger geographische Studien 24). Tübingen 1967.
Laufs, Adolf (Hg.): Die Reichskammergerichtsordnung von 1555 (Quellen und Forschungen zur höchsten Gerichtsbarkeit im alten Reich 3). Wien 1976.
Lautenschlager, Friedrich: Die Agrarunruhen in den badischen Standes- und Grundherrschaften im Jahre 1848 (Heidelberger Abhandlungen zur mittleren und neueren Geschichte 46). Heidelberg 1915.
Le Roy Ladurie, Emmanuel: Die Bauern des Languedoc. München 1990. (Franz. Originalausgabe Paris 1966).
Le Roy Ladurie, Emmanuel: Montaillou. Ein Dorf vor dem Inquisitor 1294 bis 1324. Frankfurt/Berlin/Wien 1980.
Leiblein, Alfred: Zur Forstgeschichte im Kraichgau. Der freie Markwald der ehemaligen Gemeinde Bargen (Heimatverein Kraichgau Sonder-

druck 7), Sinsheim 1992.
Leidner, Edward Eugen: Entwicklung der katholischen Religionsverhältnisse in der Kurpfalz von der Reunion bis zur Kirchenteilung (1680-1707). Speyer 1930.
Lenger, Friedrich: Sozialgeschichte der deutschen Handwerker seit 1800. Frankfurt/Main 1988.
Lenz, Rüdiger: Kellerei und Unteramt Dilsberg - Entwicklung einer regionalen Verwaltungsinstanz im Rahmen der kurpfälzischen Territorialpolitik am unteren Neckar, (Veröffentlichungen der Kommission für geschichtliche Landeskunde in Baden-Württemberg Band 115). Stuttgart 1989.
Lohmann, Eberhard: Die Herrschaft Hirschhorn - Studien zur Herrschaftsbildung eines Rittergeschlechts (Quellen und Forschungen zur hessischen Geschichte 66). Darmstadt/Marburg 1986.
Lossen, Richard: Zur Geschichte des Dominikanerklosters Heidelberg 1476-1853, in: FDA 69 (1950).
Ludwig, Theodor: Der badische Bauer im 18. Jahrhundert. Abhandlungen aus dem staatswissenschaftlichen Seminar Straßburg XVI. Straßburg 1896.
Lütge, Friedrich: Deutsche Sozial- und Wirtschaftsgeschichte. Ein Überblick. Berlin ^{2}1960.
Lütge, Friedrich: Die mitteldeutsche Grundherrschaft und ihre Auflösung (= Quellen und Forschungen zur Agrargeschichte 4). Stuttgart ^{2}1957.
Lütge, Friedrich: Geschichte der deutschen Agrarverfassung vom frühen Mittelalter bis zum 19. Jahrhundert. Stuttgart 1967.
Lütge, Friedrich: Untersuchungen über Laudemialabgaben in Bayern, in: Jahrbuch für Nationalökonomie und Statistik 153 (1941).
Luther und die Reformation am Oberrhein. Ausstellungskatalog der Badischen Landesbibliothek. Karlsruhe 1983.
Mangold, Gustav: Die ehemalige Reichsritterschaft und die Adelsgesetzgebung in Baden vom Wiener Kongreß bis zur Erteilung der Verfassung (1815 - 1818), in: ZGO 85 NF 46 (1933).
Mauchenheim-Bechtolsheim, Hartmann von: Des heiligen römischen Reichs unmittelbar freie Ritterschaft zu Franken Ort am Steigerwald im 17. und 18. Jahrhundert. München 1970.
Maurer, Hans Martin: Die Entstehung der hochmittelalterlichen Adelsburg in Südwestdeutschland, in: ZGO 117 NF 78 (1969).
Mennonitisches Lexikon. Frankfurt und Karlsruhe 1913 -1967.
Mitterauer, Michael und Reinhard Sieder (Hg.): Historische Familienforschung. Frankfurt/Main 1982.
Mitterauer, Michael: Historisch-anthropologische Familienforschung. Fragestellungen und Zugangsweisen. Wien 1990.
Mitterauer, Michael: Sozialgeschichte der Jugend. Frankfurt 1986.

Mörz, Stefan: Aufgeklärter Absolutismus in der Kurpfalz während der Mannheimer Regierungszeit des Kurfürsten Theodor (1742-1777), (Veröffentlichungen der Kommission für geschichtliche Landeskunde in Baden-Württemberg Band 120). Stuttgart 1991.

Mörz, Stefan: Verwaltungsstruktur der Kurpfalz zum Zeitpunkt des bayrischen Erbfalls, in: Mitt.d.hist.Ver.d.Pfalz 84 (1986).

Mollat, Michel: Die Armen im Mittelalter. München 1984.

Mooser, Josef: Ländliche Klassengesellschaft 1770-1848. Göttingen 1984.

Moser, Johann Jacob: Neueste Geschichte der unmittelbaren Reichsritterschaft, 1775/1776.

Müller, Karl Otto: Zur wirtschaftlichen Lage des schwäbischen Adels am Ausgang des Mittelalters, in: ZWLG 1939.

Neu, Heinrich: Pfarrerbuch der evangelischen Kirche Badens von der Reformation bis zur Gegenwart, Teil 1, Lahr 1938.

Neuer Nekrolog der Deutschen. Band 6 (1928).

Oswald Friedrich und Wilhelm Störmer (Hg.): Die Abtei Amorbach im Odenwald. Neue Beiträge zur Geschichte und Kultur des Klosters und seines Herrrschaftsgebietes. Sigmaringen 1984.

Patze, Hans (Hg.): Die Grundherrschaft im späten Mittelalter. Sigmaringen 1983.

Pfalzatlas, herausgegeben von Willi Alter. 3 Textbände. Speyer 1964, 1971 und 1981.

Pfisterer, Adolf: Orts-Chronik von Schatthausen. Heidelberg 1955.

Pierenkemper, Toni (Hg.): Landwirtschaft und industrielle Entwicklung. Zur ökonomischen Bedeutung von Bauernbefreiung, Agrarreform und Agrarrevolution. Stuttgart 1989.

Poller, Oskar: Schicksal der ersten Kaiserslauterner Hochschule und ihrer Studierenden. Kameral-Hohe-Schule zu Lautern 1774 - 1784. Staatswirtschafts-Hohe-Schule zu Heidelberg 1784 - 1804. Lebensbeschreibung und Abstammung der Professoren und Studierenden. Ludwigshafen 1979.

Press, Volker u.a.: Südwestdeutscher Adel zwischen Reich und Territorium, in: ZGO 137 NF 98 (1989).

Press, Volker: Calvinismus und Territorialstaat. Regierung und Zentralbehörden der Kurpfalz 1559-1619. Stuttgart 1970.

Press, Volker: Die Reichsritterschaft im Reich der frühen Neuzeit, in: Nassauer Annalen (1976).

Press, Volker: Die Ritterschaft im Kraichgau zwischen Reich und Territorium 1500 - 1623, in: ZGO 122 NF 83 (1974).

Press, Volker: Herrschaft, Landschaft und "Gemeiner Mann" in Oberdeutschland vom 15. bis zum frühen 19. Jahrhundert, in: ZGO 123 NF 84 (1975).

Protocollum sambt Anlagen über die Religions-Gravamina in Chur-Pfält-

zischen Landen. Heidelberg 1722.
Rau, Karl Heinrich: Über die Landwirtschaft der Rheinpfalz und insbesondere in der Heidelberger Gegend (Festschrift für die Mitglieder der 21. Versammlung deutscher Land- und Forstwirthe. Heidelberg 1860.
Rau, Karl Heirich: Über die Landwirtschaft der Rheinpfalz. Heidelberg 1830.
Reden, Armgard von: Landständische Verfassung und fürstliches Regiment in Sachsen-Lauenburg (1543 - 1689), (Veröffentlichungen des Max-Planck-Instituts für Geschichte 41) 1974.
Reden-Dohna, Armgard von und Ralph Melville (Hg.): Der Adel an der Schwelle des bürgerlichen Zeitalters 1780-1860. Stuttgart 1988.
Regierungsblätter des Großherzogtums Baden. 1803-1848.
Regula, Konrad: Die Allmenden der Pfalz in Vergangenheit und Gegenwart. Ein Beitrag zur Agrargeschichte Südwest-Deutschlands. Leipzig 1927.
Rehm, Clemens und Konrad Krimm (Hg.): Zwischen Fürst und Bauern - Reichsritterschaft im Kraichgau. Sinsheim 1992.
Reichert, Folker: Der Abt von Maulbronn, das Dorf Knittlingen und die pfälzischen Gerichte. Ein Rechtsstreit aus dem Jahre 1456, in: ZGO 139 NF 100 (1991).
Reif, Heinz (Hg.): Die Familie in der Geschichte. Göttingen 1982.
Reif, Heinz: Westfälischer Adel 1770-1860. Vom Herrschaftsstand zur regionalen Elite. Göttingen 1979.
Reimer, Klaus: Das Steuerrecht in der Stadt Weinheim vom Beginn der Neuzeit bis zum Anschluß an Baden. Heidelberg 1968.
Reininghaus, Wilfried: Gewerbe in der frühen Neuzeit. München 1990.
Reith, Reinhold: Lexikon des alten Handwerks. Vom späten Mittelalter bis ins 20. Jahrhundert. München 1990.
Religionsgravamina. Der Evangelisch-Lutherischen in der Untern-Pfaltz, wie solche auf dem Reichs-Tag zu Regenspurg überreichet worden. Regenspurg 1720.
Riedenauer, Erwin: Der barocke Reichsadel in Franken. Probleme und Perspektiven, in: JbffLF 32 (1972).
Röcker, Bernd: "So ist das creutz das recht panier". Kraichgauer Reichsritterschaft und Reformation, in: Rehm, Clemens und Konrad Krimm (Hg.): Reichsritter im Kraichgau. Sinsheim 1992.
Rösch, Albrecht und Friedrich Kurandt: Reichsbodenschätzung und Reichskataster. Gesetze mit amtlicher Begründung, Durchführungsbestimmungen nach dem neuesten Stand. Berlin 1939.
Rösener, Werner: Bauern im Mittelalter. Sozialgeschichtliche Untersuchungen zum Wandel bäuerlicher Lebensverhältnisse. München 1985.
Rösener, Werner: Die spätmittelalterliche Grundherrschaft im südwest-

deutschen Raum als Problem der Sozialgeschichte, in: ZGO 127 (1979).

Rössler, Hellmuth (Hg.): Deutscher Adel 1555-1740. Büdinger Vorträge 1964 (Schriften zur Problematik der deutschen Führungsschichten in der Neuzeit 2). Darmstadt 1965.

Rosenthal, Bertold: Heimatgeschichte der badischen Juden seit ihrem geschichtlichen Auftreten bis zur Gegenwart. Bühl/Baden 1927.

Roth von Schreckenstein, Karl Heinrich Frhr.: Geschichte der ehemaligen Reichsritterschaft in Schwaben, Franken und am Rheinstrome. Freiburg 1886.

Roys, Heinrich: Verzeichnis aller aktiven Hof-, Kirchen-, Militär- und Staats-Diener und Rechtsanwälte. Karlsruhe 1864.

Saalfeld, Diedrich: Die Produktion und Intensität der Landwirtschaft in Deutschland und angrenzenden Gebieten um 1800, in: ZAA 15/1967.

Sachße, Christoph und Florian Tennstedt: Geschichte der Armenfürsorge in Deutschland, Band 1. Vom Spätmittelalter bis zum Ersten Weltkrieg. Stuttgart 1980.

Sailer, Ulrike: Untersuchungen zur Bedeutung der Flurbereinigung für agrarstrukturelle Veränderungen, dargestellt am Beispiel Kraichgaus (Heidelberger geographische Arbeiten 77), Heidelberg 1984.

Schaab, Meinrad: Die Sozialstruktur der Gemeinden des pfälzischen Unterneckarlandes im 18. Jahrhundert, in: Heidelberg und die Rhein-Neckar-Lande. Festschrift zum 34. Deutschen Geographentag 1963 herausgegeben von Gottfried Pfeifer u.a. Heidelberg/Mannheim 1963.

Schaab, Meinrad: Die Wiederherstellung des Katholizismus in der Kurpfalz im 17. und 18. Jahrhundert, in: ZGO 114 NF 75 (1966).

Schaab, Meinrad: Die Zisterzienserabtei Schönau im Odenwald (Heidelberger Veröffentlichungen zur Landesgeschichte und Landeskunde 8). Heidelberg 1963.

Schaab, Meinrad: Geschichte der Kurpfalz. Band 2, Neuzeit. Stuttgart 1992.

Schaab, Meinrad: Territorialstaat und Kirchengut bis zum Dreißigjährigen Krieg. Die Sonderentwicklung in der Kurpfalz im Vergleich mit Baden und Württemberg, in: ZGO 138 NF 99 (1990).

Schaab, Meinrad: Zenten an Rhein, Main, Neckar und Tauber um 1550. Historischer Atlas von Baden-Württemberg, Erläuterungen. Beiwort zur Karte IX, 2, 1979.

Scheifele, Bernhard: Seidenbau und Seidenindustrie in der Kurpfalz, in: Neue Heidelberger Jahrbücher 16, 1910.

Scheuerbrandt, Anton: Die Amerikaauswanderung aus dem Kraichgau und seinen Randbereichen im 18. Jahrhundert, in: Kraichgau 9/1985.

Schieder, Wolfgang und Volker Sellin (Hg.): Sozialgeschichte in Deutschland. 4 Bände. Göttingen 1986/1987.

Schlick, Heinrich: Die wirtschaftlichen und kulturellen Zustände der rechtsrheinischen Pfalz beim Anfall an Baden, in: ZGO 84 NF 45, 1932.

Schlögl, Rudolf: Bauern, Krieg und Staat. Oberbayrische Bauernwirtschaft und frühmoderner Staat im 17. Jahrhundert (Veröffentlichungen des Max-Planck-Instituts für Geschichte 89). Göttingen 1988.

Schlumbohm, Jürgen: Kinderstuben. Wie Kinder zu Bauern, Bürgern, Aristokraten wurden. 1700 - 1850. München 1983.

Schmitt, Richard: Frankenberg. Besitz- und Wirtschaftsgeschichte einer reichsritterschaftlichen Herrschaft in Franken 1528-1806 (1848), (Mittelfränkische Studien 6). Ansbach 1986.

Schmitz, Klaus: Geschichte der Schule. Ein Grundriß ihrer historischen Entwicklung und ihrer künftigen Perspektiven. Stuttgart u.a. 1980.

Scholten, Walter: Das Fronwesen der Kurpfalz vom Beginn der 17. Jahrhunderts bis zum Reichsdeputationshauptschluß und seine endgültige Ablösung in Baden und Bayern. Dissertation Heidelberg. 1926.

Schottmüller, Hermann: Der Löß als gestaltender Faktor in der Kulturlandschaft des Kraichgau (Forschungen zur deutschen Landeskunde 130). Bad Godesberg 1961.

Schremmer, Eckart: Die Bauernbefreiung in Hohenlohe (= Quellen und Forschungen zur Agrargeschichte 9). Stuttgart 1963.

Schrenk, Christhard: Agrarstruktur im Hegau des 18. Jahrhunderts. Auswertungen neuzeitlicher Urbare mit Hilfe des Computers. Konstanz 1987.

Schrenk, Christhard: Studien zur Agrarstruktur Singens im 18. Jahrhundert, in: Berner, Herbert (Hg.): Singen - Dorf und Herrschaft, Band 2. Konstanz 1990.

Schultz, Helga: Landhandwerk und ländliche Sozialstruktur um 1800, in: Jahrbuch für Wirtschaftsgeschichte, Berlin-Ost 1981, Teil II.

Schulz, Thomas: Der Kanton Kocher der Schwäbischen Reichsritterschaft 1542 - 1805. Entstehung, Geschichte und Mitgliederstruktur eines korporativen Adelsverbandes im System des alten Reiches (Esslinger Studien 7). Sigmaringen 1986.

Schulz, Thomas: Die Mediatisierung des Kantons Kocher. Ein Beitrag zur Geschichte der Reichsritterschaft am Ende des alten Reiches, in: ZWLG 1988.

Schulze, Winfried: Bäuerlicher Widerstand und feudale Herrschaft in der frühen Neuzeit. Stuttgart - Bad Cannstatt 1980.

Schwarz, Benedikt: Geschichte des Evangelischen Weltlichen Kraichgauischen Damenstiftes. Im Auftrage des Stiftes bearbeitet zum 200jährigen Bestehen. Karlsruhe 1918.

Schwerz, Johann Nepomuk: Beobachtungen über den Ackerbau der Pfälzer. Wien 1816.

Sellin, Volker: Die Finanzpolitik Karl Ludwigs von der Pfalz. Staatswirtschaft im Wiederaufbau nach dem Dreißigjährigen Krieg. Stuttgart 1978.

Sellin, Volker: Mentalität und Mentalitätsgeschichte, in: HZ 241 (1985).

Sieder, Reinhard: Sozialgeschichte der Familie, Frankfurt/Main 1987.

Sieglerschmidt, Jörn: Maße, Gewichte und Währungen am westlichen und nördlichen Bodensee um 1800, in: Schriften des Vereins für Geschichte des Bodensees und seiner Umgebung, 105. Heft, Friedrichshafen 1987.

Sieglerschmidt, Jörn: Die Herrschaft Langenstein im Hegau. Sozial- und wirtschaftsgeschichtliche Studien zur Entwicklung einer reichsritterschaftlichen Besitzung im 17. und 18. Jahrhundert. Habil. Konstanz 1986, maschinenschriftlich, noch unveröffentlicht.

Simmel, Georg: Die Probleme der Geschichtsphilosophie. Leipzig 1892, ND München ^{5}1923.

Spieß, Karl-Heinz: Teilpacht und Teilbauverträge in Deutschland von frühen Mittelalter bis zur Neuzeit, in: ZAA 36 (1988), Heft 2.

Stamer, Ludwig: Kirchengeschichte der Pfalz. III. Teil, 2. Hälfte. Von der Reform zur Aufklärung. Ende der mittelalterlichen Diözesen (1685-1801). Speyer 1959.

Stein, Friedrich: Geschichte Frankens. Zwei Bände. Schweinfurt 1885, ND Aalen 1966.

Steinborn, Hans-Christian: Abgaben und Dienste holsteinischer Bauern im 18. Jahrhundert (Quellen und Forschungen zur Geschichte Schleswig-Holsteins 79). Neumünster 1982.

Steinmetz, Hermann: Die Waldeckischen Beamten vom Mittelalter bis zur Zeit der Befreiungskriege. Erschienen in den Geschichtsblättern für Waldeck zwischen 1952 und 1980. Auch als Sonderdruck: Arolsen 1983.

Steitz, Heinrich: Geschichte der Evangelischen Kirche in Hessen und Nassau, Marburg 1977.

Stetten, Wolfgang von: Die Rechtsstellung der unmittelbaren freien Reichsritterschaft, ihre Mediatisierung und ihre Stellung in den neuen Landen, dargestellt am fränkischen Kanton Odenwald (Forschungen aus Württembergisch Franken 8), Schwäbisch Hall 1973.

Stiefel, Karl: Baden 1648-1952. Zwei Bände. Karlsruhe 1977.

Stocker, C.W.F.L.: Chronik von Schatthausen. Heidelberg 1864.

Störmer, Wilhelm: Probleme der spätmittelalterlichen Grundherrschaft und Agrarstruktur in Franken, in: ZBLG 30 (1967).

Strobel, Albrecht: Agrarverfassung im Übergang. Studien zur Agrargeschichte des badischen Breisgaus vom Beginn des 16. bis zum Ausgang des 18. Jahrhunderts. Freiburg/München 1972.

Struve, Burcard Gotthelf: Ausführlicher Bericht von der Pfälzischen Kirchen-Historie. Franckfurt 1721.

Stuck, Kurt: Personal der kurpfälzischen Zentralbehörden in Hideberg 1475 - 1685 unter besonderer Berücksichtigung der Kanzler. Ludwigshafen 1986.

Svoboda, Karl J.: Aus der Verfassung des Kantons Kraichgau der unmittelbaren freien Reichsritterschaft in Schwaben unter besonderer Berücksichtigung des territorialen Elements, in: ZGO 116 NF 77 (1968).

Tabelle zur Verwandlung der alten Masse und Gewichte des Großherzogtums Baden in die allgemeinen Badischen. Karlsruhe 1812.

Tacke, Jürgen: Studien zur Agrarverfassung der oberen badischen Markgrafschaft im 16. und 17. Jahrhundert. = Das Markgräflerland. Beiträge zu seiner Geschichte und Kultur, Heft 2, 1956.

Teutsche Reichsabschiede. Neue und Vollständigere Sammlung der Reichsabschiede. Franckfurt am Mayn bey E.A.Koch. 4 Teile. 1747.

Thoelke, Arnold: Die Bede in Kurpfalz von ihren Anfängen bis ins 16. Jahrhundert, in: Neue Heidelberger Jahrbücher XVII, 1912.

Toepke, Gustav (Bearb.): Die Matrikel der Universität Heidelberg. 2. Theil von 1554 bis 1662, Heidelberg 1886, 4. Theil von 1704 bis 1807, Heidelberg 1903. von 1386 bis 1662. 2. Teil. Heidelberg 1886.

Trautz, Fritz: Die Pfälzische Auswanderung nach Nordamerika im 18. Jahrhundert (= Heidelberger Veröffentlichungen zur Landesgeschichte und Landeskunde), Heidelberg 1959.

Troßbach, Werner: "Südwestdeutsche Leibeigenschaft" in der Frühen Neuzeit - eine Bagatelle?, in: Koselleck, Reinhart (Hg.): Strukturprobleme der Frühen Neuzeit (GuG 7). Göttingen 1981.

Ulbrich, Claudia: Leibherrschaft am Oberrhein im Spätmittelalter (Veröffentlichungen des Max-Planck-Instituts für Geschichte 58). Göttingen 1979.

Ulmschneider, Helgard: Götz von Berlichingen. Ein adliges Leben der deutschen Renaissance. Sigmaringen 1974.

Veyne, Paul: Geschichtsschreibung - Und was sie nicht ist. Frankfurt 1990 (erste französische Ausgabe 1971).

Vierhaus, Rudolf: Eigentumsrecht und Mediatisierung. Der Kampf um die Rechte der Reichsritterschaft 1803-1815, in: ders. (Hg.): Eigentum und Verfassung. Zur Eigentumsdiskussion im ausgehenden 18. Jahrhundert (Veröffentlichungen des Max-Planck-Instituts für Geschichte 37). Göttingen 1972.

Vierordt, Karl Friedrich (Bearb.): Geschichte der evangelischen Kirche in dem Großherzogtum Baden, Band 1: Karlsruhe 1847, Band 2: Karlsruhe 1856.

Vocke, Helmut: Geschichte der Handwerksberufe. 2 Bände. Waldshut

1959/1960.
Völter, Hans: Die grundherrschaftlich-bäuerlichen Verhältnisse im nördlichen Baden, dargestellt an der Geschichte des ehemals reichsritterschaftlich von Gemmingischen Gebiets hinter dem Hagenschiess vom 15. bis Ende des 18. Jahrhunderts (= Neue Heidelberger Jahrbücher 19, Heft 1). Heidelberg 1915.

Vogler, Günter: Bäuerlicher Klassenkampf als Konzept der Forschung, in: Schulze, Winfried: Aufstände, Revolten und Prozesse. Beiträge zu bäuerlichen Widerstandsbewegungen im frühneuzeitlichen Europa, (GuG, Bochumer Historische Studien 27). Stuttgart 1983.

Voss, Jürgen: Soziale Unruhen im rechtsrheinischen Teil des Hochstifts Speyer im Zeitalter der Französischen Revolution, in: Berding, Helmut (Hg.): Soziale Unruhen in Deutschland während der Französischen Revolution (= Geschichte und Gesellschaft, Sonderheft 12). Göttingen 1988.

Weech, Friedrich von: Badische Geschichte. Karlsruhe 1889.

Weech, Friedrich von: Das Wormser Synodale von 1496, in: ZGO 27 (1875).

Wehler, Hans-Ulrich: Deutsche Gesellschaftsgeschichte. Zwei Bände. München ²1989.

Wehler, Hans-Ulrich (Hg.): Europäischer Adels 1750-1950 (Geschichte und Gesellschaft, Sonderheft 13). Göttingen 1990.

Wehrenberg, Dietmar: Die wechselseitigen Beziehungen zwischen Allmendrechten und Gemeinfronverpflichtungen vornehmlich in Oberdeutschland, (Veröffentlichungen der Kommission für geschichtliche Landeskunde in Baden-Württemberg B 54) Stuttgart 1969.

Weidmann, Werner: Die pfälzische Landwirtschaft zu Beginn des 19. Jahrhunderts von der Französischen Revolution bis zum Deutschen Zollverein (Veröffentlichungen des Instituts für Landeskunde des Saarlandes 14). Saarbrücken 1968.

Weiler, Franz Georg von: Karl Freiherr von Zyllnhardt, in seinem Leben und Wirken. Mannheim 1828.

Widder, Johann Goswin: Versuch einer vollständigen Geographisch-Historischen Beschreibung der kurfürstlichen Pfalz am Rheine. Frankfurt und Leipzig 1786-1788.

Willaschek, Anton und Fritz Raap: Die wechselvolle Geschichte des Hohenhardter Hofes, in: Kraichgau 9 (1985).

Willoweit, Dietmar: Rechtsgrundlagen der Territorialgewalt. Landesobrigkeit, Herrschaftsrechte und Territorium in der Rechtswissenschaft der Neuzeit. Köln, Wien 1975.

Winkel, Harald: Die Ablösungskapitalien aus der Bauernbefreiung in West- und Süddeutschland. Höhe und Verwendung bei Standes- und Grundherren. Stuttgart 1968.

Winkel, Harald: Höhe und Verwendung der im Rahmen der Grundlasten-

ablösung bei Standes- und Grundherren angefallenen Ablösungskapitalien, in: Fischer, Wolfram (Hg.): Beiträge zu Wirtschaftswachstum und Wirtschaftsstruktur im 16. und 19. Jahrhundert, Berlin 1971.
Wirtz, Rainer: "Widersetzlichkeiten, Excesse, Crawalle, Tumulte und Skandale." Soziale Bewegung und gewalthafter sozialer Protest in Baden 1815 - 1848. Frankfurt/Main 1981.
Wreden, Ferdinand Josef: Gemma Iuris Palatini seu tractatio exegetica über den sog. Zent=Vertrag de anno 1560. 1740.
Wunder, Heide. Die bäuerliche Gemeinde in Deutschland. Göttingen 1986.
Zeeden, Ernst Walter: Die Entstehung der Konfessionen. Grundlagen und Formen der Konfessionsbildung im Zeitalter der Glaubenskämpfe. München/Wien 1965.
Zeile, Christine: Baden im Vormärz: die Politik der Ständeversammlung sowie der Regierung zur Adelsfrage. Grundentlastung und Judenemanzipation 1818 - 1843. München 1989.
Zeile, Christine: Zur Grundentlastung in Baden 1819 bis 1848, in: ZGO 139 NF 100 (1991).
Ziehner, Ludwig: Zur Geschichte des kurpfälzischen Wollgewerbes im 17. und 18. Jahrhunderts. Ein Beitrag zur Gewerbegeschichte des Merkantilismus. Stuttgart 1931.
Zimmermann, Clemens: Entwicklungshemmnisse im bäuerlichen Milieu: Die Individualisierung der Allmenden und Gemeinheiten um 1780, in: Pierenkemper, Toni (Hg.): Landwirtschaft und industrielle Entwicklung. Zur ökonomischen Bedeutung von Bauernbefreiung, Agrarreform und Agrarrevolution. Stuttgart 1989.
Zimmermann, Clemens: Reformen in der bäuerlichen Gesellschaft: Studien zum aufgeklärten Absolutismus in der Markgrafschaft Baden 1750 - 1790. Ostfildern 1983.
Zimmermann, Fritz: Die Weistümer und der Ausbau der Landeshoheit in der Kurpfalz (Historische Studien Ebering 311), Berlin 1937.
Zschunke, Peter: Konfession und Alltag in Oppenheim. Beiträge zur Geschichte von Bevölkerung und Gesellschaft einer gemischtkonfessionellen Kleinstadt in der frühen Neuzeit. Wiesbaden 1984.
Zückert, Hartmut: Die sozialen Grundlagen der Barockkultur in Süddeutschland (Quellen und Forschungen zur Agargeschichte 33) Stuttgart, New York 1988.

Universitätsverlag C. Winter Heidelberg

Heidelberger Abhandlungen zur Mittleren und Neueren Geschichte
Neue Folge
Herausgegeben von Hermann Jakobs, Detlef Junker, Jürgen Miethke, Volker Sellin, Hartmut Soell und Eike Wolgast

■ 6. Band
MARTIN KAUFHOLD
Gladius Spiritualis
Das päpstliche Interdikt über Deutschland in der Regierungszeit Ludwigs des Bayern (1324 – 1347)
1994. X, 333 Seiten. Leinen
DM 98,–, ÖS 764,–, SFr 98,–
ISBN 3-8253-0192-3

■ 5. Band
GEORG CHRISTOPH BERGER WALDENEGG
Die Neuordnung des italienischen Heeres zwischen 1866 und 1876
Preußen als Modell
1992. 467 Seiten. Kartoniert
DM 150,–, ÖS 1170,–, SFr 150,–
ISBN 3-8253-4531-9
Leinen DM 175,–, ÖS 1365,–, SFr 175,–
ISBN 3-8253-4532-7

■ 4. Band
KARL HENNING WOLF
Die Heidelberger Universitätsangehörigen im 18. Jahrhundert
Studien zur Herkunft, Werdegang und sozialem Beziehungsgeflecht
1991. 287 Seiten. Kartoniert
DM 80,–, ÖS 624,–, SFr 80,–
ISBN 3-8253-4420-7
Leinen DM 100,–, ÖS 780,–, SFr 100,–
ISBN 3-8253-4421-5

■ 3. Band
DIETMAR PREISSLER
Frühantisemitismus in der Freien Stadt Frankfurt und im Großherzogtum Hessen (1810 bis 1860)
1989. XIV, 409 S. mit 3 Abb. u. 3 Karten.
Kartoniert DM 110,–, ÖS 858,–, SFr 110,–
ISBN 3-8253-4128-3
Leinen DM 140,–, ÖS 1092,–, SFr 140,–
ISBN 3-8253-4129-1

■ 2. Band
DOROTHEE MUSSGNUG
Die vertriebenen Heidelberger Dozenten
Zur Geschichte der Ruprecht-Karls-Universität nach 1933
1988. 300 Seiten. Kartoniert
DM 24,–, ÖS 187,–, SFr 24,–
ISBN 3-8253-4073-2
Leinen DM 48,–, ÖS 374,–, SFr 48,–
ISBN 3-8253-4074-0

■ 1. Band
PETER BLASTENBREI
Die Sforza und ihr Heer
Studien zur Struktur-, Wirtschafts- und Sozialgeschichte des Söldnerwesens in der italienischen Frührenaissance
1987. VIII, 519 Seiten, 11 Abb. Kartoniert
DM 80,–, ÖS 624,–, SFr 80,–
ISBN 3-8253-3950-5
Leinen DM 110,–, ÖS 858,–, SFr 110,–
ISBN 3-8253-3951-3

69051 Heidelberg · Postfach 10 61 40 · Telefon 0 62 21/77 02 60 · Fax 77 02 69